Arkadi Waksberg
Die sowjetische Mafia

ARKADI WAKSBERG

Die sowjetische Mafia

Organisiertes Verbrechen in der Sowjetunion

Aus dem Russischen übersetzt
von Bernd Rullkötter

Piper
München Zürich

ISBN 3-492-03539-6
© 1991 by Arkadi Waksberg
Deutsche Ausgabe:
© R. Piper GmbH & Co. KG., München 1992
Gesamtherstellung: Clausen & Bosse, Leck
Printed in Germany

INHALT

1. KAPITEL

»Es gibt keine Mafia in der Sowjetunion«

Es war März 1980. Im fernen Süden, in den Bergen, die den berühmten Schwarzmeer-Kurort Sotschi, das Nizza der Sowjetunion, umgeben, wurde ein unbedeutender Film gedreht. Für mich war er allerdings nicht unbedeutend, denn es handelte sich um den ersten Spielfilm, für den ich das Drehbuch geschrieben hatte. Der Regisseur rief mich fast jeden Tag an, um mich über den Fortgang der Arbeit zu informieren.

Eines Tages erhielt ich eine beunruhigende Nachricht: Einer der Schauspieler war plötzlich erkrankt, und zwar für längere Zeit. Ein Teil der Szenen, in denen er auftrat, war bereits gedreht worden, aber das Team konnte nicht auf seine Genesung warten, denn es mußte die Arbeit in einer Gegend jenseits des Polarkreises fortsetzen, solange das Klima es noch zuließ. Es gab nur einen Ausweg: das Drehbuch rasch umzuschreiben, so daß die Rolle des erkrankten Künstlers wegfiel. Der Regisseur flehte mich fast unter Tränen an, wenigstens für zwei oder drei Tage nach Sotschi zu fliegen.

Dies paßte überhaupt nicht in meine Pläne. Endlose Telefonate wurden geführt, die Situation verschlimmerte sich, und schließlich gab ich nach.

Die Maschine nach Sotschi sollte um 7.30 Uhr abfliegen. Ich hatte ein Taxi für 6 Uhr bestellt, doch um 5 Uhr klingelte das Telefon. Es war nicht der Taxifahrer. Die mir bekannt vorkommende Männerstimme war nüchtern und unpersönlich. Aus irgendeinem Grunde fiel mir auf, daß der Anrufer nicht einmal »Guten Morgen« sagte und sich nicht für die so frühe Störung entschuldigte.

»Sie wollen gerade nach Sotschi fliegen?« fragte die Stimme.

»Wer ist da?« gab ich zurück.

»Najdjonow...«

Nun erinnerte ich mich an die Stimme; sie gehörte Viktor Wassiljewitsch Najdjonow, dem Stellvertretenden Generalstaatsanwalt der UdSSR, der auf dem Territorium der Sowjet-union für sämtliche Ermittlungen der Staatsanwaltschafts-organe zuständig war. Wir waren einander recht häufig in dienstlichen Angelegenheiten begegnet (worauf ich noch aus-führlich eingehen werde), aber unsere Beziehung war nicht so freundschaftlich, daß wir einander mitten in der Nacht zu Hause angerufen hätten. Plötzlich ging mir der Gedanke durch den Kopf: Woher weiß er eigentlich von meiner Reise nach Sotschi? Aber ich hatte keine Zeit, die Frage zu stellen.

»Ich empfehle Ihnen, nicht zu fliegen«, sagte er mit militäri-scher Kürze und Entschiedenheit, ohne Details zu nennen.

»Will man mich etwa umbringen?« scherzte ich, da ich den Sinn seiner »Empfehlung« nicht recht begriff.

Najdjonow war nicht zu Scherzen aufgelegt. »So weit wird man wahrscheinlich nicht gehen...«

Langsam wurde mir klar, daß er es todernst meinte und daß ihm dieser nächtliche Anruf nicht leichtgefallen sein konnte.

»Was ist geschehen? Könnten Sie mir erklären...«

Nun waren aus seiner Stimme nicht nur Nüchternheit, son-dern auch Müdigkeit und sogar Verzweiflung herauszuhören. Verzweiflung darüber, daß sich jemand, dessentwegen er ein Amtsgeheimnis – vermutlich eine KGB-Mitteilung – enthüllte, so begriffsstutzig zeigte.

»Man wird Ihnen einen Vergewaltigungsversuch anlasten. Das Opfer und fünf Zeugen warten dann schon in dem Hotel, wo ein Zimmer für Sie reserviert ist. Ein medizinischer Experte sitzt am Telefon und wird sofort nach dem Anruf auftauchen. Diese Falle soll Ihnen heute abend gestellt werden.«

»Das klingt nach einem billigen Kriminalroman.« Ich lä-chelte ungläubig.

»Es ist Ihre Entscheidung.« Najdjonows Stimme hatte wie-der den nüchternen Tonfall eines Staatsanwalts. »Sie können fliegen, wohin Sie wollen. Ich habe Sie gewarnt. Natürlich wer-den wir nicht zulassen, daß man Sie verhaftet, aber...«

Die Pause zog sich allzusehr in die Länge.

»Aber?« wiederholte ich ungeduldig.

»Aber Ihre Existenz als Journalist und Persönlichkeit des öf-fentlichen Lebens wird beendet sein. Sie werden Ihren Ruf nicht retten können. Der Plan besteht nicht darin, Sie ins Gefängnis zu bringen, sondern darin, Sie zu kompromittieren. Ein für allemal. Man hat genug von Ihnen. Und der Plan soll um jeden Preis verwirklicht werden.«

Er hängte ein, ohne sich zu verabschieden oder zu präzisieren, wer sich hinter diesem geheimnisvollen »man« verbarg.

Es hätte sich angeboten, die Reise trotzdem anzutreten und die ganze Sache als Experiment zu betrachten. Vielleicht würde ich sensationellen Stoff für die Zeitung erhalten. Aber ich muß leider gestehen, daß ich nicht den Mut dazu aufbringen konnte.

Ich ging nach unten und bezahlte den Taxifahrer. Später schickte ich dem Regisseur ein Telegramm, in dem ich mitteilte, daß ich plötzlich schwer erkrankt sei. Mir war abscheulich zumute: Wie hatte ich nur ein solcher Waschlappen sein können?

Später sollte sich herausstellen, daß ich richtig gehandelt hatte.

Die Information, die mir der Stellvertretende Generalstaatsanwalt zukommen ließ, war unerwartet, aber sie versetzte mich nicht in Erstaunen. Bis dahin hatte ich einfach aus Naivität nicht glauben wollen, daß ein solcher Schritt möglich war. Doch dann erfuhr ich, daß die gegen mich geplante Aktion, verglichen mit dem, was *man* bereits auf dem Kerbholz hatte, nur ein harmloser Streich war.

Der Organisator dieser Aktion konnte nur jemand sein, der in dem ihm anvertrauten Gebiet wie ein unumschränkter, unanfechtbarer Diktator herrschte, der nichts und niemanden zu fürchten brauchte. Ein solcher Mann war Sergej Medunow, der schon seit sieben Jahren das Amt des Ersten Sekretärs des Regionskomitees der KPdSU von Krasnodar bekleidete. Mit anderen Worten, er war der mit totaler Vollmacht ausgestattete Gouverneur eines Territoriums, das fast so groß ist wie Spanien.

Dabei geht es nicht um rein geographische Dimensionen; ohnehin war jeder beliebige Erste Sekretär bis vor kurzem der absolute Herrscher in seinem Gebiet. Die Region Krasnodar ist vielmehr ein Spezialfall; dort liegt das bereits erwähnte Sotschi, der »Allunions-Kurort«, um die traditionelle sowjetische Terminologie zu benutzen. Und was in unserem Zusammenhang noch viel wichtiger ist: In diesem paradiesischen Winkel, den schon Stalin liebte, waren zahlreiche Regierungsdatschas zu finden. Von hier aus wurde der von den Verschwörern praktisch schon gestürzte Nikita Chruschtschow im Oktober 1964 zu der historischen, wahrhaft schicksalhaften Sitzung des Zentralkomitees gebracht. Diese Datschas wurden zur bevorzugten Sommerresidenz der neuen Machthaber, der Mitglieder des »Leninschen Politbüros« – vielleicht mit Ausnahme Leonid Breschnews, der sich am liebsten auf den früheren Zarengütern der Krim erholte.

Diesen höchsten Bossen folgten solche von etwas niedrigerem Rang und dann noch ein bißchen niedrigere, die aber trotzdem noch zur Parteispitze gehörten. Zwar hätte sich mancher aus gesundheitlichen Gründen nicht in diesem Gebiet von maximaler Luftfeuchtigkeit und minimalem Luftdruck vergnügen sollen (unter den Zaren galt die Gegend als »riskant«, geeignet nur für in Ungnade gefallene Exilanten), doch alle flogen trotzdem immer wieder hierher, um denen nahe zu sein, die am Gipfel der Machtpyramide standen. Das Leben im Kurort sorgte für Ungezwungenheit, dienstliche Beziehungen gingen unmerklich in Freundschaften über – alles begünstigt durch eine gemütvolle Intimität.

Damit diese Träume Wirklichkeit werden konnten, benötigte man entsprechende Räumlichkeiten und einen für sowjetische Verhältnisse unvorstellbaren Service, der bis ins Detail durchdacht war und Tausende von Mitarbeitern aller möglichen Dienstleistungsbereiche anzog. Dies führte zu einem fast irrealen Leben – noch nicht auf westlichem Niveau und eigentlich überhaupt nicht westlich. Aber es war auch nicht mehr sowjetisch, denn es hatte nichts mit der Existenz von Zigmillionen Sowjetbürgern gemein. Und so strömten Scharen von Urlaubern aus allen Teilen unseres gewaltigen Landes nach Sotschi, der Stadt ihrer Träume, ohne auch nur zu ahnen, wie die Bewohner der Regierungsdatschas, der Spezialsanatorien, der Spezialpensionen und -hotels ihre Tage und Nächte verbrachten. Diese Menschen, betrogen, ausgeraubt, versunken im Morast der alltäglichen Sorgen, zogen hierher, um für einige Tage oder sogar Wochen die Illusion von Komfort und

Wohlstand zu genießen, um sich vom eintönigen Grau ihrer trostlosen Existenz zu befreien, um dieselbe Luft zu atmen wie die von der Menge durch hohe Zäune getrennten »Diener des Volkes«.

Der Kriminalfall, der unter Juristen als »Sotschi-Affäre« bekannt war, wurde nicht an die große Glocke gehängt. Die Zeitungen enthielten nur wenige Zeilen, die so geschickt abgefaßt waren, daß sie bei den Lesern den Eindruck einer langweiligen und banalen Geschichte erweckten: Jemand hatte in der fernen Provinz irgend etwas angestellt, das heißt Bestechungsgelder gezahlt; die Sache war aufgedeckt und der Schuldige bestraft worden. All das brauchte den Sowjetbürger nicht aufzuregen.

Als ich jedoch eines Tages Viktor Najdjonow im Korridor des Obersten Gerichtshofes der UdSSR begegnete, fragte er mich beiläufig: »Haben Sie's gelesen?« Ich begriff nicht sofort, wovon er redete: von einem dreißig oder vierzig Zeilen langen Zeitungsartikel über einen Kriminalfall, der in meinem Gedächtnis keine Spur hinterlassen hatte. Najdjonow bemerkte meine verständnislose Miene, lächelte und ging vorbei, ohne ein weiteres Wort zu sagen.

Dann wurde mir bewußt, daß er die Frage nicht zufällig gestellt hatte. Ich verzichte auf die Beschreibung der Tricks, die damals (und auch heute) nötig waren, um in Gerichtsarchive vorzudringen. Nur soviel: Ohne Personen, welche meine Überzeugungen insgeheim teilten und die »Herren unseres Lebens« schonungslos entlarven wollten, wäre es unmöglich gewesen. Jedenfalls saß ich bereits zwei Wochen später im Dienstzimmer eines Mitglieds des Obersten Gerichtshofes der RSFSR und hatte fast sechzig Bände mit Gerichtsprotokollen vor mir liegen. Die Tür war von außen abgeschlossen. – Damit ich die Dokumente nicht mit nach Hause nehmen konnte? Nein, damit niemand erfuhr, daß ich sie las. Überall wimmelte es von Spitzeln und Denunzianten.

Ich brauchte mehrere Tage, um die Dokumente zu lesen. Das Material hätte für zehn oder zwanzig Romane gereicht. Nun wußte ich, was sich hinter dem verschmitzten Lächeln des Stellvertretenden Generalstaatsanwalts verborgen hatte.

Die sechzig Bände waren sozusagen das Nebenprodukt einer

viel größeren Angelegenheit, die unter Juristen als der »Fisch-Fall« oder »Okean« bezeichnet wurde. Okean war der Name einer Firma, die im ganzen Land Hunderte von Geschäften betrieb; sie verkaufte Meeresfrüchte – nicht nur frischen und gefrorenen Fisch, sondern hauptsächlich gesalzene und geräucherte Produkte, eine von den Russen besonders geschätzte Delikatesse. Und, was noch wichtiger ist, sie verkaufte auch schwarzen und roten Kaviar. Bei alledem handelte es sich um Mangelwaren, die man nicht mehr in den Auslagen der Fischgeschäfte finden konnte. Das Ministerium für Fischwirtschaft der UdSSR verfügte jedoch über erhebliche Reserven und hatte das Recht, die Delikatessen über die Ladenkette der ihm unterstehenden Firma Okean abzusetzen. Unter den akuten Mangelbedingungen wurden Kaviar, Krabben, Stör und Lachs gleichsam zu einer harten Währung – mehr noch, zu einem Schlüssel, mit dem sich alle möglichen Türen öffnen ließen.

Der Schwindel funktionierte folgendermaßen: Führende Vertreter des Ministeriums trafen eine (natürlich nicht uneigennützige) Vereinbarung, in irgendeiner Stadt eine Okean-Filiale zu eröffnen. Örtliche Funktionäre ernannten (natürlich nicht uneigennützig) das Personal. Die Vertreter des Ministeriums kamen (natürlich nicht uneigennützig) einer (natürlich nicht uneigennützigen) Bestellung der örtlichen Funktionäre nach und belieferten deren Geschäft mit zusätzlichen Mengen von Kaviar, Krabben und erlesenen Fischen. Diese Lieferungen erreichten, wie sich versteht, niemals den Ladentisch, sondern wurden fast ausnahmslos von illegalen Zwischenhändlern zum Fünf- oder Sechsfachen des offiziellen Preises losgeschlagen. Etwa ein Drittel dieser Gelder ging an die direkt an der Operation Beteiligten, und zwei Drittel wurden für die Bestechung derjenigen aufgewandt, von denen nicht nur der Schutz der Verbrecher, nicht nur deren Arbeitsplatz, sondern auch deren künftiger Aufstieg abhing.

Dies also war der Schwindel, durch den regelmäßig – und im wesentlichen ohne große Mühe – gewaltige Summen verdient wurden, die das Grundkapital einer illegalen Bank in Sotschi bildeten. Es gab viele derartige Banken in verschiedenen Städten, und sie alle konnten – wiederum ohne große Mühe, nur mit einem Federstrich – vom Stellvertretenden Minister für

Fischwirtschaft der UdSSR, Rykow, mit »heißem« Geld versorgt werden. Es ist durchaus möglich, daß sich der Schwindel noch viel länger hingezogen hätte, doch Rykow und seine Spießgesellen waren zu selbstsicher und übernahmen sich. Das Signal zu ihrer Entlarvung kam nicht aus der Heimat, sondern aus dem Ausland. Einer (natürlich nicht uneigennützigen) Vereinbarung zufolge wurden Tausende als »Sprotten in Tomatensauce« oder »Salzhering« etikettierte Dosen Kaviar an ausländische Handelspartner geschickt. Der Preisunterschied wurde unter einer riesigen Armee von Komplizen aufgeteilt, doch die Summen, sowohl in Rubeln wie in Devisen, war so gewaltig, daß sie für alle reichten.

Nur größte Naivität und Dreistigkeit hatten den Stellvertretenden Minister und seine prächtige Mannschaft zu einer so riskanten Aktion verleiten können. – Glaubten sie wirklich, daß unter den Hunderten in die Sache verwickelten Personen keine einzige mit einem Gefühl staatsbürgerlicher Verantwortung sein würde? Schließlich gibt es sowohl in der Sowjetunion als auch im Ausland genug Denunzianten.

Ich muß den Zusammenbruch der Firma Okean erwähnen, denn sonst kann der Leser nicht begreifen, wie eine der ersten und mächtigsten sowjetischen »Mafias« entstand, organisiert wurde, sich entwickelte und sämtliche Bestandteile des politischen Systems der Sowjetunion – auch den treuesten Leninisten: das Oberhaupt der Kommunistischen Partei und des sowjetischen Staates – in ihren Kreis einbezog.

Ich unterstreiche noch einmal: Sotschi ist nicht einfach ein geographischer Ort, eine Stadt wie Hunderte und Tausende andere auch. Es ist einzigartig und unnachahmlich in unserem Land. Diejenigen, die für den Empfang der teuren Gäste aus der höchsten Machtspitze verantwortlich waren, konnten unbegrenzte Kredite in Anspruch nehmen. In die führenden städtischen Ämter rückten aber nur Menschen vor, die in der Lage waren, den Moskauer Würdenträgern die besten Dienste zu erweisen und gleichzeitig den größtmöglichen Profit aus deren Urlaub an der Schwarzmeerküste herauszuholen.

Einer dieser örtlichen Funktionäre war Wjatscheslaw Woronkow, der Bürgermeister von Sotschi. Ein fähiger Bauingenieur und noch nicht einmal dreißig Jahre alt, hatte er sich rasch an die Spitze verschiedener Bauorganisationen vorgearbeitet. Im Gegensatz zu anderen Städten wurde der Hauptkurort des Landes intensiv ausgebaut. Vorzügliche Experten wurden benötigt, und in diesem Stadium waren die Karrieresprünge des jungen Ingenieurs vollauf gerechtfertigt. Niemand war überrascht, als er bereits mit zweiunddreißig Jahren Stellvertretender Bürgermeister von Sotschi, zuständig für Bauarbeiten, wurde. Nachdem er diesen Posten angetreten hatte, kam er natürlich mindestens einmal im Monat mit Medunow, dem Herrscher der Region, zusammen. Dieser hatte seine Karriere ebenfalls in Sotschi begonnen und war einst Erster Sekretär des Stadtkomitees der Partei gewesen. Woronkow sagte ihm zu, und damit war der Weg frei für einen weiteren Aufstieg des jungen Mannes.

Unter Stalin hatte persönliche Loyalität in solchen Fällen ausgereicht. Jeder, an dessen unbedingter Treue der »Führer und Lehrer« nicht zweifelte, konnte mit seinem majestätischen Segen rechnen. Unter Chruschtschow wurde diese Tradition fortgesetzt, wenn auch mit einer zusätzlichen Nuance: Viele legten nur Lippenbekenntnisse ab und waren in der Praxis alles andere als loyal. Und wie wir wissen, verrieten sie ihren »lieben Nikita Sergejewitsch« nicht nur, ohne mit der Wimper zu zukken, sondern sogar freudig und mit Genuß.

Bereits Anfang der siebziger Jahre wurde dieses wohlorganisierte System des dienstlichen Aufstiegs unter Breschnew modernisiert: Ein Treueschwur hatte nichts zu bedeuten, wenn er keine materielle Ausdrucksform fand. Folglich mußte Woronkow, der die Sympathie seines Herrn spürte und die Anspielung begriff, daß sich sein dienstlicher Status zum Besseren wenden konnte, nun Garantien dafür liefern, daß er auf einem höheren Posten *nützlich* sein und die ihm erwiesenen Wohltaten *nie* vergessen würde.

Es wäre ein Fehler anzunehmen, daß all diese komplizierten Schachzüge direkt und unverhohlen gemacht wurden. Natürlich erpreßte niemand Bestechungsgelder, stellte Bedingungen oder schlug vor, dies oder jenes im Austausch für etwas anderes zu tun. Statt dessen wurde ein neues Ritual von »Parteibeziehungen« ausgearbeitet und in die tägliche Praxis umgesetzt. Die präzise Befolgung des Rituals bedeutete, daß man die Spielregeln akzeptierte, um in die Kaste der Auserwählten aufgenommen zu werden.

Die Hauptsache bei diesem Schachspiel war der erste Zug: die Überreichung eines symbolischen Geschenks. Gott bewahre, zunächst wurde nichts Wertvolles angeboten, etwa Gold oder Silber oder, schlimmer noch, Geld. Das wäre die gröbste Verletzung der Etikette gewesen und hätte sofort den Zusammenbruch der Karriere oder sogar einen Gefängnisaufenthalt nach sich gezogen. Der erzürnte Parteiwürdenträger hätte eine stolze Pose eingenommen und den Versuch, ihn zu kaufen, angeprangert. Eingedenk des heiligen Parteistatus und der Strafgesetzgebung hätte er selbstverständlich die gebührenden Maßnahmen eingeleitet.

Aber wenn ihm – »aus reinstem Herzen« – ein Sortiment teuren Cognacs oder ein Korb mit Früchten »aus Großvaters Garten« angeboten wurde, so galt dies als normal, als angemessen, als traditionsgemäß. Das bescheidene Geschenk diente als Test. Einerseits verpflichtete es niemanden zu irgend etwas – schließlich konnte man den mächtigen Parteichef einer ganzen Region nicht mit einem Apfel oder einem Pfirsich kaufen! Andererseits diente es als ein verschlüsseltes Signal: Der Schenkende gab damit zu verstehen, daß dem Pfirsich etwas Bedeutenderes folgen würde; der Beschenkte, der die »Spende« annahm, statt sie dem Schenkenden ins Gesicht zu werfen, gab dadurch zu verstehen, daß die Beziehung geknüpft war und fortgesetzt werden durfte.

Jedoch erhielt auch der höchste Funktionär kein Gehalt, das ausgereicht hätte, ein Sortiment Cognac oder gar etwas »Bedeutenderes« zu verschenken, und offensichtlich gab es keinen »Großvater mit einem Garten«. Dafür hing von solchen Funktionären – und nur von ihnen! – das Schicksal zahlloser Untergebener ab. Auf den Stellvertretenden Bürgermeister waren verschiedene Bosse der Bauverwaltung, Direktoren von Kombinaten, Großhandelsstützpunkten, Garagen usw. angewiesen. Die gleichen ungeschriebenen Spielregeln galten wiederum für die Beziehungen der Direktoren zu ihren eigenen Untergebenen, ihren Stellvertretern und Abteilungsleitern, und dann für das Verhältnis zu deren Untergebenen, bis hin zum gewöhnlichen Chauffeur, dem seine Arbeit ebenfalls teuer war. Denn in der UdSSR hatte nicht nur derjenige die Möglichkeit, sich zu bereichern (oder wenigstens sein Leben erträglich zu machen), der die Dinge lenkte, sondern auch derjenige, der nur am Lenkrad saß.

Bald wurde Woronkow Bürgermeister. Am selben Tag fand er auf seinem Schreibtisch ein Sortiment Cognac vor, das ihm von anonymen Freunden geschickt worden war. Zu Hause erwarteten ihn – natürlich ebenfalls von Freunden entsandt, die ihre Namen aus Bescheidenheit verschwiegen – Obst, Kaviar und Fischdelikatessen. Die Falle war zugeschnappt, die Knoten der gegenseitigen Verpflichtung waren geknüpft.

Dies alles beschrieb ich in dem Artikel »Der Deckmantel«, der eine ganze Seite in der *Literaturnaja gaseta* einnahm. Ich schilderte, wie der Bürgermeister mit unbegreiflicher Geschwindigkeit zu einem korrupten Menschen geworden war, der viele tausend Rubel für verschiedene Gefälligkeiten erhielt, aber auch winzige Gaben für die Beschaffung eines sonst nicht verfügbaren Flugtickets oder eines Zimmers in einem guten Strandhotel auf dem Höhepunkt der Saison nicht verschmähte.

Schon die Geschichte der Veröffentlichung des Artikels hätte aus einem Kriminalroman stammen können. In einer Wochenzeitung werden die Spalten im voraus gesetzt; man kann sie nicht nur in der Setzerei, sondern auch an den Bürowänden des Chefredakteurs und seiner Stellvertreter einsehen. In diesem Fall trafen wir vorbeugende Maßnahmen: Die Spalten waren nirgends zu sehen. Statt dessen hängten wir die Seiten eines anderen, nicht zur Veröffentlichung vorgesehenen Artikels auf, um sogar unsere eigenen Kollegen irrezuführen. Gleichzeitig streuten wir in der Redaktion das Gerücht aus, daß die Publikation meines Artikels durch den Anruf eines mysteriösen Politbüromitglieds gestoppt worden sei. Andererseits informierten wir den Redaktionszensor, der verpflichtet war, die Führung über jeden verdächtigen Artikel in Kenntnis zu setzen, daß der Chefredakteur selbst entschieden gegen die Publikation sei, während ein mysteriöses Politbüromitglied aus unbekannten Erwägungen darauf bestehe. Anscheinend werde ein Revirement vorbereitet, und es sei nicht unsere Sache, uns in die Kreml-Intrigen einzumischen.

Nachdem wir also allen Sand in die Augen gestreut und die Aufmerksamkeit zahlreicher Denunzianten eingeschläfert hatten, gingen wir auf die Zielgerade. In diesem Moment erschien ein seltsamer Besucher bei mir: ein junger, sympathischer Mann mit einem angenehmen Lächeln und guten Manieren. Er empfahl sich als langjähriger Leser und glühender Bewunderer meiner Artikel, blinzelte vielsagend und erklärte, er wisse von der bevorstehenden Veröffentlichung und erwarte sie voll Ungeduld. Aber... aber es gebe andere, die den Artikel durchaus nicht freudig erwarteten, sondern sein Erscheinen sogar ablehnten. Sie seien bereit, ihre *Dankbarkeit* zum Ausdruck zu bringen, falls ich *vorläufig* auf die Publikation verzichtete.

»Wieviel?« fragte ich ohne Umschweife.

Der junge Mann runzelte die Stirn. »Warum so derb? Kommen Sie nach Sotschi – zur Erholung, zur Entspannung, es ist doch Frühling...«

In der Tat: Der Frühling in Sotschi ist herrlich, und ich hatte keinen Zweifel, daß mich ein königlicher Empfang erwarten würde.

Zwei Tage später erschien der Artikel und löste eine Sensation aus. Seitdem habe ich mich von Sotschi ferngehalten.

Auf die Veröffentlichung reagierten nicht nur die Leser, die Tausende von Briefen an die Redaktion schickten, sondern auch viele westliche Zeitungen, darunter die *Times*, der *Daily Telegraph*, die *International Herald Tribune* und *Le Monde*.

Vor kurzem fand ich ein merkwürdiges Dokument in unserem Redaktionsarchiv. Es trug die Überschrift »Memorandum« und war weder mit einem Datum noch mit einer Unterschrift versehen. Aber dem Inhalt nach zu schließen, kam es entweder von »ganz oben« oder »von der Seite«, das heißt von einem Geheimdienst. Der Text lautete: »Wie aus den Kommentaren der bourgeoisen Presse hervorgeht, wird der Artikel ›Der Deckmantel‹ als Indiz für den angeblichen Kampf innerhalb der sowjetischen Führung gedeutet, wo eine ›Gruppe‹ im Bemühen, die Oberhand über eine andere ›Gruppe‹ zu gewinnen, diese zu diskreditieren suche und verleumderisch der ›Korruption‹ und der ›Kontakte zur Unterwelt‹ bezichtige...

17

Man stellt die unbewiesene Behauptung auf, der Artikel sei von ›einer Gruppe gegen die andere‹ angezettelt worden, wodurch die Zeitung als Sprachrohr eines bestimmten Teils der Staats- und Parteiführung wirke... Deshalb muß die Veröffentlichung des betreffenden Artikels als Fehler betrachtet werden.«

Natürlich war nichts Derartiges in der »bourgeoisen Presse« geschrieben worden. Es handelte sich einfach um die grobe und äußerst banale, jedoch seit Jahren unzweifelhaft wirksame Methode der »zuständigen Dienste«, alle zu kompromittieren, die ihrer Meinung nach kompromittiert werden mußten.

Interessant ist, daß mich niemand auf dieses »Memorandum«, das in erster Linie mich betraf, aufmerksam gemacht hatte. Als während einer kurzen Redaktionsbesprechung auf die Wichtigkeit der Veröffentlichung hingewiesen wurde und einer der Redaktionsmitarbeiter (natürlich, ohne etwas über die Position der »Spitzenleute« zu wissen) erklärte, der Artikel werde der sowjetischen Mafia einen Schlag versetzen, unterbrach der damalige Chefredakteur Alexander Tschakowskij den Redner mit den energischen Worten: »Es gibt keine Mafia in der Sowjetunion. Schreiben Sie sich das hinter die Ohren!« Genau das taten wir. Es war das Jahr 1980.

Aber was war an dem Artikel so bedrohlich gewesen? Und wer fühlte sich bedroht? Wer hatte den Mittelsmann mit dem verführerischen Angebot entsandt, mich selbst mehr oder weniger in die Mafia aufzunehmen, die es bei uns »nicht gibt«? Wer hatte das unheilvolle »Memorandum« verfaßt, mit dem offensichtlich vor der Wiederholung einer so gefährlichen Frechheit gewarnt werden sollte?

Die Antwort auf all diese Fragen wurde mir klar, als ich jene aus sechzig Bänden bestehenden Gerichtsprotokolle las und zu begreifen versuchte, weshalb sie, die dem Anschein nach nichts Besonderes darstellten, von solch einer Geheimhaltung umgeben waren. Selbst dem ungeschulten Auge konnte nicht entgehen, daß der entlarvte Bürgermeister und die mit ihm verhafteten Direktoren mehrerer Geschäfte und Restaurants keinen in sich geschlossenen Kreis diebischer Funktionäre bildeten. Die Fäden führten weiter und weiter und höher und höher, und dann wurden sie auf eine sehr ungeschickte, plumpe Weise durchgetrennt. Wenn zum Beispiel ein starkes Mißverhältnis zwischen den bezogenen Bestechungsgeldern und den bei den Verhafteten gefundenen Summen besteht, wird jeder halbwegs erfahrene Ermittler unweigerlich fragen: Wo ist das übrige Geld? Wofür haben Sie es ausgegeben? An wen haben Sie es weitergereicht? Die Antwort mag eine Lüge sein, aber sie ist für die Ermittlung unerläßlich. Doch solche Fragen wurden gar nicht erst gestellt, obwohl die erfahrensten Kriminalisten des Landes die Untersuchung durchführten.

Ein zweites Beispiel: Zahlreiche Bestechungsgelder wurden für die Berufung auf hohe Posten in der Stadt oder in der Region gezahlt. Aber ein erheblicher Teil dieser Posten unterstand nicht dem Bürgermeister, die Ernennung hing also nicht von ihm ab. Mit anderen Worten, es war klar, daß er die Gelder mit höhergestellten Kollegen geteilt haben mußte. Aber die Ermittler, die einen erstaunlichen Mangel an Neugier zeigten, ließen diese Tatsache außer acht.

Andererseits war das Niveau der Ermittlungen so hoch, daß hier keine Schlampigkeit im Spiel sein konnte, sondern daß es sich um einen bewußten oder, genauer gesagt, durch Druck von oben erzwungenen Akt handeln mußte. Selbst unter den Richtern war kein einziger Jurist, der den Angeklagten die bisher versäumten Fragen stellte. Als sich einer der Verteidiger trotz allem bei seinem Mandanten erkundigte, ob dieser seine Einnahmen nicht mit irgend jemandem habe teilen müssen, unterband der Richter die Frage hastig, weil sie »nichts mit der Sache zu tun hat«.

Die mächtige Gestalt Sergej Medunows, des ungekrönten Königs der Region, ragte nur zu deutlich unter all den Gestalten hervor, die im Schatten blieben. Dies wurde sogar jenen klar, die emsig die Augen vor der Realität verschlossen.

Aber außerhalb des Gerichtssaals waren die Menschen weniger blind. Die unverhohlene, zynische Impertinenz, die von Medunow und seinen Handlangern zur Schau gestellt wurde, lieferte seit langem nicht nur für Gespräche im Freundeskreis Stoff. Vielmehr waren Tausende von Briefen an den Moskauer Kreml, mithin an den heißgeliebten und hochverehrten Genossen Breschnew, geschickt worden. In jedem dieser Briefe war von Rechtsbrüchen, erpreßten Abgaben, Veruntreuung von Staatseigentum und willkürlichen Abrechnungen mit unbotmäßigen Personen die Rede, und in jedem Brief wurde Medunow als der Schuldige angeprangert. Allerdings gingen die Briefe unterwegs verloren, und wenn manche doch den Kreml erreichten (viele, welche die örtliche Postzensur fürchteten, schickten die Schreiben aus Nachbargebieten oder sogar direkt in Moskau ab), so lagen sie in Amtszimmern herum oder wurden »zur Einleitung von Maßnahmen« an ebenjenen Medunow zurückgeschickt. Und der traf folgende Maßnahmen: Hunderte, ja Tausende von Menschen, die Gerechtigkeit begehrten, büßten ihren Arbeitsplatz ein, wurden in fingierten Gerichtsverfahren belangt und verwesten in Gefängnissen, Lagern und psychiatrischen Anstalten.

Doch selbst Medunow stand nicht an der Spitze jener Pyramide, innerhalb der die von Woronkow und seinen Komplizen gesammelten Geschenke hinaufgereicht wurden. Die Gaben wurden noch weiter befördert: dorthin, wo Breschnew und die Angehörigen seines Clans thronten. Deshalb fühlte Sergej Medunow sich unangreifbar, denn schließlich deckte ihn der breite Rücken Leonid Breschnews selbst.

Bereits sieben Jahre zuvor hatte sich Medunows Pfad mit meinem gekreuzt. Es kam zu einem fernen, doch feindseligen Kontakt. Ich hatte keine Ahnung, wem ich den Fehdehandschuh hinwarf, deshalb kann ich mich bei dieser Auseinandersetzung keines Heldentums rühmen. – Wer hätte gedacht, daß ein einfacher, alltäglicher journalistischer Auftrag, der keinen Zusammenstoß mit den Behörden, sondern nur einen mehr oder weniger interessanten Zeitungsartikel verhieß, solche Folgen haben würde?

In der Stadt Krasnodar gibt es ein medizinisches Institut, das für seine langen und stolzen Traditionen bekannt ist. Den Lehrstuhl für Epidemiologie an diesem Institut bekleidete Professor Z., ein Gelehrter mit hoher Reputation, der nicht nur in der UdSSR geachtet wurde. Man hatte ihn mit verschiedenen Ehrentiteln und -diplomen, mit Orden und Medaillen ausgezeichnet. Kurz vor den im folgenden beschriebenen Ereignissen hatte er eine zentrale Rolle bei der Rettung des Landes (oder zumindest seiner Region) vor einer Choleraepidemie gespielt, die in dem Schwarzmeerhafen Noworossijsk, unweit von Krasnodar, ausgebrochen war. Und plötzlich wurde dieser verdiente Wissenschaftler, der seit Jahrzehnten hier gearbeitet und Tausende von jungen Ärzten ausgebildet hatte, von seinem Arbeitsplatz entlassen und aus der Partei ausgeschlossen (damals war dies eine brutale Bestrafung, die der Zerstörung seines Lebens gleichkam). Man schickte sich sogar an, ihm nicht nur seine Auszeichnungen, sondern auch seinen Professorentitel abzuerkennen.

Was hatte der Wissenschaftler auf dem Kerbholz? Nichts anderes, als daß seine beiden Söhne von dreiunddreißig und dreißig Jahren unter die Säufer geraten waren und an der Vergewaltigung von zwei nicht mehr ganz jungen Damen teilgenommen hatten.

Ich werde und möchte nichts zur Verteidigung der Söhne sagen, denn diese ganze schmutzige Geschichte macht einen äußerst abstoßenden Eindruck. Aber ich war verblüfft über die unangemessene Reaktion, die sich nicht nur gegen die Vergewaltiger, sondern auch gegen ihren Vater richtete. Mein Zeitungsartikel behandelte daher die Frage, ob die gegen ihn eingeleiteten Verwaltungsmaßnahmen gerechtfertigt und legal waren.

Durch eine seltsame Laune des Schicksals war dies der einzige Fall, in dem ich mich den Wünschen meiner Vorgesetzten beugte und den Artikel unter einem Pseudonym schrieb. Man könnte fragen, wozu ein Autor, der einen recht soliden, in jahrelanger Arbeit erworbenen journalistischen und schriftstellerischen Namen besitzt, ein Pseudonym benötigt. Aber die *Literaturnaja gaseta* fürchtete sich damals (und auch später, in der Zeit der Perestroika) geradezu panisch vor der Bezichtigung, sie sei projüdisch. Die Zeitung wurde von Alexander Tschakowskij, einem Juden, geleitet; sein erster Stellvertreter war Witalij Syrokomskij, verheiratet mit einer Jüdin und aufgewachsen in der Familie seines jüdischen Stiefvaters. Viele Journalisten der Zeitung waren derselben »schändlichen« Herkunft, und auch unter den ständigen Korrespondenten waren Menschen mit »unpassendem« Familiennamen. Die Furcht, der Zugehörigkeit zum »Zionistennetz« angeklagt zu werden, schwebte ständig über unseren Vorgesetzten und veranlaßte sie manchmal zu albernen und unsinnigen Schritten. Man schlug mir oft vor, auf meinen Namen zu verzichten und mir ein Pseudonym zuzulegen. Ich weigerte mich stets energisch, aber in diesem Fall willigte ich ein. Intuition? Die Hand Gottes? Wer weiß...

Drei Wochen nach Erscheinen meines Beitrags traf in der Redaktion der *Literaturnaja gaseta* ein Brief aus der Redaktion der *Prawda* ein, dem zentralen Parteiorgan, dessen Wort in jenen Jahren noch als höhere Gewalt galt. Darin wurde »Genosse Rosanow« (unter diesem Pseudonym war mein Artikel erschienen) zu einem Gespräch »eingeladen«. Es war unmöglich, seine wahre Identität vor dem zentralen Parteiorgan zu verbergen, und ich machte mich auf den Weg.

Die majestätische Parteidame Nina Matwejewa (in jüngerer Vergangenheit Chefredakteurin der *Pionerskaja prawda*, des wichtigsten Presseorgans zur Verdummung von Millionen sowjetischer Kinder), mit ihren im Kreml-Salon gelegten silbergrauen Locken prunkend, fixierte mich wie eine Boa, die ein schmackhaftes Essen in Gestalt eines Kaninchens vor sich sieht. Neben ihr saß ein junger Kollege, der sich heute – bereits nicht mehr jung – auf einen hohen Posten bei der *Prawda* emporgearbeitet hat: Oleg Matjatin.

»Wen hatten Sie da aufs Korn genommen, Genosse Rosanow-Waksberg?« fragte mich die ehrenwerte Dame mit einschmeichelnder, selbstzufriedener Stimme, und ihr junger Kollege begann, sich auf seinem Block Notizen zu machen.

Wen hatte ich aufs Korn genommen? Natürlich hatte man den Professor nur mit Zustimmung des Regionskomitees der KPdSU entlassen und aus der Partei ausschließen können. Doch wer fühlte sich persönlich beleidigt? Und warum? Ich wußte es wirklich nicht.

»Ach, Sie wissen es nicht!« sagte die Parteidame noch einschmeichelnder. »Dann haben wir nichts mehr zu besprechen. Vielen Dank.« Sie stand auf und nickte kurz: Die Audienz war nach fünf Minuten beendet.

Ich war kein journalistischer Anfänger und begriff natürlich, wozu das Schauspiel nötig gewesen war. Nach den pseudodemokratischen, doch unveränderlichen sowjetischen Regeln darf kein kritischer Artikel ohne ein »Gespräch« mit dem Gegenstand der Kritik in einer Zeitung erscheinen, um so weniger, wenn der »Gegenstand« ein Kollege ist. Der Formalität halber war eine Begegnung mit mir erforderlich gewesen.

Nun brauchte ich also nur noch auf einen vernichtenden Artikel in der *Prawda* zu warten. Darin würde man das Pseudonym enthüllen, genau wie in den unvergeßlichen Jahren des Kampfes gegen den »Kosmopolitismus«, denn es galt, nicht nur den ominösen »Genossen Rosanow«, sondern auch den konkreten »Bürger Waksberg« zugrunde zu richten. Die Folgen waren unausweichlich, denn niemand konnte mit der *Prawda* diskutieren.

Ich kehrte in die Redaktion zurück und ging sofort zum stellvertretenden Chefredakteur. Schon nach meinen ersten Worten war er im Bilde und machte sich zum Chefredakteur auf. Eine Minute später rannte Tschakowskij – er warf sich im Laufen den Mantel über – aus seinem Zimmer und eilte, da er nicht die Geduld hatte, auf den Lift zu warten, trotz seiner sechzig Jahre die Treppe hinunter.

Etwa drei Stunden später wurde meine Zimmertür aufgerissen. Der Chefredakteur hatte mich noch nie mit seinem Besuch beehrt, doch nun stand er auf der Schwelle. Sein Mantel war nicht zugeknöpft, sein Schal hing schief herunter, eine erloschene Zigarre klemmte ihm zwischen den Zähnen, und er hatte Schweiß auf der Stirn. »Wenn Sie wüßten, wie ich Sie satt habe«, knurrte er und schlug die Tür zu. Dies bedeutete, daß er meine Haut gerettet hatte.

Was war geschehen? Selbstverständlich ging es dem Chefredakteur nicht um mein Schicksal, sondern um das Prestige der Zeitung. Ohne Zeit auf niedrigere Funktionäre zu verschwenden, hat er sich direkt zu Suslow* begeben. Dieser konnte seine Bitte nicht abschlagen, denn die persönlichen Kontakte Tschakowskijs zu Breschnew und das Wohlwollen, das ihm der »treue Leninist und Führer der kommunistischen Weltbewegung« entgegenbrachte, waren allgemein bekannt. Durch

---

* Michail Suslow: unter Breschnew Chefideologe und »graue Eminenz«, der zweite Mann in Staat und Partei.

einen einfachen Knopfdruck erfuhr Suslow, daß der vernichtende Artikel der *Prawda* am folgenden Tag veröffentlicht werden sollte. Aber er erschien weder am folgenden Tag noch später. Genosse Suslow hielt den Anlaß für zu geringfügig, um eine »ideologisch wertvolle« Zeitung wie die *Literaturnaja gaseta* zerschmettern zu lassen, um so mehr, als »Genosse Tschakowskij verspricht, den Autor des Artikels, Genosse Rosanow-Waksberg, durch eine Redaktionsverfügung zu bestrafen«.

Es kam zu keiner Verfügung (die Redaktion zog es vor, über die Sache zu schweigen), doch der Anlaß war, wie sich erwies, keineswegs geringfügig. Dies erfuhr ich allerdings erst zwei oder drei Jahre später, als ich im Haus der Journalisten in Moskau zu Mittag aß und ein mir unbekannter Mann an meinen Tisch trat. Er stellte sich mit einer höchst ungewöhnlichen Einführung vor: »Ich bin derjenige, der die Angelegenheit für Sie ausbaden mußte.« Er war ein früherer *Prawda*-Korrespondent in der Region Krasnodar und hatte den vernichtenden Artikel verfaßt, der dann nicht erscheinen durfte. Deshalb war er von Medunow persönlich aus Krasnodar hinausgeworfen worden. Als ob er – oder irgendein anderer – sich der Entscheidung des Genossen Suslow hätte widersetzen können!

Nun begriff ich, welcher Mechanismus gegen mich in Bewegung gesetzt und welche Personen in diese unsichtbare Welt der Intrigen einbezogen worden waren. Aber was hatte ihn in Bewegung gesetzt? Die unangemessene Reaktion auf einen im Grunde trivialen Vorfall wollte mir nicht aus dem Kopf. Ich machte den Professor ausfindig, der aus Krasnodar, wo er sein ganzes Leben verbracht hatte, geflohen war, um sich in Odessa niederzulassen. Es dauerte lange, ihn zu einem Gespräch zu bewegen, denn die Furcht vor weit schlimmeren Folgen und das Gefühl der Hilflosigkeit gegenüber mächtigen und rachsüchtigen Kräften versiegelten ihm die Lippen. Aber irgendwie hatte ich ihn vor dem völligen Niedergang bewahrt, denn man hatte ihm den Professorentitel nicht aberkannt, was ihm eine Chance gab, wieder auf die Beine zu kommen. Deshalb war er schließlich bereit, mit mir zu reden, nahm mir jedoch mein Ehrenwort ab, »mindestens zehn Jahre lang« zu schweigen. Seitdem sind zwölf oder mehr Jahre vergangen, und mein Gelübde gilt nicht mehr.

Welches Geheimnis enthüllte mir der Professor?

Damals war die Praxis, Studenten auf Befehl von oben an »angesehenen« Instituten aufzunehmen, bereits zu einer Alltäglichkeit geworden, die niemanden mehr verwunderte. »Angesehene« Institute waren solche, deren Abschluß eine gute Karriere oder ein gutes Einkommen verhieß. Der Stolz des Sowjetsystems – das kostenlose Gesundheitswesen – hatte unter den Bedingungen des umfassenden Mangels und der totalen Gleichgültigkeit dem Individuum gegenüber dafür gesorgt, daß der Arztberuf zu einem der einträglichsten wurde. Nur wer sehr wohlhabend ist, konnte und kann es sich erlauben, krank zu werden. Andernfalls muß man sich auf Gott verlassen oder mit dem sicheren Tod rechnen.

In den Universitätsverwaltungen gewöhnte man sich rasch daran, von höheren Behörden Listen mit Abiturienten zu erhalten, die unbedingt akzeptiert werden mußten; zudem besaßen die Aufnahmekommissionen nun einen Leitfaden dafür, wer bei der Prüfung durchzufallen und wen man mit einer guten Zensur zu bedenken hatte. Schließlich wußten die hohen Parteifunktionäre besser als alle Professoren, wem es beschieden war, Arzt, Jurist oder Lehrer zu werden. Aber damals, Anfang der siebziger Jahre, genügten die richtigen ideologischen Anschauungen und die makellos reine Biographie der Vorfahren nicht mehr, um einen Passierschein für den Tempel der Wissenschaft zu bekommen. Die Parteibürokraten machten den Empfehlungsprozeß für die Aufnahme von Abiturienten zu einem illegalen Basar. Jede Empfehlung kostete Geld, und die Gebühr stieg ständig, da sie ja manchmal mit Kollegen geteilt werden mußte, die auf höheren oder auch auf niedrigeren Sprossen der Karriereleiter standen.

In das Kubaner Medizinische Institut der Stadt Krasnodar strömten – seiner geographischen Lage wegen – Trottel und Ignoranten aus den reichen Nachbarrepubliken: Georgien, Armenien, Aserbaidschan, Dagestan und Nord-Ossetien. Nur der geographischen Lage wegen? Nein, die Kunde davon, daß das Regionskomitee der Partei Bestechungsgelder akzeptierte, hatte sich überall im Kaukasus verbreitet. Ein Platz im Medizinischen Institut kostete vier- bis sechstausend, manchmal sogar zehntausend Rubel – keine geringe Summe für damalige Zeiten, obwohl sie heute lächerlich niedrig wirkt. Die Zahl der Bewerber, die nicht Kenntnisse im Kopf, sondern Geld in der Tasche mitbrachten, war so groß, daß für normale Sterbliche überhaupt keine Plätze mehr übrigblieben. Der sogenannte Aufnahmewettbewerb verwandelte sich in eine Auktion: Wer am meisten bezahlte – oder wer die mächtigsten Gönner hatte –, wurde Student. Gelegentlich nahm ein mächtiger Gönner, der sich des raschen Konjunkturwandels nicht bewußt war, sogar weniger als ein durchschnittlicher Apparatschik, und dies führte zu Beißereien im Wolfsrudel, denn Dumpingpreise drohten den reibungslos funktionierenden Markt zu untergraben.

Spielte Professor Z. vielleicht auch eine bescheidene Rolle auf diesem »Markt«? Ich möchte mir keine Meinung darüber erlauben, da ich die Fakten nicht kenne, aber jedenfalls widersetzte er sich – entweder aus professionellen, rein ehrenhaften Motiven oder aus irgendwelchen anderen Gründen – der Aufnahme einiger Abiturienten. Er erklärte mir gegenüber: »Diese jungen Leute waren weit jenseits der Grenze des Zulässigen; bei minimaler Objektivität hätte man ihnen nicht einmal einen Grundschulabschluß geben dürfen.«

Der arme Professor wußte nicht, daß die Aufnahme dieser Dummköpfe aus einer kaukasischen Bruderrepublik vom Ersten Sekretär des Regionskomitees der Partei persönlich, also von dem allmächtigen Sergej Medunow, vorgeschlagen worden war. Wie es die Ironie des Schicksals wollte, ließ der Professor bereits nach mehreren Monaten einen Studenten im Examen durchfallen, der durch die Fürsprache des Herrschers der Region ans Institut gekommen war. Und als der Student das Examen von neuem ablegte, wiederholte sich die Situation: Der fast analphabetische künftige Arzt konnte keine einzige Frage beantworten.

Das Ganze begann nach einer Provokation auszusehen. Als man Medunow über den widerspenstigen Professor Bericht erstattete, interpretierte er dessen Verhalten als einen persönlichen Angriff. Natürlich konnte der Professor deswegen nicht entlassen werden, weshalb Medunow auf eine günstige Gelegenheit wartete. Die Söhne des Professors kamen ihm durch den glücklichen Zufall ihrer Verhaftung zu Hilfe.

Folgendes Detail ist noch interessanter: Als ich meinen Kollegen bei unserer Begegnung im Haus der Journalisten fragte, wessen er mich in dem nicht erschienenen *Prawda*-Artikel hätte bezichtigen können, antwortete er: »Das ist ganz einfach. Dessen, daß Sie bei der Verteidigung des Professors eigennützig gehandelt haben.«

Diese Leute legten an alles ihre eigenen schäbigen Maßstäbe an. Sie waren nicht in der Lage, sich vorzustellen, daß ein Journalist von anderen Motiven geleitet werden könnte. Ihr Verstand reichte nicht, sich etwas anderes auszudenken. – Doch jede beliebige Anschuldigung wäre akzeptiert worden (wenn ich mich vor Gericht hätte verteidigen wollen), denn auch die Richter waren schließlich in ihrer Hand.

Unersättliche Gier und bodenlose Dummheit ergänzten einander also auf ideale Weise.

Nun – nach der Geschichte mit dem Professor, die nur ein paar Jahre zurücklag – hatte ich Medunow also einen neuen Schlag versetzt, und zwar an einer äußerst empfindlichen Stelle, da ich sehr genau erraten hatte, wohin die Fäden von Woronkow führten. Und Medunow war natürlich überzeugt davon, daß ich dies nicht nur wußte, sondern ihn absichtlich aufs Korn genommen hatte. In jenem Moment war ich, ohne es zu ahnen, zu seinem Todfeind geworden. Ich lebte und arbeitete, ohne darüber nachzudenken, welch ein Netz von Intrigen um mich gesponnen und welche listige Verschwörung vorbereitet wurde, um mich ein für allemal schachmatt zu setzen.

Aber andere Kräfte, die damals noch hinter den Kulissen warteten und unter großem Risiko einen Gegenschlag vorbereiteten, beobachteten sehr aufmerksam jeden Schritt der Medunow-Sippe. Ihre Geheimagenten unterrichteten sie über die Falle, die mir gestellt werden sollte.

Diese Kräfte waren nicht auf mich angewiesen und hatten nicht den geringsten Wunsch, sich bloßzustellen, indem sie mir zu Hilfe kamen. Andererseits konnten sie einen völlig unschuldigen Mann, der im Grunde auf ihrer Seite war, nicht im Stich lassen. Diese »Parteisoldaten« und disziplinierten Funktionäre blieben letztlich ihrer Pflicht treu. Deshalb hatte sich der Stellvertretende Generalstaatsanwalt Najdjonow zu seinem überraschenden Anruf entschlossen. Durch meine Rettung rettete er gleichzeitig auch die gesamte Operation der ihm Gleichgesinnten.

Um was für eine Operation es sich handelte, davon wird im folgenden die Rede sein.

2. KAPITEL

Cognac für Breschnew

Vielleicht wäre es nicht nötig gewesen, so ausführlich auf Medunow – nun ein politischer Leichnam auf der Schutthalde der Geschichte – einzugehen, aber noch vor sehr kurzer Zeit war diese Gestalt eine gespenstische Realität, die das Schicksal vieler Menschen, manchmal mit tragischem Ausgang, beeinflußte. Er hielt engen Kontakt zu Breschnew und dessen Zirkel, was ihn kurzfristig sogar mächtiger werden ließ als manches Politbüromitglied.

Zweitens liefert das, was unter seiner Führung in der Region Krasnodar geschah, gleichsam eine Fallstudie dafür, wie sich das Krebsgeschwür des sowjetischen Sozialismus entwickelte und sich mit seinen Metastasen im ganzen Land ausbreitete. Dieses Krebsgeschwür trägt den kurzen, umfassenden, weltbekannten Namen »Mafia«.

Eine Mafia? Im Sozialismus? Unter der Sowjetmacht? Ist das möglich? – Wie seltsam es auch scheinen mag, diese Fragen lassen sich gleichermaßen mit Ja wie mit Nein beantworten.

Ja, es ist möglich, denn die sowjetische Mafia ist eine Realität, die durch Fakten belegt, durch offizielle Untersuchungen bewiesen und von Politikern und Wissenschaftlern – linken und rechten, Gorbatschow-Anhängern und Gorbatschow-Gegnern – anerkannt wird. Von allen!

Nein, es ist unmöglich, weil das gesamte politische Regime des Landes, das mit all seinen Modifikationen mehr als siebzig Jahre lang existierte, selbst eine Mafia war, denn ein despotisches und totalitäres Regime kann nichts anderes sein. Folglich sind die Strukturen und Erscheinungen, die wir heute als »Mafia-Auswüchse« sowie als illegal, verbrecherisch und antistaatlich bezeichnen, in Wirklichkeit ganz einfach das natürliche Ergebnis einer Staatlichkeit dieses Typs, die sich in unterschiedlichen Phasen ihrer Existenz unterschiedlich ausdrückt.

Der Stalinismus begründete ein Regime der politischen Tyrannei. Der Chruschtschowismus spürte die Gefahren, leitete Schritte zur Mäßigung des Regimes ein und bereitete den Boden für seinen Übergang in einen neuen Zustand. Der Breschnewismus, der sich nostalgisch nach dem Stalinismus sehnte, vollendete diesen Prozeß, indem er das politische Gangstertum durch das ökonomische Gangstertum unterstützte und letztlich beide miteinander verschmelzen ließ: Obrigkeit und Kriminalität vermischten sich, die Führer des Landes wurden – nicht im übertragenen, sondern im buchstäblichen Sinne des Wortes – zu Kriminellen, und Kriminelle wurden zu den faktischen Herrschern und Führern des Landes. Amerikanische Präsidenten, britische Premierminister, französische Politiker schüttelten diesen an die Macht gelangten gewöhnlichen Dieben, Schwindlern, korrupten Gaunern und Zuhältern die Hand. Ich betone das Wort »gewöhnlich«, denn sie unterschieden sich nicht sehr von anderen Gangstern, was die von ihnen unterschlagenen Summen betraf. Das einzig Ungewöhnliche an ihnen war, daß sie es geschafft hatten, sich Staats- und Parteiämter anzueignen.

Stalin und sein Kreis benötigten kein Geld, denn alles, was damals als wünschenswert und prestigeträchtig galt und nur sehr wenigen zugänglich war, konnte man allein durch die Zugehörigkeit zur Parteielite und durch das Wohlwollen des geliebten Vaters aller Werktätigen der Welt an sich bringen. Geld als solches war bedeutungslos, da es weder als Lebensziel noch als Mittel zur Erreichung eines Ziels dienen konnte. Dieser Sachverhalt begründete die vermeintliche Askese der Stalin-Ära und des Führers aller Zeiten und Völker. Stalin vergriff sich nicht an Millionen Rubeln, sondern gab sich mit den Millionen der von ihm zerstörten Leben zufrieden. Dieses »Einkommen« war viel nützlicher für ihn und verschaffte ihm eine weitaus größere Lust als Banknoten, Gold und Diamanten.

Seinen juristischen Erben (also seinen Kindern und Enkeln) wurden nur schlecht gedruckte, aus alten *Ogonjok*-Exemplaren ausgeschnittene Illustrationen hinterlassen, wohingegen seine politischen Erben ein gewaltiges Land mit ungezählten Reichtümern und Abermillionen Sklaven erhielten.

Während das Land sich aus einer langen und qualvollen Erstarrung löste, während neue Generationen sich langsam von dem ihren Genen beigemischten ideologischen Gift befreiten, hatten die politischen Erben Zeit genug, die ihnen überkommenen Reichtümer zu verschwenden und das Land völlig zu ruinieren.

Ein weiteres Kennzeichen des Breschnew-Regimes bestand darin, daß die Machthaber freimütige, nicht einmal der Verstellung fähige, unwissende, vulgäre Zyniker und Egoisten waren. Die langjährigen Stalinschen Repressionen hatten die gesamte professionelle Elite in den oberen Machtetagen vernichtet, weshalb das Land sich vorläufig auf Spezialisten neuer Art verlassen mußte. Sie hatten durch praktische Arbeit eine gewisse Erfahrung erworben, doch der »revolutionäre Idealismus« war durch einen freudlosen, trockenen, doch geschäftsmäßigen Pragmatismus ersetzt worden. Die neue Führung schob solche Leute, angefangen mit Kossygin, rücksichtslos beiseite. Selbst derart durchschnittliche Spezialisten waren nun nicht mehr erforderlich; ihre Plätze gingen ausschließlich an die Mitglieder des neuen Clans über, die sich persönlich an der totalen, geradezu festlichen Plünderung beteiligten.

Man hört manchmal, die neuen Herrscher hätten anfangs noch über einen gewissen Idealismus, eine gewisse Moral verfügt, doch sie hätten sich dem Einfluß der heranwachsenden Mafia ergeben, seien entartet und in den Sumpf der Korruption abgerutscht. Aber man kann nur abrutschen und stürzen, wenn man zuvor aufrecht gestanden hat. Nicht zufällig betonte der bereits erwähnte Woronkow bei seinen bußfertigen Beteuerungen vor Gericht, er sei der »Handelsmafia« in die Klauen geraten und dann zusammengebrochen. Er schien sich zu rühmen, daß er erst danach entartet, zum Empfänger von Bestechungsgeldern und zum Dieb geworden sei. Aber nur, *wer einmal etwas anderes gewesen ist*, kann entarten.

Sind diese Leute wirklich je anders gewesen?

Sergej Medunow hatte mit der *Literaturnaja gaseta* noch eine alte Rechnung zu begleichen. Schon viele Jahre zuvor hatte er geschworen, sich an ihr und all ihren Mitarbeitern zu rächen.

Das war nach der Veröffentlichung von Alexej Kaplers* Artikel »Mit dem Stiefel ins Gemüt« gewesen. Heutzutage würde man diesen Artikel höchstens für einen harmlosen Nadelstich halten; damals galt er als kühne Tat und erregte viel Aufsehen. Darin wurde berichtet, wie der Polizeichef von Sotschi einen völlig unschuldigen jungen Arbeiter mit Hilfe eines fingierten Verbrechens ins Gefängnis gebracht hatte – nur weil der Arbeiter unglücklicherweise der Tochter des Polizeichefs gefiel. Um zu verhindern, daß dieses Mädchen »aus der Familie des hohen Funktionärs« einen »Jungen ohne Herkunft« heiratete, verschonte der allmächtige Vater nicht einmal seine Tochter und setzte sie einer unerhörten Demütigung aus: Er rief seine Verwandten und Bekannten zusammen und unterzog ihre Jungfräulichkeit einer öffentlichen Überprüfung. Die Geschichte ging Kapler sehr nahe.

Bei der Zeitung hatte man angenommen, durch den Artikel bloß einen kleinen Angehörigen der Miliz herauszufordern, doch dann zeigte sich, daß sich sogar der Erste Sekretär des Partei-Stadtkomitees von Sotschi, der damals niemandem bekannte Sergej Medunow, beleidigt fühlte. Der Vater des Mädchens und der Herrscher des führenden Kurortes der UdSSR gehörten derselben »Geschäftsverbindung« an, die Jahre später die Bezeichnung »Mafia von Krasnodar« erhielt. Sie befand sich gewissermaßen noch in ihrem Embryonalstadium. Aber bei der Zeitung wußten wir natürlich nichts von alledem; wir glaubten, es einfach mit einem »isolierten Artikel über ein moralisches Thema« zu tun zu haben.

Es war das Jahr 1962. Das Land schwelgte noch in der Euphorie des Chruschtschowschen Tauwetters, und niemand maß

---

* Alexej Kapler (1904–1979): Drehbuchautor seinerzeit sehr bekannter Filme wie *Lenin im Oktober* und *Lenin im Jahr 1918*, welche die gefälschte Stalinsche Geschichtsversion des bolschewistischen Umsturzes und der innerparteilichen Meinungsverschiedenheiten vollauf widerspiegeln. Kapler war die erste Liebe der jungen Swetlana Allilujewa (Stalins Tochter), was sie dramatisch in ihrem Buch *20 Briefe an einen Freund* beschreibt. Nachdem Kapler seiner »aufrührerischen« Gefühle wegen viele Jahre in Lagern verbracht hatte, wurde er unumschränkt rehabilitiert und widmete sich weniger der Drehbuchschreiberei als der Journalistik und Fernsehpublizistik. Wir arbeiteten gemeinsam bei der *Literaturnaja gaseta* und waren lange Jahre Nachbarn in einem Schriftstellerhaus.

einem Anruf aus Sotschi besondere Bedeutung zu: Der Sekretär des Stadtkomitees las dem Chefredakteur die Leviten, weil der Artikel »nicht mit der Partei abgesprochen war«.

»Er hält sich wohl für die Partei«, scherzte der Chefredakteur nach diesem Anruf. Aber Scherze waren unangebracht, denn dem ersten Anruf folgte ein zweiter, ein dritter, ein vierter – diesmal bereits aus Moskau. Der Rang der Anrufer stieg – genau wie ihre Lautstärke. Offensichtlich stand jemand hinter dem »Gouverneur« von Sotschi.

»Breschnew«, sagte Kapler überzeugt. »Sie müssen dort in der Sauna oder am Strand Bekanntschaft geschlossen haben.«

Breschnew war damals Vorsitzender des Präsidiums des Obersten Sowjets der UdSSR, immerhin noch nicht Generalsekretär. Wenigstens hatten wir es nicht mit Chruschtschow zu tun! Vielleicht kamen wir deshalb mit einem leichten Schrecken davon: Kaplers Artikel durften für lange Zeit nicht gedruckt werden, und die Mitarbeiter, welche die Veröffentlichung des Berichts über den Polizeichef vorbereitet hatten, wurden gemaßregelt. Außerdem strafte uns die Zeitung *Sowetskaja Rossija*, die sich schon damals durch ein hohes »Demokratieverständnis« auszeichnete, mit einem Dementi, das den Titel »Mit dem Stiefel in die Patsche« trug.

Ein paar Jahre später gingen Kapler und ich in der Nähe unseres Hauses spazieren. Ich kam auf die Episode zurück und fragte ihn, weshalb sich so mächtige Kräfte für einen kleinen Funktionär eingesetzt hatten (von den Höhen des Kreml aus betrachtet, ist der Chef der Miliz von Sotschi schließlich ein sehr unbedeutendes Wesen). Kapler blinzelte mir lächelnd zu, tadelte mich sanft wegen meiner »heiligen« Einfalt und sang zur Antwort ein Couplet aus einer alten, abgeschmackten Ballade:

»Ach, meine Herren, Geld, Geld, Geld, überall nur Geld.
Ein Leben ohne Geld ist nichts wert auf dieser Welt.«

Ich lachte und nahm an, er habe gescherzt, um eine ernsthafte Antwort zu vermeiden. Erst ein paar Jahre später wurde mir klar, daß er mir eine präzise und unzweideutige Antwort gegeben hatte. Denn Breschnew und Medunow steckten schon damals unter einer Decke, also bevor der eine den russischen Thron bestieg und der andere außerhalb eines engen Zirkels bekannt wurde. Und die Grundlage ihres Bündnisses war kein großes Geheimnis.

Es liegt auf der Hand, daß der Schlüsselposten eines örtlichen Milizchefs nur von jemandem bekleidet werden konnte, der einer kleinen Gruppe enger Vertrauter angehörte. Sehr bald fand man überall, wo es nach Geld, Gefälligkeiten und großer Karriere roch, nur »verläßliche« Personen. Die überwältigende Mehrheit begann ihren Weg im Komsomol. Hier freundete man sich bei allgemeinen Besäufnissen an, hier gewöhnte man sich aneinander, und von hier aus verhalf man »den Seinen« auf warme Plätzchen.

Als Breschnew zum Alleinherrscher des Landes geworden war und Medunow zum Ersten Sekretär des Regionskomitees gemacht hatte, schickte sich dieser – er fühlte sich wie ein Breschnew auf Regionsebene – mit erstaunlicher Geschwindigkeit an, alle ihm verdächtigen Personen von ihm irgendwie nützlichen Posten zu entfernen und sie durch seine eigene, durch gemeinsame Ziele zusammengeschweißte Mannschaft zu ersetzen. Ihre Ziele wurden durch ein neues Phänomen, das sich damals in der Gesellschaft herausgebildet hatte, bestimmt.

Heutzutage trägt dieses neue Phänomen einen Namen, der sich längst eingebürgert hat: Schattenwirtschaft. Doch in jenen Tagen gab es den Namen noch nicht, und kaum jemand durchschaute, daß sich hinter einzelnen, ins Auge fallenden Umständen eine schreckliche Kraft verbarg, die sich gerade an ihren »Platz an der Sonne« drängte. Neben der legalen Produktion gab es also eine versteckte, illegale; sie raubte die Warenbestände, die dem Staat – und folglich niemandem – gehörten, sie nutzte staatliche (also wiederum niemandem gehörende) Anlagen für die Herstellung nirgendwo verzeichneter Güter, sie verkaufte diese Güter »hintenherum«, und sie sorgte für den Umsatz gewaltiger, nicht auf dem Papier, doch durchaus in der Realität existierender Geldsummen.

Zur Zeit des Stalinschen Totalitarismus gab es nichts dergleichen. Nun, da die Schrauben etwas gelockert worden sind, hat die Schattenwirtschaft die offizielle Ökonomie wie eine Lawine überrollt. – Warum übrigens die Bezeichnung »Schattenwirtschaft«? Wäre es nicht zutreffender, die abgezehrte Wirtschaft des »realen Sozialismus«, die mehr als siebzig Jahre lang ihr wahnsinniges Experiment zur Verwirklichung der marxistisch-leninistischen Utopie an den Menschen vollführte, so zu nennen?

Ist es möglich, durch administrative Maßnahmen endlos und willkürlich gegen die objektiven Wirtschaftsgesetze zu verstoßen? Wenn solche Gesetze existieren, was unzweifelhaft der Fall ist, dann können sie nicht verschwinden, sondern höchstens in den Untergrund gedrängt werden. Ist folglich nicht alles, was heute Schattenwirtschaft genannt wird, eine natürliche und unausweichliche Reaktion auf die subjektive Einmischung in objektive Prozesse? Und ist es nicht ein Segen – vorausgesetzt natürlich, man läßt sich nicht von emotionalen, sondern von ökonomischen Kriterien leiten –, wenn eine elementare Tendenz zur Annäherung der deformierten Wirtschaft an die Gesetze besteht, deren unverfrorene Verletzung nur ins Elend führen kann?

Plötzlich zeigte sich, daß das alte Sprichwort »Geld macht nicht glücklich« nicht mehr zutraf. Solange sich an die Entlassung vom Arbeitsplatz Lagerhaft oder Vernichtung anschlossen, machte Geld in der Tat nicht glücklich, denn schließlich verhieß den Apparatschiks sogar die normale Pensionierung ein bequemes, vom Staat gesichertes Auskommen. Nun aber war das Lager keine Gefahr mehr, nicht einmal für die aus höchsten Parteirängen Ausgestoßenen. Diese Funktionäre, die ihre »Freiheit« gewonnen hatten und sich nicht mehr vor einer Kugel ins Genick zu fürchten brauchten, konnten nun jedoch von einem Moment zum anderen, ganz allein durch die Willkür ihres Herrn, ausgestoßen werden und verloren dadurch auf einen Schlag alle gewohnten materiellen Segnungen. Worauf also sollten sie sich verlassen? Jeder war sich der Unbeständigkeit seiner Position bewußt, doch solange er sein Amt innehatte, konnte er sich mühelos bereichern. Der gesunde Menschenverstand gebot ihm, das Beste aus seiner Position zu machen und sich, vor allem, zu beeilen...

So verschmolzen die objektiven Wirtschaftsprozesse mit den Interessen der neuen Klasse (um Milovan Djilas zu zitieren).

Wann immer frischgebackene sowjetische Geschäftsleute bei Partei- und Staatsfunktionären auf unterschiedlichen Machtetagen Hilfe suchten, kam dies beiden Seiten zugute. Wenn jedoch einzelne Gruppen kühner und cleverer Händler versuchten, selbständig vorzugehen, ohne die Hilfe der Machtelite zu beanspruchen und ohne mit ihr zu teilen, erwartete sie gewöhnlich ein vernichtender Schlag. Die Brutalität der gegen sie gerichteten Maßnahmen mußte Nichteingeweihten seltsam, rätselhaft, unbegreiflich erscheinen.

Es genügt, sich an die beispiellose, zuerst unter Chruschtschow und dann unter Breschnew durchgeführte Jagd auf die Organisatoren und Mitarbeiter illegaler (das heißt nicht registrierter) Betriebe und an die umfassenden Versorgungsmängel zu erinnern, die dadurch naturgemäß geschaffen wurden. Damals führte man die schärfste Sanktion, nämlich die Todesstrafe, für Wirtschaftsverbrechen ein. (Dabei sollte das Wort »Verbrechen« besser in Anführungszeichen stehen, denn mit einem normalen, nicht von ideologischem Gift verseuchten Gerechtigkeitssinn läßt sich eine gewöhnliche Geschäftstätigkeit wohl kaum als Staatsverbrechen einstufen.) Es war der Gipfel der Schamlosigkeit und eine demonstrative Herausforderung an die Weltöffentlichkeit, daß dieses drakonische Gesetz auch noch rückwirkend angewandt wurde. Man richtete Dutzende von Menschen für Aktionen hin, die zum Zeitpunkt ihrer Ausführung nicht der Todesstrafe unterlagen und teilweise überhaupt nicht strafbar waren.

Seinerzeit wurde diese Kampagne der Chruschtschowschen (und danach Breschnewschen) »Rechtsprechung« in der Weltpresse scharf kritisiert. Man wies darauf hin, daß die Kampagne, begleitet von einem hysterischen Chor der – zentralen wie regionalen – sowjetischen Zeitungen, eindeutig antisemitischen Charakter habe. Tatsächlich bestand die große Mehrheit der verbrecherisch Hingerichteten aus Juden. Die sowjetischen Zeitungen strichen ihre rassische Herkunft heraus und stellten beleidigende Wortspiele mit ihren Vor- und Familiennamen an (genauso wie es heutzutage die Zeitungen und Zeitschriften tun, die mit der berüchtigten Gesellschaft »Pamjat« sympathisieren). Damit versuchte man bewußt, an die niedrigsten Instinkte eines gewissen Teils der Bevölkerung zu appellieren und sich »der Unterstützung der Öffentlichkeit« zu versichern, denn die Ungesetzlichkeit und Amoralität dieser neuerlichen Greueltaten war den sowjetischen Führern durchaus klar.

Die antisemitische Nuance jener denkwürdigen Aktionen war jedoch nur ein Nebenprodukt der Übung. Diesmal (nicht zum ersten- und nicht zum letztenmal) hatte man das Schwarzhundertertum * aufgeboten, um alle einzuschüchtern, die sich nach Freiheit und Unabhängigkeit sehnten. Gewiß, nach wirtschaftlicher Freiheit, doch dies ist der erste Schritt zur allgemeinen Freiheit. So etwas konnte die totalitäre Regierung nicht zulassen.

Die Veruntreuung von Staatseigentum hingegen, die schamlose Ausplünderung des eigenen Nachbarn – das alles beunruhigte unsere Herrscher nicht, wenn nur eine Bedingung erfüllt wurde, nämlich die, daß der Veruntreuer irgendeinen der Herrscher (oder auch mehrere, Hauptsache, sie waren von höherem Rang als er selbst) in den Kreis seiner Spießgesellen und Gönner einbezog, ihn »einklinkte«, wie es im Gaunerjargon heißt.

Und wenn ein derart vernünftiger und zugleich erfolgreicher Veruntreuer zufällig Jude war, so beschützte der hochgestellte Gönner auch ihn und vergaß seine unausrottbaren antisemitischen Gefühle. Das alte Sprichwort »Geld stinkt nicht« (um uns wiederum einer Volksweisheit zu bedienen) wurde nicht zum symbolischen, sondern zum praktischen Handlungsprinzip der neuen sowjetischen Mafia.

Jene sechzig Bände mit Gerichtsprotokollen, von denen oben die Rede war, wurden durch zahlreiche Fotos ergänzt. Das ganze vielbändige Dossier gleicht einem spannenden Kriminalroman mit farbenprächtigen Illustrationen. Sie sind vor allem deshalb farbenprächtig, weil sie in wunderbaren Landschaften aufgenommen wurden. Unsere Helden verspürten das heftige Bedürfnis, die eindrucksvollsten Momente ihres süßen Lebens auf Film festzuhalten. Am eindrucksvollsten waren natürlich

---

* Sammelbezeichnung für eine Reihe von rechtsextremen Organisationen, die 1905 entstanden und mit Waffengewalt gegen ihre politischen Gegner vorgingen sowie Judenpogrome anzettelten. (Anm. d. Ü.)

die Picknicks mit dem bei uns (besonders im Süden) beliebten Schaschlik und mit dem besten Cognac. Das alles in Begleitung schöner Mädchen, von denen ich noch erzählen werde.

Die Picknicks fanden an den malerischsten Orten statt, und die ausländischen Filme, die von den hochgestellten Foto-Amateuren benutzt wurden, gaben den außerordentlichen Liebreiz der Landschaft wieder. Doch für uns sind sie aus einem ganz anderen Grunde interessant, denn die Picknickteilnehmer hätten sich nicht träumen lassen, daß diese Aufnahmen eines Tages nicht Familienalben, sondern Gerichtsakten schmücken würden. Nicht für eine Sekunde kam ihnen in den Sinn, daß sie die Arbeit der künftigen Ermittler erleichterten, indem sie konkrete Beweise ihrer Komplizenschaft lieferten und ihre Mittäter durch dokumentarisches Material bloßstellten. Und man könnte wirklich fragen: Was ist denn Verbrecherisches daran, daß sich ein paar Arbeitskollegen gemeinsam am Busen der Natur trafen? Was ist verbrecherisch daran, daß neben ihnen – den Führern der Region und der Stadt – Kellner örtlicher Kneipen, Barmänner, Schlachter, Masseusen und Friseure zu sehen sind? Sollte sich ein Parteigenosse etwa vom gemeinen Volk fernhalten? Weshalb konnte er sich denn nicht in der Gesellschaft einfacher sowjetischer Werktätiger entspannen? Und außerdem: Wen ging es etwas an, wer mit wem und wo aß und trank? Schließlich hielten sie sich, jetzt und immerdar, für die Herren der Schöpfung.

Übrigens ist es keineswegs die Landschaft, sind es keineswegs die betrunkenen Gesichter am Fuße schneebedeckter Berge, die unsere Aufmerksamkeit erregen. Die Akten enthalten nämlich noch andere Fotos – einförmige Aufnahmen, die an eine nicht sehr geschickte Reklame für Juweliergeschäfte denken lassen. Diese Fotos wurden nicht von den Picknickteilnehmern, sondern von Kriminalisten aus der Ermittlungsgruppe gemacht. Und was die Aufnahmen zeigten, bedurfte keineswegs der Reklame: Hunderte von Ringen und Siegelringen, Broschen, Ohrringen, Anhängern, Tausende von Löffeln, Messern und Gabeln, Zuckerdosen, Vasen und Bechern – alle aus Gold oder aus Silber. Von keinem einzigen Gegenstand war das Preisschild entfernt worden; das heißt, man hatte keinen jemals benutzt. Keinen einzigen!

Diese Wertsachen, im Laufe von Haussuchungen bei Stadtkomitee- und Bezirkskomiteesekretären der Partei, bei Bürgermeistern und ihren Stellvertretern sowie bei verschiedenen Regionsführern gefunden, waren nicht zum Gebrauch bestimmt. Ihr Zweck war vielmehr, wertlose Rubel in inflationssichere Objekte, die man für schlechte Zeiten zurücklegen konnte, zu verwandeln.

Man könnte meinen, so etwas sei der natürliche Wunsch eines jeden, der in der Lage ist vorauszudenken. Aber im gegebenen Fall handelte es sich um anschauliches und überzeugendes Beweismaterial für das, was sich in der Sowjetunion abspielte. Die Diebe, einst isoliert und sogar von Angst voreinander erfüllt, schlossen sich zu einem fast legalen, keine große Verschwörung erfordernden, gutorganisierten System zusammen, für das eine langjährige Existenz und Entwicklung geplant war. Die Besitzer der Löffel und Anhänger waren überzeugt davon, daß früher oder später die Zeit kommen würde, da sie ihre Kollektion in echtes Geld verwandeln und sich einen dauerhaften Lebensstandard sichern konnten, der unabhängig von ihrer wackeligen Position auf dem Parteiolymp war.

Ich erinnere mich gut an zwei Episoden aus meinen jüngeren Jahren, als ich noch als Anwalt arbeitete. In Mittelasien war eine gewöhnliche, durch nichts hervorstechende Gruppe von Dieben – sie waren Mitglieder der dörflichen Konsumgenossenschaft – entlarvt worden. Bei einem der Verhafteten waren im Keller einer kümmerlichen Lehmhütte Stapel von halbverfaulten, wurmzerfressenen Banknoten gefunden worden, und zwar Hunderttausende von Rubeln. Da sich der Genossenschaftler und seine Familie vor der Entdeckung fürchteten, lebten sie in Armut und entsetzlichem Schmutz, fast wie Bettler, während ihr zusammengestohlener Reichtum nutzlos unter der Erde vermoderte.

Ein paar Jahre später stieß ich in Moskau auf eine völlig identische Situation. Man hatte den Direktor einer Schlachterei verhaftet, dem eine makellose, ja fast fanatische Bescheidenheit und Ehrlichkeit nachgesagt wurden. Er bestrafte seine Mitarbeiter aufs schärfste, wenn sie einen Käufer auch nur um fünf Kopeken betrogen hatten. Er selbst besuchte nie ein Restaurant, sondern begnügte sich vor den Augen des gesamten Personals zum Mittagessen mit einem dünnen, zu Hause geschmierten Butterbrot und trank dazu wäßrigen Tee aus einer Thermosflasche. Als seine Tochter heiratete, schützte er Armut vor, um keine Feier ausrichten zu müssen, und gab dem jungen Paar statt dessen hundert Rubel für eine Wochenendreise nach Leningrad. Die hundert Rubel belasteten sein Budget so sehr, daß sein mittägliches Butterbrot in der folgenden Woche noch dünner wurde.

Bei der Durchsuchung seines Hauses wurden, in die Wand eingemauert, 240000 Rubel gefunden. Nach heutiger Kaufkraft waren dies viele, viele Millionen. Alle Scheine waren verfault und konnten nicht einmal mehr bei einer Bank eingezahlt werden. Die »Urkunde über die Vernichtung von Beweisstükken« liegt immer noch in meinem Archiv.

So war es in jener Zeit, in der es zwar Diebe, aber noch keine Mafia gab. Einzelne Diebe oder Grüppchen von ihnen verschleierten ihre verbrecherische Tätigkeit sorgfältig, da sie hinter jedem Busch einen Detektiv vermuteten. In jener sowjetischen Realität konnte man das Geld nirgends aufbewahren. Wenn man es zur Sparkasse brachte, verriet man sich. In Geschäfte konnte man es nicht investieren, da es solche Geschäfte nicht gab. Auch das Horten von Wertgegenständen war gefährlich, zumal man sie angesichts der Enge der sowjetischen Wohnungen nirgends verstecken konnte. Außerdem mußten sie sogar vor den eigenen Familienmitgliedern verborgen werden, denn die Erinnerung an die dreißiger Jahre, als Kinder begeistert ihre Eltern, Frauen ihre Männer, Schwestern ihre Brüder anzeigten, war noch zu lebendig.

Im Laufe der Zeit änderte sich die Situation jedoch dramatisch: Die Kriminellen taten sich mit der Obrigkeit zusammen und verließen sich auf deren Schutz. Nun brauchte man seine Einnahmen nicht mehr zu verbergen, und wenn sich irgendein dümmlicher, übereifriger Jurist für ihre Herkunft zu interessieren begann, gab es zahlreiche Methoden, um seinen Eifer von oben abkühlen zu lassen. Und das Geld, so sehr es auch an Wert verlieren mochte, konnte in Geschäfte investiert werden; dafür boten sich in der Schattenwirtschaft umfassende Möglichkeiten. Auf den oberen Stufen der Mafiapyramide stand man jetzt vor der schwierigen, aber nicht unmöglichen Aufgabe, die angesammelten Reichtümer vor der galoppierenden Inflation zu schützen.

Nach traditioneller russischer Kaufmannssitte gilt es als besonders vornehm, sein Geld mit vollen Händen auszugeben, und dieser Brauch wurde von jenen, die das Geld »machten«, nachgeahmt, aber nicht von jenen, die es sammelten. Die hochgestellten Mafia-Paten in den oberen Machtetagen zeichneten und zeichnen sich durch einen unglaublichen Geiz aus. Sie sind nicht nur auf Millionen erpicht, sondern sie akzeptieren auch gern Almosen von zehn oder fünf Rubeln. Unter den Kostbarkeiten, die Woronkow, der Bürgermeister von Sotschi, aufbewahrte, gab es neben Gold und Diamanten auch indische Bijouterien: Manschettenknöpfe für drei Rubel oder Krawattennadeln für zwei Rubel, an denen ebenfalls noch ein Preisschild hing. All diese Leute verlangten eine tägliche, kostenlose Belieferung mit Lebensmitteln: Käse und Wurst, Schinken und Salami, Äpfel und Trauben, Wein und Cognac wurden mit der Präzision eines Uhrwerks ins Haus gebracht. Die vom Bürgermeister abhängigen Direktoren und Verkäuferinnen, die Mitarbeiter von Handelszentralen und Kühlschrankfabriken, die Kellner und Barkeeper erfüllten ihre Pflichten ganz vorzüglich.

Indessen befolgte man beim Umgang miteinander weiterhin das überkommene Parteizeremoniell; man hielt sich an Theaterkonventionen, als würden die Übeltaten dadurch veredelt. Zum Beispiel wurde es dem Leiter eines Ladens in Sotschi irgendwann zuviel, täglich Lebensmittelgeschenke zu Alexander Mjorslyj, dem Ersten Sekretär des Stadtkomitees der Partei, schleppen zu müssen, und er schlug schüchtern vor: »Nimm doch lieber Geld von mir.«

»Würdige unsere freundschaftlichen Beziehungen nicht herab«, ermahnte ihn der Parteiführer streng.

Alles hing vom Niveau dieser »freundschaftlichen Beziehungen«, vom Grad der Vertraulichkeit, ab. Von anderen nahmen die hohen Mafiosi bereitwillig Geld entgegen. Zum Beispiel wußte man in der ganzen Region, wieviel ein Parteiausweis kostete.

Hier ist eine Erläuterung am Platze. Obwohl die Armee der »Parteisoldaten« bei uns 20 Millionen Menschen umfaßte – in keinem Land der Welt hat es je eine solche Armee, ob mit

Ideen oder mit Waffen ausgerüstet, gegeben –, war es keineswegs leicht, in die heldenmütigen Reihen aufgenommen zu werden. Nur Arbeiter, die an der Werkbank standen, und Kolchosmitglieder, die einen Hakenpflug bedienten oder mit einem Trecker fuhren, hatten beim Parteieintritt wenig Mühe, aber sie rissen sich nicht gerade darum. Es ist sehr lange her, daß sich jemand aus ideellen Gründen der Partei anschloß. Man tat es allein der Karriere wegen – weshalb denn sonst? ZK-Sonderanweisungen, die Maximalquoten »nach sozialen Merkmalen« festlegten, sollten den Andrang der hochgesinnten Karrieristen abschwächen. Große Schwierigkeiten hatten vor allem Angehörige des Kleinhandels, denn dieses »Klassenelement« galt als nicht sehr erwünscht.

Im Grunde hätten Verkäufer oder Büfettkräfte keinen Parteiausweis benötigt, aber die Parteilosigkeit erwies sich bei Beförderungen als Hindernis; es war unmöglich, ohne Parteiausweis Direktor eines Geschäfts (oder eines Restaurants oder Cafés) oder auch nur Abteilungsleiter zu werden. Da die Aufnahmequote für Mitarbeiter des Kleinhandels sehr niedrig war, zog der Parteieintritt fast automatisch eine Beförderung nach sich. Parteiausweise wurden zu einer genauso begehrten Mangelware wie Würstchen, Lada-Reifen oder Tonbandgeräte. Aber sie waren sogar noch teurer.

Es gab noch einen anderen wesentlichen Unterschied: Letzten Endes konnte man eine Kleinigkeit wie die Reifenbeschaffung auch ohne die Hilfe des Parteiapparats erledigen, also ohne sich mit der Mafia einzulassen. Dagegen konnte man einen Parteiausweis nur mit Hilfe der zur Mafia gehörenden Parteibosse erhalten, denn buchstäblich jeder Platz für Angehörige des Einzelhandels stand auf einer Sonderliste, welche die höchsten Parteiführer im Bezirk, in der Stadt oder in der Region überaus wachsam im Auge behielten. Das letzte Wort hatte Medunow persönlich. Unter einem sehr achtbaren Vorwand – Sorge um die Reinheit der Parteireihen! – konnte er sein Veto einlegen. Und unter demselben Vorwand konnte er den freundschaftlichen Rat erteilen: *Achtet* auf den zu Hoffnungen berechtigenden Genossen, über den sich zuverlässige und bewährte Parteimitglieder positiv geäußert haben. »Achtet auf ihn« war der Befehl zur Parteiaufnahme!

Nach den verschiedenen Aussagen in den Gerichtsakten zu urteilen, betrug die Minimalgebühr für einen Parteiausweis – in jenen Jahren und in jener Region – drei- bis dreieinhalbtausend Rubel. Der höchste Betrag, auf den ich stieß, war sechstausend Rubel – eine Summe, die bei der damaligen Konjunktur durchaus plausibel klingt.

Wie sich versteht, ging der Betrag nicht nur an eine einzige Person. Die Teilung der Beute ist in jeglicher Mafia, auch in der sowjetischen, Vorschrift. Man darf jedoch sicher sein, daß die höchsten Parteifunktionäre von den Bewerbern nichts auf direktem Wege erhielten. Bis die »Dankbarkeit« zu ihnen vordrang, mußte sie mehrere Filter durchlaufen. Das Recht zur Übergabe des Anteils an denjenigen, der auf der höchsten oder zweithöchsten Stufe der Hierarchieleiter stand, hatten nur absolute Vertrauenspersonen.

Um den Weg zum Herzen und zum Geist des Gebieters zu finden, mußten manchmal kühne, wenn auch nicht immer angenehme Entscheidungen getroffen werden. Alexander Mjorslyj, der Sekretär des Stadtkomitees von Sotschi, zwang seine Frau Valentina, die kurz zuvor noch Köchin in einem der städtischen Restaurants gewesen war, Medunows Geliebte zu werden. Da nichts wichtiger ist als die Geschäfte, erklärte sie sich einverstanden. Welche Heldentat! Nur extreme Not konnte sie zu dieser Entscheidung bewogen haben. Der hundertdreißig Kilogramm schwere »Wildeber« (das war der Spitzname, den Medunow von der Bevölkerung der Region erhalten hatte; wegen seiner Körperfülle konnte er sich nicht einmal die Schnürsenkel zubinden, weshalb ein spezieller »Referent« diese Aufgabe zu übernehmen hatte) war physisch ungemein abstoßend. Jedenfalls brachte die Liebesbeziehung Valentina Mjorslaja einen Schlüsselposten im Handelssystem des gesamten Kurortgebietes von Sotschi und den ihr vom liebenswürdigen Volk verliehenen Ehrentitel »Gattin des Schahs« ein.

Mit ihrem Ehemann an der Spitze fühlte sich die Mafia von Sotschi nun völlig sicher, denn Mjorslyj hatte auf diese Weise die Mittelsmänner im Umgang mit dem Gebieter ausgeschaltet. Gelder, die bis dahin »unterwegs« versickert waren, blieben jetzt »in der Familie« und in einem engen Kreis.

Der unverfrorene Luxus, in dem die »Stadtväter« von Sotschi zu leben begannen, ist sogar heute noch erstaunlich, obwohl wir nach einer Serie umwerfender Enthüllungen über fast nichts mehr staunen können. Ohne einen Rubel seines eigenen Geldes auszugeben (höchstens in Form der erhaltenen Bestechungssummen), baute sich Bürgermeister Woronkow in Sotschi ein Haus, das sogar nach europäischen Maßstäben den Rahmen des Üblichen sprengte und nach unseren Maßstäben – denen eines bettelarmen Landes! – dem Buckingham Palace gleichkam. Er nahm sich einen Architekten aus Jerewan, und dieser baute ihm in der Eingangshalle einen singenden Springbrunnen: Wenn der Strahl am höchsten war, ließ er sich als Tenor vernehmen, wenn er niedriger wurde, hörte man Baßtöne... Jeder in der Stadt wußte von dem Springbrunnen; es fehlte nicht viel, und man hätte Touristen zur Besichtigung dorthin geführt.

Die geistige Armut und die kulturelle Seichtigkeit (wenn man in diesem Zusammenhang überhaupt von Kultur sprechen kann) dieser Leute sowie die Sitten des Milieus, aus dem sie hervorgingen, verlangten öffentliche Demonstrationen zur Befriedigung ihrer Eitelkeit. Macht und Geld zu haben, ohne beides zu zeigen, wäre eine Selbstbeschränkung gewesen, die ihren Stolz über das Erreichte verletzt hätte. Von Zeit zu Zeit war zwar eine »Katharsis« fällig, aber natürlich nur im Rahmen ihrer eigenen Möglichkeiten und Vorstellungen.

Eines Abends schmauste Parteisekretär Mjorslyj mit einem kleinen Mafioso, einem Gewohnheitsverbrecher, der nun die Rolle eines Laufburschen in der Organisation innehatte, in einem Restaurant. An einem Nachbartisch speisten Touristen aus der Bundesrepublik Deutschland. Mjorslyj flüsterte seinem Gefährten zu: »Walera, zeigen wir denen mal, wie wir Russen feiern. Bestell ein paar Gläser Kaviar für sie und auch einige von diesen verzierten Holzlöffeln.«

Ein paar Minuten später erschienen drei Gläser schwarzen Kaviars, jedes fast zwei Kilogramm schwer, vor den deutschen Gästen, und die Völlerei begann. Die Deutschen glaubten wohl tatsächlich, daß Russen auf diese Weise feiern. Sie konnten nicht ahnen, daß hier nur Parteimafiosi protzten, die nicht wußten, was sie mit ihrem Geld anfangen sollten. Und wenn man einmal darüber nachdenkt: Was *konnten* sie denn mit dem Geld anfangen?

Man könnte eine Menge ähnlicher Begebenheiten anführen, die für sich genommen nicht interessant sind, doch als Beweis dafür dienen, daß die Entwicklung der sowjetischen Mafia ein prinzipiell neues Stadium erreicht hatte. Davon zeugen auch ihr triumphierendes, offen zur Schau getragenes Selbstbewußtsein, die faktische Überwindung der Illegalität sowie die Demonstration ihrer vollständigen Machtergreifung.

Offensichtlich hätte dieses Stadium nicht beginnen können, wenn nicht jedes Führungsmitglied dieses außerordentlich mächtigen und verzweigten Mafia-Clans über einen hundertprozentigen, vielfach erprobten Schutz verfügt hätte. Hinter den Kurortbossen stand Medunow, aber er genügte den erfahrenen Apparatschiks noch nicht als Garant ihrer Unangreifbarkeit. Sie wußten sehr gut, daß viele andere wichtige Posten – in der Stadt wie in der Region – von Personen bekleidet wurden, die als Rivalen, das heißt als offene oder heimliche Feinde, anderen Mafiastrukturen angehörten. Und wenn diese Amtsträger selbst nichts mit der Mafia zu tun hatten, empfanden sie sogar eine noch stärkere und unversöhnlichere Verachtung für die Medunow-Bande.

Die Mafiosi wußten genau, daß Tausende von Protestbriefen nach Moskau geschickt wurden und einer vielleicht irgendwann durch das Netz schlüpfen konnte. Und sie wußten, daß nicht alle an der Spitze gekauft und korrumpiert worden waren und daß es noch einige kühne Funktionäre gab, die sich laut über das äußerten, wozu andere lieber schwiegen. Trotz alledem nahmen die Mafiosi weiterhin Millionen an Bestechungsgeldern ein und stahlen alles, was ihnen unter die Finger geriet: Lebensmittel und Baumaterialien, Kleidung und Schuhwerk, Video- und Stereogeräte, Wein und Obst. Und sie handelten mit Wohnungen, Autos, Reisen in Sanatorien und Erholungsheime, mit Hotelzimmern, Flugzeugtickets und Eisenbahnkarten. Sie stahlen und handelten, ohne irgend jemanden oder irgend etwas zu fürchten – und das taten sie nicht für einen Tag, eine Woche oder einen Monat, sondern Jahr für Jahr.

Wie war das möglich?

Es gibt nur eine einzige Antwort: Sie waren sicher, daß hinter Medunow ein noch mächtigerer Beschützer stand. Deshalb hatten sie auch vor keinem Feind Angst.

Für diese Situation mußten zwei Voraussetzungen erfüllt werden:

1. Medunow mußte *persönlich* an der Sicherheit jedes einzelnen interessiert sein, denn wenn nur eine Stütze des »Gebäudes« zusammenbrach, stürzte das ganze Haus ein.

2. Breschnew mußte *persönlich* an Medunows Sicherheit interessiert sein (Sympathie genügte hier nicht, denn schließlich konnte jeder treue Waffengefährte durch einen anderen, nicht weniger treuen ersetzt werden).

Dann hatte Medunow großes Pech, denn die Ärzte verboten Breschnew, an der Schwarzmeerküste des Kaukasus Urlaub zu machen. Genauer gesagt, sie »rieten ihm nicht zu«, und so mußte der »Held von Malaja Semlja« * auf die Möglichkeit verzichten, am Ort des Geschehens ein paar sentimentale Tränen über frühere Siege zu vergießen. Für Medunow war der Verlust noch viel größer, denn er büßte die Gelegenheit ein, in der gelösten Atmosphäre des sowjetischen Nizza um seinen Gönner herumzuscharwenzeln, ihm neue Wohltaten zu entlocken und mit seiner Hilfe »Personalfragen zu lösen«. Die letzteren waren, wie jeder einsehen wird, für den Mafia-Clan am wichtigsten: Es galt, die eigenen Leute nicht nur in der Region,

---

* »Malaja Semlja« ist die Bezeichnung eines kleinen Brückenkopfes neben dem Schwarzmeerhafen Noworossijsk, unweit von Sotschi (außerdem ist es der Titel eines 1978 veröffentlichten Bandes mit Breschnews Kriegserinnerungen [dt.: *Das kleine Land*]). Dieser Brückenkopf wurde im Februar 1943 von sowjetischen Truppen besetzt und etwa sieben Monate lang verteidigt. Bei dieser Aktion, die für die Kriegführung insgesamt unbedeutend war, spielte der Politkommissar Breschnew eine äußerst bescheidene Rolle. Die diensteifrigen sowjetischen Geschichtsfälscher aber machten die Episode zu einer der schicksalhaftesten des Krieges und Breschnew zu ihrem Helden. Jahrzehnte später wurde er mit der höchsten Militärauszeichnung, dem »Siegesorden«, bedacht, was ihn endgültig dem Gespött des ganzen Volkes aussetzte.

Wie es der Zufall wollte, hatte Medunow ebenfalls bei Malaja Semlja gekämpft. Der Politkommissar und der niedere Offizier hatten während dieser Episode wahrscheinlich kein Wort miteinander gewechselt, aber wenn sie sich später bei einer Flasche Wein auf der Terrasse einer Regierungsdatscha entspannten, küßten sie einander wie alte Waffengefährten und schwelgten in der Erinnerung an gemeinsame Heldentaten.

sondern auch in Moskau unterzubringen und gleichzeitig fremde Elemente zu beseitigen, die vielleicht stören konnten. Als Paterfamilias wußte Breschnew natürlich ganz genau, welche Rolle Medunow in der »Familie« spielte. Er wußte, woher die Geschenke stammten. Aber das Ritual wurde gewahrt; sogar im persönlichen Umgang befolgten sie die Regeln der »Partei-Etikette«. Unter keinen Umständen durfte Medunow zum Telefonhörer greifen und dem höchsten Mafioso des Landes ohne große Umstände vorschlagen, diesen oder jenen zu entlassen oder zu ernennen – selbst dann nicht, wenn es in Breschnews eigenem Interesse lag.

Nur hier am Strand, von einem Baldachin vor der heißen Kaukasussonne geschützt und die Aussicht aufs Meer genießend, oder in der Sauna aus weißem Mamor, die den roten Führern großen und kleinen Kalibers so sehr gefiel, nur in einer solchen Atmosphäre also konnte man in kürzester Frist, unter Umgehung der Zwischeninstanzen, die nötigen Entscheidungen von Breschnew erhalten. Hier, zwischen dem ersten und dem zweiten Bad oder, noch wahrscheinlicher, zwischen den Trinksprüchen, die einander mit phantastischer Geschwindigkeit beim Essen folgten, wurden »große Tiere«, die außer ihnen kaum jemand kannte, mit Ämtern betraut oder gefeuert: Ministerialbeamte und KGB- oder MWD-Generale, von örtlichen Parteisekretären gar nicht zu reden. Hier wurden auch innerhalb weniger Minuten zusätzliche Lieferungen von Mangelwaren, neue Stellenpläne, Kredite und Genehmigungen für Bauprojekte von nationaler Bedeutung »ausgearbeitet«.

Nun war diese Möglichkeit verschwunden, und alle derartigen Geschäfte wurden auf der Krim abgewickelt, wo Medunow nicht der entgegenkommende Gastgeber, sondern nur einer von vielen Bittstellern war. Manchmal nicht einmal das, da er nicht immer eingeladen wurde. Ohnehin konnte man Breschnew nicht einfach mit einer Flasche – oder auch eine Kiste – Cognac aufsuchen. – Die ganze Sache war überaus kompliziert geworden.

Zum Ausgleich konzentrierte sich der Medunow-Clan nun auf namhafte Gäste zweiten, dritten oder sogar vierten Ranges. Auch sie durften nicht vernachlässigt werden, denn in der Sowjethierarchie hängt selbst von den niedrigeren Würdenträgern einiges ab. Mitglieder von Breschnews Familie jedoch erschienen nun extrem selten in der »Kurorthauptstadt«, und sie begann, wie einst Moskau neben dem Glanz von Petersburg zu welken und zu verblassen.

Medunow ordnete an, mit der berüchtigten Vierten Hauptabteilung des Gesundheitsministeriums der UdSSR Kontakt aufzunehmen (ihre frühere Bezeichnung – »Kreml-Verwaltung des Gesundheitswesens« – hätte ihre Funktionen präziser beschrieben), um im voraus zu erfahren, welche hohen Funktionäre beabsichtigten, die Perle der Schwarzmeerküste mit ihrer Anwesenheit zu beglücken. Sämtliche Leiter von Erholungsheimen und Sanatorien und alle Hoteldirektoren erhielten den Befehl, täglich Meldung über neue Gäste zu machen, damit wichtige Personen, deren Besuch nicht angekündigt worden war, »geschnappt« werden konnten. Vor mir liegt ein solches Verzeichnis namhafter Gäste, das die KGB-Verwaltung von Sotschi Medunow übermittelt hatte: Wladimir Karlow, Leiter der ZK-Landwirtschaftsabteilung; Jewgenij Alexejewskij, Minister für Wasserwirtschaft der UdSSR; Wjatscheslaw Jeljutin, Minister für höhere und mittlere Fachschulbildung der UdSSR; Nikolaj Koslow, Vorsitzender des Exekutivkomitees der Moskauer Gebietssowjets (das heißt Präfekt der gesamten hauptstädtischen Umgebung); Wladimir Mazkewitsch, Botschafter in der Tschechoslowakei (vor seiner unerwarteten diplomatischen Karriere war er Landwirtschaftsminister der UdSSR gewesen); Nikolaj Gribatschow und Anatolij Sofronow, die Odenschreiber des Kreml, die Breschnew von Stalin und Chruschtschow vererbt worden waren.

Das war nicht viel! Gewiß, Mafiosi mittleren Ranges hätten diese »Stars« genügt, um ein paar ordentliche Geschäfte zu organisieren und abzuwickeln, aber Medunow arbeitete in einer ganz anderen Größenordnung. Natürlich, das Versorgungssystem funktionierte reibungslos: die Mafiosi – Leiter von Läden und Restaurants sowie alle möglichen Ärzte und »wissenschaftlichen Mitarbeiter«, die zwar ihre medizinischen Kenntnisse vergessen hatten, sich aber auf die sonstige Betreuung verstanden – verwöhnten die hohen Gäste aufs äußerste. Die Kühlschränke in den Zimmern waren mit Delikatessen und die Minibars mit Getränken gefüllt; am Eingang warteten rund um die Uhr Limousinen und Chauffeure, und jeden Tag führten neue »Begleiter« und »Berater« die Gäste in Restaurants und kümmerliche Kabaretts, wo örtliche Schönheiten versuchten, eine Show wie im Moulin Rouge aufzuziehen.

Außerdem wurde noch eine beispiellose Aktion von bühnenreifer Komik ersonnen, die uns nicht irreleiten darf. Die Region Krasnodar erklärte auf persönliche Anweisung Medunows dem Rauchen den Krieg, dessen erste Etappe unter der Devise »Sotschi: die Stadt ohne Nikotin« stand. Der Verkauf von Zigaretten wurde stark eingeschränkt, und wer am Arbeitsplatz, auf der Straße oder an anderen öffentlichen Orten rauchte, wurde mit einer Geldstrafe belegt. Man rief die Einwohner und Besucher der Stadt dazu auf, alle »zu entlarven und an den Pranger zu stellen«, die sich dieser scheußlichen Gewohnheit in ihrer Behausung, hinter verschlossenen Türen, hingaben.

Natürlich wuchsen die Spekulationen und der illegale Handel mit diesem halbverbotenen Produkt schlagartig an, genau wie die Bestechungssummen, mit denen Raucher versuchten, sich von den Milizionären freizukaufen, und genau wie die Zahl der Denunziationen durch streitbare Gesundheitsverfechter. Aber die wichtigste Folge – derentwegen die ganze Sache ersonnen worden war – bestand in etwas anderem, nämlich weniger in der Ablenkung der allgemeinen Aufmerksamkeit von negativen auf positive Erscheinungen als vielmehr in der Schaffung eines Tarnschleiers. Die Zeitungen überschlugen sich geradezu vor Entzücken, priesen die Initiative der Bürger von Sotschi und der Region Krasnodar und feierten Medunow und Woronkow, die ein Interview nach dem anderen gaben. Ganze Heerscharen von Journalisten, die ein großzügiger Empfang erwartete, strömten zur »Schwarzmeerperle«, und ihre begeisterten Reportagen wurden den Berichten »kritteliger« Journalisten gegenübergestellt. Trotzdem, die Lage ließ zu wünschen übrig...

Die Sturmwolken wurden dichter, die Schlinge straffte sich, das Ende nahte. Medunow, Mjorslyj, Woronkow und alle übrigen Mitglieder des einst mächtigen Clans wußten genau, daß ein Angriff auf sie vorbereitet wurde. Die Aufdeckung des »Okean«-Skandals in Moskau führte zur Verhaftung des Stellvertretenden Ministers für Fischwirtschaft der UdSSR sowie einer großen Gruppe hoher Beamter. Die Fäden waren direkt nach Sotschi zu verfolgen, und als erster hatte Bürgermeister Woronkow zu leiden, jener »Stützpfeiler«, dessen Entfernung das gesamte Gebäude einstürzen zu lassen drohte. Medunow konnte Woronkow nicht schützen, denn Breschnew reagierte nicht. Dieser hatte inzwischen andere Lieblinge und Favoriten, und der »Wildeber« interessierte ihn nicht mehr.

Der Angriff auf die Medunow-Mafia erfolgte von oben und unten. Der große Fehler der Mafia, ihr »Versäumnis«, bestand darin, daß sie keine Kontakte zu den führenden Angehörigen der örtlichen Miliz, der Staatsanwaltschaft und der Sicherheitsorgane geknüpft hatte. Wie standhaft und prinzipientreu diese Amtsträger in Krasnodar und Sotschi auch sein mochten, bei zielstrebigen Bemühungen gelingt es stets, zumindest einen kleinen Teil des Apparats zu korrumpieren. Doch die Medunow-Leute, zu sehr von der Protektion durch ihren Boß überzeugt, hatten solche Bemühungen für einen unnötigen Luxus gehalten und keine Lust gehabt, die Gewinne zu teilen. Nun mußten sie für ihren Mangel an Weitsicht bezahlen, denn nicht nur der Staatsanwalt der Region, auch der Staatsanwalt von Sotschi und alle örtlichen Leiter des KGB und des MWD bezogen gegen sie Stellung.

In Moskau hatte eine riesige Ermittlergruppe (mehr als dreihundert Juristen waren an der Operation beteiligt) die »Fischmafia« entlarvt und war dafür mit Orden, Geldprämien und öffentlichem Lob ausgezeichnet worden. Nun wollte die Gruppe ihre Erfolge erweitern und vertiefen. Wie Jäger, die ihrer Beute auf der Spur sind, konnten diese Ermittler sich auf die Tatsachen und ihre Intuition verlassen und die Spuren zurückverfolgen.

Es war auf dem Höhepunkt dieser Ereignisse, die durch die oben beschriebenen Umstände ausgelöst worden waren, daß ich plante, nach Sotschi zu fliegen. Damals wußte ich nichts (oder fast nichts) von alledem. Es war eine ganz unerwartete Fügung, daß mein Plan, nach Sotschi zu reisen, mit der kritischen Situation der Medunow-Bande zusammenfiel. Ich hatte nicht die geringste Absicht, den Kampf gegen die Mafia von Sotschi aufzunehmen, sondern ich wollte mich rein filmischen, nicht journalistischen Aufgaben widmen.

Aber Furcht macht überempfindlich: In ihrer Nervosität

glaubte die Mafia, daß meine Reise Bestandteil einer mächtigen, von Moskau organisierten Kampagne zu ihrer Vernichtung sei und daß der Film nur als Vorwand diene, um das wahre Ziel meines Besuchs zu verschleiern. Mein ein Jahr zuvor veröffentlichter Artikel über Woronkow, in dem ich aus geheimen Gerichtsunterlagen erworbene Kenntnisse enthüllte, ließ die Mafiosi annehmen, daß ich mit ihren wichtigsten Verfolgern im Bunde sei.

Wenn sie mich kompromittieren konnten, würden sie sich also nicht nur an mir rächen, sondern auch die Aufmerksamkeit durch einen öffentlichen Skandal von sich selbst ablenken und, natürlich, ihre Entlarvung verhindern. Aus diesen Gründen bereiteten sie die ziemlich riskante Operation gegen mich vor. Durch den Verzicht auf die Reise rettete ich nicht nur meine eigene Haut, sondern durchkreuzte auch die Pläne der Mafia und erleichterte die Arbeit derjenigen, die unter schwierigen Bedingungen versuchten, die fast uneinnehmbare Medunowsche Festung zu erobern.

Ähnlich wie die Stadtväter von N., die Helden von Gogols unsterblichem *Revisor*, den zufällig durchreisenden Chlestakow für einen Abgesandten des Zaren hielten, gerieten auch die Stadtväter von Sotschi völlig durcheinander und merkten nicht, woher der Wind wehte. In Wirklichkeit wehte er aus einer ganz anderen Richtung und von einem sehr hohen Gipfel: Die gesamte Aktion zur Entlarvung Medunows wurde von Jurij Andropow wenn nicht geleitet, so doch geschickt organisiert. Dies allein sorgte einstweilen für ihren Erfolg.

Doch bevor Medunow endgültig gestürzt wurde und seine besten Leute buchstäblich am Rande des Abgrunds verlor, bot er seine letzten Kräfte auf und machte einen kühnen Schritt, der ihm eine Atempause verschaffte und ihm neue Hoffnung gab.

Er trug zwar nicht den Sieg davon, aber er rettete sich vor dem Untergang.

3. KAPITEL

Aufstand der Staatsanwälte

Es ist schwer zu sagen, wie effektiv das KGB damals arbeitete. In einem Land, das sich weithin auflöste, konnte es schwerlich eine Behörde geben, die von dieser Auflösung nicht berührt wurde. Jedenfalls war niemand besser über die wahre Natur der Vorgänge unterrichtet als das allmächtige und geheimnisvolle Komitee für Staatssicherheit. Das Politbüro erhielt natürlich nur solche Berichte, die seinen Mitgliedern gefielen, oder bestenfalls geglättete, ausweichende, niemanden erzürnende Meldungen.

Durch sein Heer von Spitzeln, seinen unabhängigen Kontrolldienst und mit Hilfe von elektronischen Überwachungstechniken konnte Andropow, der an der Spitze des KGB stand, sich recht präzise Informationen über die Tätigkeit der Mafia von Sotschi und Krasnodar verschaffen. Aber er konnte nicht mit offenem Visier gegen sie antreten, denn er wußte natürlich auch über die Beziehungen Medunows zu Breschnew und zu dessen schattenhafter Karikatur, Konstantin Tschernenko, Bescheid.

Die Raffgier, die nicht nur die mittleren, sondern auch die höchsten Machthaber erfaßt hatte, war Andropows Charakter völlig fremd. Seine Interessen lagen auf einer ganz anderen Ebene. In dieser Hinsicht kann man ihn eher als einen Absolventen der Stalinschen Schule bezeichnen. Er haßte Diebe und Empfänger von Bestechungsgeldern genauso inbrünstig wie alle Abweichler von der reinen und unantastbaren marxistisch-leninistischen Ideologie. Die Raffgier und die wirtschaftlichen, nicht die politischen Umtriebe der Mafia erschienen ihm als Abweichung von der Ideologie, die für ihn kein Wortgeklingel, sondern das höchste Heiligtum war. Schon aus diesem Grunde betrachtete er Medunow und Raschidow – von dem noch die Rede sein wird – als seine Todfeinde.

Aber täuschen wir uns nicht: Neben ideologischen Gründen

hatte Andropow auch persönliche, mit seiner Karriere zusammenhängende Gründe. Und diese waren für ihn von entscheidender Bedeutung. Seit Mitte der siebziger Jahre kündigten sich Verschiebungen an der Parteispitze an, und Andropow bemühte sich, die Bedingungen für einen Wechsel von seiner Schlüsselposition als KGB-Vorsitzender (eine Position, die kaum weitere Beförderungen versprach) in ein hohes Parteiamt zu schaffen. Seine Bemühungen waren erst nach etlichen Jahren von Erfolg gekrönt, als er, achtzehn Monate vor Breschnews Tod, neben der Politbüromitgliedschaft auch den Posten eines ZK-Sekretärs errang.

Medunow gehörte ebenfalls zu den vielversprechenden Kandidaten für einen Wechsel in den ZK-Apparat, denn die Beförderung der »besten« Ersten Sekretäre von Gebiets- und Regionskomitees in den höchsten Parteistab war eine seit langem bewährte Tradition. Zu dem Zeitpunkt, als Medunows Beziehungen zu Breschnew am glänzendsten waren, hatte er überaus gute Chancen. Gewiß, er war kein direkter Rivale Andropows, da sie völlig unterschiedlichen »Gewichtskategorien« angehörten. Aber jeder Zug auf dem Kreml-Schachbrett konnte einen entscheidenden Einfluß auf das Schicksal sämtlicher Figuren haben. Jedenfalls spielten Andropow und Medunow mit Figuren unterschiedlicher Farbe, also gegeneinander. Wir täuschen uns nicht, wenn wir Medunow einen Widersacher Andropows nennen. Wenn Andropow den Mafioso von Krasnodar anschwärzte, verschaffte ihm dies einen wichtigen taktischen Vorteil in den komplizierten Palastintrigen.

Ein weiteres Plus für Andropow in diesem heimlichen Duell war die Tatsache, daß Suslow eine starke Abneigung gegen Medunow hatte. (Diese Abneigung kam übrigens auch mir zustatten, denn als Alexander Tschakowskij zu Suslow eilte, war ihm durchaus klar, daß er bei seinem Gesprächspartner auf – unausgesprochene – Zustimmung stoßen würde.) Suslows ideologische Reinheit, sein asketischer Lebensstil und seine fanatische Treue den Parteidogmen gegenüber waren wohlbekannt, zumal er versuchte, sich auf dieser Grundlage Popularität zu verschaffen. – Suslow war übrigens auch daran beteiligt, daß Michail Gorbatschow nach der Verdrängung Medunows aufsteigen konnte.

Da es um seine Gesundheit nicht zum Besten stand, verbrachte er seinen Urlaub nicht in Sotschi, sondern er bevorzugte die ihm seit langem vertrauten Mineralwasserkurorte des Kaukasus (Kislowodsk, Jessentuki, Pjatigorsk, Shelesnowodsk). Diese Kurorte waren tatsächlich zu Heilzwecken geschaffen worden und befanden sich nicht in der Region Krasnodar, sondern in der Nachbarregion Stawropol, wo Suslow noch vor dem Krieg das Regionskomitee der Partei geleitet hatte, nachdem alle früheren Chefs dem Terror zum Opfer gefallen waren. Hier war er auch zum Deputierten des Obersten Sowjets der UdSSR»gewählt« worden. Traditionsgemäß galt Suslow als Gönner von Stawropol, weshalb er sich um seine Nachfolger kümmerte und ihre Karrieren förderte. Es war ebenfalls ein Gebot der Tradition, daß der örtliche Parteichef seinen Respekt vor dem hohen Gast bekundete, indem er ihm während seines Urlaubs viel Zeit widmete.

Im Jahre 1978 starb Fjodor Kulakow, ZK-Sekretär für Landwirtschaft, ganz plötzlich und unter mysteriösen Umständen. Kulakow war ebenfalls ein Schutzbefohlener Suslows gewesen und hatte das Stawropoler Regionskomitee in den sechziger Jahren geleitet, als Gorbatschow dort führende Positionen im Komsomol und in der Partei bekleidete. Nicht nur aus diesem Grund waren Gorbatschows Chancen für die Übernahme der frei gewordenen Position günstig, sondern auch deshalb, weil Medunows Stern bereits unterging. Medunow mußte sich ständig verteidigen, Korruptionsvorwürfe gegen diesen oder jenen seiner Spießgesellen zurückweisen und in jedem Moment mit einem Dolchstoß in den Rücken rechnen. Dies war kein Zeitpunkt, der ihm einen Sieg in einem Karriereduell verheißen hätte.

Aber auch Gorbatschow hatte Schwierigkeiten. Gegen seine Kandidatur sprachen sich Gromyko und – besonders hartnäckig – Grischin und Ustinow aus. (Später, nach Tschernenkos Tod, büßte Gromyko seine Schuld ab, indem er Gorbatschow zum Sieg über die Grischin-Romanow-Gruppe verhalf.) Wie immer in besonders akuten Konfliktsituationen verzichtete Suslow auf jegliche Einmischung, obwohl seine Sympathien für Gorbatschow bekannt waren. Die entscheidende Rolle übernahm Andropow.

Kulakow war im Juli gestorben, doch im September war der Posten des ZK-Sekretärs für Landwirtschaft noch immer nicht besetzt. Andropow ließ sich in Kislowodsk behandeln, Breschnew und Tschernenko machten mit dem Zug eine Inspektionsreise durch den Nordkaukasus. Am Bahnhof von Mineralnyje Wody, unweit von Kislowodsk, fand die mittlerweile berühmte Begegnung der vier einander nachfolgenden ZK-Generalsekretäre statt: Breschnew, Andropow, Tschernenko und Gorbatschow, der damals noch »Parteigouverneur« der Region Stawropol war, auf deren Territorium Mineralnyje Wody liegt. Heute könnte nur noch Gorbatschow schildern, wie die Begegnung verlief, aber unzweifelhaft ist, daß sie entscheidende Konsequenzen hatte.

Es dauerte weitere zwei Monate, bis der Widerstand der »Falken« gebrochen war. Dies gelang Andropow mit Suslows Unterstützung, und es bedeutete das Ende von Medunows Hoffnungen, da es eine langjährige Tradition gab, Parteifunktionäre aus demselben Landesteil nicht kurz hintereinander auf die höchsten ZK-Posten zu befördern. Die Region Stawropol hatte gesiegt, und nun würde der Kuban (die gebräuchliche Bezeichnung für die Region Krasnodar) lange warten müssen, bis er an der Reihe war.

Dies alles muß berücksichtigt werden, wenn man den politischen Hintergrund des Kampfes gegen die Mafia von Krasnodar verstehen will. Vergessen wir nicht, daß es sich um die *erste* Herausforderung für die Mafia handelte. Bis dahin hatte sie furchtlos und planmäßig ihre Kraft vergrößert, hatte Wurzeln gefaßt und zuverlässige Verteidigungsstellungen aufgebaut. Doch wenn die Mafia nur zu existieren vermochte, solange sie des Schutzes von oben sicher sein konnte, so galt ähnliches für ihre Widersacher, die ebenfalls einen Rückhalt im Machtzentrum benötigten.

Das Ministerium für Innere Angelegenheiten der UdSSR (MWD), geleitet von Nikolaj Schtscholokow, einem von Breschnew engsten Freunden und Trinkgenossen, war nicht nur abgeneigt, gegen die Mafia zu kämpfen, sondern in Gestalt des Ministers sogar in deren Machenschaften verwickelt. Schtscholokow und sein Stellvertreter, Breschnews Schwiegersohn Jurij

Tschurbanow, gehörten zwar keinem bestimmten Clan an, aber sie schröpften sämtliche Clans und gaben ihnen Protektion.

Nach den in den siebziger Jahren geltenden Vorschriften besaß das KGB keine dienstliche Zuständigkeit für diese Vorgänge. Wenn eine seiner Unterabteilungen aber dennoch ein Interesse bekundete oder sogar Aktivitäten erkennen ließ, schlurfte Schtscholokow, der Andropow spinnefeind war, sofort, mit Morgenmantel und Pantoffeln bekleidet, die Treppe zu »Onkel Ljonja« hinunter (Breschnew und er wohnten in verschiedenen Etagen desselben Gebäudes) und warf sich seinem »treuen Freund« zu Füßen. Mit zitternder Stimme und Tränen in den Augen (er war ein Meister solcher Monologe) erzählte Schtscholokow dann, welche Intrigen der »an die Macht strebende« Jurij Wladimirowitsch (Andropow) schmiede; dieser mische sich in die Angelegenheiten eines anderen Ministeriums ein, um den Generalsekretär seiner wahren Freunde zu berauben, die Führung zu »enthaupten« und dadurch seinen eigenen Weg zum Thron zu ebnen.

Unzweifelhaft flüchtete Schtscholokow sich sogar in Demagogie und drohte Breschnew mit einem Rückfall in den Terror des Jahres 1937: Andropows Behörde brauche nur Informationen zu sammeln und sie möglichen Nutznießern zur Verfügung zu stellen. Dabei war das KGB, wenn man Andropows persönliches Interesse beiseite läßt, damals dem Treiben der Mafia gegenüber völlig gleichgültig. Es hatte andere Sorgen, denn dies war der Höhepunkt der Hexenjagd auf Dissidenten; der mächtigste Geheimdienstapparat der Welt kämpfte nicht gegen den Kraken der Korruption, der das leidgeprüfte Land aussog, sondern gegen Samisdat-Autoren und Samisdat-Leser.

Auch das Zentralkomitee der KPdSU eignete sich nicht für den Kampf gegen die Mafia, denn an der Spitze von Partei und Staat stand schließlich Leonid Iljitsch Breschnew, der Freund, Wohltäter und hochgeschätzte Kunde sämtlicher Mafia-Clans. Und keine Parteiaktion gegen hohe KP-Funktionäre konnte ohne Genehmigung Konstantin Tschernenkos stattfinden, der die Kaderpolitik kontrollierte.

Damit blieb nur ein einziges Organ, das formell durchaus

berechtigt (besser gesagt, sogar verpflichtet) war, das Duell mit der Mafia aufzunehmen, zumal es nicht in die Intrigen der hohen Politik verwickelt oder in die Netze der Mafia verstrickt war: die Staatsanwaltschaft. Diese Entwicklung hatte weniger mit der makellosen Reinheit und der moralischen Vorbildlichkeit ihrer Bediensteten zu tun als vielmehr mit den groben Fehlern und der fatalen Blindheit der Clan-Bosse, die nicht sehr klug und wenig umsichtig waren.

Nachdem Wyschinskij im Jahre 1939 das Amt des Staatsanwalts der UdSSR verlassen hatte und die Epoche der »großen öffentlichen Prozesse« beendet war, wurde die Behörde von niemandem an der Spitze mehr ernst genommen; man sah in ihr nur noch ein gehorsames Exekutivorgan. Wirklich bedeutende Entscheidungen wurden im Zentralkomitee, im KGB oder MWD gefällt, und die Staatsanwaltschaft »setzte sie nur um«, das heißt, sie erfüllte die Formalitäten, um eine juristische Fassade zu schaffen. Seit Wyschinskij war die Staatsanwaltschaft nicht einmal mehr von zweitrangigen, sondern nur von zehntrangigen Gestalten der Nomenklatura geleitet worden. Wer auf einen führenden Posten in der Staatsanwaltschaft berufen wurde, war aus dem Rennen, was die große Staats- oder Parteikarriere betraf.

Seit 1953 war Roman Rudenko Generalstaatsanwalt der UdSSR gewesen: ein völlig anonymer Jurist, der sich für nichts auf der Welt interessierte und nur darauf bedacht war, daß niemand seine Ruhe und seinen Frieden störte. Die Tatsache, daß er während der Nürnberger Prozesse als Chefankläger der UdSSR aufgetreten war, verlieh seiner Biographie und seiner Person Gewicht. In Wirklichkeit jedoch gab sich dieser gebrechliche, wackelige, bereits an Altersschwachsinn leidende Angestellte alle Mühe, seine jüngeren und energischeren Mitarbeiter an jeglicher Initiative zu hindern. Mit der gleichen Pedanterie und ohne jede Emotionen hätte er, auf entsprechenden Befehl hin, die halbe Bevölkerung des Landes ins Lager geschickt oder, nach neuer Anweisung, wieder entlassen. Er war weder gut noch böse, sondern einfach eine Null.

Ich lernte ihn nie persönlich kennen, doch bei meinen häufigen Besuchen beim damaligen Vorsitzenden des Obersten Gerichtshofes der UdSSR, Lew Smirnow*, traf ich diesen fast jedesmal bei Telefonaten mit Rudenko (über die Sonderleitung des Kreml) an. Diese beiden wichtigen Gesetzeshüter erörterten während der Dienstzeit – manchmal für eine halbe, manchmal sogar für eine ganze Stunde – mit großer Gelehrsamkeit entweder ihre antiquarischen Bücherkäufe oder die Funktionen ihres Magens. Das letztere Thema interessierte sie besonders und war natürlich wichtiger als jede Gerichtsverhandlung. Smirnow genierte sich in meiner Anwesenheit durchaus nicht, sondern beschrieb ausführlich seinen Zustand. Nachdem ich das Ende des Telefonats abgewartet hatte, versuchte ich, das Thema anzusprechen, das mich zum höchsten Richter im Staate geführt hatte; zum Beispiel bat ich ihn, irgendein Urteil überprüfen zu lassen oder die Entlassung eines Unschuldigen zu verfügen. »Ein andermal, mein Lieber, später, später...«, war Smirnows übliche Antwort. »Sie sehen doch, wie beschäftigt ich bin. Völlig eingedeckt.«

Auch Rudenko war »völlig eingedeckt« und taugte deshalb schon gar nicht zum Kämpfer gegen die Mafia. Da die letztere die reale Funktion – die sich von der vorgespiegelten deutlich unterschied – der Staatsanwaltschaft und des Generalstaatsanwalts kannte, erwartete sie aus dieser Richtung keinen Schlag und verzichtete auf jeglichen Flankenschutz. Außerdem schenkte sie der Ernennung von Alexander Rekunkow zum Ersten Stellvertretenden Generalstaatsanwalt im Jahre 1978 keine Beachtung. Rekunkow war trotz seines athletischen Äußeren ein kränklicher Mann, der aus der gleichen Position in der Staatsanwaltschaft der RSFSR hierher versetzt worden war. Die Region Krasnodar gehört zur Russischen Föderation, und Rekunkow hatte sich in seinem früheren Amt so-

---

* Lew Smirnow (1911–1986) begann als Ermittler, arbeitete in leitenden Positionen der Staatsanwaltschaft und fungierte seit 1957 als Richter. Zwischen 1972 und 1984 leitete er den Obersten Gerichtshof der UdSSR. Als Assistent des sowjetischen Chefanklägers war er ebenfalls an den Nürnberger Prozessen beteiligt gewesen. Er zeichnete sich dadurch aus, daß er den Vorsitz bei der Verhandlung über den berühmten Arbeiteraufstand von Nowotscherkassk (1962) führte und mehrere Todesurteile aussprach; zudem führte er den Vorsitz beim Prozeß gegen Andrej Sinjawskij und Julij Daniel (1966), mit dem die langjährige Verfolgung Andersdenkender eingeleitet wurde.

wohl um die Untersuchungsverfahren wie um die Rechtsprechung in Sotschi und Krasnodar gekümmert. Dies hatte er so unauffällig getan, daß die Mafia nicht den geringsten Grund zur Unruhe sah. Weshalb also hätte sie über die Beförderung eines so passiven Staatsanwalts besorgt sein sollen?

Auch ein weiterer Wechsel im Inneren dieser von der hohen Politik so weit entfernten Behörde entging der Mafia: Rekunkow hatte seinen Kollegen Viktor Najdjonow aus der Staatsanwaltschaft der RSFSR in jene der UdSSR mitgebracht. In seiner neuen Position war Najdjonow weiterhin für die Leitung von Ermittlungsverfahren und deren Kontrolle in den niedrigeren Bereichen der Staatsanwaltschaft zuständig, ebenso wie für ganz normale Personalumbesetzungen, die aus der Ferne und im blendenden Sonnenschein der Schwarzmeerküste kaum zu bemerken waren. Die Geschäfte der Mafia waren nie besser gegangen, noch nie hatte man so eindrucksvolle Ergebnisse erzielt! Was bedeuteten, verglichen damit, schon die kleinen Freuden wenn auch hochrangiger Staatsanwälte?

Nach einer Weile sollten die Mafiosi begreifen, wie unheilvoll ihr Mangel an Weitsicht gewesen war. Aber dann würde es schon zu spät sein.

Ich lernte Viktor Najdjonow zufällig kennen, und die Bekanntschaft verhieß nichts Gutes. Es war zu der Zeit, als die *Literaturnaja gaseta* – genauer gesagt, einige ihrer Mitarbeiter – die einzige Möglichkeit fand, wenigstens einen Teil der Wahrheit auszusprechen, und zwar ungeachtet der damals herrschenden Verschleierung und Unterdrückung der Redefreiheit. Das Land war bereits ausgelaugt von den Lügen, der Gewalt, der Abrechnung mit unliebsamen Personen, von der alles umfassenden Obrigkeit, der im Zentrum wie in den Provinzen herrschenden Partokratie. Davon sprach man in jeder Wohnung, in jeder Familie, doch nur hinter verschlossenen Türen und bei ausgeschalteten oder abgedeckten Telefonen. Natürlich war es unmöglich, über diese Dinge zu schreiben – oder höchstens in der »Dissidentenpresse«, dem unzensierten Samisdat.

Was jedoch sollten Journalisten tun, deren Zeitung der Zensur unterlag und die jede winzige Möglichkeit nutzen wollten, dem Leser mitzuteilen, daß er nicht allein war, daß wir dasselbe sahen wie er und seine Hoffnungen und Träume teilten? Daß seine Feinde auch unsere Feinde waren...

Wir fanden eine sehr einfache, doch, wie sich erwies, höchst effektive Methode. Was die Herrschenden fürchteten, waren Verallgemeinerungen, aber sie mischten sich nicht ein, wenn individuelle, private, einzigartige Fälle von Gesetzesbrüchen durch Amtsträger verurteilt wurden – nicht einmal, wenn es sich um individuelle, einzigartige Fälle von Unterschlagung, Erpressung oder Betrug handelte.

Wir beschlossen, uns an die Spielregeln zu halten. Ein individueller, einzigartiger Fall? Bitte sehr, wenn's gefällig ist! Folglich berichteten wir von *individuellen* Dieben, *individuellen* Erpressern, *individuellen* Machtmißbräuchen. Entsprechend der Anweisung der Herausgeber und der Zensoren wurde jedem enthüllenden Artikel die Mitteilung vorangestellt: »Die Redaktion druckt das Material unseres Sonderkorrespondenten über einen untypischen Fall, der sich dort und dort zutrug. Obwohl der Bericht keineswegs charakteristisch ist... dürfte er trotzdem von gewissem Interesse sein.«

Wir erhoben nicht die geringsten Einwände gegen diesen idiotischen, erniedrigenden Kommentar – im Gegenteil, er belustigte uns. Zum Beispiel bat ich mehrere Male darum, ihn noch zu verstärken. Ein Richter nimmt Bestechungsgelder – das ist ein untypischer Fall? Nein, schreiben wir doch: ein noch nie dagewesener, beispielloser Fall. Es ist nicht charakteristisch, daß ein örtlicher Funktionär sich auf Staatskosten einen Palast baute und alle, die daran Anstoß nahmen, ins Gefängnis stecken ließ? Nein, schreiben wir doch: »Unsere Darstellung wird Ihnen unwahrscheinlich, undenkbar, wie eine Erfindung, wie eine Verleumdung durch den Klassenfeind vorkommen.«

Tausende von zustimmenden Leserbriefen bewiesen, daß wir auf dem richtigen Weg waren. Manche allerdings gingen uns auf den Leim. »Sie sollten sich schämen!« kritisierte mich ein Leser aus Perm im Ural. »Sie schreiben, der Fall sei einzigartig. Dann sollten Sie mal nach Perm kommen und sich überzeugen, daß sich hier ganz genau das gleiche abspielt. Überhaupt wird aus Ihrem Artikel deutlich, daß der Fall keineswegs einzigartig war.«

Ich antwortete ihm: »Lieber Genosse, wenn aus meinem Artikel deutlich wird, daß der Fall nicht einzigartig war, dann muß dies wohl aus meinen Worten hervorgehen. Wie ich es geschafft habe, Sie alles richtig verstehen und interpretieren zu lassen, das ist mein Autorengeheimnis.«

Daraufhin kam ein Telegramm aus Perm: »Vielen Dank. Habe alles verstanden. Unterstütze Sie vollauf. Wir warten auf neue Berichte über einzigartige Fälle...«

Man könnte fragen: Wenn ein einfacher Bürger aus Perm alles begriff, wenn Tausende von anderen Lesern alles verstanden, wieso durchschauten dann die Machthaber unseren primitiven Kunstgriff nicht? Meine Antwort: Vielleicht durchschauten sie ihn, aber wir hielten uns an die Spielregeln, und in diesem Stadium der Geschichte war ihnen die Befolgung der Regeln wichtiger als der Kern der Artikel. Aber vielleicht durchschauten sie auch bei weitem nicht alles, was vorging. Wie ich bereits im ersten Kapitel ausgeführt habe, waren damals rettungslos ungebildete, unglaublich dumme, einfältige Personen an der Macht, deren Insektenhirn unvorstellbar dürftig war. Das, was jeder Straßenfeger mühelos durchschaute, entzog sich vielen der Herrscher: Ministern, ZK-Sekretären und sogar Politbüromitgliedern. Das ist schwer zu glauben, aber ich kann mich dafür verbürgen.

Nun ja, ich bin vom Thema abgekommen. Kehren wir also zu Najdjonow zurück.

Damals arbeitete ich gerade an einem dieser Artikel über ein »einzigartiges«, unbedeutendes Ereignis im Gebiet Tambow. Ein junger Familienvater war unter den Rädern eines Lastwagens umgekommen. Ein Unfall also. Aber seltsamerweise gehörten diejenigen, die ihn überfahren hatten, zum Personal der örtlichen Parteiführung, die von dem Verstorbenen öffentlich der Korruption und des Machtmißbrauchs bezichtigt worden war. In meinem Artikel führte ich aus, daß der Gebietsstaatsanwalt durch seine Weigerung, gewisse zusätzliche Indizien zu berücksichtigen, potentielle Verbrecher geschützt hatte.

Plötzlich wurde ich angerufen und gebeten, beim Stellvertretenden Staatsanwalt der RSFSR vorzusprechen. In einem kleinen Dienstzimmer begrüßte mich ein gutaussehender junger

Mann mit früh ergrauenden Haaren und einem strahlenden Lächeln. Was mich sofort verblüffte, war die Tatsache, daß mein Gesprächspartner ganz präzise Informationen über meine journalistischen Pläne hatte. Wir sahen einander zum erstenmal, aber er begegnete mir mit offenem Visier, ohne Tricks, ohne Zweideutigkeit.

»Sie planten, den und den Staatsanwalt zu entlarven«, begann er nicht in fragendem, sondern in bestätigendem Tonfall. »Davon rate ich ab.«

Selbst damals, auf dem Höhepunkt des Breschnewismus, war ein so offener, unverhüllter Druck auf die Presse nicht üblich. Es gab andere, erprobte, verschleierte »Stoppsignale«. Häufig ahnte ein Autor nicht einmal, wer sich wie und weshalb in seine Arbeit einmischte. Und nun ein solches Gespräch, bei dem nicht lange um den heißen Brei herumgeredet wurde.

»In diesem konkreten Fall hat der Staatsanwalt tatsächlich geschlampt, aber nicht deshalb, weil er den Verbrechern entgegenkommen wollte. All seine Kräfte und seine ganze Aufmerksamkeit konzentrieren sich auf den Kampf mit der Gebietsverwaltung. Er ist einer meiner wenigen Kollegen, die den Mut haben, die Mafia aufs Korn zu nehmen.«

Ich erinnere mich gut daran, daß Najdjonow das Wort »Mafia« benutzte. Es war damals ein so ungewöhnliches Wort, besonders aus offiziellem Munde, daß ich geradezu schockiert war. Möglicherweise hörte ich es, angewandt auf unsere gesamtsowjetischen Verhältnisse, zum erstenmal von Najdjonow.

»Ihr Artikel wird Balsam auf ihre Wunden sein. Der Sekretär des Gebietskomitees wird seine Freude kaum zügeln können. Man wird Ihren Artikel als korrekt bezeichnen und den Staatsanwalt hinauswerfen. Wem nützt Ihr Bericht also?«

Der Wahrheit und der Prinzipientreue, die niemals konjunkturabhängig sind, dachte ich. Es mag sein, daß sich unehrliche Leute wegen eines Unglücks die Hände reiben, aber heißt dies, daß man das Unglück verschweigen sollte?

»Trauen Sie meiner Erfahrung und meinen Informationen.« Der Sarkasmus war verschwunden, genauso wie der Befehlston. »In der Sache, die Sie beunruhigt, läßt sich nichts mehr ändern. Der Zeitpunkt ist verpaßt, das Material ist vernichtet, und eine neue Untersuchung würde nichts bringen. Als Jurist wissen Sie das genausogut wie ich. Verstehen Sie mich richtig: Es gibt genug Staatsanwälte, die entlassen werden müßten. Aber sollten wir etwa bei den besten, nicht bei den schlechtesten beginnen?«

Es waren sehr ernste Argumente und Befürchtungen, aber ich wollte mich auf keinen Fall in eine Verschwörung, wie lobenswert ihre Ziele auch sein mochten, hineinziehen lassen.

»Ich weiß Ihr Vertrauen zu schätzen«, sagte ich zum Abschied, »aber ich kann nichts versprechen. Jeder muß an seinem Platz seine Pflicht tun.«

Er widersprach: »Wir haben eine gemeinsame Pflicht. Nur tun wir sie mit unterschiedlichen Mitteln.« Damit gingen wir auseinander.

Das Gespräch ließ einen bitteren Geschmack zurück. Trotz der scheinbaren Offenheit war vieles ungesagt geblieben. Najdjonow war offenkundig ein außergewöhnlicher Mann, wie ich ihm unter Staatsanwälten noch nie begegnet war. Aber wie konnte ich auf eine Veröffentlichung verzichten, die mir völlig gerechtfertigt schien? Zu welchem Zweck? Warum?

Trotzdem verzichtete ich darauf. Dabei wurde ich weniger von der Überzeugungskraft der Argumente als von der Überzeugung desjenigen beeinflußt, der sie vorgebracht hatte.

Ich rief Najdjonow an, um ihm mitzuteilen, daß der Artikel nicht erscheinen werde.

»Vielen Dank«, entgegnete er ohne erkennbare Emotion. »Besuchen Sie mich doch.«

Und ich besuchte ihn.

»Wozu verschwenden Sie Ihre Zeit auf kleine Fische?« fragte er mit ironisch gerunzelter Stirn. »Ein individueller Fall, eine untypische Geschichte... Das ist einfach lächerlich!«

Sollte ich ihm von unseren kleinen Kunstgriffen erzählen und davon, wie sehr die Leser unsere »untypischen Geschichten« schätzten?

Er mußte meine Gedanken gelesen haben. »Die Platte ist ausgeleiert. Es wird Zeit, eine neue aufzulegen, damit sich die Leser nicht langweilen. Ich habe ein Thema, das genau auf Sie zugeschnitten ist, einen Exklusivbericht. Sind Sie interessiert?« Mir wurde klar, daß sich hinter seinen scherzhaften Worten etwas für ihn sehr Wichtiges verbarg. »Korruption in gewaltigem Maßstab, unter Verwicklung von ZK-Mitgliedern. Also?«

Dieses Angebot war so überraschend und ungewöhnlich, daß ich aus der Fassung geriet. Natürlich hätte ich sofort mein Interesse bekunden und mich erst später um die Genehmigung der Redaktion kümmern sollen. Aber – und dies kann ich mir nicht verzeihen! – ich erwiderte: »Ich muß meinen Chefredakteur um Rat fragen.«

»Dann fragen Sie ihn mal um Rat«, sagte Najdjonow ironisch. »Nur zu.«

Also wandte ich mich an Tschakowskij, und er fiel mir sogleich ins Wort: »Sind Sie und Ihr Najdjonow etwa übergeschnappt?«

»Die Redaktion hat sich vorläufig dagegen entschieden«, war die diplomatischere Antwort, die ich Najdjonow telefonisch übermittelte.

»Herzlichen Glückwunsch«, spottete Najdjonow, »die haben also Angst gekriegt. Na ja, ich hatte nichts anderes erwartet.«

Heute, Jahre später, raufe ich mir die letzten Haare und versuche mühsam, mich an das von Najdjonow vorgeschlagene Thema zu erinnern. Es hatte mit der Autonomen Sowjetrepublik der Tschetschenen und Inguschen und dem Netz der dortigen Brotfabriken zu tun. Es kam zu gigantischen Unterschlagungen von Mehl, Öl und anderen Produkten. Der Ertrag wurde zwischen dem örtlichen Parteiapparat, Ministern und anderen führenden Funktionären aufgeteilt; gewisse Summen flossen auch nach Moskau. Das ist mehr oder weniger alles, woran ich mich entsinne.

Immerhin, zwei sehr wichtige Details rechtfertigen die Erwähnung dieser bruchstückhaften Erinnerungen. Erstens: Schon damals (es war im Jahre 1975) wurden die ersten Schüsse auf die Mafia abgefeuert, und zwar aus der Staatsanwaltschaft von Najdjonow persönlich, der ein Bündnis mit der Presse anstrebte. Zweitens: Kurz zuvor war Alexander Wlassow an die Spitze des dortigen Gebietskomitees vorgerückt; er wurde später Politbürokandidat, Vorsitzender des Ministerrats der

RSFSR, ein enger Mitarbeiter Gorbatschows und ein Konkurrent Jelzins bei der Wahl zum Vorsitzenden des Obersten Sowjets der Russischen Föderation.

Stand Wlassow damals auf Najdjonows Seite oder nicht? Weshalb wollte Najdjonow unbedingt, daß die Sache veröffentlicht wurde: um den Widerstand Wlassows zu überwinden oder vielleicht sogar, um ihn zu größerer Kühnheit für den gemeinsamen Kampf zu inspirieren? – Leider muß diese Frage unbeantwortet bleiben.

In einem System, in dem die Politik die Rechtsprechung beherrscht, wird die Nomenklatura keinen der Ihren opfern, wenn das Gesetz es verlangt, sondern nur dann, wenn die politische Kräfteverteilung dies zum gegebenen Zeitpunkt nötig macht. Daran ist nicht zu rütteln.

Aber die Nomenklatura ist kein homogenes Gebilde; in ihr herrschten und herrschen erhebliche Gegensätze, wenn nicht gar verborgene Feindschaften. Wenn sie also eines ihrer Mitglieder dem staatlichen Repressionsapparat opfert, könnten hierfür weniger politische als persönliche Gründe verantwortlich sein. Die Politik dient bloß als Tarnung für ein Spinnennetz von Intrigen.

Außerdem kann ein Angehöriger der Nomenklatura gelegentlich ungeachtet des Systems »geschnappt« werden, wenn einzelne Enthusiasten ein großes Risiko auf sich nehmen, sich geschickt an zahlreichen Klippen vorbeimanövrieren und dabei Hartnäckigkeit, Mut und Schläue an den Tag legen. Wichtige Motivationen dazu liefern normales Karrierestreben, professioneller Ehrgeiz sowie der Reiz der Gefahr und der Wunsch, den Sieg zu erringen. Auch darf nicht außer acht gelassen werden, daß manche Leute, die damals wichtige Posten im Justizapparat bekleideten, aus Anstand, Ehrgefühl, Pflichtbewußtsein und unversöhnlicher Opposition gegen zynische Gesetzesbrüche handelten.

Wenn ich heute zurückblicke, kann ich nur darüber staunen, daß es in der Regionshauptstadt und in fast allen Schwarzmeerkurorten so viele führende Vertreter von Miliz und Staatsanwaltschaft gab, die nicht neutral blieben, sondern die Mafia aktiv bekämpften, obwohl sie genau wußten, wie mächtig die

Mafia war und welch schreckliche Konsequenzen ihr eigenes Vorgehen haben konnte.

Ich möchte wenigstens einige von ihnen nennen: Walerij Jefrjuschkin*, Chef der Abteilung für Innere Angelegenheiten der Stadt Sotschi, seine Stellvertreter Alexander Udalow**, Anatolij Syssoletin*** und Anatolij Tschurganow sowie Pjotr Kostjuk****, Staatsanwalt von Sotschi, und Boris Rybnikow*****, Staatsanwalt der Region Krasnodar. Sie alle standen auf der anderen Seite der Barrikade; im Grunde waren sie eine »fünfte Kolonne« in einer Region, wo die Mafia unumschränkt herrschte. Diese »fünfte Kolonne« war um so gefährlicher für die Mafia, als sie infolge ihrer offiziellen Position nicht nur Moskau über die Vorgänge informieren, sondern auch selbst Maßnahmen zumindest gegen weniger hochgestellte Personen ergreifen konnte. Außerdem verfügte sie über

---

* Wurde von Medunow »wegen politischer Unzuverlässigkeit« aus der Partei ausgeschlossen, doch Moskauer Freunde sorgten dafür, daß der Ausschluß durch einen strengen Tadel ersetzt wurde. Medunows Kumpan Schtscholokow, Innenminister der UdSSR, entließ Jefrjuschkin aus seinem Amt. Nur dank alter Beziehungen zu Andropow wurde Oberst Jefrjuschkin zur Arbeit in die Mongolei entsandt, das heißt außer Reichweite Medunows, was ihn rettete.

** Auf Medunows Befehl hin fingierte man eine Strafanzeige gegen ihn; er wurde aus der Partei ausgeschlossen und verhaftet. Nach dem Sturz Medunows wurde er rehabilitiert, wieder in die Partei aufgenommen und zum Milizoberst ernannt. Zur Zeit ist er Leiter der Kriminalpolizei in Turkmenien.

*** Büßte seinen Arbeitsplatz ein und wurde aus der Partei ausgeschlossen.

**** Durch Medunow aus der Partei ausgeschlossen; auf Empfehlung des Zentralkomitees vom Arbeitsplatz entlassen, weil »er sich auf einem verantwortungsvollen Posten kompromittierte«. Sein »Verbrechen« bestand darin, daß er die Verhaftung eines gewöhnlichen Diebes genehmigte: des Direktors eines unbedeutenden Restaurants, der jedoch eine bedeutende Funktion in Medunows Mafia ausübte. Kostjuk floh vor dem Zorn des Herrschers in ein Provinzstädtchen im Fernen Norden, wo er ein kümmerliches Auskommen fand. Selbst nach Medunows Sturz wollte man ihn nicht wieder in die Partei aufnehmen, was ihm gestattet hätte, von neuem auf die Beine zu kommen. Gegen die Rückgabe seines Parteiausweises an ihn wandte sich besonders leidenschaftlich einer von Breschnews Favoriten, Michail Solomenzew, der dem Komitee für Parteikontrolle, dem höchsten Gericht der KPdSU, vorsaß. Erst im Jahre 1990, bereits im Pensionsalter, durfte Kostjuk wieder in die Partei eintreten (nachdem Solomenzew in den »wohlverdienten Ruhestand« entschwunden war).

***** Medunow hatte keine Zeit mehr, mit ihm abzurechnen; ein »Disziplinarverfahren« war bereits eingeleitet worden, doch dann kam Medunow selbst zu Fall. Rybnikow leitet bis heute die Staatsanwaltschaft der Region Krasnodar.

ein eigenes Geheimsystem von Spitzeln sowie über Beobachtungs- und Abhörgeräte. Am verblüffendsten ist, daß die örtlichen Staatsanwälte mit den dortigen Milizchefs im Bunde waren, die ja den Freunden Medunows (das heißt den Oberhäuptern eines noch mächtigeren Mafianetzes) unterstanden, nämlich dem Innenminister der UdSSR, Schtscholokow, dessen erstem Stellvertreter Jurij Tschurbanow und deren engen Mitarbeitern. Dieser in den Augen der Mafiosi unerklärliche Verrat brachte die Medunow-Clique dazu, besonders brutal gegen die »Renegaten« vorzugehen.

Um die »Abtrünnigen« der Miliz einzuschüchtern, heuerten die Stadtväter von Sotschi kurz zuvor aus dem Gefängnis entlassene Verbrecher an, die bereit waren, Udalows Töchterchen für 52 000 Rubel zu entführen. Spezialagenten, die für den Sekretär des Stadtkomitees arbeiteten und mit Walkietalkies ausgerüstet waren, dienten als Beobachter. Die Direktorin der Schule des Mädchens hielt Kontakt zu ihnen und sorgte für eine Chance, die Schülerin in der Pause zwischen der dritten und vierten Stunde zu kidnappen. Rein zufällig tauchte ihr Vater jedoch in dieser Pause auf, um das Mädchen zum Zahnarzt zu bringen. Eine Stunde später hörte sein Geheimdienst, der alle Gewohnheitsverbrecher in der Stadt überwachte, ein seltsames Telefonat ab: Der Assistent des städtischen Parteisekretärs beschimpfte einen der bekannten Banditen auf übelste Weise, weil dieser seinen »Kampfauftrag« nicht erfüllt habe; auch der Name der Schuldirektorin und der Tochter Udalows wurden genannt. Der Vater durchschaute die Lage sofort und ließ das Kind unter größter Geheimhaltung aus der Stadt schmuggeln. Später wurde er verhaftet und aus der Partei ausgeschlossen.

Schlimmer erging es Anatolij Tschurganow. Als Vertreter des städtischen MWD zeichnete er sich durch seine lebhaften gesellschaftlichen Interessen und die tiefe Anteilnahme an den Ereignissen im Lande aus. Im Kreise seiner Kollegen, selbst im Vergleich zu den besten von ihnen, war er wirklich ein »weißer Rabe«.

Zu Beginn der sechziger Jahre war Tschurganow Nikita Chruschtschow begegnet, als dieser in Pizunda Urlaub machte; gleichzeitig hatte er Alexander Twardowskij, den

Chefredakteur der Literaturzeitschrift *Nowyj mir*, kennenge-
lernt (den bahnbrechenden Liberalen und Dichter, der als erster Solschenizyns **Ein Tag im Leben des Iwan Denissowitsch**
veröffentlichte). Später korrespondierte er mit dem Akademiemitglied Andrej Sacharow und pflegte enge Beziehungen
zu dem bekannten Historiker und politischen Kommentator
Roy Medwedjew und zu anderen berühmten Dissidenten.

Über dies alles war man im Zentralapparat des KGB informiert, der die »Unruhestifter« in der Hauptstadt ständig überwachte. Nachdem das KGB die Identität des Freundes der
»Unruhestifter« in Sotschi aufgedeckt hatte, mußte es zu seiner
großen Verwunderung feststellen, daß dieser unmittelbar mit
der Milizarbeit zu tun hatte. Man schickte Medunow ein Eil-
telegramm, das in Krasnodar und Sotschi Jubel auslöste. Eine
bessere Nachricht wäre kaum denkbar gewesen, denn der Chef
der örtlichen Kriminalabteilung war der Mafia schon seit langem ein Dorn im Auge.

Der Umstand, daß das KGB sich aktiv an der Verfolgung
eines Gegners der Medunow-Mafia beteiligte, sollte niemanden überraschen. Diese Behörde hielt Andersdenkende natürlich für eine weit größere Bedrohung des Regimes als die Mafia. Außerdem ist das KGB kein homogener Organismus, der
logisch, konsequent und zielstrebig arbeitet. Es enthält eine
Vielzahl von Unterabteilungen, und wie in allen sowjetischen
Institutionen weiß die Rechte oft nicht, was die Linke tut. Die
weitreichenden strategischen Pläne des KGB-Vorsitzenden
waren selbst seinen höchsten Mitarbeitern nicht immer bekannt und verständlich, weshalb sich jeder in seinem eigenen
Revier nur an ganz allgemeine Instruktionen hielt.

Die Geheimdienste des Zentrums und der »Schwarzmeerperle« taten sich zusammen, um Tschurganows Entlarvung der
Mafia elegant zu beenden. Sie verfolgten ihn, als er während
einer Dienstreise nach Moskau Roy Medwedjew besuchte und
in dessen Wohnung mit Craig Whitney, einem Korrespondenten der *New York Times*, Bekanntschaft schloß. Tschurganow
hatte die Hoffnung aufgegeben, so hochgestellte Mafiosi mit
»internen Mitteln« bekämpfen zu können, und er erzählte dem
amerikanischen Journalisten von den Repressalien, denen er
bisher ausgesetzt war, ohne allerdings auch nur ein Hundertstel

der ihm bekannten Gaunerstreiche von Parteiwürdenträgern zu enthüllen.

Am 5. August 1980 brachte die *New York Times* einen Beitrag Whitneys unter der Überschrift »Der Staat geht über alles«; darin wurden einige der von Tschurganow erwähnten Fakten angeführt. Das genügte, um Tschurganow und zwei Kollegen ins Gefängnis zu bringen. Sie wurden der antisowjetischen Agitation und Propaganda bezichtigt (strafbar nach dem berüchtigten Artikel 70 des Strafgesetzbuches, mit dessen Hilfe Tausende von Opfern der Breschnewschen und Andropowschen Willkür in den GULag geschickt wurden).

Aber diesmal bestand das Hauptziel der Abrechnung nicht darin, einen weiteren Dissidenten verschwinden zu lassen. Der Zweck war vielmehr, alle offiziellen Mitteilungen Tschurganows über die Vergehen und die Straflosigkeit der Mafia (er hatte die Berichte an Najdjonow und Rekunkow in Moskau geschickt) zu entwerten. Auf einer Versammlung des Parteiaktivs der Region donnerte Medunow: »Mitarbeiter der Unionsstaatsanwaltschaft schämen sich nicht, die Dienste bösartiger Feinde der Sowjetunion heranzuziehen, die Dienste von Verleumdern unserer Staatsordnung und unseres politischen Systems, die sich an die Amerikaner und die übrigen verfluchten Feinde des Kommunismus verkauft haben – und dies, um die Autorität der Partei und ihrer besten Vertreter« – hier dürfte er an sich selbst gedacht haben – »zu untergraben.«*

Es schien, als ob die Mafia durch die Verhaftung Udalows und Tschurganows sowie durch den Hinauswurf anderer prominenter Persönlichkeiten in Krasnodar und Sotschi ihren Verfolgern einen vernichtenden Schlag versetzt hätte und nun ihren Sieg feiern konnte. Aber es schien nur so.

Viktor Najdjonow dachte nicht daran, klein beizugeben, und die Offensive gegen die Mafia setzte sich fort. Mittlerweile war

---

* Tschurganow verbrachte sechs Jahre im Lager und wurde im Rahmen der Perestroika entlassen und rehabilitiert. Er blieb seinen Idealen treu und setzte die Kampagne gegen die hochgestellten Mafiosi fort, die sich mittlerweile in den Untergrund abgesetzt hatten. Sehr häufig sah und hörte man ihn in Moskau als Redner auf vieltausendköpfigen Versammlungen, wo er demokratische Reformen forderte und sich für Boris Jelzin und die Interregionale Deputiertengruppe einsetzte.

klar, daß es nicht gelingen würde, sie k.o. zu schlagen. Damit blieb nur der Versuch, nach Punkten zu gewinnen, also den Gegner langsam, aber sicher in die Enge zu treiben und selbst immer mehr Boden zu gewinnen.

Die besten Ermittler des Landes wurden hinzugezogen (um ehrlich zu sein, von den besten – oder einfach nur guten – waren nicht mehr viele übriggeblieben, denn die fähigsten Personen wurden bereits auf der Schwelle zur Universität von Abiturienten verdrängt, die von Partei und Komsomol »empfohlen« worden waren, oder von den Kindern und Enkeln begüterter Zeitgenossen, die einfach Studienplätze kauften). Zu dieser Kategorie gehörten fast alle Sonderermittler, die für den Generalstaatsanwalt der UdSSR arbeiteten. Am Rande sei bemerkt, daß Telman Gldjan, der viel später als unversöhnlicher Kämpfer gegen Gorbatschow und Ligatschow berühmt wurde, nicht zu Najdjonows Einsatztruppe gegen den Medunow-Clan gehörte, obwohl er bereits damals den Rang eines Sonderermittlers hatte. Najdjonow nahm ihn nicht in sein Team auf, sondern übertrug ihm die Untersuchung einer weniger gefährlichen und keineswegs schicksalhaften Angelegenheit.

Dafür holte er zur Unterstützung der Sonderermittler junge, niemandem bekannte Provinzjuristen herbei: aus dem Norden, aus dem Ural, aus Sibirien und dem Fernen Osten, aus der Ukraine und Belorußland – insgesamt mehrere hundert Personen. Diese Auswahl hatte den Zweck, alle auszusieben, die auch nur die geringste, selbst indirekte Beziehung zur Medunow-Mafia und ihren Gönnern hatten. Wie weit die Mafia ihre Netze auch ausgeworfen hatte, ihren Organisatoren und Mitgliedern dürfte kaum der Einfall gekommen sein, einen durchschnittlichen Provinzermittler einzufangen, der vielleicht gerade, mehrere tausend Kilometer von Sotschi und Krasnodar entfernt, den Diebstahl eines Kinderfahrrads aufgeklärt hatte. Nun bot sich diesen jungen Juristen, die von einer schnellen Beförderung nicht zu träumen gewagt hätten, die Möglichkeit zu einem unvorstellbaren Sprung nach oben. Und sie gaben sich wirklich alle Mühe...

Die Verhaftung des Bürgermeisters von Sotschi und seiner Komplizen zog neue Enthüllungen nach sich. Die Fährte führte immer weiter, in immer neue Bereiche grandioser Bestechlichkeit und Räuberei, denn die Inhaber verschiedener Staats- und Parteiämter schienen alles gestohlen zu haben, was ihnen in die Hände geriet. Die Furcht, die sie nun packte, breitete sich wie eine Epidemie aus und begann, die Formen einer Kollektivpsychose anzunehmen.

Einer der Sonderermittler, Georgij Efenbach, lud Bürgermeister Logunzow aus dem kleinen Kurort Chosta, unweit von Sotschi, zum Verhör. Der Ermittler hatte kein Beweismaterial gegen Logunzow, sondern wollte nur die Aussagen Woronkows, des Bürgermeisters von Sotschi, überprüfen. Doch Logunzow wußte über sich selbst einiges mehr als Efenbach und merkte, woher der Wind wehte. Nach Hause zurückgekehrt, setzte er sich auf einen elektrischen Stuhl: Er wickelte Kabel um seinen ganzen Körper und schaltete den Strom ein.

Medunow warf Efenbach sofort vor, »den Verdächtigen« – was Logunzow nicht war – »in den Selbstmord getrieben zu haben«. Nach einer Anzeige Medunows verfügte Breschnews Sekretariat eine interne Untersuchung. Efenbach war dem Druck nicht gewachsen und starb an einem Schlaganfall. Danach stiegen die Hoffnungen der Mafia von neuem.

Aber gerade zu diesem Zeitpunkt »stolperte« ein anderer hervorragender Ermittler, Wladimir Kalinintschenko, über eine der größten örtlichen Berühmtheiten: über Bella Borodkina, die in Gelendshik, einem an Sotschi angrenzenden Kurortbezirk, sämtliche Restaurants, Cafés und Bars leitete. Sie war an der gesamten Schwarzmeerküste unter dem Spitznamen »Eiserne Bella« bekannt. Später stellte sich heraus, daß sie die Hauptbank der Mafia verwaltete, denn die größten Summen, auf denen der Reichtum der Clan-Führer beruhte, wurden von ihr »erwirtschaftet«. Weitere Ermittlungen ergaben, daß jeder Kurortbesucher während seines Aufenthalts um durchschnittlich 250 bis 300 Rubel geprellt wurde. Unter den Besuchern waren viele aus dem Norden und Fernen Osten, die gewöhnlich dreimal im Jahr Urlaub machten. Sie brachten erhebliche Gelder mit, denn sie träumten davon, »wenigstens einmal über die Stränge zu schlagen«. Im Laufe eines Jahres hatte Gelendshik ungefähr eine Million Gäste, und man kann sich vorstellen, welche Einnahmen die »Eiserne Bella« verzeichnete.

Ihr Geliebter und Geschäftspartner war Nikolaj Pogodin,

der Erste Sekretär des Stadtkomitees der Partei und ein besonderer Vertrauter Medunows. Auf diese Weise konnten die Kontakte zwischen dem »Paten« und der »Bankdirektorin« ohne fremde Vermittlung abgewickelt werden, denn Pogodin flog wenigstens einmal pro Woche zur Erledigung von Parteiangelegenheiten nach Krasnodar.

Die Mafia lebte bereits wie im Belagerungszustand, denn Najdjonow und seine Mannschaft ließen nicht locker. Medunow hatte seine Spitzel zwar überall untergebracht, doch seine wichtigsten Informationen kamen nicht von unten, sondern von oben. Wahrscheinlich werden wir nicht mehr herausbekommen, wer all diese Spitzel waren, doch immerhin zwei, aus dem höchsten Amtszimmer des Landes, können genannt werden: nämlich Breschnews Assistenten Gennadij Browin (in den Jahren der Perestroika wurde er der Annahme von Bestechungsgeldern in Millionenhöhe überführt und verurteilt) und Viktor Golikow, der ständige Weggefährte des Generalsekretärs, der ihn während seiner gesamten Nachkriegsjahre als ergebenen Lakaien mitgeschleppt hatte – aus der Moldau nach Kasachstan und von dort nach Moskau. Zur Belohnung für seine sklavische Loyalität und seine seltene Dummheit beförderte Breschnew ihn ins Zentralkomitee. Browin und Golikow (und vielleicht noch jemand anderes, der sehr gut informiert war) teilten Medunow mit, daß Bella über Pogodin »auspackte« und daß auch dieser selbst (die Ermittler verhörten ihn als Zeugen in der Angelegenheit der »Eisernen Bella«) nicht den Mund halte. Er habe bereits einiges ausgeplaudert und werde noch mehr erzählen. – Pogodins Verhaftung war in der Tat unvermeidlich. Als ihm dies klarwurde, nahm er Kontakt zu den Ermittlern auf, um sein Schicksal zu mildern.

Vor all dem wurde Medunow aus der Hauptstadt, wo man wöchentlich und manchmal sogar täglich Meldungen über den Gang der Untersuchung erhielt, rechtzeitig gewarnt. Damit nicht genug, Golikow zwang Najdjonow im Rahmen der Parteidisziplin, Medunow aufzusuchen und ihm einen »Lagebericht zu erstatten«, das heißt seine Pläne zu enthüllen. Najdjonow bemühte sich sehr, die wichtigsten Geheimnisse der Untersuchung zu verschleiern, aber er mußte einige Details preisgeben, an die sich Medunow verzweifelt klammerte.

Kaum hatte Najdjonow sich verabschiedet, als Medunow Pogodin nach Krasnodar beorderte. Sie führten ein mehrere Stunden während Geheimgespräch, und dann brachte die Sondermaschine des Ersten Sekretärs des Regionskomitees Pogodin zurück nach Gelendshik. – Stopp!

Da diese rein dokumentarische Darstellung stark den Gesetzen eines Detektivromans folgt, sollte es im dramatischsten Moment eigentlich keine Unterbrechung geben. Es ist schade, die Geschichte an diesem Punkt zu verzögern, aber ich habe keine andere Wahl, denn ohne die Ergänzung mehrerer Einzelheiten würden einige wichtige Mosaiksteine des Gesamtbildes verlorengehen.

Das Leben schreibt häufig erschütternde Dramen, die, wie man weiß, selbst der größte Dramatiker nicht erfinden könnte. Aber unsere Geschichte schien vom Leben für das absurde Theater geschrieben worden zu sein. – Der Leser möge selbst urteilen:

Etwa zwei Wochen vor Pogodins Reise nach Krasnodar machte mich der stellvertretende Chefredakteur der *Literaturnaja gaseta* auf einen Leserbrief aufmerksam. Die Redaktion erhält täglich Hunderte solcher Briefe; in fast jedem ist von einem ruinierten Leben, von Entbehrungen und Unbilden sowie von Beleidigungen durch tyrannische Parteifunktionäre die Rede. Der Brief, den mein Chef ausgewählt hatte, unterschied sich kaum von tausend anderen – abgesehen vielleicht von seiner offenen, geradezu triumphalen Unversöhnlichkeit.

Die vierköpfige Familie eines Arbeiters aus dem Küstenort Gelendshik hatte nach zehnjähriger Plackerei endlich den Berechtigungsschein für eine winzige Dreizimmerwohnung erhalten. Als sich das Familienoberhaupt noch am selben Abend zu der neuen Adresse aufmachte, um ein neues Schloß anzubringen (dies ist der sehnlichste Wunsch von Millionen Sowjetbürgern, denn das neue Schloß liefert den greifbaren Beweis für den so lange erwarteten Einzug), traf er einen dort unberechtigt wohnenden Mieter an. Ein alleinstehender Kellner hatte sich in der Wohnung niedergelassen und war nicht bereit, sie aufzugeben. Sämtliche Appelle der gesetzlich zum Einzug berechtigten Familie an den Bürgermeister, den Staatsanwalt und ans Gericht stießen auf taube Ohren. Diese für unsere Verhältnisse äußerst banale Geschichte hatte aus irgendeinem Grunde die Aufmerksamkeit des stellvertretenden Chefredakteurs erregt. »Nehmen Sie die Sache unter die Lupe«, forderte er mich auf.

»Was kann daran denn für uns interessant sein?« wandte ich ein. »Wieder eine von diesen kleinen Gemeinheiten, höchstens ein Thema für den Lokalteil der Ortszeitung.«

»Sie täuschen sich«, sagte er stirnrunzelnd. »Alle anderen schreiben über *Probleme*, wir aber schreiben über den *Menschen*. Schließlich sind wir eine Schriftstellerzeitung.«

Da ich immer noch nicht das geringste Interesse für diese Provinzepisode aufbringen konnte, schickte ich einen meiner Mitarbeiter, den Juristen und Journalisten Semjon Starez, nach Gelendshik. Am Tag vor seiner Abreise fragte er mich: »Ist Ihnen klar, daß dort schon der Sommer begonnen hat? Wie soll ich in der Kursaison ein Dach über dem Kopf finden? Würden Sie den Sekretär des Stadtkomitees anrufen – er ist der einzige, der uns helfen kann. Und er dürfte Ihre Bitte kaum abschlagen.«

So ist bei uns das Leben... Ich wurde mit Pogodin verbunden, von dem ich bis dahin nie gehört hatte, und stellte mich vor. »Womit kann ich dienen?« erkundigte er sich liebenswürdig und ließ sich keine Nervosität anmerken. Das Unterkunftsproblem war im Nu gelöst: Im einzigen Hotel von Gelendshik fand sich sofort ein Zimmer für unseren Korrespondenten. Ich hängte den Hörer ein und vergaß das Gespräch sofort.

Erst später erfuhr ich, welchen Alarm mein harmloser Anruf auslöste. Pogodin machte Medunow sofort Meldung, und dieser erfuhr so fast gleichzeitig von der bevorstehenden Ankunft unseres Korrespondenten und von Pogodins Aussagen beim Verhör – die Schlinge schien sich zuzuziehen.

Die »Eiserne Bella« war bereits verhaftet worden, ein Jahr zuvor hatte ich mich der Falle der Mafia entzogen, und nun blieb ich wiederum in Moskau und schickte statt dessen »meinen Vertreter«. Und das unmittelbar nach Najdjonows Besuch! Diese völlig unzusammenhängenden Ereignisse stellten sich der fiebernden Phantasie der Verbrecher als Kausalkette dar. Ihre frühere Vermutung, daß ich Najdjonows Team angehörte und denselben Plan wie er verfolgte, wurde gleichsam bestätigt. Sie konnten einfach nicht glauben, daß unser Abgesandter wegen einer so trivialen Geschichte nach Gelendshik flog und daß die Wohnungsaffäre kein Vorwand, keine Tarnung war. Im Mafiahauptquartier zermarterte man sich das Gehirn, um den (nicht existierenden) geheimen Zweck zu ermitteln. In dieser tragikomischen Situation waren die Mafiosi zu jedem, auch einem völlig unerwarteten Schritt fähig. – Kehren wir nun zu unserer unterbrochenen Erzählung zurück.

Die Privatmaschine des Ersten Regionssekretärs hatte Pogodin nach Gelendshik zurückgebracht. Dieser verzichtete auf sein Mittagessen und empfing als erstes unseren Korrespondenten. Später berichtete mir Semjon Starez, das Gespräch sei ruhig und kurz gewesen, doch seinem Eindruck nach habe Pogodin ihm kaum zugehört, sondern sich seinen eigenen Gedanken gewidmet.

Der Sekretär des Stadtkomitees verabschiedete sich von dem Journalisten und verließ gleichfalls sein Büro. Fünf Minuten später erschienen dort drei von Najdjonows Männern aus Moskau mit einem Haftbefehl für »Bürger N. F. Pogodin«. Wo ist Nikolaj Fjodorowitsch?« fragten sie die Sekretärin.

»Er ist zur Toilette gegangen«, lautete die Antwort.

Eine nicht aufgerauchte Zigarette schwelte im Aschenbecher auf dem Schreibtisch; Pogodins Jacke war nachlässig über eine Stuhllehne gehängt. Die drei nahmen Platz, um auf ihn zu warten. Aber sie warteten vergeblich, denn der Erste Sekretär des Stadtkomitees war spurlos verschwunden. Man sucht ihn (vielleicht) noch heute.

Sofort verbreitete sich das Gerücht – nicht nur in der Region, sondern im ganzen Land –, daß Pogodin ein Agent der amerikanischen und britischen Geheimdienste gewesen sei. Um der Entlarvung zu entgehen, sei er an Bord eines türkischen U-Bootes geflüchtet, das in neutralen Gewässern vor Gelendshik auf ihn gewartet habe (einer anderen Variante zufolge hatte ein griechischer Frachter im Hafen von Noworossijsk auf ihn gewartet). Ungeachtet der possenhaften Albernheit dieses Gerüchts gab es viele, die ihm Glauben schenkten. Schließlich weiß man seit langem, daß die dümmste Geschichte oft am gierigsten aufgegriffen wird. Als indirekte Bestätigung der Gerüchte diente die Tatsache, daß sich sogar das KGB der Fahndung nach einem gewöhnlichen Verbrecher – wenn es sich bei ihm auch um einen Stadtkomiteesekretär handelte – angeschlossen hatte.

Eine andere Version dürfte wahrscheinlicher sein: Die Mafiosi hatten einen Fluchtplan für den »Tag X« ausgearbeitet. Da Medunow aus Moskau einen Tip bekommen hatte, daß der »Tag X« angebrochen war, wurde es Zeit, den Plan in die Praxis umzusetzen. Also hatte er die entsprechenden Instruktionen am selben Morgen an Pogodin weitergegeben.

Ich möchte jedoch riskieren, meine eigene Hypothese vorzutragen, die sich nicht nur auf mir bekannte Hintergrundinformationen, sondern auch auf die psychologische Analyse der Neigungen unserer Helden stützt. Da sie die Macht hatten, Pogodin vor einer Verhaftung zu bewahren, hatten sie gleichfalls die Möglichkeit, diesen überaus gefährlichen Zeugen auszuschalten, der, um seine eigene Haut zu retten, bereit gewesen war, den Ermittlern nicht nur die Namen seiner Komplizen, sondern auch die Aufbewahrungsorte ihrer zusammengestohlenen Schätze preiszugeben. Ich bin überzeugt, daß Pogodin längst nicht mehr unter den Lebenden weilt.

Ein ebenso dramatisches Schicksal erwartete einen anderen Vertrauten Medunows: Anatolij Tarada, einen der Sekretäre der Regionspartei. Dieser unversöhnliche Kämpfer für die heiligen Ideale des Kommunismus war von den Moskauer Ermittlern seit einiger Zeit aufs Korn genommen worden. Alle Spuren der Handelsmafia führten zu ihm. Aber beide Seiten widmeten sich ihren eigenen Aktivitäten: Während die Ermittler Material sammelten, festigte die Mafia ihre Positionen. Mit Hilfe der ZK-Führungskaderabteilung gelang es ihr, Tarada in Moskau unterzubringen, wo er der Mafia helfen konnte, neue Absatzmärkte außerhalb der Region Krasnodar zu finden. Tarada wurde Stellvertretender Minister für die Fleisch- und Milchproduktion der UdSSR. Seine Ernennung verdankte sich nicht dem guten oder bösen Willen irgendeines Moskauer Vorgesetzten, sondern allein den sorgfältigen Kalkulationen Medunows und seiner Bande.

Wie sich jedoch zeigte, waren diese Kalkulationen untauglich, und die Operation scheiterte kläglich. Der Plan der Mafia gründete sich auf die Annahme, daß ihr keine Gefahr drohe und daß sie sich, einigen Rückschlägen zum Trotz, erfolgreich weiterentwickeln werde. Andernfalls hätte sie niemals ein Mitglied ihrer Führungsmannschaft aus ihrer Obhut entlassen.

Offensichtlich war Tarada in Krasnodar besser geschützt gewesen als in Moskau. Najdjonow und sein Team machten sich jedenfalls die Tatsache zunutze, daß Tarada in der Hauptstadt noch nicht Wurzel gefaßt hatte und verhafteten ihn, ohne lange um Erlaubnis zu bitten. Inzwischen hatte sich nämlich genug Material gegen ihn angesammelt.

Tarada begriff, daß ihn niemand retten würde, und begann, ganz allein um sein Leben zu kämpfen. Er nannte zahlreiche Namen und Verstecke von Geld und Wertsachen. Später wurde zwar klar, daß er auch da noch versucht hatte, mindestens 200000 Rubel zu verheimlichen, doch er lieferte 750000 Rubel sowie Gold und Diamanten aus, um sich loszukaufen. Es war vor allem eines, was Tarada einen schweren psychologischen Schlag versetzte: Er hatte seine Homosexualität sorgfältig geheimgehalten, aber die Ermittler wußten Bescheid und hatten sogar mit einer verborgenen Kamera Beweismaterial aufgenommen. Die Erpressung war erfolgreich, denn als er die entlarvenden Fotos im Laufe eines Verhörs »zum Geschenk« erhielt, war er so zermürbt, daß er mitteilte, er sei zu neuen sensationellen Geständnissen bereit. Doch zunächst bat er um eine Ruhepause, um sich zu sammeln.

Allerdings hatte er zu weiteren Geständnissen keine Gelegenheit mehr, denn er starb noch in derselben Nacht auf mysteriöse Weise. Der medizinische Befund über die Todesursache wurde nie veröffentlicht. Und wäre er veröffentlicht worden – wer hätte für seine Echtheit bürgen können?

Durch die Beseitigung eines gefährlichen Mitwissers hatte die Mafia einen anderen Komplizen gerettet: Alexander Mjorslyj, den Sekretär des städtischen Parteikomitees von Sotschi. Er war Deputierter des Stadt- und des Regionssowjets, genoß einem neuen Breschnewschen Gesetz zufolge Immunität und konnte nur mit Zustimmung beider Sowjets verhaftet werden. Überhaupt war diese von den Breschnew-Leuten erdachte gesetzgeberische Neuerung (bis Ende der siebziger Jahre hatten nur die Deputierten der Obersten Sowjets Immunität genossen) ein sehr geschickter und schlauer Trick. Oberflächlich betrachtet schien sie ein Zeichen der sich ausweitenden Demokratie zu sein und die Rolle der Deputierten auf allen Ebenen zu stärken. In Wirklichkeit jedoch handelte es sich um die gesetzgeberische Festigung der völligen Unangreifbarkeit des Parteiapparats, denn jeder, der einen mehr oder weniger bedeutenden Posten in der Nomenklatura bekleidete, wurde »von Amts wegen« zum Deputierten ernannt. Und kein einziger Sowjet stimmte ohne »Empfehlung« der Parteiführung dem Verlangen nach Aufhebung der Immunität zu. Dies galt auch für Mjorslyj; ungeachtet der hartnäckigen Forderungen Najdjonows, des Stellvertretenden Generalstaatsanwalts der UdSSR, der alles erforderliche Beweismaterial vorlegte, verteidigten der Regions- und der Stadtsowjet unerschütterlich den »verehrten Kollegen«.

Immerhin wurde die Mafia durch diese Offensive der Staatsanwaltschaft aufgerüttelt. Gewiß, Medunow hatte Mjorslyj, seinen Hauptfavoriten, fast ein Familienmitglied, gerettet, doch dafür kam es in Moskau zu einer Verhaftung nach der anderen. Zunächst traf es Eduard Taranowskij, den früheren Sekretär der Stadtpartei, und dann mehrere Stadtbüromitglieder. Hochgestellte Spitzel aus dem Zentralkomitee ließen Medunow wissen, daß die Verhafteten keineswegs den Mund hielten. Die Schlinge zog sich noch enger zu, und die Mafiosi hatten den Eindruck, nach einem Kompromiß suchen zu müssen. – Ein schlechter Frieden ist schließlich besser als ein guter Krieg.

Die Operation, die sie ins Auge faßten, verblüfft durch ihren Umfang. Jurij Tschurbanow, Breschnews Schwiegersohn und Erster Stellvertreter des Innenministers der UdSSR, wurde eingeschaltet. Auf Medunows Bitte hin beschloß er plötzlich, in Sotschi eine Konferenz der Milizchefs aller Kurorte der Union abzuhalten. Die offizielle Begründung lautete, daß die Milizarbeit in Kurorten ihre Besonderheiten habe, vor allem auf dem Höhepunkt der Saison; deshalb sei ein Erfahrungsaustausch nützlich. Auch Najdjonow wurde zu der Konferenz eingeladen, was bedeutete, daß zwei Mafia-Oberhäupter und der

Leiter des sie bekämpfenden Ermittlerteams gemeinsam am Präsidiumstisch saßen. Aber der eigentliche Zweck bestand natürlich darin, sich an einen anderen Tisch zu setzen: an einen, der reichlich mit Getränken und erlesenen Speisen gedeckt war. Dort wollte man ein vertrauliches Gespräch führen.

Doch nicht nur Medunow hatte seine Spitzel, auch Najdjonow bezog Informationen, hauptsächlich aus dem KGB, denn Andropow war nicht untätig gewesen. Man warnte Najdjonow vor dem von Medunow geplanten Szenario: Er sollte zu einem »Führungsschmaus« geladen und mit Alkohol traktiert werden, wonach man ihm »gut zureden« wollte. Falls dies nicht gelang, würde die Verkehrspolizei Najdjonows Wagen auf der Rückfahrt zum Gästehaus aufhalten und einen Skandal provozieren; dem »betrunkenen Passagier« sollte vorgeworfen werden, er habe einen Milizionär bei der Ausübung von dessen Pflichten beleidigt oder sogar geschlagen. Rund ein Dutzend »Zeugen« würden »zufällig« am Ort des Geschehens sein, und ein Mediziner, der den Blutalkoholgehalt des Staatsanwalts bestimmen sollte, würde am Telefon auf einen Anruf der Miliz warten.

Dieses Handlungsmuster ist uns bereits bekannt, doch die jämmerliche Phantasie der sowjetischen Mafiosi war zu nichts Originellerem fähig. Najdjonow überlistete seine Gegner, indem er behauptete, er wolle sich nach der Versammlung ausruhen und werde dann zum Abendessen erscheinen. Statt dessen machte er sich sofort in Begleitung von KGB-Beamten in den benachbarten Kurort Gagra auf. Dieser Ort ist zwar nur vierzig Kilometer von Sotschi entfernt, aber er befindet sich in einer anderen Republik – nicht in Rußland, nicht in der Region Krasnodar, sondern in Georgien (in Abchasien, um ganz genau zu sein). Dort hatte Medunow keinen Einfluß. Wie es in einem russischen Sprichwort heißt: Das Nächste ist oft unerreichbar fern.

Es war Sommer, und Breschnew war auf die Krim in Urlaub gefahren. Es gab keine andere Möglichkeit, man mußte um eine Audienz bitten. Breschnew hatte bereits kein großes Interesse mehr an Medunows Geschenken, denn er hatte ergiebigere Quellen gefunden. Aber unser Führer vergaß ihm erwiesene gute Taten nicht und ließ nichts auf seinen »Kampfgefährten« kommen. Er empfing Medunow zwanglos am Swimming-pool, wobei er nur eine Badehose trug, während der Besucher in seinem Paradeanzug, geschmückt mit sämtlichen Orden und Medaillen, in der brennenden Sonne erschien. Der Besucher erstattete Bericht: Alles ist in bester Ordnung, wir liefern dem Land in diesem Jahr eine Million Tonnen Reis, vielleicht sogar ein bißchen mehr, wenn uns die Staatsanwälte nur in Ruhe lassen. Er vergoß eine Träne, und auch Breschnew, dem Sentimentalität nicht fremd war – er heulte bei jedem Anlaß wie ein Kind, aus Freude oder aus Kummer, und manchmal brauchte er auch keinen Anlaß –, schluckte ein wenig und tröstete den Gefährten: »Komm nach Moskau, wenn ich wieder dort bin, dann bringen wir die Sache ins Lot.«

Breschnew machte gern lange Urlaub, und Medunow konnte seine Ungeduld kaum zügeln. Endlich war es soweit: Der Held von Malaja Semlja bestellte seinen Regimentsgenossen zu sich in den Kreml. Ihr Gespräch dauerte zwei Minuten. Breschnew rief Tschernenko an, sagte beiläufig: »Hilf Medunow«, und fünf Minuten später begrüßte Konstantin Tschernenko den »Wildeber« mit einem schmatzenden Bruderkuß in seinem Büro.

Schon am nächsten Tag trat das Sekretariat des Zentralkomitees zusammen. Weder Breschnew noch Tschernenko waren anwesend, denn ihre Instruktionen machten ein persönliches Erscheinen überflüssig. Die Sitzung wurde von ZK-Sekretär Andrej Kirilenko geleitet, einem armseligen, ungebildeten Rüpel, der seine Parteikarriere der Tatsache zu verdanken hatte, daß durch die Opfer des Stalinschen Terrors viele offene Stellen hinterlassen worden waren. Kirilenko hatte in Dnepropetrowsk Hand in Hand mit Breschnews gearbeitet, dessen Wünsche er sklavisch erfüllte, und war dadurch zu einem der »treuesten Mitkämpfer« Breschnews geworden.

Najdjonow, unvermittelt in den Kreml gerufen, erblickte Medunow beim Betreten des Konferenzsaals und durchschaute die Lage sofort. Trotzdem setzte er mit ruhiger Würde zu seinem Bericht an. Er bemühte sich, nicht zu viel zu sagen und seine wichtigsten Karten nicht aufzudecken, doch er führte unwiderlegbare Beweise für die Existenz eines weitverzweigten Mafianetzes an, das den Staat viele Millionen Rubel koste.

Kirilenko unterbrach ihn: »Haben Sie vielleicht auch Material über uns?« Er umfaßte die Anwesenden mit einer Handbewegung und gab damit die geheime Furcht preis, von der die Herrscher des Landes gepackt wurden. »Wollen Sie den Terror von 1937 für uns wiederholen?«

»Genau!« fiel Medunow ein, der sich vor einem solchen Areopag eigentlich nicht ohne Aufforderung hätte äußern dürfen. »Von 1937!«

»Haben Sie es auf die Partei abgesehen?« fuhr Kirilenko mit noch lauterer Stimme fort. »Auf die besten Kader?«

Mit der »Partei« meinte er zu Recht all jene, die das Land ausplünderten; mit den »besten Kadern« die Diebe und Erpresser, die korrupten Ignoranten, die das Land in eine ausweglose Situation getrieben hatten. Sie hatten sich angestrengt, die Wahrheit über die weit zurückliegende Tragödie des Jahres 1937 zu verschweigen und zu vergessen, denn schließlich waren sie danach wie Abschaum nach oben gespült worden. Nun aber, da sie sich selbst retten mußten, stellten sie sich plötzlich als Opfer der Rechtlosigkeit, nicht als deren Henker hin. Wieder einmal hatte das Leben ein Stück geschrieben, das sich niemand hätte ausdenken können!

Najdjonow versuchte, seine Position zu erläutern, doch Kirilenko donnerte: »Sie bringen die Partei absichtlich in Verruf. Wir alle wissen, daß Sie Zeitungsschreibern Staatsgeheimnisse verraten und die Partei dem Gespött ausgesetzt haben. ›Der Deckmantel‹ – auch dahinter stecken Sie.« (»Der Deckmantel« war, wie bereits erwähnt, der Titel meines Berichts über die Umtriebe Woronkows, des Bürgermeisters von Sotschi.)

Man ließ Najdjonow kein weiteres Wort sagen. Wladimir Schtscherbizkij, der »Zar der Ukraine«, war eigens nach Moskau geeilt und nahm an der Sitzung teil, obwohl er nicht dem Sekretariat angehörte. Er hatte den Chefredakteur unserer Zeitung bereits aus Kiew angerufen und seinen Zorn über die Veröffentlichung von »Der Deckmantel« deutlich gemacht. Nun hielt er Najdjonow ähnliches vor: »Er hat uns vor der ganzen Welt gedemütigt«, meinte er und sprach von einer »Diskreditierung der Sowjetmacht«.

Ich habe keine Informationen über eine persönliche Beziehung Schtscherbizkijs zur Mafia oder darüber, daß er sie protegiert hätte. Aber seine nervöse Reaktion auf die Veröffentlichung von »Der Deckmantel« und auf die dann folgende Entlarvung Medunows muß Zweifel und Unruhe hervorrufen – um so mehr, als alle »Insider« die Existenz einer Freundschaft zwischen Schtscherbizkij und Medunow leugnen. Hier waren nicht persönliche, sondern weit wichtigere Motive im Spiel. Wollte Schtscherbizkij die Spitzenleute seiner Partei etwa aus Prinzip vor dem Verdacht der Korruption und der Verbindungen zur Mafia in Schutz nehmen?

Medunow schwieg. Dies war der Moment seines Triumphes. Er hätte vor Aufregung bersten können, doch die *Parteimoral* gebot ihm, Bescheidenheit an den Tag zu legen.

»Sie können jetzt gehen«, nuschelte Kirilenko, der einen Sprachfehler hatte.

Najdjonow stand auf. Bevor er die Tür erreichte, hörte er hinter seinem Rücken die scheinbar an die Anwesenden, doch in Wirklichkeit an ihn gerichteten Worte Kirilenkos: »Welcher...« – es folgte eine nicht druckfähige Bezeichnung – »hat diesem Schwein einen solchen Posten verschafft?«

Die gebührende Antwort konnte diesem Halunken, der sich auf den Sessel eines ZK-Sekretärs gehangelt hatte, nur ein Selbstmörder geben. Also schluckte Najdjonow trocken herunter, drehte sich nicht um und ging hinaus.

Ein paar Tage später erschien ein Ukas mit der Unterschrift Breschnews über Najdjonows Entlassung. Jegliche Begründung fehlte: Entlassen – und damit basta!

Gleichzeitig brachten Tschernenko und Kirilenko auf Breschnews Signal hin im Politbüro den Vorschlag ein, die Untersuchung hinsichtlich der Korruption von Parteiapparatschiks der Region Krasnodar zu beenden. Der offizielle Titel des Antrags lautete: »Über Maßnahmen zur Einstellung der Diskreditierung von Parteikadern durch einzelne Mitarbeiter der Staatsanwaltschaft der UdSSR.«

Das Politbüro trat in voller Besetzung zusammen. Breschnews huldvolles Nicken, als Kirilenko die vom Sekretariat aufgesetzte Resolution verlas, hätte automatisch, ohne weitere Diskussion oder Verzögerung, zu ihrer Verabschiedung führen müssen. Aber weit gefehlt! Andropow und Gorbatschow widersprachen heftig. Najdjonows Entlassung konnten sie nicht verhindern, denn Breschnew und Tschernenko waren für die Personalpolitik zuständig; zudem gehörte der Stellvertretende Generalstaatsanwalt formell zur Nomenklatura des ZK-Sekretariats, nicht des Politbüros. Aber immerhin ließen sie nicht zu, daß die Untersuchung eingestellt wurde. Ihr Argument schien unwiderlegbar: Die Untersuchung möge von anderen, *objektiven* Leuten geleitet werden, die dem Zentralkomitee Bericht erstatten sollten. Da Breschnew sein übermäßiges persönliches Interesse nicht preisgeben wollte und da er eine Abstimmung fürchtete (bei der zwar nicht die Mehrheit, aber doch einige gegen ihn hätten votieren können), gab er den »Rebellen« nach.

Die Untersuchung wurde fortgesetzt. Nun übernahm Alexander Rekunkow, der inzwischen Generalstaatsanwalt geworden war, die Leitung. Er wußte natürlich, woher der Wind wehte und daß es nötig war, die Untersuchung zu bremsen. Aber sie entwickelte sich bereits nach ihren eigenen Gesetzen, denn der normale professionelle Eifer der Ermittler war geweckt worden. Es waren die besten Ermittler des Landes, Asse auf ihrem Gebiet, die von ihren Kollegen verdientermaßen geachtet wurden. Damit befand sich der Generalstaatsanwalt zwischen zwei Mühlsteinen: Einerseits setzten ihm die allmächtigen Herren des Landes zu, andererseits die Mitglieder seines eigenen Teams, die, in die Enge getrieben, für den Fall eines Fehlschlags um ihr eigenes Schicksal fürchten mußten.

Rekunkow manövrierte nach Kräften, doch die Untersuchung ging langsam, aber sicher weiter. Andropows unverhohlene Unterstützung – und damit die Hilfe des einflußreichen KGB-Apparats – verlieh ihr Kraft. Man sollte nicht vergessen, daß Andropow vor allem persönliche Ziele verfolgte. Vor dem sehr bald zu erwartenden Hinscheiden Breschnews wurde die Situation im Kreml immer gespannter, immer nervöser, und der Kampf gegen die Medunow-Mafia war für Andropow ein wichtiges Mittel zur Beseitigung von Konkurrenten. Medunow selbst brauchte natürlich nicht mehr beseitigt zu werden (er war seit langem keine reale Gefahr mehr), aber es gab mächtigere, hinter ihm stehende Kräfte. Die Kompromittierung des

Breschnew-Clans schwächte dessen Position und stärkte Andropows Chancen. Insgesamt halfen all diese politischen Intrigen an der Spitze jedoch, die Fangarme des Kraken abzuhauen.

Die letzte Bastion der Mafia blieb Alexander Mjorslyj, der bisher unangreifbare Sekretär des Stadtparteikomitees von Sotschi. Der Stadt- und der Regionssowjet, denen er angehörte, weigerten sich immer noch, seine Verhaftung zu genehmigen. Im Grunde waren es weniger die Sowjets, die sich weigerten, als ihre Vorsitzenden, die ihre Instruktionen von Medunow persönlich erhielten.

Der Generalstaatsanwalt ließ sich auf einen recht gewagten Schritt ein: Er sprach sich insgeheim mit Michail Jasnow, dem damaligen Präsidiumsvorsitzenden des Obersten Sowjets der RSFSR, ab und erhielt die Erlaubnis zur Verhaftung des Deputierten Mjorslyj. Dazu war Jasnow als Vorsitzender eines höheren Sowjets ermächtigt. Najdjonow war häufig mit ähnlichen Bitten an Jasnow herangetreten, und dieser konnte sich nicht vorstellen, daß der Generalstaatsanwalt einen Anschlag auf einen hohen Parteifunktionär riskieren würde, wenn er nicht bereits eine Zusage von ganz oben hatte. Wahrscheinlich traf Jasnows Vermutung zu; man darf mit einiger Sicherheit annehmen, daß Andropow dieses Vorgehen befürwortet hatte. Als jedenfalls Medunow herbeieilte, um den Dingen auf den Grund zu gehen, war es schon zu spät: Man hatte Mjorslyj auf einer seiner regelmäßigen Dienstreisen zum Zweck von Mafiageschäften in Moskau verhaftet.

Inzwischen war er bereits nicht mehr Sekretär des Stadtkomitees. Um den Druck von unten abzuschwächen, hatte Medunow ihn aus Sotschi nach Krasnodar versetzt und zum stellvertretenden Leiter eines Bauunternehmens der Region ernannt. Gewiß, die Arbeit war mit weniger Prestige, aber dafür mit einem hohen Gehalt und enormen Möglichkeiten zur Verwirklichung von Mafia-Operationen verbunden.

Es ist erstaunlich, wie selbstbewußt die Fangarme der Mafia in der Freiheit zugriffen und wie rasch sie im Gefängnis verdorrten. Aus seiner gewohnten Umgebung herausgerissen und nun ohne den Glauben an Medunows versprochene Hilfe und im Bewußtsein des Niedergangs seines Chefs, ließ Mjorslyj sofort jeden Widerstand fallen und verriet genußvoll nicht nur die

Geldverstecke, sondern auch seine Komplizen. Außerdem enthüllte er das Geheimnis des »Belvedere von Sotschi«.

Dies war – im wahrsten Sinne des Wortes – ein Palast, dem sich die kriegerischen Moskauer Ermittler über einen langen Zeitraum hinweg nicht zu nähern wagten. Das geheimnisvolle Gebäude mit der ultramodernen Architektur, das sich, umgeben von Palmen und Magnolien, hinter einem hohen Zaun verbirgt, schien nichts mit der Mafia zu tun zu haben und folglich nicht in den Ermittlungsbereich der Staatsanwaltschaft zu gehören. Den eingeholten Informationen nach war der Besitzer ein Mann, der sich besonders um den Staat verdient gemacht hatte; sein Name – Besrutschko – sei ein Pseudonym, hinter dem sich ein »Kämpfer an der unsichtbaren Front« verberge, ein hochrangiger sowjetischer Spion, der entweder den Amerikanern neue Raketenentwürfe oder den Japanern Schaltpläne der neuesten Computertechnik gestohlen hatte. In Sotschi sprach man nur in halblauten, ehrfurchtsvollen Tönen von ihm, und wenn die Ermittler etwas zum »Belvedere« hinzog, dann nicht berufliches Interesse, sondern höchstens normale Neugier. Außerdem fiel der »Kämpfer an der unsichtbaren Front« in die Zuständigkeit des KGB, mit dem die Staatsanwaltschaft keine Auseinandersetzungen hatte. Das »Belvedere« unterlag keinem Verdacht, bis Mjorslyj seinen Vernehmern empfahl, »Besrutschko zu besuchen«.

Das KGB besaß keine Informationen über den »Superspion«. Dies hätte man für eine ganz gewöhnliche Verschwörung halten können, wenn es nicht zu einer Entdeckung gekommen wäre, welche die besten Detektive des Landes stark verblüffte: Besrutschko war durchaus kein Pseudonym, sondern der Name eines früheren Kriminellen, eines Sägewerkarbeiters aus dem Fernen Osten, der mit einem gewaltigen Vermögen nach Süden gekommen war und sich bei den allerhöchsten Mafiosi Geltung verschafft hatte. Er erhielt von ihnen (natürlich nicht kostenlos) ein riesiges Grundstück und sonst kaum verfügbare Baumaterialien und baute sein »Belvedere« zur Unterhaltung von Würdenträgern. Gold, Diamanten, Bündel von Geldscheinen – dies alles war hier für bessere Zeiten in Verstecken angehäuft. Aber die Mafiosi – sie waren schließlich auch Menschen – wollten schon vorher ein paar Freuden genießen, als Belohnung für ihre nicht leichte Arbeit. Das »Belvedere des Superspions« bot ihnen eine Möglichkeit dazu: Fern von den Blicken der Öffentlichkeit trafen sie in alten, unscheinbaren Autos ein, nicht in den »Tschaikas« und »Wolgas«, die jeder in der Stadt kannte, und gaben sich ihren kleinen Schwächen hin. Sie schmorten in der Sauna, schwammen im Swimming-pool, tranken Whisky, Gin oder Cognac, schaukelten, was das Beste war, mit nackten Schönheiten auf den Knien in Hängesesseln hin und her, schauten sich Pornofilme an und rissen zotige Witze.

Nach Besrutschkos Verhaftung stellte sich heraus, daß kein Beweismaterial gegen ihn vorlag. Alle Dokumente über den Bau des »Belvedere« waren echt, legal und rechtmäßig unterzeichnet; er hatte sämtliche Lieferungen bar bezahlt, und niemand konnte nachweisen, daß es sich um illegal erworbene Summen handelte. Nur die Videokassetten waren irgendwohin verschwunden – entweder hatte man sie verbrannt, oder sie ruhen auf dem Boden des Schwarzen Meeres.

Unter dem starken Druck der Staatsanwaltschaft beauftragte das Komitee für Parteikontrolle beim ZK der KPdSU fünf seiner Apparatschiks damit, die gegen Medunow erhobenen Vorwürfe zu prüfen. Ihr Bericht, datiert vom 22. April 1982, ist heute von besonderem Interesse, denn einer der Unterzeichner ist Iwan Poloskow, bis vor kurzem Chef der Kommunistischen Partei der RSFSR; damals arbeitete er als Instrukteur in der ZK-Abteilung für Parteiorganisation, die Konstantin Tschernenko direkt unterstellt war. Dem Bericht lag eine anonyme, mit Bleistift geschriebene Notiz bei, die sich heute im Parteiarchiv befindet: »Dies ist der dritte Arbeitsentwurf... Er wurde noch einmal umgeändert und gekürzt... Die Medunow betreffenden Akzente wurden gemildert...«

Die Schlußfolgerungen schienen sich gegen Medunow zu richten; zum Beispiel ist die Rede von seiner »prinzipiell unrichtigen Position«, seiner »Entstellung der Tatsachen« und seinen »Fehlern«. Poloskow und seine Kollegen verkündeten: »Die moralisch-politische Verantwortung tragen das Büro des Regionskomitees der Partei und Genosse Medunow persönlich.« Wenn das keine harten Worte sind! Doch Medunow wurde eben nur die »moralisch-politische« Verantwortung angelastet, nachdem er unzweifelhaft krimineller Taten bezichtigt worden war! Durch diese »moralisch-politische« Rüge wurde er gerettet.

Übrigens liegt auf der Hand, daß nicht Poloskow und seine Kollegen aus mittleren Parteirängen die Entscheidung über den Charakter der Vorwürfe gegen Medunow trafen. Sie waren nur getreue Befehlsempfänger. Besonders pikant ist die Tatsache, daß Iwan Poloskow ein paar Jahre später den Posten Sergej Medunows als Erster Sekretär des Regionskomitees von Krasnodar übernahm und dann jene Stufe erklomm, von deren Besteigung Medunow immer wieder heimlich geträumt hatte.

Große Wandlungen vollzogen sich im Leben unserer beiden in ein tödliches Duell verwickelten Haupthelden.

Der von den Breschnew-Leuten gestürzte Najdjonow wartete auf eine neue Ernennung. Man hatte ihm bereits mitgeteilt, daß die Entscheidung gefallen war, ihn in der tiefsten Provinz »vermodern« zu lassen. Aber plötzlich traten Umstände ein, mit denen niemand gerechnet hatte: Najdjonow wurde von Jurij Tschurbanow persönlich eingeladen. Tschurbanow, einer der bedeutendsten Mafiosi des Landes und ein mächtiger Vertreter der Clique Breschnews, seines Schwiegervaters, mußte einfach an Najdjonows Sturz beteiligt gewesen sein – und er mußte ein persönliches Interesse daran gehabt haben, denn Andropows leidenschaftliche Aversion ihm gegenüber war kein Geheimnis.

Was also wurde Najdjonow von seinem freimütigen Gegner angeboten? Tschurbanow schlug ihm vor, unter seiner Gönnerschaft und seinem Schutz zu arbeiten. Wie verlockend! Dahinter stand eine einfache Überlegung: Der gekränkte und ruinierte Staatsanwalt verfügte noch immer über erhebliche Informationen, deren Ausmaß die Mafiosi nicht kannten. Er konnte aus Wut oder Verzweiflung vieles ausplaudern, doch wenn seine Feinde ihn freundlich behandelten und vor dem endgültigen Untergang retteten, würde er aus Dankbarkeit den Mund halten.

Najdjonow bat sich drei Tage Bedenkzeit aus. Alle erwarteten, daß er das Angebot stolz ausschlagen würde, doch er akzeptierte es. Bereits ein paar Tage später erhielt er die Achsel-klappen eines Milizobersten und wurde zum Stellvertretenden Rektor der Akademie des Innenministeriums ernannt. In Moskau studierten zahlreiche Polizeioffiziere aus den Ländern des Warschauer Paktes sowie Rekruten aus den afrikanischen und asiatischen Marionettenregimen. Najdjonow hatte die Aufgabe, diese Ausländer »anzuleiten«. Das würde ihn von sowjetischen Offizieren und sowjetischen Problemen fernhalten.

Die »Freundschaft«, die in Sotschi nicht zustande gekommen war, hätte nun vielleicht in Moskau geknüpft werden können. Aber das war nicht der Fall. Najdjonow erfüllte seine Pflichten gewissenhaft und stumm, doch er ließ sich auf keine Kontakte zum »Gegner« ein. Die Spannung blieb bestehen, und die Schlinge zog sich noch fester zu. Sergej Medunow, der Pate der übel zerzausten Mafia, war nämlich in Moskau aufgetaucht. Zwar hatte er den Ansturm der Staatsanwaltschaft einstweilen zurückgeschlagen, doch sein Name war unzertrennlich mit der häßlichen Affäre, deren Mißtöne im ganzen Land widerhallten, verbunden.

Weiterhin strömten Abertausende empörter Briefe aus Krasnodar nach Moskau. Medunows Parteikarriere schien beendet, und er hielt es für nötig, seine »Saunabeziehungen« zu nutzen. Unter den Gästen, mit denen die Mafiosi von Sotschi gern in der Sauna schwitzten, war bekanntlich auch Nikolaj Koslow, der Präfekt des Moskauer Gebiets. Kurz darauf nahm er den Sessel des Ministers für Obst- und Gemüsewirtschaft der UdSSR ein, das heißt, er wurde, wie seine Freunde scherzten, Minister für Äpfel und Gurken. Er war es, der dem in Ungnade gefallenen »Gouverneur« beistand: Eine Hand wäscht die andere! Medunow wurde nach Moskau versetzt, zum Stellvertretenden Minister für Obst- und Gemüsewirtschaft ernannt und mit einer schönen Wohnung in einem »Kreml-Gebäude« bedacht. Er hatte eine sichere und stille Zuflucht gefunden.

Doch kaum hatte Andropow den Thron bestiegen, als Medunows segensreiche Lage ein Ende fand. Andropow entließ ihn von seinem Ministerposten und setzte mühelos seinen Ausschluß aus dem Zentralkomitee durch. Damit war das Ziel erreicht, Medunow völlig von der politischen Bühne verschwinden zu lassen. Aber gewisse Privilegien blieben ihm erhalten, denn die neuen Führer wollten keinen Präzedenzfall setzen, da sie sich jederzeit in der gleichen Situation wiederfinden konnten. Medunow bezog eine Ehrenpension, behielt seinen Parteiausweis und hatte weiterhin Zugang zu den Kreml-Ärzten und zur »Gesundheitsernährung« der höchsten Kategorie. In einem verarmten, von der Parteimafia ausgelaugten Land waren diese Dinge viel wichtiger als sämtliche Auszeichnungen.

Übrigens sind Medunow seine Auszeichnungen bis heute nicht aberkannt worden. Eine vergoldete Büste des Helden der Sozialistischen Arbeit Medunow ziert den Stadtplatz von Krasnodar, sein Parteiausweis wurde ihm erst unter dem mächtigen Druck der Glasnost, also unter Gorbatschow, abgenommen, und in zahlreichen Interviews stellte Medunow sich schamlos als Opfer der Presse hin*.

Der gestürzte Najdjonow hatte auf Andropows Inthronisierung sehnsüchtig gewartet oder, besser gesagt, auf die Inthronisierung Andropows und den Ausschluß Medunows aus dem Zentralkomitee. Am 24. August 1983 sandte er Andropow ein Schreiben mit der Bitte um Rehabilitierung. Der Parteiapparat enthielt dem Adressaten das Schreiben mehrere Monate lang vor. Es erreichte ihn erst, als er bereits auf dem Totenbett lag. Bevor er starb, konnte er noch die Anweisung erteilen: »Gebt ihm eine angemessene Arbeit.«

Als nächster kam Tschernenko an die Macht. Ich weiß nicht, ob er persönlich ebenfalls Geschenke von Medunow erhielt, doch niemand stand Breschnew näher als er, und dieser hatte keine Geheimnisse vor seinem »Schatten«. Jedenfalls war Tschernenko gründlich über das Duell zwischen Medunow und Najdjonow sowie über das Interesse des Breschnew-Clans an dieser Angelegenheit unterrichtet. Zudem war Tschurbanows Einfluß wieder gestiegen, weshalb Tschernenko nicht den ge-

---

* Die Zeitung *Sowetskaja kultura* brachte am 6. August 1988 einen Brief des Justiz-Generalmajors Krutschkow, der Zeuge verschiedener Auftritte Medunows war. Der General schreibt: »Medunow überhäuft die Autoren von Artikeln und die Druckorgane, die es wagten, die ›Verleumdungen‹ zu veröffentlichen, mit einem Schwall von Beschimpfungen. Besonders empört ist er über einen Artikel Arkadi Waksbergs. Die Leute hören ihm zu, doch man sieht ihren Gesichtern an, daß sie ihm kein einziges Wort glauben.«

ringsten Wunsch hatte, dem Milizobersten, der ein so langes Gedächtnis hatte, grünes Licht zu geben.

Aber die Zeiten hatten sich ein wenig geändert, und es wäre nicht ratsam gewesen, sich offen für die bereits bloßgestellte Mafia einzusetzen. Die »Mitkämpfer« des verstorbenen Andropow kannten dessen Entscheidung, und Gorbatschow, der nun über eine gefestigte Position verfügte, war der Meinung, daß Najdjonow »nützliche Arbeit geleistet hatte«.

Wenn Andropow länger gelebt hätte, wäre es der Mafia wahrscheinlich schlechter ergangen; allen Bürgern sind seine kurzfristigen, strengen Maßnahmen zur »Herstellung von Ordnung und Disziplin« im Gedächtnis geblieben. Sein Programm zur Rettung des wackelnden Regimes stützte sich auf die Stalinsche Idee der »eisernen Faust«. Die immer stärker werdende Mafia, deren Dimensionen ihm durchaus bewußt waren, stellte seiner Meinung nach eine Gefahr für die Zukunft des Systems dar. Offenbar wäre eine Reihe »Andropowscher« Schauprozesse nach Stalinschem Vorbild inszeniert worden, bei denen man kompromißlose, brutale Urteile verhängt hätte. Solche Urteile wären zweifellos einmütig, leidenschaftlich und, vor allem, ehrlich vom ganzen Volk begrüßt worden, das unter der Gewalt der Mafia stöhnte und keine andere Möglichkeit sah, sich ihrer zu entledigen.

Gorbatschow spürte den Druck von unten nicht weniger deutlich: das Murren von Millionen Menschen, die über die totale Korruption empört waren, die sämtliche Verwaltungsebenen und alle Schichten der Gesellschaft durchzog. Aber er sah die Macht der Mafia nicht als isolierte Erscheinung, sondern als das unvermeidliche Ergebnis des Zusammenbruchs aller früheren politischen und wirtschaftlichen Strukturen. Auch er strebte die Rettung des Regimes an, das ihn hervorgebracht und ausgebildet hatte, aber mit anderen Mitteln. So entstand die Idee zur Erneuerung des Systems, die »Perestroika« genannt wurde. Ihre wesentlichen Bestandteile waren Humanisierung, Liberalisierung und Demokratisierung. In der Perestroika gab es keinen Platz für demonstrative, drohende, warnende »Shows«. Die Mafia sollte auf wirtschaftlichem und politischem Wege, nicht durch repressive Maßnahmen beseitigt werden. Najdjonow würde bald zu einem nun überflüssigen

Mann der Vergangenheit werden. Aber all das geschah erst ein Jahr später. Zunächst wurde er, der unverdient unter der Breschnew-Mafia gelitten hatte, vorbehaltlos von Gorbatschow unterstützt. Das Problem wurde ohne jegliche Diskussion gelöst, die sich hätte hinziehen und eine verfrühte Konfrontation hätte bewirken können.

Der Beschluß, »ihm eine angemessene Arbeit zu geben«, lag auf dem Tisch, doch Najdjonow zeigte Festigkeit: Er wollte seinen früheren Posten zurückhaben, keinen anderen! Den in geschickten Schachzügen und Intrigen erfahrenen Politikern gelang es, das scheinbar Unvereinbare zu vereinbaren: Najdjonow erhielt den Posten eines Stellvertretenden Generalstaatsanwalts zurück, aber man betraute ihn nicht von neuem mit Ermittlungsangelegenheiten, sondern teilte ihm andere Kompetenzen zu.

In jenen Jahren begegneten wir einander oft. Zu Beginn der Perestroika lud ich ihn einmal in die Redaktion ein, um ein Interview mit ihm zu führen. Es sollte die Entstehung einer allumfassenden Mafia und die Maßnahmen zu ihrer Bekämpfung behandeln. Eine Stunde vor unserem Termin rief Najdjonow an: »Leider kann ich nicht kommen. Mir tut der Hals weh.«

Ich konnte nicht an mich halten und erwiderte: »Ihrer Stimme ist das nicht anzumerken.«

»Na, dann vielleicht Kopfschmerzen...«

»Wie wär's mit morgen?«

»Ich glaube nicht«, seufzte er. »Viel Erfolg.«

Am nächsten Tag fuhr ich zu ihm, denn ich wollte unbedingt herausfinden, was vorgefallen war. Najdjonow saß am Schreibtisch in seinem Büro, legte den Finger an die Lippen und nickte bedeutungsvoll zur Decke empor, bevor ich ein Wort sagen konnte. Überall hätte ich mit dieser bekannten Moskauer Geste – dem Hinweis auf verborgene Mikrophone – gerechnet, bloß nicht im Büro des Stellvertretenden Generalstaatsanwalts!

Najdjonow führte mich auf den Flur hinaus.

»Seien Sie nicht so neugierig«, sagte er mit trauriger Stimme.

Ich konnte es nicht begreifen: Meiner Meinung nach hatte sich die Situation radikal geändert, und Najdjonow saß wieder im Sattel. Er war verantwortlich für die Überprüfung von Strafprozessen an allen Gerichten des Landes und außerdem für die sogenannte allgemeine Kontrolle, das heißt für die Kontrolle über sämtliche Beschlüsse, die von Kommunalbehörden und höheren Exekutivorganen gefaßt wurden. Es waren gewaltige Kompetenzen, aus denen sich, wenn man nur wollte, sehr viel machen ließ.

»Sie wollen sich wohl über mich lustig machen«, sagte Najdjonow und verzog das Gesicht. »Ich kann einfach nicht glauben, daß Sie so naiv sind. Nichts hat sich geändert, mein Lieber, die sind nur schlauer und wohl auch klüger geworden. Ich werde von allen Seiten belagert.«

Mit »die« meinte er natürlich die Mafia, doch nicht die kleine Mafia auf Regionsebene, nicht die große in der Hauptstadt, sondern die »allerhöchste« – die »Allunions-Mafia«, um einen sowjetischen Ausdruck zu benutzen. Trotzdem schien mir sein Pessimismus übertrieben. Aber Najdjonows Vorahnungen – und seine Kenntnisse – trogen ihn nicht.

Kurz danach wurde er wieder als Stellvertretender Generalstaatsanwalt abgesetzt, doch unter solchen Ehren, daß sich jeglicher Protest verbot. Man ernannte ihn zum staatlichen Hauptschiedsmann der UdSSR; dieser Posten hat in der sowjetischen Hierarchie Ministerrang. Genauer gesagt, man hatte ihn endgültig und unwiderruflich in eine ehrenvolle Sackgasse abgeschoben.

Ein Schiedsmann ist ein Richter, der juristische Konflikte zwischen Staatsunternehmen beizulegen hat: Ein Betrieb hat ein Produkt nicht rechtzeitig abgeschickt, ein anderer hat die Annahmebescheinigung falsch ausgefüllt, hier wurden Defekte entdeckt, dort offizielle Normen gebrochen... Geldstrafen, Konventionalstrafen, Zinsen. Das sind unzweifelhaft wichtige Probleme, besonders unter den Bedingungen des totalen wirtschaftlichen und administrativen Zusammenbruchs, aber sie entsprachen nicht Najdjonows Mentalität. Sie waren unendlich weit von der *Front* entfernt, an der auf Leben und Tod gegen den Kraken gekämpft wurde, der das Land erstickte und ihm Tropfen um Tropfen seines Lebensbluts aussog. So beseitigte man Najdjonow nicht durch eine Bestrafung, sondern durch das ihm entgegengebrachte »hohe Vertrauen«, das enorme Gehalt, die Kreml-Limousine, die sonstigen Privilegien.

Er hatte nicht einmal Zeit, sich in seine neue Aufgabe einzuarbeiten, sondern starb zwei Monate später in seinem Dienstwagen an einem Herzinfarkt. Der Chauffeur fuhr seine bereits kalt werdende Leiche zum Arbeitsplatz. Die Mafia hatte ihn mit Verspätung und trotz zeitweiliger Rückschläge doch noch zur Strecke gebracht.

Es bleibt uns noch, das weitere Schicksal zumindest einiger Hauptakteure unserer Erzählung zu umreißen.

Medunow hat, während ich diese Zeilen schreibe, das Alter von sechsundsiebzig Jahren erreicht und gedeiht in seiner geräumigen Moskauer Wohnung. Sogar auf Spaziergängen trägt er all seine Orden an der Brust, darunter den Goldenen Stern eines Helden der Sowjetunion. »Wenn heute Patriotismus und unerschütterliche Treue zum Volk als verbrecherisch gelten, dann möge man mich für den allergrößten Verbrecher halten«, prahlte Medunow in einem Interview. Er hatte seinen Parteiausweis verloren, doch Hunderttausende »verlieren« ihren Ausweis inzwischen freiwillig und gewinnen sogar noch etwas dabei, da sie nun keine Mitgliedsbeiträge mehr zu bezahlen brauchen.

Die Presse verweist häufig auf die Notwendigkeit, Medunows Missetaten unter die Lupe zu nehmen, zumindest jene Fälle von Machtmißbrauch, die der Öffentlichkeit längst bekannt sind. Auch ich habe mich dazu geäußert. Aber die Antwort der Staatsanwaltschaft ist immer die gleiche: »Es gibt keine Beweise.« Wenn ich die Antworten lese, habe ich hingegen den Eindruck, daß es keinen Najdjonow gegeben hat.

Keiner von Medunows Nachfolgern als Erster Parteisekretär in Krasnodar – Witalij Worotnikow, Gennadij Rasumowskij und Iwan Poloskow – hielt es für angebracht, die Marmorgedenktafel mit der goldenen Inschrift »Unserem bedeutenden Landsmann, dem Helden der Sozialistischen Arbeit Sergej Fjodorowitsch Medunow« aus dem Zentrum von Krasnodar zu entfernen, was der öffentlichen Meinung, dem Gewissen und der Vernunft Hohn spricht. Wenn Medunow ein offizielles Anrecht auf eine solche Gedenktafel hätte, könnte man sich immerhin noch auf das »Gesetz« berufen. Aber es gibt kein solches Gesetz, sondern nur die Treue des Clans zu dem Partei-Mafioso und den prinzipiellen Widerwillen, dem Druck »von unten« nachzugeben, obwohl der frühere Parteiboß nunmehr endgültig entlarvt ist. In der sowjetischen Presse erschienen zahlreiche Beiträge über die beschämende Tatsache, daß eine Marmortafel zu Ehren eines der Mafia-Oberhäupter bestehen bleibt. Auch ich habe zu diesem Thema einen bissigen Artikel in der *Literaturnaja gaseta* veröffentlicht, doch Iwan Poloskow, der damalige Chef der Bolschewiki von Krasnodar hielt eine Antwort nicht für nötig und schwieg hochmütig. Die Gedenktafel ziert also weiterhin das Zentrum der Regionshauptstadt.

Mjorslyj wurde zu fünfzehn Jahren verurteilt, aber bereits nach fünf Jahren war er wieder in Sotschi zu sehen. Seine laut Gerichtsbeschluß »konfiszierte« Villa, die auf Staatskosten gebaut worden war, und seine Wertsachen, »Geschenke« von Spießgesellen, blieben unangetastet. Seine treue Valentina wartete dort, an der segenspendenden Schwarzmeerküste, bereits auf ihn.

Woronkow erhielt dreizehn Jahre, doch auch er war kaum fünf Jahre von zu Hause fort. Im Lager leitete er zunächst die Kantine (wir wissen aus den Dokumenten früherer GULag-Häftlinge, was dies bedeutet), und später war er Chef einer Werkstatt, in der Fahrradsättel hergestellt wurden. Er kehrte in sein früheres Haus in Sotschi zurück, wo alles unverändert geblieben war, mit Ausnahme des »singenden Springbrunnens«, denn dieser hätte die Nachbarn vielleicht allzusehr verärgert. Heute ist Woronkow über fünfundsechzig Jahre alt und hat einen bedeutenden Posten in einem Genossenschaftsbetrieb in Sotschi.

Auch die übrigen »großen Tiere« der Medunow-Mafia sind längst aus der Haft entlassen. Es ist fast unmöglich festzustellen, wer dies in die Wege leitete, denn entsprechend der seit Anfang der zwanziger Jahre herrschenden Tradition gibt es keine schriftlichen Unterlagen – alle Anweisungen werden telefonisch oder unter vier Augen erteilt. Aber wir dürfen nicht vergessen: Witalij Worotnikow aus Krasnodar, der kurze Zeit als Botschafter in Havanna gedient hatte, siedelte nach Moskau über und wurde dort nicht nur Politbüromitglied, sondern auch (was in diesem Zusammenhang viel wichtiger ist) Präsidiumsvorsitzender des Obersten Sowjets der RSFSR. Dieses Organ ist für Begnadigungen zuständig und übt einen entscheidenden Einfluß auf die Tätigkeit sämtlicher Justizbehörden der Republik aus.

Auch Gennadij Rasumowskij wechselte aus Krasnodar nach Moskau über und wurde einer von Gorbatschows engsten Mitarbeitern. Er erhielt den gleichen Aufgabenbereich wie Tschernenko unter Breschnew, das heißt, er beaufsichtigte die Kaderpolitik der Partei und verfügte damit über reale Macht.

Die früheren Regions-, Stadt- und Bezirksparteisekretäre stellten sich rasch auf die neuen Verhältnisse ein und ließen sich als Fahrer von Privattaxis ausbilden. Die vor den Ermittlern verborgenen Geldsummen und Wertsachen, selbst wenn es sich nur um ein Zehntel der gestohlenen und in Form von Bestechungsgeldern eingenommenen Beträge handelt, garantieren ihnen ein sorgenfreies Leben.

Nur eine einzige Person wurde unwiderruflich vom Spielfeld und aus dem Leben entfernt; Bella Borodkina, die »Eiserne Bella«. Man verurteilte sie zum Tode durch Erschießen und ließ sie unverzüglich hinrichten. In der Presse wurde eine überzeugende Propagandakampagne zur Rechtfertigung dieses Urteils durchgeführt. Gewiß, Bella hatte Millionen von Menschen bestohlen, aus ihren ungezählten Speichern waren Mitglieder der gesamten Hierarchie – von dem auf der Karte kaum zu entdeckenden Gelendshik bis hin zum Kreml – versorgt worden, aber andererseits hatte sie keineswegs mehr zusammengerafft als die meisten anderen Veruntreuer und Usurpatoren von Staatseigentum. Vor allem aber ist ihre Schuld nicht mit der Schuld derjenigen zu vergleichen, die Millionen Leben vernichteten und ein großes Land in den Ruin trieben und trotzdem alle Ehrungen, Auszeichnungen, Datschas und Privilegien behalten durften.

Was spielte sich in ihrem Fall ab? Warum wurde gerade ihr, einer Frau, die brutalste Strafe zuteil? Manche sind geneigt, die Ursache in ihrer jüdischen Herkunft zu sehen, aber diese Erklärung reicht nicht aus. Zwar machte die Abstammung des Opfers es den Vollstreckern leichter, die Sympathie und das »Verständnis« eines gewissen Bevölkerungsteils zu gewinnen und den »Volkszorn« in die so oft erprobte Bahn zu lenken, so daß die Mafia nicht gefährdet wurde und die Hauptschuldigen im Schatten bleiben konnten. Es war also verführerisch, einen geschäftstüchtigen, jüdischen Dämon zu zeichnen, dem russische Parteimitglieder hilflos zum Opfer gefallen waren.

Aber der entscheidende, verborgene Grund war der gleiche, der zur Vernichtung von Nikolaj Pogodin, Bellas engem Freund und Komplizen, geführt hatte: Sie wußte zuviel über zu viele Missetäter, und diese konnten nicht sicher sein, daß sie wirklich »eisern« bleiben und den Mund halten würde. Es war kein Problem, das gewünschte Urteil fällen und es sofort vollstrecken zu lassen. Schließlich hatte die Mafia noch immer überall ihre eigenen Leute.

4. KAPITEL

Die Sperrzone

Die Region Krasnodar war natürlich keine aufrührerische Insel in einem gesetzestreuen Ozean des Wohlstands. Wenn man die Exzesse der dortigen Mafia als aufrührerisch bezeichnen will, dann waren sie jedenfalls keine Ausnahme, denn ähnliches ereignete sich gleichzeitig überall im Lande, und es wird erst mit dem Zusammenbruch des gesamten Systems enden (oder sich zumindest umwandeln). Im offiziellen Sprachgebrauch ist von einem »administrativen Kommandosystem« die Rede, aber es wäre korrekter, das System »sowjetisch« zu nennen, denn seine Form wurde von der über siebzig Jahre währenden kläglichen Existenz des Sowjetstaates geprägt.

Niemand könnte das genaue Datum oder den genauen geographischen Ort benennen, an dem die ersten Keime der Korruption sprossen, um zur Welt der Kriminalität hinzustreben und sich mit ihr in kräftiger und freundschaftlicher Umarmung zu verbinden. Es war einfach so, daß sich das geeignete »moralisch-politische Klima« herausgebildet hatte. Dies ist ein Klischee, das von der offiziellen sowjetischen Propaganda bis zum Überdruß wiederholt wurde, allerdings mit dem Unterschied, daß man es dort mit dem entzückten Tonfall aussprach, der den immer neuen Siegen der Partei und der Regierung gebührte. Heutzutage würde niemand, der die geringste Selbstachtung besitzt, diese Wendung ohne Ironie benutzen. Aber Ironie ist hier gar nicht angebracht, denn es gibt tatsächlich ein moralisch-politisches Klima; nur handelt es sich um die Moral von Kriminellen und um die Politik von Zynikern und Banditen.

Die Entstehung der sowjetischen Mafia, auf die man inzwischen überall in der Welt aufmerksam geworden ist, war kein eindeutiger, sondern ein äußerst widersprüchlicher Prozeß. Er kennzeichnete die Hinfälligkeit des stalinistischen Regimes, das sich einerseits auf ideologische Blendung (»revolutionäre

Romantik«) und andererseits auf den grausamsten Terror gestützt hatte. Man könnte diese beiden Elemente für unversöhnliche Gegensätze halten, und es ist kein Zufall, daß die ersten »Einschießübungen« der Mafia mit dem Erwachen eines unabhängigen Bewußtseins – mit dem Versuch, sich von den Knien zu erheben und sein »Andersdenken« deutlich zu machen – zusammentrafen.

Der bewußte Widerstand gegen die politische Ordnung durch die besten, edelsten und ehrlichsten Mitglieder der Gesellschaft vollzog sich parallel zum unbewußten Widerstand gegen die inhumane und unnatürliche Wirtschaftsordnung. Es waren gleichsam aus dem Nichts aufgetauchte sowjetische Geschäftsleute, die diese Wirtschaftsordnung von innen her sprengten. Interessanterweise wurde das wirtschaftliche »Dissidententum« in diesem historischen Stadium von der Obrigkeit für die größere Bedrohung des Regimes gehalten, weshalb sie mit Hinrichtungen und vieljährigen Zwangslagerstrafen darauf reagierte. Das politische Dissidententum hingegen brachte seinen Vertretern meist Aufenthalte in psychiatrischen Anstalten, Deportation und innere Verbannung sowie, in seltenen Fällen, relativ kurzfristige GULag-Strafen ein – oder manchmal sogar nur die Ausweisung aus dem Paradies in die Kloake des verfluchten Kapitalismus.

Der beginnende Zerfall des Landes wurde von denen ausgenutzt, die überall die Altbolschewiki und die »Kinder der Revolution« ablösten. Sie kannten keine moralischen, ideellen oder sonstigen Hemmungen, die sie hätten hindern können, alles, was nicht niet- und nagelfest war (also buchstäblich alles im Lande), an sich zu raffen. Höchstens Furcht hätte der totalen Plünderung im Wege stehen können. Aber dadurch, daß sich diese Leute zusammenschlossen und alle, von denen eine Gefahr hätte ausgehen können, in ihre Reihen lockten, wurde ihnen jegliche Furcht fremd. Sie konnten sich in absoluter Sicherheit wiegen, wobei einzelne Ausnahmen die Regel nur bestätigten.

Die ermutigenden Winke kamen von oben, von ganz oben. Natürlich wurde niemand je offen zum Diebstahl aufgefordert, aber die Winke dienten der Beruhigung und verhießen Schutz für den Notfall.

Eine dieser scheinbar unbedeutenden Episoden hat sich meinem Gedächtnis eingeprägt.

Es war Ende Februar oder Anfang März 1981. In Moskau fand der XXVI. Parteitag der KPdSU statt. Entsprechend einer seit Chruschtschows Zeiten bestehenden Tradition hatte der Schriftstellerverband einige Delegierte des Parteitags – Erste Sekretäre verschiedener Gebietskomitees – zu einer Begegnung mit einem kleinen Kreis ausgewählter Literaten eingeladen. Genauer gesagt, die Einladung war weniger vom Verband als von seinem Vorsitzenden Georgij Markow, einem der Favoriten Breschnews, ausgegangen. (Der Name dieses doppelten Helden der Sozialistischen Arbeit, des Autors epochemachender Romane, die millionenfach aufgelegt wurden, war in dem Moment, als er 1986 aus seinem Amt gejagt wurde, für immer vergessen.) Markow, der aus Sibirien stammte, hatte eine Vorliebe für seine Landsleute, weshalb Jegor Ligatschow als Ehrengast fungierte, der »Gouverneur« von Tomsk, der Markow als Vorbild für den Helden seines Romans *Sibirien* gedient hatte.

Die offizielle Rede hielt ein anderer Gast: der Erste Sekretär des Gebietskomitees von Ost-Kasachstan, Alexander Protosanow. Er sprach recht freimütig darüber, daß niemand arbeiten wolle, daß die Ernte im Regen verfaule, daß es keine Landwirtschaftsmaschinen und Getreidespeicher gebe, daß sein Gebiet (etwa nur seines?) in allgemeiner Trunksucht untergehe. Und da habe eines Tages Breschnew aus Moskau angerufen und sich erkundigt, was für eine Ernte zu erwarten sei. »Den Generalsekretär kann man schließlich nicht belügen«, rief der Redner. »Ich mußte ihm die Wahrheit sagen: Die Ernte ist ausgezeichnet, aber mehr als die Hälfte wird im Regen verfaulen, und außerdem kann sich der erste Frost jederzeit einstellen.« Genosse Breschnew habe geantwortet: »Macht nichts, arbeiten Sie ruhig weiter. Wir haben volles Vertrauen zu Ihnen. Tun Sie Ihr Bestes, und wenn der Erfolg ausbleibt, sind Ihnen keine Vorwürfe zu machen.«

An dieser Stelle schaltete sich der bis dahin schweigsame Ligatschow ein: »Sie können sich nicht vorstellen, Genossen, welch ein Glück es für uns alle ist, so ruhig, so vortrefflich unter der Führung unseres lieben Leonid Iljitsch arbeiten zu können, welch wunderbares moralisch-politisches Klima seit seiner Amtsübernahme in der Partei und im Land herrscht. Es ist, als wären uns Flügel gewachsen, um es elegant, nach Schriftstellerart, auszudrücken.«

Ich weiß nicht, was die anderen Zuhörer dachten, aber ich, der dauernd im Land umherreiste, konnte mir dieses Klima wirklich sehr gut vorstellen: ein Gefühl völliger Unverwundbarkeit, das Bewußtsein, von dem mächtigen Apparat vor allen Unbilden geschützt zu werden – man konnte tun, was man wollte, solange man nur dem lieben Leonid Iljitsch treu blieb. Die Apparatschiks hatten Chruschtschow gestürzt, der eine Gefahr für sie darstellte, und ihren eigenen Mann auf den Sessel des Generalsekretärs gebracht. Und nun verlangten sie, daß er seine Schuld bezahlte, und zwar mit Zins und Zinseszins.

Im Grunde war dies bereits die Mafia, die sich hier herausgebildet hatte; gut organisiert und allmächtig, konnte sie ihre eigenen Gesetze bestimmen. Es war durchaus nicht erforderlich, daß die Gefälligkeiten, die ein Mitglied dem anderen geleistet hatte, mit Bargeld bezahlt wurden. Eine Vielzahl anderer Zahlungsarten sorgte nicht nur für eine persönliche Bereicherung, sondern auch für die Festigung der Macht und für den Aufstieg auf der Karriereleiter. Der Hauptvorzug, der treuen Apparatschiks zuteil wurde, war berufliche und politische Stabilität. Keine Katastrophe konnte über sie hereinbrechen – es sei denn, sie verrieten den Helden von Malaja Semlja.

Unter diesen Umständen konnte sich jeder Angehörige des Apparats alles erlauben, was er wollte. Und jeder andere, der sich nach Bereicherung sehnte, schützte sich vor Fehlschlägen, indem er sich um die Protektion eines besonders hochgestellten Apparatschiks bemühte. So wurde ein fruchtbarer Boden für das Zusammenwachsen von Politikern und Kriminellen bereitet: Die ersteren verwandelten sich rasch in die letzteren, die letzteren in die ersteren, und schon waren sie nicht mehr voneinander zu unterscheiden.

Noch ein Beispiel der Allmacht und Willkür hat sich mir eingeprägt. Die Episode spielte sich entweder 1980 oder 1981 ab. Ein paar Freunde hatten mich gebeten, einem ungerechtfertigt entlassenen Eisenbahnangestellten zu helfen. Es war eine ziemlich banale Geschichte: Der Betreffende hatte einen recht bescheidenen Posten innegehabt, und ich hätte die Sache ohne weiteres einem meiner Assistenten überlassen und diesem empfehlen können, sich an mittlere oder sogar untere Dienststellen zu wenden. Aber die Bitte wurde von mir sehr nahestehenden Personen ausgesprochen, und so beschloß ich, den Knoten mit einem einzigen Schlag durchzuhauen und den Dienstweg nicht zu beachten.

Als ich anrief, fragte mich ein Mitarbeiter des Ministers gar nicht erst nach dem Zweck des Treffens, sondern gab mir gleich einen Termin für denselben Abend. Tatsächlich für den Abend! Die Zeiten waren längst vorbei, in denen Stalin, der die Nächte durchwachte, seine Beamten bis zum Morgen in den Dienstzimmern festgehalten hatte. Nun aber hieß es plötzlich: »Iwan Grigorjewitsch bittet darum, daß Sie ihn um 22.30 Uhr aufsuchen, wenn es Ihnen paßt.« Natürlich paßte es mir nicht, aber ich war neugierig geworden und stimmte zu.

Der damalige Minister war Iwan Grigorjewitsch Pawlowskij, ein farbloser Bürokrat, von dem es hieß, daß er zwar nicht die Sterne vom Himmel herunterholen könne, doch ein »solider Profi« sei. Als er mir zur Begrüßung entgegenkam, nachdem er vorsichtshalber einen Vorhang über die riesige, die gesamte Wand hinter ihm bedeckende Karte des Eisenbahnnetzes gezogen hatte, fielen mir als erstes die Tränensäcke unter seinen Augen und die erdgraue Farbe seines Gesichts auf.

»Womit kann ich Ihnen dienen?« fragte er mechanisch.

Ich erläuterte meine Bitte mit aller Leidenschaft, deren ich fähig war. Er lauschte geistesabwesend.

»Ihre Bitte wird erfüllt«, sagte der Minister mit monotoner Stimme, als ich meinen Vortrag beendet hatte.

Nun hätte ich ihm danken und das Zimmer verlassen können. Aber er schien es nicht eilig zu haben und ich ebenfalls nicht, da ich ein längeres Gespräch erwartet hatte.

»Sie haben wahrscheinlich gemerkt, daß ich Ihnen nicht sehr aufmerksam zugehört habe«, gestand er plötzlich. »Kein Wunder, ich habe schon seit vier Tagen nicht geschlafen.« Der Minister trat an die Karte, zog den Vorhang zur Seite und griff nach einem Zeigestock. »Hier, sehen Sie...« Er deutete auf ein Neulandgebiet im Norden Kasachstans. »Hier wird das Getreide feucht, und wir haben nicht genug Waggons, um es nach

Moskau zu schaffen. Und dort...« Der Zeigestock verharrte über dem Nordkaukasus. »Dort haben wir mit Mühe zusätzliche Waggons gefunden, aber insgesamt nur vierunddreißig. Sie müssen in das Neulandgebiet gebracht werden. Die ganze Operation wird von Leonid Iljitsch geleitet. Wir haben ein Hauptquartier eingerichtet. Alle Strecken sind verstopft, die Fahrpläne sind bis zum äußersten gespannt. Ich habe rund um die Uhr am Telefon gesessen und versucht, diesem außerplanmäßigen Zug einen Weg zu bahnen. Stündlich treffen Berichte über seine Fortbewegung ein. Er war schon im Ural, doch dort gab es eine Stauung, und wir mußten den Fahrplan völlig umstellen. Passagierzüge mußten warten, um unsere Waggons durchzulassen. Ich werde regelmäßig aus Leonid Iljitschs Büro angerufen, und ich kann melden, daß alles seinen Gang geht, aber um welchen Preis! Endlich hatten die Waggons den Ural hinter sich, und danach gab es überall grünes Licht. Es kann nur noch Stunden dauern, bis der Güterzug hier ist.«

»Ich sehe, daß Sie müde sind. Entschuldigen Sie, wenn ich Sie zu einem schlechten Zeitpunkt besucht habe. Aber lassen sie mich Ihnen zu diesem Erfolg gratulieren. Ende gut, alles gut.«

Er schwieg lange und betrachtete die gewaltige Karte mit den blinkenden Lichtern. Dann seufzte er schwer.

»Vor einer Stunde hat man mir mitgeteilt, daß es gar keine Waggons gibt. Gar keine. Es gab nie welche. Sie setzten sich nirgends in Bewegung und fuhren nirgends durch. Das Ganze ist eine Täuschung, eine Fata Morgana, das Produkt einer üppigen Phantasie – ein Betrug, auf den ich wie ein Trottel hereingefallen bin. Ich war ein Heerführer, der eine nicht existierende Armee befehligte. Lächerlich, was?« Er richtete seine erschöpften Augen von neuem auf mich. »Aber machen Sie sich keine Sorgen, Ihr Schützling bekommt seinen Arbeitsplatz zurück. Das immerhin liegt noch in meiner Macht.«

Er bat mich, »nicht sofort an die Schreibmaschine zu stürzen« und diese erschütternde Geschichte zu veröffentlichen: Wie sich herausstellte, hatte der Minister den lieben Leonid Iljitsch an der Nase herumgeführt! Gut, er war selbst an der

Nase herumgeführt worden, aber wer hätte das damals für eine Entschuldigung gehalten?*

Trotz gemeinsamer Bemühungen mit mehreren meiner Kollegen konnte ich nicht im einzelnen herausfinden, wohin die vierunddreißig Waggons verschwunden waren und weshalb man den Minister irregeführt hatte. Wäre es nicht einfacher gewesen zu erklären: Es gibt keine Waggons! Diese Mitteilung hätte dem Minister schwerlich einen Schock versetzt, denn an solche Informationen sind wir alle schließlich gewöhnt. Aber Tatsache ist, daß es Waggons *gab* und daß man die Absicht hatte, den Sonderbefehl des Ministers auszuführen. Doch im allerletzten Moment, als der Zug bereits zusammengestellt war, benötigte die örtliche Mafia die Waggons, um eiligst einige schon verderbende Obstmengen auf die teuren nördlichen Märkte zu befördern. Obst ist ein begehrtes Erzeugnis, an dem stets Mangel herrscht und dessen Produktionskosten dutzendfach geringer sind als der Verkaufspreis in jenen Gegenden, wo man von einem Pfirsich oder von Weintrauben nur träumen kann, was Profite in Höhe von vielen Millionen ermöglicht. Der Neulandweizen gehörte dem Staat, folglich niemandem, während die kaukasischen Früchte der hervorragend organisierten, in allen Partei- und Staatssphären verwurzelten »Obst- und Gemüse-Mafia« gehörten. Von den Gewinnen lebten unterschiedliche Mafiafamilien, die manchmal überhaupt nichts von ihrer gegenseitigen Existenz ahnten.

Als sich somit die Frage stellte, wer Priorität hatte, stand die Antwort bereits fest. Es hatte keinen Zweck, Beschwörungen

---

* Es sollte nicht lange dauern, bis Iwan Pawlowskijs Karriere im Eisenbahnministerium brutal beendet wurde. Durch den Brief eines »Gönners« erfuhr das Komitee für Parteikontrolle, daß der Minister seine Frau, eine Ärztin, im Krankenhaus seiner Behörde mit einem Posten bedacht hatte, für den sie, ohne einen einzigen Tag dort zu arbeiten, mehrere Jahre lang ein Gehalt bezog. Für ihre »herausragenden Erfolge« wurde sie mit dem Ehrentitel »Verdiente Ärztin der Republik« ausgezeichnet, was automatisch einen höheren Pensionsanspruch nach sich zog. Der Minister wurde wegen Amtsmißbrauchs abgelöst und mußte den gesamten »Verdienst« seiner Frau zurückzahlen. Vergehen dieser Art bleiben, wenn sie an die Öffentlichkeit dringen, bei uns nicht ungestraft, während eine nicht abtransportierte und deshalb verfaulende Ernte sowie das sie begleitende organisatorische Chaos und der damit verbundene umfassende Betrug bloß als »Dienstversäumnis« gewertet werden.

wie folgende vorzubringen:»Anweisung des Politbüros«, »persönliche Kontrolle durch den Generalsekretär«, »Rettung der Ernte« u. ä. Zwei unvereinbare Interessen stießen aufeinander, und damit basta. Die gefälschten Telegramme über die Fortbewegung des Zuges bis zum Ural und weiter wurden benötigt, um Zeit zu gewinnen und eine ganz einfache Operation abzuschließen. Letztlich kam sie überaus mächtigen Kräften zugute, neben denen alle Prüfungskommissionen hilflos und blaß wirkten. Von dem Neulandgetreide hätte Genosse Breschnew persönlich nichts gehabt, während ihm aus den Obstverkäufen der Mafia irgend etwas durch eine Vielzahl von Filtern und Mittelsmännern zukommen konnte. Deshalb ist schwer zu sagen, wer hier siegte und wer verlor.

Die Waggons wurden im Norden »entdeckt«, wohin sie laut offizieller Version »durch die Saumseligkeit« von ein paar kleinen Eisenbahnangestellten gelangt waren. Rund zwei Dutzend Personen erhielten die berüchtigten Verweise, der Neulandweizen verfaulte im Regen, die Mafia steckte wieder einmal mehrere Millionen ein, und der sentimentale Leonid Iljitsch trocknete sich eine Träne, als ihm gemeldet wurde, um den Preis welcher heroischer Anstrengungen die Ernte gerettet worden sei. Das wohltätige moralisch-politische Klima hatte gesiegt. Die Flügel der Apparatschiks, von denen Jegor Ligatschow so bildhaft und eindringlich gesprochen hatte, wuchsen und wuchsen.

Hätte sich irgend jemand vorstellen können, daß Hans Christian Andersens Märchen »Des Kaisers neue Kleider« in einem großen Land an der Schwelle des 21. Jahrhunderts zur normalen Realität werden würde?

Im Januar 1976 hatte ich einmal in der Leserbriefabteilung unserer Redaktion zu tun. Überall – auf dem Fußboden, auf Regalen und Fensterbänken – lagen Berge von Briefen. Der westliche Leser wird dieses sowjetische Phänomen nicht recht begreifen können: Seit den sechziger Jahren strömten Unmengen von Briefen in die Redaktionen von Zeitungen und Zeitschriften. Das Chruschtschowsche Tauwetter hatte kritischen Gedanken den Weg freigemacht, aber sie konnten nirgends geäußert werden, da es kein echtes politisches Leben gab. Das

Tauwetter hatte den Menschen den Mund geöffnet; niemandem war es mehr untersagt, sich zu beschweren, solange die Beschwerden keine Verallgemeinerungen enthielten und das bestehende System nicht in Frage stellten. Aber solche Beschwerden hatten in der Regel nicht die geringsten Folgen, zogen keine praktischen Ergebnisse nach sich. Die nichtssagenden Antwortschreiben der Behörden, meist bereits vorgedruckt, wurden über lange Jahre hinweg geradezu sprichwörtlich. Die Presse schien das einzige Ventil zu bieten, denn von den Redaktionen erhielt man wenigstens keine amtlichen, gleichgültigen, zuweilen auch flegelhaften Antworten. Und gelegentlich wurden kritische Briefe sogar gedruckt. Der Strom der Leserbriefe vergrößerte sich von Jahr zu Jahr, und selbst unsere Zeitung (die nicht täglich, sondern wöchentlich erscheint und hauptsächlich auf die Intelligenzija abzielt) bekam bis zu dreitausend Briefe pro Woche.

Ich stand also in diesem bodenlosen Papiermeer, während die Mitarbeiterinnen der Abteilung die offizielle Antwort irgendeiner Behörde für mich heraussuchten. Mir fiel ein Brief auf, der auf Papier von provozierend grellroter Farbe getippt war. Allein die Farbe veranlaßte mich, diesen Brief neugierig aufzuheben. Er begann mit einer direkten Anrede an mich selbst. »Das lohnt sich nicht«, sagte eine der Mitarbeiterinnen, der nicht entgangen war, aus welchem Stapel ich den Brief gezogen hatte.

Um mich vor übermäßig aufdringlichen Lesern zu schützen, hatte die Redaktion eine Schutzbarriere errichtet und ließ sämtliche Briefe sichten, die an mich gerichtet waren. Dieses Schreiben teilte das Schicksal derjenigen, die man nicht an mich weitergeleitet hatte. Wenn der Autor kein Papier von so ungewöhnlicher Farbe benutzt hätte, wäre der Brief mir unbekannt geblieben.

Dabei war er recht amüsant – so schien es mir jedenfalls. In der Tschuwaschischen Autonomen Sozialistischen Sowjetrepublik (mit dem Zug nur eine Nachtfahrt von Moskau entfernt) hatte die Leitung der örtlichen Bauorganisation einen Teil des Wolgastrandes und ein daran angrenzendes Wäldchen zur »Sperrzone« erklärt. Laut offiziellen Dokumenten standen dort einfache Duschkabinen für Arbeiter, in Wirklichkeit handelte es sich jedoch um eine berüchtigte Sauna für die Bosse, die mit Marmor gekachelt und aus den besten Holzsorten hergestellt war. Darauf bezog sich der Inhalt des Briefes.

Es war kein besonders origineller Fall, doch diese dreiste Idee – den Ort der eigenen Entspannung vor aller Augen zu einer »Sperrzone« zu erklären – veranlaßte mich, nach Tscheboksary (der Hauptstadt von Tschuwaschien) zu reisen, um einen Artikel über die dortigen Verhältnisse zu schreiben.

In Moskau war es ungewöhnlich milde für den Höhepunkt des russischen Winters: sieben oder acht Grad Celsius. Ich machte mich mit einem leichten Mantel und ebenso leichten Schuhen auf die Reise. Zwei Tage später setzte in Tscheboksary schrecklicher Frost ein – minus dreißig Grad Celsius. Als ich in die »Sperrzone« vorgedrungen war, um mir die »Duschen« mit eigenen Augen anzusehen, erklärte die Wärterin plötzlich, sie habe die Schlüssel vergessen. Ich mußte in eisigem Wind warten und wurde von drei riesigen Wolfshunden bewacht. Mein erster Versuch, einen Schritt zur Seite zu machen, erregte ihren Zorn. Beim zweiten Schritt warf sich einer der Hunde gegen meine Schultern und drückte mich auf den gefrorenen Boden. Zwanzig, dreißig, vierzig Minuten vergingen. Ich begriff, daß die Wärterin nicht zurückkommen und die Hunde sich nicht entfernen würden. Die Hunde entfernten sich wirklich nicht, aber die Wärterin kam nach mehr als einer Stunde zurück. Ich hatte mich bereits in einen Eiszapfen verwandelt. Ein Unfallwagen mußte gerufen werden, aber ich vertraute den örtlichen Ärzten nicht und floh mit fast erfrorenen Füßen nach Moskau. Mittlerweile brannte die Sauna in der Sperrzone »zufällig« und »urplötzlich« ab. Der Marmor verschwand, der Rest landete im Wasser.

In meinem Krankenhausbett in Moskau dachte ich über diese seltsame, übertriebene Reaktion auf die Ankunft eines Journalisten nach. Ich hatte nichts entdeckt, was so rigorose Maßnahmen von seiten der Bauorganisationsleiter erfordert hätte. Mit anderen Worten, es mußte etwas geben, das sie wußten und das ich nicht einmal vermuten konnte. Hierauf wies auch eine weitere Begebenheit hin: Einen Tag vor meinem verunglückten Saunabesuch versuchte ein Mitglied des Obersten Gerichtshofes von Tschuwaschien mit dem seltsamen Namen

Engels, mich betrunken zu machen. Er kam zu mir ins Hotel und schlug vor, gemeinsam Mittag zu essen. Nachdem er sich – aus provinzieller Unerfahrenheit – selbst betrunken hatte, erzählte er mir offenherzig, er habe »von sehr hohen Personen« Geld für Wodka erhalten. Wenn ich im Rausch zu Boden stürzte (so lautete ihr Plan), sollte ein im Foyer des Hotels wartender Fotograf diese Szene aufnehmen und Abzüge sowohl an meine Redaktion als auch an das Zentralkomitee der KPdSU schicken.

Zunächst kam mir dieses Geständnis wie albernes Gefasel vor, doch nach dem Vorfall mit den Hunden am vereisten Wolgaufer sah die Sache schon anders aus...

Ich möchte nicht ausführlich darauf eingehen, wie sich die ganze Sache entfaltete. Kurz gesagt: Die berüchtigte Sauna in der »Sperrzone« diente keineswegs nur als Entspannungsort für örtliche Bosse. Hier, in der tiefsten Provinz, wurden Netze ausgespannt, in denen sich sowohl örtliche als auch Moskauer »große Tiere« verfingen. Mit Bestechungsgeldern konnten sie nicht angelockt werden, denn Tscheboksary ist nicht Sotschi, die Quellen der Bereicherung sind nicht allzu umfangreich, und die ersten Leute im Staate konnten von hier aus nicht erreicht werden. Aber wie sich herausstellte, war es auch nicht unbedingt nötig, die ersten Leute im Staate zu erreichen.

Am Anfang gingen die örtlichen Bonzen ins Netz: Sekretäre von Gebietskomitees, Minister autonomer Republiken, dann Minister der RSFSR, dann zwei Unionsminister und mehrere ihrer Stellvertreter, die alle aus dienstlichen Gründen nach Tscheboksary kamen. Worauf fielen sie herein? Nur auf ein paar Mädchen...

Die Leiter der Bauorganisation, also die Schöpfer und Herren der »Sperrzone«, begannen damit, daß sie örtliche Sportmeister anheuerten. Ringer, Boxer und Fußballer erhielten hohe Summen (das Geld war natürlich gestohlen) dafür, die Sauna zu bewachen; sie besorgten Lebensmittel und Getränke, bereiteten das Essen zu, spielten Musik für die Gäste und reichten ihnen den Morgenmantel.

Bei allgemeinen Sportveranstaltungen wurden sämtliche Rivalen (gegen Bestechung natürlich) von diesen besoldeten Champions besiegt. Zum Dank brachten die Sportler ihre

Freundinnen mit, welche die Gäste zu »unterhalten« hatten. Manche sträubten sich, doch sie wurden gezwungen, sich in pornographischen Posen fotografieren zu lassen. Da sie eine Verbreitung der Bilder fürchteten, gaben die Mädchen nach. Ihre Pflicht bestand nun darin, die hohen Gäste zu verwöhnen, eine gemütliche Atmosphäre zu schaffen und ihnen alle denkbaren Freuden zu bereiten. Stets nahm eine verborgene Kamera die Gäste und ihre Gespielinnen auf, und morgens schenkte man ihnen die Bilder als Souvenirs an ihre »erotischen Nächte«. Es hätte genügt, dem Zentralkomitee eine solche Aufnahme zu schicken, um die Karriere des betreffenden Gastes schlagartig zu beenden. Die Gäste verwandelten sich nolens volens aus Geiseln in Komplizen: Sie räumten Kredite ein, stellten Mangelwaren bereit, unterzeichneten gefälschte Absprachen und fiktive Rechnungen und drückten bei offenkundigem Diebstahl beide Augen zu. Die Mafia wurde stärker, vergrößerte und vertiefte ihre Einflußsphäre.

Der Mechanismus der Verführung war leicht zu durchschauen, aber das Ziel leuchtete mir nicht sofort ein. Von fiktiven Rechnungen und gefälschten Absprachen wußte ich damals noch nichts, und, um ehrlich zu sein, es gelang mir nicht, das Geheimnis aufzudecken. Immerhin, ein Bericht mit dem Titel »Das Badehaus« wurde veröffentlicht (der Publikation gingen ein Verbot des Zensors und die Warnung des Chefredakteurs voraus: »Verstecken Sie das Manuskript in Ihrem Schreibtisch und zeigen Sie es niemandem; vergessen Sie, daß Sie es geschrieben haben«), drittrangige Funktionäre wurden mit amtlichen Verweisen bedacht, und ein paar Sportler und ein Ingenieur landeten wegen Vergewaltigung und Erpressung im Gefängnis. Aber die wahren Gründe für die stürmische Reaktion auf meinen Versuch, die Geheimnisse dieser Provinzgeschäftsleute zu lüften, blieben weiterhin rätselhaft.

Erst zwei oder drei Jahre später drangen Kollegen von mir zu den Ursachen vor. Meine naive Vorstellung, daß es für die Mafia im »armen« Tschuwaschien keine Möglichkeit gab, sich zu bereichern, wurde widerlegt. Vielmehr ist das Land so reich, und die Gelegenheiten, illegal Geld an sich zu raffen, sind so vielfältig, daß man nichts anderes als den Vorsatz und ein bißchen Findigkeit und Energie benötigt.

Ein einziges Beispiel mag genügen:

Der Standort, an dem eine gewaltige Traktorenfabrik gebaut werden sollte, war sehr weit von der Wolga entfernt, also von der Hauptverkehrsader, auf der die erforderlichen Materialien geliefert wurden. Laut dem bestätigten Projekt sollte eine eingleisige Bahnstrecke von einem Hafen zur Baustelle konstruiert werden. Man machte einen Kostenvoranschlag; Moskau stellte Geld und Material bereit. Bald wurde Bericht über die Fertigstellung der Bahnstrecke erstattet, und irgendeine Abnahmekommission unterzeichnete das entsprechende Dokument, obwohl keines der Mitglieder die Strecke zu Gesicht bekommen hatte. Sie mußte sich in Luft aufgelöst haben oder unter der Erde verschwunden sein. Und selbst wenn die pedantischsten Archäologen Ausgrabungen angestellt hätten, wäre die Strecke wohl kaum gefunden worden. Man hatte die Materialien im Schneckentempo mit Lastwagen vom Hafen zur Baustelle befördert, während mehrere Millionen Rubel, die für die Konstruktion einer nicht existierenden Bahnstrecke »ausgegeben« worden waren, die Taschen der Badehausbesucher polsterten.

Eine Eisenbahnstrecke – selbst ein nur wenige Kilometer langer, eingleisiger Schienenstrang – ist schließlich kein Diamantring, den man in einer Handtasche oder einem Safe oder einem Keller verstecken kann. An einer so unglaublichen Betrugsoperation mußten also Hunderte von Personen beteiligt gewesen sein. Es ist jedoch eine Binsenweisheit, daß ein Geheimnis, das nur zwei Leute kennen, schon kein Geheimnis mehr ist. Und dieses war Hunderten bekannt! Zu einer Unterschlagung dieses Ausmaßes konnten sich nur Menschen bereit finden, die völlig von ihrer Immunität überzeugt waren. Dies also war das wohltuende moralisch-politische Klima, in dem Jegor Kusmitsch Ligatschow spürte, daß ihm Flügel wuchsen.

Und wirklich, diese Leute irrten sich nicht. Weder die Sekretäre von Gebietskomitees noch die Minister, noch ihre Stellvertreter (von höheren Amtsträgern gar nicht zu reden) – kein einziger, der in die Badehausaffäre (und wohl nicht nur sie) verwickelt war – trugen den geringsten Schaden davon. Doch damit nicht genug: Einer der Saunabesucher, der Sekretär eines Gebietskomitees, sandte nach der Veröffentlichung des

Artikels »Das Badehaus« in der *Literaturnaja gaseta* eine offizielle Antwort: Alles treffe zu, der Autor müsse energisch unterstützt werden, die Partei sei empört, man werde die Schuldigen zur Rechenschaft ziehen. Und die Leitung der *Literaturnaja gaseta*, die vor allem gefürchtet hatte, daß ein einflußreicher Parteiboß schluchzend bei Breschnew oder Suslow vorsprechen und einen Rüffel für die Zeitung erwirken werde, war so erfreut über die förmliche Bestätigung ihrer Vorwürfe, daß sie den Brief sogleich triumphierend veröffentlichte. Damit wurde der Fall abgeschlossen: Maßnahmen waren eingeleitet worden, was wollte man mehr?

Dies war übrigens eine »jesuitische» Taktik der Mafia, durch die ein Presseskandal und damit eine erhöhte Aufmerksamkeit für die eigenen Machenschaften vermieden wurden. Genauer gesagt, es war eine Taktik der *klügeren* Mafiosi, die weit über Medunows Bande standen. Durch ein nichtssagendes »Geständnis« neutralisierten sie den Schlag, der ihnen versetzt worden war, und retteten ihr wichtigstes Personal.

Der Chefingenieur der Bauorganisation (man hatte beschlossen, ihn zu opfern und die gesamte Schuld auf ihn abzuwälzen) wurde zu vierzehn Jahren Gefängnis verurteilt. Aber bereits zwei Jahre später begegnete ich ihm in Tscheboksary, als ich dort wiederum beruflich zu tun hatte. »Entschuldigen Sie«, stammelte ich verdutzt. »Hat man Ihnen nicht vierzehn Jahre gegeben, und das erst vor zwei Jahren?«

»Sie bedienen sich der falschen Arithmetik«, erwiderte der Ingenieur würdevoll und winkte mir freundlich zu (übrigens war er bereits zum Stellvertretenden Leiter der Bauorganisation aufgerückt).

Das Muster der sich spontan entwickelnden Beziehungen war das gleiche in allen Republiken und Regionen, Gebieten, Städten und Bezirken. Es war deprimierend ähnlich, doch diese Ähnlichkeit wurde von objektiven Umständen diktiert. Es war lächerlich einfach: Die Anhäufung von Geld forderte nicht die geringste Mühe, sondern nur etwas Phantasie und eine garantierte Immunität. Die verläßlichste und am leichtesten zu erhaltende Garantie wurde von den örtlichen »Parteigouverneuren« geliefert, denn sie hatten die reale Macht in Händen.

Die Sache war überaus simpel: Man zog die Parteigouverneure auf seine Seite und »steckte« sie sich »in die Tasche«, um eine in diesem Milieu gebräuchliche Wendung zu benutzen. Dazu gab es verschiedene Wege – die Phantasie ließ manche Könner zu ganz unerwarteten Lösungen greifen –, und man hört von keinem einzigen Beispiel dafür, daß einer der leidenschaftlichen Kämpfer für die heiligen Ideale des Kommunismus die Verlockungen zornig zurückgewiesen hätte. Ich kann voller Überzeugung sagen, daß der Köder jedesmal geschluckt wurde, denn wäre dies nur ein einziges Mal nicht der Fall gewesen, hätten wir es unzweifelhaft aus irgendeinem entzückten Zeitungsartikel erfahren. Wer hätte die Chance ausgelassen, die Unbestechlichkeit eines Parteifunktionärs, der sich den Übeltätern der Mafia energisch widersetzte, an die große Glocke zu hängen? Doch kein derartiger Artikel erschien. Alle waren psychisch und moralisch geneigt, sich der triumphierenden Mafia auszuliefern. Ausnahmen gab es nur deshalb, weil die Mafia sich nicht an jeden wandte, noch nicht überall ihre Clans eingerichtet hatte, für die es ja hoher Protektion bedurfte, noch nicht überall hinreichend starke und kühne Führer besaß, die den gefährlich anmutenden ersten Schritt gewagt hätten.

Irgendwann zu Beginn der achtziger Jahre, zum Ausklang der Breschnew-Ära, führte das Journalistenschicksal mich in die altrussische Stadt Pensa, ein großes Gebietszentrum, das sich seiner langjährigen kulturellen Tradition rühmte. Eine marmorne Gedenktafel mit dem Namen Wsewolod Mejerholds an einem Stadthaus, das sich aus dem vergangenen Jahrhundert erhalten hatte, gab Aufschluß über diese Traditionen. Aber mich erwarteten hier wie immer ganz andere Dinge: ein neuer »kleiner« (nach unseren Maßstäben) Fall von Diebstahl und ein neuer »kleiner« Fall von Korruption.

Die Methode des Direktors der örtlichen Geflügelfabrik unterschied sich von Hunderttausenden ähnlicher Fälle durch ihren besonderen Witz, wenn nicht gar ihre Eleganz. Er war auf der Suche nach Protektion nicht zum Gebietsparteichef gegangen, um diesem ein Geldbündel auszuhändigen, sondern er hatte über dessen Söhne mit dem Funktionär Kontakt aufgenommen, aber eben nicht auf grobe, primitive, sondern auf gewitzte, virtuose Art.

Der Direktor, der damals die Fabrikkasse bereits gründlich geplündert hatte, schloß mit zwei Studenten, den Söhnen des Ersten Sekretärs des Gebietskomitees, Lew Jermin, einen Vertrag über das Anstreichen der beiden Verwaltungsgebäude; ebenso mit dem Sohn des Vorsitzenden der Gebietsgewerkschaftsvereinigung und mit anderen Jungen aus demselben Kreis. All diese Jungen waren entweder angehende Kybernetiker, Philologen oder Kenner der Diplomatiegeschichte, doch aus irgendeinem Grunde wollte der fixe Direktor sie als Maler beschäftigen. Er war verpflichtet, für diese Arbeit den vom Gesetz festgelegten Tarif zu zahlen, aber er überschritt ihn um das Einundzwanzigfache. Das war jedoch noch längst nicht alles: Kein einziger der »Maler« strich irgend etwas an oder wußte auch nur, wo sich die Fabrik befand. Echte Maler führten die Arbeit aus und erhielten dafür das übliche Kleingeld, während sich die Kinder der örtlichen Bosse an der Schwarzmeerküste sonnten. Dafür bezogen sie ein ungekürztes »Honorar« von jeweils 15000 Rubeln. Damals war das eine sehr beachtliche Summe.

Muß man Jurist sein, um zu durchschauen, daß es sich um eine gewöhnliche Bestechung handelte, die den höchsten Amtsträgern des Gebiets in aller Offenheit präsentiert wurde? Und muß man erklären, daß die wirklichen Empfänger des Geldes keineswegs die jungen Nichtstuer waren? Wer hätte schließlich ihretwegen mit dem Feuer gespielt und eine Anklage riskiert?

Aber selbst mein schockierender Artikel – ich überschrieb ihn mit: »Eine starke Persönlichkeit« –, der eher durch seine Frechheit als durch seinen Inhalt verblüffte, zeitigte nicht die geringsten Resultate. Allerdings wurde mir im Zentralkomitee auseinandergesetzt, daß man die Autorität von Parteiführern nicht so »schadenfroh verhöhnen« dürfe. Überall sonst auf der Welt hätte sich der auf frischer Tat ertappte Vater entweder eine Kugel in den Kopf gejagt oder wäre zumindest unter den empörten Pfiffen der Bürger aus der Stadt geflüchtet. Aber *unser* »Gouverneur« (hinsichtlich der realen Macht entspricht das Amt eines Ersten Gebietssekretärs tatsächlich dem eines Gouverneurs) machte sich schon früher davon: Michail Solomenzew, Ministerpräsident von Rußland und Politbüromitglied, nahm Lew Jermin unter seine mächtigen Fittiche und ernannte ihn zu seinem Stellvertreter. Solomenzews Nachfolger Witalij Worotnikow ließ Jermin auf diesem Posten. Wie sich versteht, blieb er noch über lange Jahre hinweg ZK-Mitglied. Erst vor kurzem zog er sich in den Ruhestand zurück, ohne ein einziges Privileg der Herrschaftselite verloren zu haben.

Immerhin, eine Konsequenz hatte mein Artikel doch. Der Staatsanwalt des Gebiets Pensa, Viktor Shurawljow, versuchte, eine Ermittlung einzuleiten und die jungen »Maler« zur Rechenschaft zu ziehen, denn in juristischem Sinne waren sie, nicht ihre Väter, schuldig. Aber die Beziehungen der Mafia wurden sofort genutzt: Man löste Shurawljow von seinem Posten ab, versetzte ihn nach Moskau und unterstellte ihn dem Generalstaatsanwalt. Rekunkow bemühte sich, ihn in irgendeinem anderen Verwaltungsgebiet unterzubringen, doch ohne Erfolg. Kein Staatsanwalt kann ohne Zustimmung des Ersten Gebietskomiteesekretärs ernannt werden, und wer von ihnen wollte schon einen Kandidaten akzeptieren, der bereits die Hand gegen einen anderen Ersten Sekretär erhoben hatte? Bald zog Shurawljow es vor, die Staatsanwaltschaft zu verlassen und sich den alles sehenden Augen der Mafia zu entziehen.

Ich könnte Dutzende solcher Geschichten erzählen. Was heißt Dutzende – Hunderte, wenn nicht Tausende! Sie waren zu trister Alltäglichkeit geworden. Welche Stadt man auch aufsuchte, überall war (und ist) es das gleiche, und schließlich hörte man auf, dies zur Kenntnis zu nehmen. Nach den Leserbriefen zu urteilen, hatten solche Themen jegliches Interesse verloren, denn sie boten nichts Unerwartetes, Aktuelles, Neues mehr. Deshalb faßten wir den Beschluß, nichts mehr über solche Themen zu bringen – wir hatten sie satt!

Wir hatten es satt, über diese Dinge zu schreiben. Aber hatten wir es nicht auch satt, unter Verhältnissen totaler und unausrottbarer Korruption zu leben?

Es liegt auf der Hand, daß, wenn zum Beispiel der Direktor einer örtlichen Geflügelfabrik über die Protektion des »Gouverneurs« verfügte (und die Protektion war ihm tatsächlich von Nutzen, denn der nach vier Strafgesetzartikeln, die ihm fünfzehn Jahre Gefängnis hätten einbringen können, angeklagte Direktor wurde nur zu einem Jahr *auf Bewährung* verurteilt und behielt seinen Posten, seine Auszeichnungen und alle denkbaren Segnungen des Sowjetsystems), der »Gouverneur« seinerseits Protektion genoß, denn sonst hätte er niemals gewagt, so unverschämt, so schamlos Bestechungsgelder einzustecken.

An der Spitze muß man einfach gewußt haben, was er tat, zu wem er Beziehungen hatte, auf welche Abmachungen er sich einließ, welchen Batzen Geld er anhäufte. Und er selbst wußte sehr gut, daß man ihm, gleichgültig, was er sich herausnahm, nichts antun würde! Denn alle waren genauso wie er: Jeder steckte den Rüssel in den Trog, jeder plünderte, wo er konnte.

»Leben und leben lassen« – an dieses von alters her in Rußland bekannte Rezept der gegenseitigen kriminellen Hilfestellung hielten sich die Herren wie ihr Gesinde. Das Volk bevorzugte einen anderen Ausspruch, der zwar gröber, aber dafür präziser war: »Der Fisch stinkt vom Kopf.«

5. KAPITEL

Der Freund von Dieben und Künstlern

Vor etwa fünfzehn Jahren verbreitete sich das Gerücht, der Minister für Innere Angelegenheiten der UdSSR sei ein humaner, unkonventionell denkender Mann von offenem und großzügigem Charakter. In der Redaktion der *Literaturnaja gaseta* hatte man den Einfall, ihn zu einem Interview einzuladen. Man dachte nicht an das übliche Gespräch (schriftliche Fragen und Antworten), sondern an einen freien, polemischen Austausch, an einen lebhaften Dialog.

Für mich war es verlockend, für kurze Zeit mit einer originellen, bedeutenden Persönlichkeit zusammenzutreffen, welche die Züge eines so ersehnten Spitzenpolitikers zu tragen schien: die Züge eines kultivierten, kühnen Menschen ohne Verknöcherung, Beschränktheit und Beamtenmanieren. Damals hieß es weithin, daß unter der Ägide des Ministers Nikolaj Schtscholokow eine in der Welt beispiellose Akademie für Innere Angelegenheiten gegründet worden sei, an der die künftigen Polizeichefs nicht Stalin und Breschnew, sondern Aristoteles und La Rochefoucauld studieren würden. Es sollte Lehrstühle für Ästhetik und Kunst geben, an denen die besten Talente der Landeskultur den Obersten und Majoren beibringen würden, sich für Musik und Ballett zu begeistern. Es hätte einem den Atem verschlagen können!

Das Treffen mit dem Minister (ich besuchte ihn zusammen mit einem Kollegen) rechtfertigte unsere Hoffnungen. Er war genauso, wie er aus der Ferne gewirkt hatte: demokratisch, kontaktfreudig, ungezwungen. Er konnte zuhören, hatte es nicht eilig, war diskussionsbereit, besaß ein charmantes Lächeln und eine freundliche Miene. Das Büro des Ministers hatte im voraus die Fragen der Redaktion erhalten und seine Antworten vorbereitet: mehrere Tippseiten lagen vor Schtscholokow. Er schob sie in eine Schreibtischschublade und sagte: »Sprechen wir ohne Spickzettel.«

117

Dies kam uns sehr gelegen. Das Gespräch war tatsächlich spontan, freimütig und aktuell. Der Minister gab sich seinen Erinnerungen an Kindheit, Jugend und Schulfreunde hin: »Es waren wunderbare Burschen. Ein ukrainischer Junge, ein Russe, ein Tatar, ein Armenier und ein Jude.« Er nannte sie alle beim Namen und zögerte nur beim letzten. »Wie hieß er noch? Mein Gedächtnis läßt mich im Stich. Das Alter, das Alter...« Er seufzte schwer und lächelte. »Jetzt ist es mir eingefallen: Abrascha Kogan. Ich bin immer Internationalist gewesen. Man darf seine Ideale nicht verraten. Unsere Generation hat noch Prinzipien.« Er schwieg in Gedanken versunken, und seine Brauen zogen sich zusammen. Dann seufzte er von neuem. »Prinzipien – das ist das Allerwichtigste. Und die Sorge um die Mitmenschen.«

Wir bereiteten das Interview zum Druck vor und schickten ihm den Text zur Genehmigung. Gegen Abend kam ein ganz anderer Text zurück, und zwar der, der für ihn verfaßt worden war – der »Spickzettel«, den er so waghalsig zurückgewiesen hatte.

Mir schien, es handele sich um die Unarten des Apparats. Um die Wahrheit herauszufinden, rief ich den Minister an. Er war verblüfft über meine Verblüffung. »Unser Gespräch war ganz und gar vertraulich. Was gedruckt wird, ist etwas ganz anderes.«

Eine solche doppelte Buchführung war damals üblich. Es gab eine Wahrheit für den engeren Kreis und eine andere für das breite Publikum. Am 29. Oktober 1975 wurde das Material auf einer ganzen Seite unter dem Titel »Unsere Miliz« von der Zeitung veröffentlicht. Schtscholokows Name prangte in riesigen Lettern über dem Artikel. Ich weigerte mich, diese polierten Schwindeleien zu unterzeichnen, und das Interview erschien ohne Verfasserangabe.

Zwei Jahre vergingen. Auf Anweisung der Redaktion begab ich mich wiederum zum Minister, der inzwischen an Macht gewonnen hatte. Der Anlaß war höchst ungewöhnlich. Damals weilte der Vorsitzende des Supreme Court der USA, Warren Burger, zu einem Besuch in Moskau. Ich weiß nicht, welche Hintergründe das Ganze hatte, aber Breschnew und seine nähere Umgebung maßen dem Besuch sehr große Wichtigkeit zu.

Burger wurde in großem Stil empfangen und mit einer Aufmerksamkeit bedacht, wie sie kein Vertreter der ausländischen Justiz – nicht vorher und nicht nachher – je erlebt hatte. Gromyko hatte Breschnew zu verstehen gegeben, daß Burger einer der einflußreichsten Männer in den Vereinigten Staaten sei, und alle mächtigen Kräfte des Apparats, auch der Propagandamaschinerie, wurden mobilisiert, um ihm besondere Ehren zu erweisen. Ein Tag seines Aufenthalts in Moskau wurde Schtscholokows Behörde zugewiesen. Als enger Freund des Generalsekretärs würde er sich nicht blamieren wollen. Schtscholokow hatte den Einfall, »seinen« Tag in der Presse widerspiegeln zu lassen. Daraufhin instruierte Suslow die Redaktion, mich für den ganzen Tag, von morgens bis abends, zur Verfügung des Ministers »abzukommandieren« und danach ein journalistisches Meisterwerk darüber herzustellen, wie erfolgreich die Polizeibehörde den weisen Oberrichter der Vereinigten Staaten an der Nase herumgeführt hatte.

Der erste Stellvertreter des Chefredakteurs teilte mir feierlich mit, welche Ehre mir zuteil geworden sei. »Ich bin krank«, lautete meine Antwort.

»Bitte sehr, wir werden es dem Zentralkomitee mitteilen. Aber meiner Meinung nach machst du eine Dummheit. Du läßt die einzigartige Chance aus, alles von innen her zu beobachten.«

Wie recht er hatte! Und wie froh ich war, nicht hartnäckig geblieben zu sein und zugestimmt zu haben! Am nächsten Morgen kam man an dem langen Tisch im Büro des Ministers zusammen: an einer Seite saßen Burger und Malcolm Toon, der US-Botschafter, mit ihren Kollegen, an der anderen Schtscholokow und seine ganze Mannschaft. Ich hielt mich, mit einem Minitonbandgerät ausgerüstet, diskret im Hintergrund. Im Moment höre ich mir dieses Band auf meinem Schreibtisch an und werde von neuem Zeuge, wie Schtscholokow sich in Erinnerungen über seine Kindheit, seine Jugend und seine Schulfreunde ergeht.

»Es waren wunderbare Burschen. Ein ukrainischer Junge, ein Russe, ein Tatar, ein Armenier und ein Jude.« Er zögerte. »Wie hieß er noch?« Er seufzte schwer und lächelte. »Jetzt ist es mir eingefallen: Abrascha Kogan. Ich bin immer Internationalist gewesen. Man darf seine Ideale nicht verraten. Unsere Generation hat noch Prinzipien...« Er schwieg in Gedanken versunken, und seine Brauen zogen sich zusammen. »Prinzipien – das ist das Allerwichtigste. Und die Sorge um die Mitmenschen.«

Burger nickte. Ihm gefielen die Worte des Ministers. Wie hätte es auch anders sein können? Der Minister sang eine sehr anerkennenswerte Arie auf Humanismus, Güte und Menschenrechte.

Bevor wir uns zu einer Kolonie für minderjährige Straftäter unweit Moskaus aufmachten, rief Schtscholokow mich zur Seite.

»Unsere Obersten könnten danebenhauen«, flüsterte er. »Aber Sie könnten versuchen, dem Richter zu erklären, daß er in eine ganz gewöhnliche Kolonie gefahren wird, daß alle bei uns so aussehen. Ihnen würde er Glauben schenken!«

Der Direktor der Strafkolonie von Ikschinsk (sechzig Kilometer von Moskau entfernt), Georgij Schewtschenko, war von seinen Vorgesetzten ebendeshalb gepiesackt worden, weil er eine Kolonie ganz ungewöhnlichen Typs geschaffen hatte, in der junge Rechtsbrecher nicht unter Brutalität und Demütigungen litten, sondern anständig, wenn auch nicht unbedingt wohlwollend, behandelt wurden. Dies hatte Schewtschenko in große Schwierigkeiten gebracht, doch seine Kolonie wurde zu einem Vorzeigeobjekt für vertrauensselige Ausländer. Natürlich versuchte ich nicht, Burger eines Besseren zu belehren. Ich weiß nicht, ob er durch diese Schaustellung getäuscht wurde; seine Äußerungen waren jedenfalls alle positiv.

Wir rasten in einer langen Kavalkade von Regierungswagen durch die Moskauer Straßen. Zum ersten und einzigen Mal in meinem Leben war ich diesmal selbst in einer solchen Kolonne und nicht unter der Menge von Bürgern, welche die vorbeisausenden Wagen mit bitteren Blicken bedachten. Eine Eskorte heulender Motorräder machte uns den Weg frei. Während der Hin- und Rückfahrt und danach, beim reichhaltigen Mittagessen in einem Restaurant außerhalb der Stadt, und am Abend im Bolschoi-Theater – überall, wohin ich den höchsten amerikanischen Richter begleitete – dachte ich darüber nach, wie mühelos, nach einem erprobten Schema, eine so primitive und schändliche Fälschung geschaffen werden kann und welchen Erfolg sie hat. Wenn der Erfolg ausgeblieben wäre, wenn die ausländischen Gäste die Luftschlösser nicht vorbehaltlos für echte Paläste gehalten hätten, dann wären die Fälscher längst gezwungen gewesen, die ausgeleierte Platte zu wechseln.

Ich beschloß, meine Reportage unter einem Pseudonym zu veröffentlichen. Oben wurde bereits geschildert, wie man mir einmal ein Pseudonym aufzwang. Nun aber hatte ich mich selbst dazu entschieden – es war die einzige Protestmöglichkeit, über die ich verfügte. »Ein Tag mit Richter Burger« war der Titel der Reportage A. Rosanows, die am 21. September 1977 in der *Literaturnaja gaseta* erschien.

Ich hatte den Eindruck, daß ich nie wieder auf den Namen des hochverehrten Richters stoßen würde, aber ich täuschte mich. Jahre später las ich in der Gerichtsakte General Kalinins, eines der Hauptverbrecher des Schtscholokow-Clans (diese Akte mit der Kennzeichnung »Geheim« wird im Archiv sorgfältig vor fremden Augen geschützt), daß Burger ein wahrhaft fürstliches Geschenk habe erhalten sollen. Natürlich erhielt er es nicht und ahnte nicht einmal etwas von dieser Absicht. Ich meine, daß er das Geschenk niemals angenommen hätte, aber die Hauptsache ist, daß ein solcher Plan nur auf dem Papier existierte. Es war ein weiteres Beispiel für einen bereits üblichen, geschickt eingefädelten Trick, der es ermöglichte, mehrere Fliegen mit einer Klappe zu schlagen. Den Unterlagen zufolge hätte Schtscholokow seinem hohen Gast einen schweren Richterhammer aus Weißgold, verziert mit künstlerischen Schnitzereien und wertvollen Edelsteinen, überreichen müssen. Breschnew wurde gemeldet, daß der amerikanische Jurist nach dem Besuch beim Minister des Inneren »angenehme Erinnerungen« an den Generalsekretär haben werde. Als Kenner dieser gewundenen Ausdrucksweise hörte Breschnew die Nachricht voller Genugtuung, denn ihm lag daran, daß der Besucher zufrieden abreiste, was sich nach seinen Vorstellungen und den Bräuchen jener Zeit am besten mit Hilfe eines kostbaren Geschenks bewerkstelligen ließ.

Doch Schtscholokows Mitarbeiter wußten erstens, daß am Obersten Gerichtshof der Vereinigten Staaten etwas andere Sitten herrschen, und zweitens sahen sie keine Notwendigkeit, allzuviel Geld aus dem Fenster zu werfen. – Man hatte 20 000 Rubel für das Geschenk vorgesehen.

Ich habe keine Informationen darüber, ob das »Geschenk für Richter Burger« in Form von Bargeld oder »in natura« in den Taschen der Mafia landete, aber wir können ganz sicher sein, daß es sich nicht in Luft auflöste.

Dieses geschickte Manöver hatte dem Minister und seiner Umgebung offenbar sehr gut gefallen: Als zwei Jahre später ein Besuch Gustav Husáks anstand, veranlaßte Jurij Tschurbanow, der mit einem tschechoslowakischen Orden rechnete, das Kollegium des Ministeriums, dem Präsidenten des Bruderlandes eine goldene Uhr aus der staatlichen Sammlung nationaler Kostbarkeiten zu schenken. Husák wurde unzweifelhaft niedriger eingestuft als der Richter des Supreme Court, denn für ihn wurden nur 4500 Rubel »ausgeworfen«. Das war weiß Gott kein Riesenbetrag, aber auch er lag nicht lange herum. In den Akten heißt es, das Geld sei ausgegeben und das Geschenk überreicht worden.

Weder Husák noch Burger ließen sich irgend etwas zuschulden kommen; sie wußten nicht einmal, in welches Betrugsnetz man ihren Namen eingesponnen hatte. Übrigens war die zweite Angelegenheit nicht so rätselhaft wie die Sache mit dem goldenen Hämmerchen. Die Uhr tauchte wahrhaftig auf! Zuerst hatte Schtscholokow selbst sie eingesteckt und sie dann in kluger Berechnung seinem engen Freund, dem Genossen Breschnew, aus Anlaß eines für das ganze Land freudigen Ereignisses geschenkt – zum Geburtstag des vergötterten Generalsekretärs.

Verglichen mit dieser großzügigen Geste wirkt das, was sich der Minister auf einer Juwelierausstellung erlaubte, lediglich wie ein Ausdruck harmlosen Übermuts. Er hatte ein Auge auf ein silbernes Weinservice geworfen, eine Kollektion Gläser, die von den hervorragenden Meistern Dagestans geschaffen worden waren. Die offiziellen Papiere dokumentieren folgende ministerielle Entscheidung: »Weingläser bei der Ausstellungsdirektion als Geschenk für den Innenminister Angolas erworben.« Ob der angolanische Innenminister bis heute aus diesen herrlichen Gläsern trinkt, kann ich nicht sagen.

Ich besuchte Schtscholokow ein weiteres Mal, um ihn zu bitten, bei der Aufdeckung eines Verbrechens zu helfen, das sich aus einem mir damals nicht erklärlichen Grunde für seine Untergebenen als eine zu harte Nuß erwiesen hatte. (Inzwischen weiß ich, weshalb die Ermittlung plötzlich »stockte«: Sie hatte sich unvermutet auf führende Mafia-Angehörige ausgeweitet, die dem Minister sehr nahestanden. Dies versetzte die Ermittler in Panik.) Seit unserem Interview und seit Burgers Besuch waren mehrere Jahre vergangen, doch der Minister erinnerte sich plötzlich an beides.

»Sagen Sie mal, weshalb haben Sie das Interview mit mir und den Artikel über den amerikanischen Richter unter einem Pseudonym herausgebracht? Aus Schüchternheit oder aus Bescheidenheit? Oder haben Sie sich vielleicht gedacht, Minister kommen und gehen, weshalb soll ich meinen Ruf durch den Namen Schtscholokow ruinieren?« Er lächelte, aber er war offensichtlich nicht zum Scherzen aufgelegt. »Das war möglicherweise ein Fehler. Heute wäre die Sache vielleicht von Nutzen für Sie.« Er unterbrach sich. »Egal, ich bin nicht nachtragend.« Er betrachtete mich finster. »Ganz ruhig, ich mache nur Witze.«

Er machte keine Witze. Irgend etwas quälte ihn, lag ihm auf der Seele. Aber das hinderte ihn nicht, sich sentimentalen Erinnerungen über seine Kindheit, seine Jugend, seine Schulfreunde hinzugeben: »Es waren wunderbare Burschen...« Und so weiter. Mit dem gleichen Seufzen, der gleichen Gedächtnislücke; mit zusammengezogenen Brauen, mit einem wehmütigen Lächeln, mit dem bekannten »Finale«: »Prinzipien – das ist das Allerwichtigste. Und die Sorge um die Mitmenschen.«

Die einstudierte Aufrichtigkeit und Offenheit schienen damals nichts als harmlose Wichtigtuerei zu sein – die übliche Schwäche eines hohen Politikers, der sich beliebt machen möchte. Schtscholokow bemühte sich um die Reputation als Hüter der Aufklärung, als Wohltäter der Wissenschaften und Künste, und zu diesem Zweck schlug er, wie er meinte, besonders sensible Töne an. Er schmeichelte sich bei Schriftstellern und Künstlern ein, bedachte Schauspieler und Musiker mit seinem Segen und »schuf die Bedingungen«, wie es damals hieß,

»für die Entfaltung von Talenten«. Und machen wir uns nichts vor, viele der Nutznießer schmeichelten sich ihrerseits nur zu gern bei ihm ein. Es dürstete sie nach seinem Wohlwollen, sie warben um seine Gunst, applaudierten ihm und erhielten dafür ohne große Mühe Urkunden, Preise und andere Kinkerlitzchen. Die Großzügigkeit, mit der er diese Dinge austeilte, verblüffte die Künstler nicht, sondern rührte sie. Übrigens entsprach das alles dem Zeitgeist – der Minister legte hier keine besondere Extravaganz an den Tag.

Hunderte von Schriftstellern, Regisseuren, Schauspielern, Künstlern und Musikern empfingen nicht nur Almosen, Medaillen und Dankesbriefe »für die Unterstützung der Miliz durch Ihre hohe Kunst«, sondern auch viel greifbarere Privilegien, zum Beispiel Sonderbescheinigungen, die ihnen das Recht verliehen, gegen die Verkehrsregeln zu verstoßen, ohne daß die Verkehrspolizei einschreiten konnte. Solche Bescheinigungen wurden den führenden Mitgliedern sämtlicher Mafia-Clans ausgehändigt, hauptsächlich jenen der Handelsmafia, die mit Mangelwaren Geschäfte machten. An dem Gerangel um ein solches Dokument beteiligten sich auch national (und zuweilen international) bekannte Kulturvertreter, die dadurch zu Geiseln der allmächtigen Behörde wurden. Im Glanz ihres Ruhmes und begleitet vom Chor ihrer Dankesworte, eigneten der Minister und seine Leute sich im Austausch für diese Bescheinigungen, die sie nicht das geringste kosteten, Millionensummen an und konnten sich dem Volk gegenüber dabei noch als Apostel des Humanismus und der Aufklärung hinstellen.

Ich möchte mich hier nicht als Heiligen oder als völlig unschuldigen Zeitgenossen porträtieren. Zwar habe ich Schtscholokow nicht um Sonderbescheinigungen oder andere Gefälligkeiten gebeten, doch er zeichnete mich ungefragt mit einer Medaille aus, die ihn ebenfalls nichts kostete, nämlich mit der Goldspange für hervorragende Leistungen sowie einer Urkunde mit der Unterschrift des Ministers persönlich. Beide Gegenstände sind hochgeschätzte Bestandteile meines Archivs.

Nur bei einer einzigen Gelegenheit trug ich Schtscholokow eine persönliche Bitte vor, und diese wurde sofort erfüllt. Meine Tochter wohnte bei ihrer bulgarischen Mutter in Sofia, und jedesmal, wenn sie nach Moskau kam, mußte ich aus bürokratischen Gründen verschiedene Ämter aufsuchen und stundenlang Schlange stehen. Ein Anruf bei Schscholokow brachte die Sache ins Lot: Meine Tochter erhielt einen sowjetischen Paß, der ihr unbegrenzte Besuche in beiden Ländern gestattete. Nachdem ich mich bei dem Minister bedankt hatte, warnte ich ihn, daß ich auch in Zukunft keine Lobeshymnen auf die Miliz schreiben würde. »Etwas anderes hätte ich von Ihnen auch nicht erwartet«, erwiderte er mit einer Handbewegung und einem ironischen Lächeln.

Schscholokow und Breschnew waren unzertrennlich und wohnten, wie bereits erwähnt, im selben Gebäude – der eine in der Etage über dem anderen, was die wahren Machtverhältnisse symbolisierte. (Noch eine Etage tiefer wohnte – wie es das Schicksal, das stets für eine subtile Dramaturgie sorgt, wollte – Andropow.)

Beide hatten einst Weib, Wein und Gesang geliebt, und nun, mit zunehmendem Alter, waren sie hauptsächlich zu Musenjüngern geworden. In der Wohnung des einen oder anderen fanden häufig Zechgelage statt, zu denen zur Erbauung der Gastgeber Sänger und Musiker geladen wurden. Beide hatten einen besonderen Hang zu Zigeunerballaden; als ein recht mittelmäßiger Sänger sie eines Abends zu Tränen rührte, zeichneten sie ihn am nächsten Morgen mit dem Titel »Volkskünstler der UdSSR« aus.

Es ist ein Irrtum zu glauben, daß nur Opportunisten und Gauner an dem goldenen Ministerhaken anbissen. Der Charme, über den der Minister zweifellos verfügte, die Leidenschaft, mit der er seine endlosen Monologe vortrug – das alles nahm auch sehr achtbare Personen für ihn ein. Mstislaw Rostropowitsch oder Galina Wischnewskaja standen beispielsweise mit ihm auf gutem Fuße. Kein geringerer als Dmitrij Schostakowitsch nahm an einem Wettbewerb um die Komposition einer Hymne auf das Innenministerium teil und trug den Sieg davon. Sein »Marsch der Sowjetmiliz« wurde mit einer hohen Auszeichnung, dem »goldenen Schwert«, bedacht, und der Komponist durfte sich zusammen mit dem Minister fotografieren lassen. Die Aufnahme erschien in allen sowjetischen Zeitungen.

Ein anderer brillanter Komponist, Aram Chatschaturjan, mußte sich mit dem bescheidenen zweiten Platz in diesem beispiellosen Polizeiwettbewerb zufriedengeben, was sein Entzücken jedoch keineswegs dämpfte. »Lieber Nikolaj Anissimowitsch«, schrieb er an den Räuberhäuptling, der es sich auf dem Ministersessel bequem gemacht hatte, »der Marsch, den ich schrieb, wurde von Ihnen und Ihrer Initiative inspiriert. Ihre Aufmerksamkeit und Liebe zur Kunst und Musik ist etwas Ungewöhnliches, das Bewunderung verdient. Wir Musiker sind Ihnen sehr dankbar. Erlauben Sie mir, Ihnen das Manuskript meines Marsches als Geschenk zu überreichen...«

Vielleicht ist dieses Manuskript unter allen ungezählten Reichtümern, welche die Ministerfamilie anhäufte, die einzige echte Kostbarkeit, die Schtscholokow auf völlig legalem Wege – in Form eines freiwilligen Geschenks – erwarb. Und er legte sich wirklich unglaubliche Reichtümer zu, darunter wertvolle Gemälde russischer Meister wie Benois, Ajwasowskij, Schischkin, Sawrossow, Makowskij, Falk und Kontschalowskij (des Großvaters der bekannten Filmregisseure Andrej Kontschalowskij und Nikita Michalkow).

In Jerewan besuchte Schtscholokow einmal das Atelier des großen armenischen Künstlers Martiros Sarjan. Der Charme des ungewöhnlichen Ministers erweichte den alten Mann, und Schtscholokow konnte ihn überreden, dem Museum des Ministeriums ein großes Gemälde für die ästhetische Bildung der Milizgenerale zu schenken. – Man schaffte das Bild sofort in die Privatwohnung des Ministers.

Der Betrachter staunt nicht nur über die pathologische Gier, sondern auch über die offenkundige Gewißheit absoluter Immunität. Natürlich brauchte Schtscholokow zu Lebzeiten Breschnews nichts befürchten, aber es ist erstaunlich, in welchem Maße er an die Unsterblichkeit seines mächtigen Freundes glaubte! Wie sonst hätte er bedenkenlos Wohnungen und Datschas – seine eigenen und die seiner Kinder – mit unschätzbaren Malachittischen, antiken Perlmuttschächtelchen, ägyptischen Vasen, Skulpturen der berühmtesten Meister, Miniaturen aus Gold, Silber und Elfenbein, antiken Möbeln sowie Lüstern (nicht weniger als zweiundfünfzig!) aus alter Bronze und Kristall vollstopfen können?

Woher stammten all diese Dinge? Nicht nur aus staatlichen Sammlungen und Magazinen. Kaum jemand begriff damals, was den plötzlichen Frontalangriff auf jene unschuldigen und rührend passionierten Sammler ausgelöst hatte, die mit größter Mühe in einem ruinierten Land alle möglichen Raritäten ausfindig machten und verwahrten. Überall wurden Prozesse geführt, in deren Verlauf diese Sammler der Spekulation, des Betrugs, der Verletzung der Währungsvorschriften und anderer Verbrechen bezichtigt wurden. Die Presse erstickte fast in vernichtenden Pamphleten und Feuilletons, mit denen die Emotionen der Leser aufgewühlt wurden, die schwer vom Schicksal geschlagen waren und sogar auf Grundnahrungsmittel wie Brot, Fleisch und Milch verzichten mußten: Seht nur, wie diese »Hohenpriester der Schönheit« übermütig werden und das Volk (!) um dessen nationales Erbe bringen! Die Wut, mit der die Reptilienpresse Antiquitätenhändler und Numismatiker brandmarkte, stand in keinem Verhältnis zur Schuld dieser unglücklichen Menschen – wenn sie überhaupt irgendeine Schuld auf sich geladen hatten.

Die Sachlage war überaus einfach: Wie immer im Laufe dieser mehr als siebzig Jahre dachten die Ankläger an sich selbst, wenn sie vom »Volk« sprachen. Hunderte wertvollster Kunstgegenstände, die man bei den Sammlern beschlagnahmt hatte, gingen nicht etwa in Staatsbesitz über, sondern in die Taschen, Geheimsafes und Wohnungen der hochgestellten Plünderer. Manche der Objekte gelangten gleichsam legal in ihren Besitz, denn aus den Akten war zu ersehen, daß beschlagnahmte Antiquitäten dem Museum des Innenministeriums übergeben worden waren, also dem Geistesprodukt Schtscholokows, das seine Verdienste dem Land gegenüber verewigen sollte. In Wirklichkeit war dies ein Familienmuseum, denn das Publikum bekam fast nur Plakate, Zeichnungen und offizielle Prunkfotos zu Gesicht, während die übrigen »Exponate« – jene von echtem Wert – gar nicht erst im Museum auftauchten, sondern die Privatsammlung der Familie bereicherten.

Der ständige Nachschub mit neuer »Ware« wurde durch ein Verfahren garantiert, das von der Generalsmafia der zentralen Miliz entwickelt und verfeinert wurde. Ein Agentennetz hatte die Aufgabe, den Wert von bestimmten Sammlungen festzu-

stellen; danach war es nur noch eine Verfahrensfrage, eine Anklage gegen den Besitzer zu fingieren. Die Abgesandten der
Mafia überrumpelten den Sammler mit einem Durchsuchungs-
und einem vom Staatsanwalt unterzeichneten Haftbefehl und
begannen dann, offen mit ihm zu feilschen. Wenn zum Beispiel
hundert Gegenstände auf der Inventarliste hätten stehen müssen, schlug man dem Besitzer vor, achtzig davon ohne Erwähnung auf der Liste auszuhändigen. Schließlich werde er sie ohnehin verlieren, doch für zwanzig »unrechtmäßig erworbene«
Objekte drohe ihm eine viel geringere Strafe als für hundert
Gegenstände. Natürlich garantierte man dem Besitzer auch
eine erträgliche Haftzeit im Gefängnis oder im Lager sowie die
vorzeitige Entlassung. Jeder wußte, daß beides in den Macht-
bereich der Mafia fiel.

Viele ließen sich auf diesen Handel ein, und der Kunstlieb-
haber, über den sogar große Komponisten entzückt waren, er-
gänzte seine eigene Sammlung, in der eine antike Vase fried-
lich neben einer indischen Puderdose, einem »Souvenir« aus
irgendeinem »Duty-free Shop«, stand und ein avantgardisti-
sches Gemälde neben einer in der Sowjetunion hochgeschätzten bulgarischen Pelzjacke hing.

Wie sich versteht, war es nicht nur der Minister, der von
alledem profitierte. Zu dem Mafia-Clan gehörten zahlreiche Generale und andere Offiziere, Parteiapparatschiks,
Staatsanwälte, Ermittlungsbeamte und unzählige Bedienstete: Chauffeure, Boten, Sportler, auf deren Muskeln und
Gewandtheit man nicht verzichten konnte. Und jeder von
ihnen mußte am Gewinn beteiligt werden.

Für die Familie des Ministers und ihre engsten Freunde gab
es sogar ein spezielles, anderen Kunden verschlossenes Geschäft, die Filiale eines großen Warenhauses. Dort wurden
Mangelprodukte verkauft, die auf dem Schwarzmarkt fünf- bis
zehnmal teurer waren. Schtscholokows Familienmitglieder
und sein Personal kauften dort importierte Waren – nicht zu
Dutzenden, sondern zu Hunderten – und sandten sie nach
Georgien, um sie an ihre Komplizen weiterverkaufen zu lassen. Die Mafiosi verwendeten diese Artikel, um ihre Gönner
abzufinden oder sonstige Amtsträger zu bestechen. General
Kalinin, der frühere Untergebene des Ministers, sagte vor Ge-

richt aus, daß Schtscholokow persönlich jeden Herbst 120–150000 Rubel – verschmutzte Fünfer und Dreier – in neue, knisternde Hunderter umtauschen ließ. Diese Gelder wurden später nirgends gefunden; sie mußten in den Verstecken der Familie verschwunden sein.

Eine recht aufschlußreiche Illustration wurde von dem Sohn Arkadi Schewtschenkos geliefert, der als früherer persönlicher Berater Gromykos und als Stellvertretender Generalsekretär der Vereinten Nationen bekannt war. Gleichzeitig arbeitete er für die CIA. Später setzte er sich in den Westen ab, und sein Buch *Mein Bruch mit Moskau* wurde zu einem Bestseller. Sein Sohn Gennadij Schewtschenko, ein Jurist am Institut für Staat und Gesetz der sowjetischen Akademie der Wissenschaften, erinnert sich an die Inventarliste der Habseligkeiten seines Vaters. Man fertigte die Liste an, nachdem Arkadi Schewtschenko in Abwesenheit zum Tode und zur Enteignung seiner Besitztümer verurteilt worden war.

Ein KGB-Team stellte die Liste auf. Zwölf Ikonen aus der Schule Andrej Rubljows sowie ein Ikonensatz aus Silber- und Goldemaille wurden auf insgesamt fünfhundert Rubel geschätzt, was damals (1978) ein Fünfzigstel oder Sechzigstel ihres wahren Wertes ausgemacht haben dürfte. Ein mit Gennadij Schewtschenko bekannter KGB-General erklärte, man gebe so niedrige Taxierungen an, damit die Artikel dann Personen in den höheren Rängen der Nomenklatura zu Vorzugspreisen angeboten werden könnten.

In Europa oder Amerika würde keine einflußreiche Mafiagruppe hinter jedem Dollar herjagen oder mit krankhafter Gier alles an sich raffen, was ihr in die Finger gerät. Schließlich ist sie die Mafia, keine Bande von Taschendieben. Aber bei den sowjetischen Mafiosi sieht alles anders aus. Ich kenne keinen einzigen Fall, in dem ein Mafiaführer höchsten Ranges ein allzu ärmliches Geschenk ausgeschlagen hätte: eine Flasche Wodka, eine Dose Kaviar oder eine im Ausverkauf erworbene, aus der Mode gekommene Krawatte.

Schtscholokow unterhielt ein ganzes Heer persönlicher Bediensteter, darunter einen Friseur, einen Masseur, einen Schneider und einen Designer. Sie alle wurden zu MWD-Offizieren ernannt, ebenso wie sämtliche Familienangehörigen, bis hin zu Tanten zweiten und Nichten dritten Grades. Jeder Verwandte hatte eigene Lakaien, und auch diese gehörten zum Offizierskader. Auf Anweisung Schtscholokows mietete das Ministerium im Moskauer Zentrum neun »Dienstwohnungen« für geheime Treffen mit MWD-Spitzeln. Die Denunzianten wurden anderswo befragt, und die neun Wohnungen fielen entweder den Verwandten des Ministers selbst zu, oder sie dienten, mit luxuriösen Importmöbeln ausstaffiert, als Rendezvouz-Ort seiner Freunde und ihrer Geliebten.

Jeden Morgen wurden der Gattin und der Tochter des Ministers frische Blumensträuße geliefert, die das Ministerium bezahlte und die in der Rubrik »Veranstaltungen von Jubiläen und anderen Feierlichkeiten« auftauchten. Auch die Bestattung von Schtscholokows Schwiegervater ging auf Kosten des MWD; dafür fand sich im Budget die Spalte: »Niederlegung von Blumen am Lenin-Mausoleum«.

Dies alles wäre ein trauriger Witz, wenn es nicht um den Minister für Innere Angelegenheiten ginge. Viele kannten seine unersättliche Gier und seine unverhohlene Bestechlichkeit, auch die Chefs anderer bedeutender Mafia-Clans. Auch ohne selbst einem Clan anzugehören, hätte er aus Gründen der Selbsterhaltung niemals seine professionelle Pflicht erfüllen und gegen die um sich greifenden und bedrohlich werdenden Aktionen der Mafia einschreiten können. Jeder derartige Versuch hätte zu einem brutalen K.o. für ihn geführt, und die Aufdeckung nur eines kleinen Teils seiner Verbrechen hätte vielleicht nicht den Zusammenbruch, aber doch einen für die Breschnew-Leute nicht wünschenswerten Skandal verursacht. Er selbst war zur Geisel aller existierenden Mafiagruppen geworden, und die Vereinigung mit ihnen bot den besten Ausweg aus der Situation. Dies war zudem weniger riskant und einträglicher.

Nachdem Andropow Generalsekretär geworden war, gab er sich damit zufrieden, seinen ehemaligen Rivalen aus dem Amt zu entfernen: Schtscholokow verlor seinen Ministerposten und seine ZK-Mitgliedschaft, behielt jedoch seinen Parteiausweis, den Generalstitel, den Marschallstern, den goldenen Heldenstern sowie eine Unzahl anderer Orden und Medaillen, seine persönliche Pension, seine Bediensteten, die Mercedes-Limousinen, die wertvollen Gemälde und die antiken Statuen. All das ließ Andropow unangetastet! Er blieb ein loyaler Sohn der Partei, der deren Autorität – oder, besser gesagt, die Autorität ihrer Führer – in den Augen des Volkes nicht herabsetzen wollte.

Aber der Hauptgrund war vielleicht ein anderer. Schtscholokow wußte zuviel, auch über Andropows engste Mitarbeiter, welche dieser zur Festigung seiner Macht benötigte. Deshalb beschloß Andropow, ihn lediglich mundtot zu machen. Nachdem Schtscholokow den Kampf um den Platz an der Spitze der Pyramide verloren hatte, war es nun offenbar seine Aufgabe, dem neuen Herrscher des Landes für die ehrenhafte Altersversorgung Dankbarkeit zu erweisen. Aus den gleichen Gründen blieb auch Jurij Tschurbanow verschont und brauchte nicht die geringsten materiellen Verluste hinzunehmen, obwohl Andropow sehr genau über seine Missetaten informiert war.

Dies alles zeugt davon, welche »Prinzipien« den treuen Leninisten Jurij Andropow leiteten. Sämtliche politischen Züge auf dem Kreml-Schachbrett wurden weiterhin von Hofintrigen bestimmt. Die Mafia, die bereits zitternd auf kommende Enthüllungen gewartet hatte, wiegte sich plötzlich wieder in Sicherheit.

Immerhin hatte der Sohn des entlassenen Ministers weiterhin einen hohen Posten inne: Igor Schtscholokow leitete die internationale Abteilung des Komsomol-Zentralkomitees, gehörte also unverändert zu den Spitzenvertretern der Nomenklatura und hatte Zugang zu ihren Geheimnissen. Deshalb faßte Andropow den Entschluß, auch ihn aus dem Amt zu entfernen. Diese Nachricht erschütterte die Familie, besonders die Mutter des gekränkten Jungen. Am folgenden Tag schoß sich Swetlana Schtscholokowa mit der Pistole ihres Mannes eine Kugel ins Herz.

Jedoch auch dieser Vorfall brachte die Grundfesten der Mafia nicht ins Wanken, sondern er wurde eher als die persönliche Tragödie des trauernden Witwers angesehen. Man teilte Schtscholokow aus wohlinformierten Quellen mit, daß keine weiteren Sanktionen gegen ihn geplant seien.

Andropows langjährige Krankheit, die ihn kurz nach seiner

Machtübernahme das Leben kostete, hielt ihn von der aktiven Politik fern, was die Mafia in ihren Hoffnungen bestärkte. Razzien von Andropows Leuten in Friseursalons, Geschäften und Cafés zur Aufspürung von »Schmarotzern«, die während der Dienstzeit persönliche Angelegenheiten erledigten, leiteten den »Volkszorn« in einen für die Mafia ungefährlichen Kanal um. Schließlich führte sie ihre Operationen nicht in Cafés, sondern am Arbeitsplatz durch, und zwar mit geflissentlicher Unterstützung der Vorgesetzten.

Was man den Mafiosi auf keinen Fall vorwerfen konnte, waren Müßiggang und Zeitverschwendung. Tschernenkos Machtantritt bedeutete eine Rückkehr in die gute alte Breschnew-Zeit – die Mafia sämtlicher Ebenen und Schattierungen konnte ungehindert schalten und walten. Schtscholokow rechnete täglich damit, daß sein Busenfreund Kostja (Generalsekretär Konstantin Tschernenko), mit dem er so manche Flasche Wodka geleert und so manches sentimentale Lied gesungen hatte, ihn einladen, ihn unter Tränen umarmen und mit einem neuen verantwortungsvollen Posten betrauen würde. Er wartete und wartete, doch seine Hoffnungen erfüllten sich nicht.

Vielmehr wurde er sechs Monate nach Andropows Tod nicht etwa angerufen und zu einem »Gläschen Tee« eingeladen, sondern von einem Türklingeln überrascht. Ihm unbekannte Mitarbeiter der Staatsanwaltschaft zeigten ihren Befehl vor und machten sich an die Haussuchung. Der Leser erinnert sich vielleicht noch, daß Najdjonow inzwischen wieder Stellvertretender Generalstaatsanwalt der UdSSR geworden war und, obwohl er selbst keine Ermittlungen mehr leitete, in der Staatsanwaltschaft immer noch viele Gesinnungsgenossen hatte. Überhaupt diente die Tatsache seiner siegreichen Rückkehr nach so vielen Niederlagen seinen Kollegen als Beispiel und Ansporn.

Tschernenko zog es vor, Schtscholokow von der Staatsanwaltschaft zugrunde richten zu lassen. Im hohen Kreis der Zyniker und Pragmatiker war ein gestürzter Freund keinen Pfifferling mehr wert. Diese Leute zeichnen sich nur durch Sentimentalität, nicht jedoch durch echte Gefühle aus. Es bereitete ihnen einen besonderen Genuß, Schtscholokow langsam zu zerquetschen. Zuerst wurde ihm der Generalsrang aberkannt, dann schleppte man ihn zu Verhören, danach wurde er aus der Partei ausgeschlossen, und eine Woche später verlor er sämtliche Titel und Orden außer denen der Kriegszeit.

Es war völlig klar, daß Schtscholokow durch diese langsame und zielgerichtete Quälerei zu einem unheilvollen Schritt genötigt werden sollte. Tschernenko ruhte bereits auf dem Krankenlager, und eine Gerichtsverhandlung – nicht einmal eine geschlossene – wäre niemandem zustatten gekommen. Sich auf Schtscholokows Loyalität oder auf ein Gentlemen's Agreement (»wenn du schweigst, lassen wir dich in Ruhe«) zu verlassen hätte zu viele Risiken geborgen. Eine »stille« Lösung war auch für die Kinder am günstigsten, denn die Familie besaß (laut der während der Haussuchung angefertigten Inventarliste) immer noch ungezählte Reichtümer, und eine förmliche Verurteilung Schtscholokows hätte zur Beschlagnahme dieser Wertgegenstände geführt.

Man hatte dem von seinen eigenen Leuten niedergetrampelten, von seiner Familie im Stich gelassenen, vor kurzem noch ungekrönten Herrscher der Mafia sämtliche Waffen außer einer zweiläufigen französischen Flinte abgenommen. Mit dieser Flinte schoß er sich am 13. Dezember 1984 – er war fünfundsiebzig Jahre alt – den halben Kopf ab. Bis zu Michail Gorbatschows Machtübernahme blieben keine drei Monate mehr.

Auf dem Tisch lag eine an Konstantin Tschernenko gerichtete Selbstmordnotiz: »Ich bitte Sie, nicht zuzulassen, daß spießbürgerliche Verleumdungen über mich verbreitet werden. Dies würde zwangsläufig die Autorität der Führer aller Ränge beeinträchtigen, was wir alle seinerzeit, vor der Ankunft des unvergessenen Leonid Iljitsch, durchlitten haben.«

Die kurze Mitteilung enthielt Wahrheit und Lüge: einerseits die Loyalität dem »unvergessenen« Breschnew gegenüber, dem er tatsächlich alles zu verdanken hatte, andererseits die Scheinheiligkeit hinsichtlich der »spießbürgerlichen Verleumdungen«. Selbst im Angesicht Gottes konnte er sich der Lüge nicht enthalten.

Dieses Kapitel soll mit den Worten des jetzigen Hauptmilitärstaatsanwalts der UdSSR, Generalleutnant Alexander Katussew, enden, die er in einem kaum zur Kenntnis genommenen Interview äußerte. Seine Bemerkung erklärt, weshalb in diesem Buch so ausführlich auf die Persönlichkeit und das Schicksal eines ehemaligen Mafiaführers eingegangen wurde:

»Er war ein Mann seiner Zeit – nicht besser und wahrscheinlich nicht schlechter als viele andere aus dem Kreis der damaligen Oligarchen. Der Unterschied besteht im wesentlichen nur darin, daß Schtscholokow entlarvt werden konnte, während einigen seiner Zeitgenossen ein anderes Schicksal zuteil wurde – sie starben eines natürlichen Todes und ruhen nun auf dem Nowodewitschij-Friedhof. Der eine oder andere bezieht noch heute eine persönliche Pension und wartet auf sein Lebensende, wobei er mit dem Gebiß klappert und die Perestroika – sowie den Mann, der sie erfand – verflucht.«

6. KAPITEL

Eine Selbstmordepidemie

Selbstmord durch Erschießen wurde zu einer traurigen Regelmäßigkeit. Der Klang von Schüssen begleitete das Leben sowohl im sowjetischen Innenministerium an der Ogarjow-Straße wie in dem riesigen KGB-Gebäude am Dsershinskij-Platz. In kurzen Zeitabständen setzten zum Beispiel folgende Funktionäre ihrem Leben ein Ende: Viktor Paputin, Erster Stellvertretender Innenminister der UdSSR; Semjon Zwigun, Erster Stellvertretender KGB-Vorsitzender; Sergej Krylow, Kollegiumsmitglied des Innenministeriums der UdSSR und Chef der MWD-Akademie.

In jedem Einzelfall gab es natürlich konkrete Motive, aber es spricht Bände, daß diese Behörden, die so eng miteinander verwandt sind und ständig im Kampf miteinander liegen, von einer Selbstmordepidemie erfaßt wurden. Diese Tatsache zeugt nicht nur von dem gewaltigen psychischen Druck, dem die leitenden Behördenvertreter ausgesetzt sind, sondern auch von dem endlosen Intrigennetz, in dessen Maschen sich sogar die erfahrensten Personen verfangen können, und sie zeugt von dem ständigen Doppel- und Dreifachleben, in dem die geringste Konzentrationsschwäche eine Katastrophe nach sich ziehen kann. Da jeder von ihnen irgend etwas zu verbergen hat, werden sie dauernd von der Angst vor einer Entlarvung verfolgt, und der Besitz einer Waffe scheint ihnen die einfachste Möglichkeit zu bieten, den auch mit ihrer eigenen Hilfe so fest geknüpften Knoten zu lösen.

Besonders dramatisch kommt mir das Schicksal General Krylows vor, der zwar kein enger Freund von mir war, den ich jedoch recht gut kannte. Innenminister Schtscholokow hatte einen bescheidenen Major aus der Unmenge grüner, völlig identischer Uniformen ausgewählt. Mit untrüglicher Intuition (und immerhin dafür gebührt ihm Tribut) machte er gerade diesen Offizier zu seinem Vertrauten. Den Minister beeindruckten der scharfe Intellekt des Majors, seine Bildung, seine logische Gedankenführung und seine Fähigkeit, Ideen knapp und präzise zu formulieren. Unter seinen nicht gerade redegewandten, ungebildeten und häufig dummen Kollegen stach Krylow hervor wie, um mit unserem großen russischen Fabeldichter zu sprechen, eine Perle auf einem Misthaufen.

Innerhalb sehr kurzer Zeit stieg der Major zum Generalleutnant auf. Er schrieb für seinen Minister Memoranden, Reden, Trinksprüche, Vorträge für Kongresse und Konferenzen. Zum Glück war der Minister in der Lage, die Texte gut vorzulesen, so daß sich die Legende verbreitete, er lege nicht fremde, sondern seine eigenen Gedanken dar. Schtscholokow hatte kaum Zeit gehabt, sich an seine neue Rolle zu gewöhnen, als eine Artikelserie in einer kleinen moldauischen Zeitschrift (nicht von ihm verfaßt, doch mit seinem Namen unterzeichnet) dazu führte, daß ihm auf Breschnews Anweisung hin der Ehrendoktortitel der Wirtschaftswissenschaften verliehen wurde. Wenn die idyllische Beziehung zwischen Krylow und dem allmächtigen Minister etwas länger gedauert hätte, wäre es Schtscholokow vielleicht sogar gelungen, sich mit Hilfe der Reden, die der General für ihn geschrieben hatte, auch noch den Ehrendoktortitel der Philosophie zuzulegen.

Es war Krylow, der den Minister überredete, eine beispiellose Lehranstalt, die MWD-Akademie, zu gründen. Schtscholokow machte den General zum Leiter der Akademie, und in dessen erstem Befehl hieß es: »Jeder Student der Akademie hat sich mit den Werken von Aristoteles, Plutarch, Theophrast, Montaigne, Rousseau, La Bruyère und Montesquieu vertraut zu machen...«

Ich entsinne mich, wie Krylow mit seinen Professoren zu uns in den Schriftstellerverband kam. Wir hatten Juristen erwartet, doch das Wort erhielten Soziologen, Historiker, Kunstwissenschaftler und Philosophen. Dies waren die Personen, die zukünftigen Milizgeneralen Wissen und Verstand beibringen, ihnen die Anfangsgründe der Kultur verdeutlichen sollten. Das Schriftstellerpublikum reagierte hierauf, wie jedem klar sein dürfte, keinesweg einheitlich. Ein in meiner Nähe sitzender »Klassiker« der Kinderliteratur rief laut: «Montaigne wird denen auch nicht helfen, Verbrecher zu fangen.« Und ein berühmter Dramatiker fragte nachdrücklich:»Wird die Miliz nun Zeit haben, meine Wohnung vor Dieben zu schützen?«

Krylow hatte genug Humor, um mit einem Scherz zu antworten, doch seine nächste Erklärung verstörte uns zutiefst. Er sagte, er werde den Studenten der Akademie zur Auflage machen, sich mit dem Talmud und der vielbändigen »Geschichte des jüdischen Volkes« (in einer vorrevolutionären Ausgabe, von der bereits Fotokopien hergestellt würden) zu befassen. »Wozu?« brüllte das Publikum im Chor.

»Um Weisheit und die Fähigkeit zur Kindererziehung zu vermitteln«, antwortete der General. Man kann sich leicht vorstellen, wie die Antisemiten in den oberen und niederen Parteirängen auf solche Gedanken reagierten und in welchem Maße Krylow unter ihnen als weißer Rabe erschien.

Ich wurde Krylow von seinem Freund Grigorij Medynskij vorgestellt, einem altehrwürdigen Schriftsteller, der sich seit vielen Jahren für in den GULag gesteckte junge Straftäter einsetzte, also für spezielle Opfer des Stalinschen Systems und des von ihm hervorgebrachten »Sozialismusmodells«. Auf der Feier zum achtzigsten Geburtstag Medynskijs ging Krylow auf den Jubilar zu und brachte einen Trinkspruch auf die Verbindung von Geist (er küßte Medynskij) und Macht (er klopfte sich an die Generalsbrust) aus.

Ein paar Tage später begegnete ich Krylow bei Medynskij in einem vertraulicheren Kreis. Er kannte mich nur dem Namen nach als Journalisten, doch aus irgendeinem Grunde brachte er mir sofort Vertrauen entgegen. Als wir bei einem Gläschen Kognak beisammensaßen, kam er auf seinen Trinkspruch bei der Geburtstagsfeier zurück:»Welche Macht habe ich denn schon? Höchstens die, mir eine Kugel in die Schläfe zu jagen.« Bis zu seinem Todesschuß blieben noch fast drei Jahre, und wer hätte damals diesen rhetorischen Ausruf ernst nehmen können?

Ich entschuldigte mich für das primitive Verhalten meiner Kollegen, die ihn im Schriftstellerverband so schändlich empfangen hätten, doch er widersprach:»Nein, Ihr Klassiker hatte absolut recht. Die Partei und das MWD und das ganze System sind von unten bis oben von Korruption durchsetzt, und die einzigen Mittel, die ich gegen diese Pest habe, sind Rousseau und Montaigne.« Dann fragte er: »Wie lange werden sie mich noch weitermachen lassen?« Ich zuckte die Achseln, und er beantwortete seine Frage selbst: »Zwei Jahre.« Mit dieser Voraussage lag er nicht sehr falsch.

Krylow war Breschnews Schwiergsohn, Jurij Tschurbanow, aufs äußerste verhaßt. Tschurbanow errag immer mehr Einfluß und war der eigentliche Chef des Ministerium. Er strebte vom Sessel des Ersten Stellvertreters auf den des Ministers. Das auch den Westen erreichende Gerücht, das sich in der amerikanischen und der europäischen Presse niederschlug – Schtscholokow und Tschurbanow seien durch gemeinsame Ziele und Interessen zusammengeschmiedet –, war sehr weit von der Wahrheit entfernt. Früher einmal mochte es zugetroffen haben, doch die beiden hatten sich sehr rasch in unterschiedlichen Mafia-Clans wiedergefunden.

Ihre Verbrechersolidarität verbot es ihnen natürlich, einander zu denunzieren, doch der rasch an die Spitze strebende Tschurbanow stand dem altersschwachen Diktator viel näher als dessen Parteibusenfreund. Allmählich wurden Schtscholokow Leute verdrängt, entlassen, versetzt und von Tschurbanows Leuten abgelöst. Eines der ersten Opfer war General Krylow.

Man kann nur Vermutungen darüber anstellen, weshalb Tschurbanow einen so glühenden Haß auf Krylow empfand. Als Ignorant und Dummkopf konnte er einen Mann mit Intelligenz und Bildung in seiner Miliz nicht ertragen. Die psychische und biologische Unvereinbarkeit der beiden machte es unmöglich, daß sie eine gemeinsame Sprache fanden. Tschurbanow wußte, welche Rolle Krylow für Schtscholokow spielte, und bemühte sich, den Minister um dessen »goldene Feder« zu bringen. Die Tatsache, daß Schtscholokow den General widerstandslos opferte und keinerlei Versuch machte, ihn zu schützen, läßt erkennen, wie die wirkliche Kräfteverteilung schon damals aussah.

Die Mafia-Clans lieferten sich nun untereinander ein blutiges, bis zum Tode führendes Duell. Tschurbanow rechnete mit elegantem Sadismus mit Krylow ab. Er bezichtigte ihn kleiner Unterschlagungen, wobei die Geringfügigkeit der Anklagen den Ansatzpunkt lieferte. Tschurbanow, der selbst Millionen an sich gerafft hatte, schickte dem Leiter der Akademie eine Rechnung für einen Läufer, der aus einem der Auditorien verschwunden war (wenn mich mein Gedächtnis nicht täuscht, kostete der Teppich zwanzig oder dreißig Rubel), und für einen staatlichen Kühlschrank, der in der nichtstaatlichen Datscha des Generals gefunden wurde. Man entließ Krylow in Unehren von seinem Posten. Der Entlassungsbescheid fiel »zufällig« mit Lenins Geburtstag zusammen, der, wie es sich gehört, mit einer feierlichen Versammlung im Ministerium begangen wurde. Tschurbanow erschien höchstpersönlich, und Krylow bat ihn ums Wort, um sich von seinen Kollegen verabschieden zu können. Der Stellvertreter des Ministers verweigerte es ihm. Krylow verließ den Saal und schoß sich in seinem (nun schon *früheren*) Büro eine Kugel in die Schläfe.

Im Oktober 1979 hielten das Innenministerium und der rührend mit ihm zusammenarbeitende Schriftstellerverband wiederum eine pompöse Konferenz ab, diesmal in Taschkent. Aus allen Republiken und allen Großstädten kamen Gäste herbei. Man erörterte die Widerspiegelung der rechtlichen Thematik in der aktuellen Literatur. Mir fiel die hohe Ehre zu, einen der vier Hauptvorträge zu halten.

Der gewaltige Saal war brechend voll. Ganz Taschkent schien unbedingt herausfinden zu wollen, wie unsere Schriftsteller die prächtige Miliz in ihren Werken priesen. Doch in Wirklichkeit wurde das Publikum keineswegs von der Literatur, sondern von dem herrlichen Gestirn von Würdenträgern am Präsidiumstisch angezogen. Im Zentrum, neben Scharaf Raschidow, dem »Vater des usbekischen Volkes«, saß Jurij Tschurbanow. Die übrigen Plätze waren von Mitgliedern des usbekischen ZK-Politbüros besetzt. Bald sollten fast alle – außer Leonid Grekow, der sich rechtzeitig als Botschafter nach Sofia abgesetzt hatte – hinter Gittern wiederzufinden sein.

Wann immer ich mich während meines Vortrags zum Podium umwandte, traf mein Blick auf die schläfrigen Augen Tschurbanows, der sich abmühte, dem Redner gegenüber respektvolle Aufmerksamkeit zu demonstrieren. Oh, übergroße Gunst des Schicksals! In der Pause wurde ich eingeladen, zusammen mit Tschurbanow zu essen.

Ich betrat das Allerheiligste hinter der Bühne, wo ein sich unter Köstlichkeiten biegender Tisch stand, und wurde sofort von einem wachsamen grauhaarigen Dichter angehalten, den man ebenfalls eingeladen hatte. »Wie ist das möglich?« Er zupfte abfällig an meinem kurzärmeligen Hemd. »Ein offizielles Mittagessen mit Jurij Michajlowitsch persönlich – und Sie kommen in diesem Aufzug!«

»Macht nichts«, sagte Tschurbanow, der den Tadel gehört hatte, großmütig. »Es ist ja sehr heiß heute.«

Ich erhielt einen Platz neben Tschurbanow. »Wir sollten uns wirklich zu einem Gespräch treffen«, flüsterte er und kippte ein weiteres Gläschen Wodka hinunter. »Wenn ich aus Gasli* zurückkomme. Ich habe überhaupt keine Lust hinzufliegen, aber was soll's... Man muß den Leuten helfen.«

Er war einen Tag lang abwesend, und am zweiten Tag danach trafen wir uns tatsächlich. Er hatte die selbstzufriedene Miene eines satten Katers, und seine Augen schimmerten ölig. »Ich bin müde«, klagte er. »Mußte mich ununterbrochen ranhalten. Aber es geht den Leuten schlecht, und niemand kümmert sich um sie. Überall gibt's nur Trottel. Wenn du wirklich Resultate sehen willst, mußt du alles selbst machen. Ich weiß einfach nicht, wie man mit denen arbeiten soll.«

Ich verzichtete taktvoll darauf, mich nach der Art seiner Arbeit zu erkundigen. Die Antwort kam ein paar Jahre später. Während der Gerichtsverhandlung, bei der Tschurbanow kein Generaloberst, kein Erster Stellvertreter des Innenministers mehr war, sondern ein einfacher Angeklagter, wurde genau jener Tag, genau jene Inspektionsreise nach Gasli, angesprochen. Wie sich herausstellte, war Tschurbanow zu unserer literarischen Konferenz in Taschkent mit 10000 Rubeln zurückgekehrt, die ihm der Erste Sekretär des Gebietskomitees, Karimow, für »laufende Ausgaben« überreicht hatte.

Die Hauptdifferenz zwischen dem Angeklagten und dem Zeugen (nämlich Karimow, der von einer bewaffneten Eskorte zum Gerichtssaal gebracht wurde) betraf nur ein einziges wichtiges Detail: Hatte man Tschurbanow den Umschlag mit dem

---

* Zentrum von Erdgasvorkommen unweit von Buchara; es hatte kurz zuvor bei einem Erdbeben starke Schäden erlitten.

Geld während des Essens unter die Serviette gelegt oder es ihm in die Tasche geschoben, als man den hohen Gast zur Toilette begleitete? Der Angeklagte beharrte auf der zweiten Version, während der Zeuge leidenschaftlich auf der ersten bestand. Ich begriff nicht, welche Rolle dies spielen sollte, aber vielleicht war es tatsächlich von Belang, und ich habe mir oft das Gedächtnis mit der sinnlosen Frage zermartert: Als Tschurbanow aus Gasli zurückgekehrt war und mich eines Gesprächs für würdig erachtete, verwahrte er jene 10000 Rubel da vielleicht in einer Uniformtasche oder unter der Matratze im Schlafzimmer seiner Residenz?

Das Gespräch war kurz, direkt und sachlich. »Was würden Sie verlangen, um so schnell wie möglich einen positiven Artikel über unsere Miliz zu schreiben?« fragte Tschurbanow ohne Umschweife.

»Aber so etwas wird doch schon geschrieben...«

»Ja. Und wir sind Ihren Kollegen sehr dankbar.« (Nein, dachte ich, das sind Ihre Kollegen, nicht meine.) »Aber wir möchten, daß eben Sie so etwas schreiben.«

»Warum?«

Er dachte lange über die Antwort nach. »Wir möchten es.«

»Aber weshalb?«

»Sie werden es am besten machen.«

»Davon bin ich nicht überzeugt.«

»Wir aber. Was also würden Sie dafür verlangen?«

»Ich muß mir die Sache überlegen...«

Ich hatte meine Antwort für ausweichend gehalten, doch Tschurbanow faßte sie als Einladung zum Feilschen auf. Sofort wurde er lebendig, denn nun war er in seinem Element. »Eine Wohnung?«

»Ich habe eine Wohnung.« (Ich hatte sofort begriffen, worauf er hinauswollte, und ich weiß noch, wie mich eine derartig funktionierende »Marktwirtschaft« erstaunte). »Danke, ich habe alles, was ich brauche.«

»Das ist unmöglich. Ein Auto? Eine Datscha? Nur keine Bescheidenheit.«

Von Bescheidenheit konnte keine Rede sein. Ich hatte keine Datscha, aber in diesem Moment war ich sogar bereit zu schwören, daß ich ein eigenes Versailler Schloß besaß.

»Nur keine Bescheidenheit«, wiederholte er. »Vielleicht möchten Sie irgendwohin reisen, um mit Leuten Gespräche zu führen – nur zu, nur zu! Wir werden alle Voraussetzungen dafür schaffen.« Er schob mir seine Visitenkarte zu. »Rufen Sie mich jederzeit an. Wir werden Ihnen helfen.«

Aus dieser seltsamen Unterredung konnte ich nur einen einzigen Schluß ziehen: Selbst in jener trüben Periode politischer Stagnation, als allmächtige Günstlinge im Lande herrschten, hatten sie Angst vor der Presse. Sie kontrollierten die Presse, doch sie fürchteten sie auch. Und das pharisäische Triumphgeheul käuflicher Zeitungsleute zum Ruhme ihrer »edlen Taten« schmeichelte nicht nur ihrer Eitelkeit, sondern diente auch als sichtbare Garantie ihrer Bedeutung, Stabilität und Sicherheit. Einfach nur die Tausende und Millionen einzustecken, die ihnen die Mafia zuschob, war nicht genug, um ihre Befriedigung abzurunden.

In die Umarmung der Mafia gerieten (keineswegs gegen ihren eigenen Willen, sondern im Gegenteil mit dankbarer Verbeugung) Maler, die Porträts der »Landesherren« herstellten, Bildhauer, die Skulpturen von ihnen anfertigten, Schriftsteller, die sie in ihren Büchern zwar nicht unter eigenem, doch leicht durchschaubarem Namen auftreten ließen, Dichter und Komponisten, die »populäre« Lieder über sie zu Papier brachten, und Regisseure, die Filme über sie drehten. Unter Hitler wie unter Stalin hatte allein die herrschende Elite das Recht, sich in der »Kunst« verewigen zu lassen. Unter Chruschtschow, Breschnew, Andropow und Tschernenko hatte dieses Recht jeder, der Geld besaß und sich nicht fürchtete, es zur Schau zu stellen. Für einen Maler von Rang wäre es eine Schande gewesen, den persönlichen Auftrag eines gewöhnlichen Diebes zu übernehmen, doch auf den Ruf einer einflußreichen Persönlichkeit zu reagieren war ein Akt von staatlicher Bedeutung. Der Gedanke daran, daß die einflußreiche Persönlichkeit und der gewöhnliche Dieb identisch sein könnten, wurde einfach verdrängt.

Deshalb wußte kaum jemand – und wer es erfuhr, glaubte es nicht –, daß an der Spitze der mächtigsten und reichsten aller bereits bestehenden Mafiagruppen, die auf einem gewaltigen Territorium Wurzel gefaßt und sich ausgebreitet hatte, kein überaus erfolgreicher Direktor eines Gemüselagers, eines Fischgeschäftes oder eines ländlichen Cafés, sondern der Herrscher der Republik selbst (nicht einer Region, sondern der Republik!) stand: der Politbürokandidat des Zentralkomitees der KPdSU, Scharaf Raschidow.

Und folglich war es kein Zufall, daß jene alberne Konferenz, die das brüderliche Bündnis zwischen Miliz und Literatur demonstrieren sollte, in Taschkent abgehalten wurde, und daß in fast allen sowjetischen Zeitungen eine Fülle von Artikeln über die »Erfolge« Usbekistans erschien. Es war kein Zufall, daß usbekische Händler mit ihren auffälligen bunten Käppchen sämtliche georgischen Händler auf den Moskauer Märkten verdrängten. Und es war kein Zufall, daß über die »usbekischen Genossen« aller Ränge ein Regen hoher Auszeichnungen – Titel und Prämien, Orden und Medaillen – niederging.

Der Grund war, daß die Möglichkeiten, die Medunow mit seinem Reis und seinen Früchten, mit seiner »Eisernen Bella« seinem Sauna- und Strandservice etc. zu bieten hatte, völlig neben jenem Reichtum verblaßten, den die Baumwolle verhieß und zu liefern vermochte. Das Rinnsal von Geschenken, das aus dem nördlichen Kaukasus floß, ließ sich nicht mit jenem reißenden Strom vergleichen, der plötzlich aus den unter der Hitzeglut schmachtenden Feldern Usbekistans sprudelte. Ohne große Mühe erklomm Scharaf Raschidows Mafia die Höhen der entscheidenden Positionen und gewann das liebevolle Herz des teuren Leonid Iljitsch.

Breschnew konnte nun auf Medunows Dienste verzichten. Unsere Gebieter waren es nicht gewohnt, jene früheren Wohltäter zu retten, die ihnen keinen nennenswerten Nutzen mehr bringen konnten. Alle Kräfte konzentrierten sich darauf, soviel wie möglich aus der jeweils neuesten Goldader herauszuholen.

Vor vielen Jahren, am Anfang meiner journalistischen Laufbahn, flog ich zum erstenmal nach Taschkent. Damals hatten wir noch keine großen Düsenflugzeuge, und die Reise aus Moskau, mit drei Zwischenlandungen zum Auftanken, dauerte zehn Stunden. Ein Schneesturm sorgte für eine Verzögerung von weiteren fünf oder sechs Stunden. Gemeinsames Mißgeschick bringt uns den Nachbarn näher, und so schloß ich Bekanntschaft mit zwei fröhlichen Passagieren, die zehn bis zwölf Jahre älter waren als ich. Beide waren Schriftsteller und »in Redaktionsangelegenheiten« nach Taschkent unterwegs. Den Namen des einen hatte ich manchmal unter Zeitungsfeuilletons bemerkt: Boris Priwalow. Den Namen des anderen hörte ich zum erstenmal: Jurij Karassew. Uns schien vieles zu verbinden, und die Gesellschaft dieser bescheidenen, sympathischen Männer erleichterte mir den unbequemen Flug. Wir verabredeten, nach der Landung gemeinsam ein Taxi zu nehmen und in der Stadt ein Hotel zu suchen.

Im Morgengrauen landete die Maschine auf dem Flughafen von Taschkent, und sobald die Gangway herangerollt worden war, fuhren mehrere elegante Regierungslimousinen vor. Aus einer stieg ein General aus, aus einer anderen zwei Männer in Zivil. Ihre Kleidung und ihr Verhalten kennzeichneten sie als KGB-Angehörige. Alle drei kletterten rasch in die Maschine, die Stewardeß trat respektvoll zur Seite, und die Passagiere machten den Gang ohne die geringste Aufforderung (so ist eben die sowjetische Erziehung!) frei. Kaum war das Dreigespann in der Kabine erschienen, als meine beiden Gefährten ihnen, ohne mir ein Wort des Abschieds zu gönnen, würdevoll entgegenschritten. Der General salutierte, und die beiden Männer in Zivil riefen: »Herzlich willkommen im sonnigen Usbekistan!«

Drei oder vier Jahre später erfuhr ich, weshalb die beiden unbedeutenden Schriftsteller wie ausländische Staatsoberhäupter empfangen worden waren. Scharaf Raschidow, der Herr der Republik – damals noch Präsidiumsvorsitzender des Obersten Sowjets und kurz darauf Erster ZK-Sekretär –, sehnte sich danach, den Ruhm eines großen Romanautors zu erringen, obwohl er kaum etwas anderes schreiben konnte als Anordnungen auf Briefen und Memoranden. Unterdessen erschienen, eine nach der anderen, seine epischen Zweibänder, Trilogien und Tetralogien in gigantischen Auflagen und mit luxuriösem Einband. Die Reptilienpresse überschlug sich vor Entzücken und erhob seine Werke in den Rang »monumentaler literarischer Fresken«.

Der Autorenname »Scharaf Raschidow« war im Grunde

nichts anderes als das gemeinsame Pseudonym der beiden Moskauer Schriftsteller Boris Priwalow und Jurij Karassew. Ihre hastig hingeschleuderten »Romane« wurden als Übersetzungen aus dem Usbekischen ausgegeben, während in Wirklichkeit andere Literatursklaven die Aufgabe hatten, diesen russischen Schund ins Usbekische zu übertragen.*

Mancher mag vielleicht denken, daß hier die Rede von einer vorübergehenden Laune des allmächtigen Herrschers ist, die höchstens einen Platz in einer Sammlung historischer Kuriositäten verdient hätte. Aber das trifft keineswegs zu. Der zur Lebensnorm verfestigte totale Betrug drang nämlich sogar in eine Sphäre vor, in welcher der individuelle, persönliche Charakter einer Arbeit die Möglichkeit einer so zynischen Fälschung eigentlich hätte ausschließen sollen. Die Literaturgeschichte enthält aber durchaus Beispiele dafür, daß »Tagelöhner« angeheuert wurden, um die schöpferische Produktion eines Autors zu erhöhen, und in der Kunstgeschichte gibt es ebenfalls Beispiele für die vergeblichen Bemühungen betitelter Nichtskönner, sich mit dem Lorbeer großer Künstler zu schmücken.

In unserem Fall geht es allerdings nicht um das banale Streben eines Ehrgeizlings, dem jegliches schöpferische Potential fehlt, nach Höherem, sondern um die Schaffung eines edlen Image für den Führer einer sich herausbildenden Mafia, also um einen unerhörten Schwindel. Dieses rundum gelungene Experiment veranlaßte Breschnew, den Führer der Führer, Jahre später, sich neben seinen Rängen und Auszeichnungen den Titel eines herausragenden Schriftstellers sowie einen weiteren Klunker zuzulegen: die Medaille eines Lenin-Preisträ-

---

* Bei der Arbeit an diesem Buch und der Lektüre von Archivmaterialien über Medunow stieß ich plötzlich auf den vertrauten Namen Boris Priwalow. Personen aus der engsten Umgebung Medunows hatten ausgesagt, daß ihm dieser »nützliche Mann« von Raschidow empfohlen worden sei. Die Mafiaführer hatten, wie überall auf der Welt, sehr viel Verständnis füreinander, und obwohl sie miteinander in einem tödlichen Konkurrenzkampf lagen, erwiesen sie sich manchmal kleine Gefälligkeiten. In diesem Fall war die Gefälligkeit kaum der Rede wert. Priwalow wollte sich in Sotschi eine Datscha bauen, und Medunow wies den Bürgermeister an, dem Moskauer Schriftsteller ein Grundstück zu schenken. Der Befehl sollte, konnte aber nicht mehr ausgeführt werden, weil Priwalow von einem jähen Tod ereilt wurde.

gers für Literatur. Im Unterschied zu seinem Freund Raschidow konnte Leonid Iljitsch für »seine« literarischen Meister-
werke nicht nur KGB-Mitarbeiter, sondern auch wirklich be-
gabte Literaten hinzuziehen. Diese Tatsache wird einen
schwarzen Schatten auf unsere lichte Erinnerung an solche
Schriftsteller werfen...*

Wahrscheinlich veranschaulichte die usbekische treffender
als jede andere Mafia das Wesen und die Entwicklungsrichtung
des wirtschaftlichen und politischen Systems der Sowjetunion,
das logischerweise dazu führen mußte, daß der Gesellschaft
viele Milliarden an Verlusten entstanden, während der gigantische Mafia-Clan ebenso viele Milliarden an Gewinnen einstreichen konnte. Das Talent Raschidows und seiner Leute bestand
darin, daß sie diese Möglichkeiten früher als andere erkannten
und sich nicht mit kleinen Diebereien begnügten, sondern aus
dem System, dessen Absurdität den Höhepunkt erreicht hatte,
das Maximum des Verfügbaren herausquetschten.

In einer Gesellschaft, in der alles allen – und folglich niemandem – gehört, ist eine Ware keine Sache, kein Gegenstand,
nichts Reales, Sichtbares und Greifbares, sondern eine auf Papier gedruckte Ziffer: in einer Abrechnung, einem Verzeichnis, einer Statistik.

Die Staatskasse wirft Geld für Ziffern, keineswegs für reale
Güter aus, und der Staat umrankt diesen Prozeß mit propagan-
distischen Ehren und verleiht Orden und Titel, die zusätzliche
Segnungen mit sich bringen – ebenfalls auf der Grundlage von

---

* In einem seiner Interviews äußerte Andrej Wosnessenskij die Vermutung,
daß die Korruption, die der Entstehung der sowjetischen Mafia zugrunde liegt,
unter Chruschtschow begonnen habe, als sich die Angehörigen seines engeren Zirkels – sein Schwiegersohn Alexej Adshubei, sein Assistent Wladimir Lededew, der
Hofpoet und Speichellecker Nikolaj Gribatschow und andere Titanen des Geistes
– den Lenin-Literaturpreis für das Meisterwerk *Nikita Sergejewitsch in Amerika*
zuerkannten. Höchstwahrscheinlich war dies nicht die erste derartige Aktion korrupter Funktionäre, sondern vielmehr ein bedeutsames Zeichen für die Entstehung von Bedingungen, die das Aufkommen der Mafia begünstigten, und ein Signal für potentiell korrupte Personen, sich nicht zu fürchten, sondern den Stier bei
den Hörnern zu packen. Allerdings sprach man schon zu Beginn der zwanziger
Jahre über die Korruption des Partei- und Staatsapparats. Deshalb wäre es ange-
messener, die Ursprünge nicht im Chruschtschowschen Tauwetter, sondern vielmehr in der Zeit des Wirbelsturms unter Lenin zu suchen.

Ziffern. Man kann jede beliebige Ziffer niederschreiben, solange die gesamte Kette jener, von denen ihre Anerkennung und die daraus folgenden Zahlungen abhängen, in den allgemeinen Betrug einbezogen ist und alle daraus einen persönlichen Nutzen ziehen.

In diesem Sinne war Usbekistan ein bodenloser Brunnen mit Phantomreichtümern, denn die Republik bringt den Löwenanteil der Baumwollernte des Landes hervor. Baumwolle ist eines der einträglichsten Landwirtschaftsprodukte, und die gefügigen sowjetischen Propagandisten verliehen ihr die hochgestochene Bezeichnung »weißes Gold«. Dieses »weiße Gold« bezahlte die Staatskasse großzügig mit echtem Gold. Der »Vater der Nation«, Scharaf Raschidow, stellte die usbekische Wirtschaft ausschließlich auf Baumwollproduktion um, wodurch er das Land zu einer Monokultur machte und seine Bevölkerung aller Vorteile beraubte, die sie aus ihrer ungewöhnlich ertragreichen Landwirtschaft gezogen hatte. Es hieß, daß dies die Republik bereichern werde, doch in Wirklichkeit bereicherte sich nur die Klasse der Apparatschiks, die fast automatisch in die Reihen von Raschidows Mafia überwechselten.

Die durch qualvolle bäuerliche Arbeit – sie wurde kaum durch modernes Gerät erleichtert – erzeugte Baumwolle verschaffte den beamteten Mafiosi gewaltige Einkünfte. Und wer würde sich schon weigern, seine Einnahmen zu verdreifachen oder sogar zu verzehnfachen, wenn er dafür nicht die geringste Mühe aufwenden müßte? Man brauchte in den Statistiken nur eine, zwei, drei oder vier Nullen hinzuzufügen. Eine Null auf dem Papier war Millionen Rubel wert – bei einer solchen Perspektive konnte einem doch wirklich schwindelig werden!

Das Erstaunlichste bei alledem war, daß die Zentralregierung in Gestalt des teuren Genossen Breschnew ebenfalls Interesse an diesem grandiosen Betrug hatte. Wahrscheinlich hätte er sich sehr gefreut, wenn die ungeheure Menge »weißen Goldes« in der Realität, nicht nur auf dem Papier, existiert hätte. Doch da solche Wünsche utopisch gewesen wären, mußte er sich mit der propagandistischen Fassade zufriedengeben. Meere von Tinte und Abertonnen Papier wurden darauf verwendet, überall im Lande die »unglaublichen Erfolge der prächtigen sowjetischen Baumwollbauern« hinauszuposaunen.

Diesen realen Baumwollbauern wurde lediglich eine Kleinigkeit für die reale Baumwolle bezahlt, während die Auserwählten Gelder für die aufgeblähten Ziffern erhielten. Allerdings müssen wir zugeben, daß es in der Republik sehr viele dieser Auserwählten gab. Ebendarin bestand das große Geheimnis von Scharaf Raschidows Erfindung: Ein beträchtlicher Teil der Bevölkerung war an dem gewaltigen Kollektivbetrug beteiligt. Fast jeder (natürlich zählten hierzu nur wenige Stadtbewohner) erhielt eine Scheibe von diesem riesigen Kuchen, der in Wirklichkeit gar nicht existierte. Als das Verbrechen Jahre später aufgedeckt wurde (ein Verbrechen, das für Menschen, die mit unserer Realität nicht vertraut sind, schwer vorstellbar ist), standen die Juristen vor einer nicht weniger schwer zu verwirklichenden Aufgabe: fast die gesamte Bevölkerung der Republik auf die Anklagebank zu setzen. Es war eine Aufgabe, die sich selbstverständlich niemand erkühnte, in der Praxis anzugehen.

Aber das alles lag noch in der Zukunft. Damals wuchsen die fiktiven Nullen von Jahr zu Jahr und mit ihnen die keineswegs fiktiven Rubel, die für die Nullen ausgezahlt wurden. Ein sehr großer Teil dieser Rubel wurde für die Bestechung von Beamten in verschiedenen Zentralbehörden verwendet. Breschnews Freundes- wie Familienkreis hatte natürlich den Vorrang. Leonid Iljitsch persönlich drängte Raschidow zu neuen »pripiski«*. Nachdem Breschnew sich Raschidows im Stil des Barons Münchhausen abgefaßte »Berichte« und die »sozialistischen Verpflichtungen«, die dem Land fabelhafte Baumwollernten verhießen, angehört hatte, empfahl er gewöhnlich mit zärtlicher Stimme: »Runde auf, Scharaftschik, schreib noch ein Milliontschik!« Und Scharaftschik fügte seiner »Verpflichtung« mit Vergnügen eine weitere Null hinzu, die Bank zahlte ihm Wagenladungen neuer, knisternder Noten aus, und der

---

* Ein in keine andere Sprache übersetzbarer juristischer Begriff. Dabei handelt es sich um den Hinweis in einem zur Rechnungsführung oder Prüfung vorgelegten offiziellen Dokument auf (in Wirklichkeit nicht existierende) »Produktionserfolge«, die mit materiellen oder formellen Auszeichnungen belohnt werden.

Oberste Sowjet (das heißt dessen Vorsitzender, der geliebte Iljitsch) heftete Scharaftschik einen weiteren Goldenen Stern oder einen weiteren, nach dem anderen geliebten Iljitsch, dem Genossen Lenin, benannten Orden an die Brust. Als Gegenleistung erhielt Iljitsch (Leonid, nicht Wladimir) von Raschidow eine Büste aus massivem Gold von einem Viertelmeter Höhe. Daraufhin heftete Iljitsch Scharaftschik einen weiteren Orden an, und Scharaftschik schrieb mit großzügiger Geste eine neue Null in die entsprechende Kolonne.

Raschidow schlug alle nationalen Rekorde. Er raffte zehn Lenin-Orden (eine Vielzahl anderer Orden nicht mitgerechnet) an sich. Ein solcher Strom höchster Auszeichnungen war keinem einzigen Heerführer des Zweiten Weltkriegs, keinem anderen Favoriten Breschnews, nicht einmal dem Champion auf dem Gebiet des Einheimsens von Orden und Medaillen, dem Genossen Leonid Iljitsch selbst, zuteil geworden. So verdummten und beraubten sie das schwergeprüfte Land.

Als die heute weltbekannten Ermittler Telman Gdljan und Nikolaj Iwanow einige Jahre später ein Team leiteten, das dieses »Jahrhundertverbrechen« untersuchte, standen sie vor einer Situation, die sogar die Phantasie dieser erfahrenen Profis überforderte: In die allgemeine verbrecherische Verschwörung waren nicht fast alle, sondern absolut alle Partei-, Staats-, Komsomol-, Gewerkschafts- und Landwirtschaftsführer der Republik, ihrer Gebiete, Städte und Bezirke verwickelt. Als Juristen begriffen die Ermittler sofort, daß nicht *alle* a priori schuldig sein konnten, daß die Schuld jedes einzelnen individuell, nicht en masse, bewiesen und begründet werden mußte. Doch da sie über gesunden Menschenverstand und die Kenntnis der sowjetischen Realität verfügten, fiel es ihnen sehr schwer, sich auch nur hypothetisch vorzustellen, daß wenigstens eine einzige Person nicht der süßen Verlockung, zum Vollmitglied der verzweigten Mafiastruktur zu werden, erlegen wäre. Die gängige Formel »Keiner ist um ein Haar besser als der andere« (das heißt, alle können von vornherein als Verbrecher gelten) war juristisch ebenso absurd wie faktisch leider zutreffend.

Ich möchte nicht auf alle Aspekte der Tätigkeit Gdljans und Iwanows eingehen. Hier und dort brachen sie unzweifelhaft das Gesetz, wenn auch mit dem Segen und sogar der formellen Billigung ihrer direkten Vorgesetzten, insbesondere des General-staatsanwalts. Sie sind selbst Produkte jenes Systems der »so-zialistischen Legalität« (oder besser: der Illegalität), in dessen Rahmen es nicht gerade üblich ist, sich strikt an die Verfah-rensregeln des abschätzig so genannten »rechtlichen Formalis-mus« zu halten. Mir ist, sogar in »außergewöhnlichen Fällen«, der Gedanke zutiefst zuwider, daß es »nützlich« sein könne, das Gesetz zu mißachten, und daß das Ziel die Mittel heilige, aber ich kann ihre Einstellung verstehen: Es war schrecklich, mit ansehen zu müssen, bis an welche Grenzen des Zynismus und der Zügellosigkeit die Stützen der »kommunistischen Mo-ral« vorstoßen konnten, während sie für sich in Anspruch nah-men, die »Interessen des Volkes« zu vertreten. Sie gingen des-potisch mit dem Land um und machten am Ende des zweiten Jahrtausends – vor den Augen der gesamten Welt – Millionen von Menschen zu einer Sklavenherde.

Welche Person die Ermittlung auch erfaßte, welche Tatsa-che sie auch überprüfte, stets führten die Fäden höher und hö-her. Hinter jeder Schicht verbarg sich eine andere, überall fand man Betrug und Bestechung, Bestechung und Betrug – nichts anderes. Und alle Wege führten zum Kreml. Und es wäre selt-sam gewesen (von welchem Gesichtspunkt man es auch be-trachten mag), wenn die Ermittler nicht versucht hätten, die-sen schändlichen und schmutzigen Kreml-Geheimnissen auf den Grund zu gehen. Und (von welchem Gesichtspunkt man es auch betrachten mag) es wäre seltsam gewesen, wenn diejeni-gen, die – wenn auch nur indirekt – in diese Geheimnisse ver-wickelt waren, sich nicht bemüht hätten, sie zu verbergen und den allzu neugierigen und allzu dreisten Ermittlern alle mög-lichen Hindernisse in den Weg zu legen. So kam es zu einem weithin bekannten Konflikt, in dem die Machthaber, wenn auch nur zeitweilig, den Sieg davontrugen.

Nachdem Andropow Schtscholokow seines Postens als Innen-minister enthoben hatte, machte er sich daran, eine härtere Nuß zu knacken, nämlich Scharaf Raschidow. Er war deshalb eine härtere Nuß, weil er im Unterschied zu Schtscholokow immerhin Politbürokandidat und Erster ZK-Sekretär einer Re-publik war. Deshalb wurde er in Moskau und besonders in Usbekistan von mächtigen Kräften gedeckt, die ihn leidenschaftlich mit allen verfügbaren Mitteln verteidigten, da sie alle durch ihre gemeinsame »Sache« verbunden waren oder ebenfalls Mafia-Clans angehörten. Ihre kriminelle Solidarität zeugte im wesentlichen für ihre instinktive Furcht vor der Entlarvung.

Andropow wurde natürlich nicht nur von hehren Prinzipien, sondern auch von dem Wissen um die Stärke der Mafia geleitet, die sich ebenfalls (genauso wie anständige und ehrliche Menschen) vor dem alles sehenden Auge und der geheimnisvollen Macht des KGB fürchtete, und sie konnte ihrerseits mächtige Hebel in Bewegung setzen, um den Einfluß des KGB wenn nicht zu beseitigen, so doch wenigstens zu schwächen. Das KGB wußte zuviel und hatte zu viele Möglichkeiten, was stets gefährlich ist.

Andropow gab General Melkumow, dem KGB-Vorsitzenden Usbekistans, den Befehl, um jeden Preis einen Vorwand zum Angriff auf die usbekische Mafia zu finden, deren Existenz ihm sehr gut bekannt war. Das republikanische KGB, das bis dahin völlig untätig gewesen war (es hatte nur Dissidenten »entlarvt«, jedoch nicht gewagt, der Mafia zu nahezutreten), benötigte nur ein paar Tage, um das erste Opfer, das nicht das Geringste von der Gefahr ahnte, auf frischer Tat zu ertappen. Es handelte sich dabei um Achat Musaffarow, den Chef des Dienstes für Verbrechensbekämpfung in der Abteilung für Innere Angelegenheiten des Gebietes Buchara. Natürlich war es ein reiner Zufall, daß man gerade ihn erwischte; es hätte genausogut ein anderer sein können. Man verhaftete ihn in dem Moment, als der Verwalter irgendeines Geschäfts ihm den allmonatlichen Tribut, tausend Rubel, in die Tasche schob. Dies geschah im April 1983.

Das Knäuel begann, sich mit fast kosmischer Geschwindigkeit zu entwirren. Die Haussuchung bei Musaffarow brachte Resultate, die nicht einmal das KGB vorhergesehen hatte: allein an Geld mehr als eine Million Rubel, allein an teuren Stoffen (Goldbrokat) anderthalb Kilometer! Von Diamanten, Rubinen, Tausenden japanischer und Schweizer Uhren sowie Jeans, Jeans, Jeans, die in der Sowjetunion so sehr geschätzt werden, gar nicht zu reden.

Um eine Kettenreaktion von Enthüllungen in Gang zu setzen, genügten buchstäblich ein paar Tage, aber Raschidow war immer noch an der Macht. Er begriff, wohin das alles führte, und schlug Alarm: Er forderte, daß die Untersuchung vom Innenministerium geleitet wurde. Musaffarow umzubringen und damit alle Fäden abreißen zu lassen wäre dann eine ganz einfache Aufgabe gewesen. Das war sein Plan.

Aber Andropow erfüllte Raschidows Bitte nicht. Innerhalb weniger Wochen wurden acht führende Funktionäre in Buchara verhaftet, darunter der Chef der inneren Abteilung, der auf Verlangen Raschidows die Untersuchung hätte leiten sollen. Die Dinge entwickelten sich zügig, doch dann geschah etwas Unerwartetes: Andropow kam ins Krankenhaus. Das Endstadium seiner tödlichen Krankheit hatte begonnen. Im Krankenzimmer traf er noch gewisse Entscheidungen, unterzeichnete besonders wichtige Dokumente, aber niemand belästigte ihn mit »Kleinigkeiten«. Darum kümmerte sich Tschernenko.

Zu diesen »Kleinigkeiten« gehörten auch »unwesentliche« Personalveränderungen, die Raschidow durchsetzen konnte. General Melkumow, der KGB-Vorsitzende Usbekistans, wurde plötzlich als Militärattaché an die sowjetische Botschaft in Prag versetzt. Dies galt als eine sehr ehrenvolle Beförderung, denn nun hatte er nicht mehr gegen die usbekische Mafia, sondern gegen Václav Havel und dessen Freunde zu kämpfen. Melkumows Stellvertreter, General Lagunow, wurde aus Usbekistan nach Rußland versetzt, und den Chef der KGB-Untersuchungsabteilung Usbekistans, der die Ermittlungen leitete, schickte man vorzeitig in den Ruhestand.

Nun hätte die Untersuchung an das MWD übergehen müssen, doch die Staatsanwaltschaft der Union, nicht der Republik, ergriff die Initiative. So entstand die Ermittlergruppe unter Telman Gdljan, die sich später eine weltweite Reputation erwarb. Sie machte sich energisch ans Werk, doch plötzlich schaltete sich die Vorsehung ein: Raschidow starb. Bis heute gibt es keine stichhaltigen Beweise für die sich rasch verbreitende Version, daß Raschidow Selbstmord begangen hatte. Aber die danach einsetzende Selbstmordepidemie in Usbekistan läßt den Gedanken aufkommen, daß der Mafia-Pate für ihren Beginn verantwortlich war.

In dem offiziellen medizinischen Befund ist vom »Tod aufgrund eines chronischen Herzleidens« die Rede. Dies ist eine recht elastische Formulierung, die wenig überzeugend klingt. Man weiß, daß Raschidow vor seinem Hinscheiden ins Zentralkomitee zu einem Gespräch unter vier Augen mit Tschernenko geladen wurde. Es kann nur gemutmaßt werden, worüber sie sprachen, doch Indizien deuten darauf hin, daß Raschidow seine Situation durchschaute: Unter den gegebenen Umständen war nicht nur Andropow, sondern auch Tschernenko bereit, ihn zu opfern, um eine Bresche in die massive Wand der Mafia zu schlagen und so die Aufmerksamkeit einer unruhig werdenden Gesellschaft auf jene abzulenken, denen man die Schuld an allen Nöten des Volkes anlasten konnte. Also können wir mit einiger Gewißheit feststellen, daß Raschidow, wenn er sich nicht selbst eine Kugel in die Stirn jagte, infolge jener Repressalien aus dem Leben schied, die mit unerbittlicher Kraft auf ihn einwirkten.

Das Ende Raschidows, wie paradox es auch scheinen mag, schwächte die Position der Mafia jedoch nicht, sondern stärkte sie, denn die Ermittlung wurde vorläufig, wenn auch nicht für lange Zeit, gebremst. Raschidow wurde nach orientalischem Brauch eine luxuriöse Beisetzung bereitet, was offenkundig dem Versuch dienen sollte, einen einträglichen Kult um den toten »Führer« zu schaffen. Man setzte den Paten der Mafia auf dem zentralen Platz von Taschkent bei, in der sogenannten Lenin-Gedenkstätte, nicht weit vom Lenin-Museum und vom Gebäude des republikanischen KGB. Hier stand das höchste Lenin-Denkmal der Welt, und hier legte man seinen treuen Schüler zur Ruhe. An dieser Stelle befindet sich auch die Tribüne, auf der Raschidow und seine Mitkämpfer so oft an sowjetischen Feiertagen standen, um triumphierende Kundgebungsteilnehmer zu begrüßen. Wenn sie vom langen Stehen und Winken ermüdet waren, zogen sich Raschidow und seine engsten Gefährten in einen unterirdischen Bunker zurück, wo reich gedeckte Festtafeln und charmante »Odalisken« warteten, um den erschöpften Bonzen neue Kräfte zu verleihen. Neben diesem unterirdischen Bordell, das ihn nicht selten mit seinen Freuden beglückt hatte, fand Scharaf Raschidow seine letzte Ruhestätte.

Seine letzte? Nein, nur drei Jahre später mußten die sterblichen Überreste des großen Mafioso auf einen gewöhnlichen Friedhof überführt werden, und seine Büste wurde zerstört. Mittlerweile war die Wahrheit über Raschidows wirkliches Leben an den Tag gekommen. Aber das alles lag noch in der Zukunft.

Vorläufig gelangten die eifrigsten Raschidow-Anhänger in der Republik an die Macht. Sie spürten, wie unsicher ihre Position war und wie wenig Zeit ihnen noch blieb. Deshalb versuchten sie, ihre Haut mit den unverhüllten Methoden professioneller Verbrecher zu retten. Raschidows Nachfolger als Erster ZK-Sekretär, Inamshon Usmanchodshajew, wurde gleichzeitig sein Nachfolger als Oberhaupt des Mafia-Clans und bemühte sich vergeblich, diesen dem Untergang zu entreißen. Es war bereits zu spät.

Eine Verhaftung folgte der anderen, ungeachtet der schrecklichen Morde, welche die Mafia mit Hilfe gedungener Attentäter organisierte. Der Preis eines Menschenlebens, an dem die Mafia interessiert war, stieg auf 200000 Rubel. Für diese Summe waren waghalsige Burschen bereit, jene zu beseitigen, die zuviel wußten und gegen ihre Komplizen aussagen wollten.

Vor kurzem jedoch wurden für die Ermordung mißliebiger Zeitgenossen in Usbekistan nur noch 10000 Rubel gezahlt. Erstaunlicherweise ist der einem Leben zugemessene Wert ständig gefallen. In der wilden Inflation der letzten Jahre ist buchstäblich alles teurer geworden, abgesehen von einem Menschenleben. Die Zahl der Morde – und mit ihr die Zahl der Mordwilligen – hat sich derart erhöht, daß bereits in der zweiten Hälfte des Jahres 1990 kein gedungener Mörder mehr als 7000 Rubel pro Auftrag erhielt.

Die Preise für die von der Mafia geleisteten Dienste stiegen zügiger als die Marktpreise. Alles konnte gekauft und verkauft werden, doch eines der Objekte, die plötzlich in diesem allgemeinen Gefeilsche auftauchten, war besonders abscheulich. Zahlreiche Mütter und Väter versuchten, ihre Söhne zu retten, die zur Erfüllung ihrer »internationalen Pflicht« nach Afghanistan entsandt werden sollten. Die Besatzungstruppen wurden in Taschkent zusammengestellt, was der Mafia Tausende weiterer Rubel einbrachte.

Ich erinnere mich, wie eine meiner Kolleginnen sich plötzlich mehrere Tage freinahm und eilig nach Taschkent flog. Ohne jegliche Scham hatte sie allen erzählt, daß sie 4000 Rubel bezahlen müsse, um ihren Sohn vor der Entsendung nach Afghanistan zu bewahren. Bereits einen Tag später kehrte sie zurück: In ihrer Naivität hatte sie genau 4000 Rubel mitgenommen, doch inzwischen war der Preis auf 6000 angestiegen. Wir rieten ihr, vorsichtshalber 8000 Rubel einzupacken, und dies erwies sich als zutreffend, denn in den wenigen Tagen, in denen unsere Kollegin das Geld aufgebracht hatte, war der Preis tatsächlich auf diesen Betrag gestiegen. Zur »Ehrenrettung« der Mafia muß ich sagen, daß sie ohne Betrug operierte. Der Sohn der unglücklichen Frau wurde in eine andere Einheit versetzt und beendete seinen Militärdienst in der Russischen Republik.

Konstantin Tschernenko, nur noch ein an Altersschwachsinn leidender lebender Leichnam, konnte dem Druck der immer energischer werdenden Ermittlungen bereits nicht mehr standhalten. Bis dahin hatte kein Staatsanwalt – nicht einmal der Generalstaatsanwalt – sich erlauben können, die Verhaftung eines hohen Parteifunktionärs oder Ministers ohne ZK-Erlaubnis zu sanktionieren. In den Aktenschränken des Kreml vermoderten detailliert begründete Haftbefehle für Mafia-Oberhäupter, deren Schuld unstreitig und vielfach bewiesen war. Tschernenko und seine Leute hatten auf Zeit gespielt, doch schließlich entschieden sie sich, zwei Männer zu opfern: Abduwachid Karimow, den Ersten Sekretär des Gebietskomitees von Buchara (das Volk hatte ihm den Spitznamen »Emir von Buchara« verliehen) und Kudrat Ergaschew, den Innenminister der Republik.

Übrigens hatte Karimow mittlerweile den Posten des Ersten ZK-Sekretärs verloren, denn Usmanchodshajew war bemüht gewesen, den »Emir« zu retten, und hatte ihn aus Buchara nach Taschkent versetzt, wo er Stellvertretender Minister für Wasserwirtschaft und Melioration wurde. Karimow beschloß, diese Ernennung in einer Regierungsdatscha zu feiern: in den Bergen am Ufer eines Sees, der vierhundert Kilometer von der Hauptstadt entfernt liegt. Er nahm zwei Bewacher, einen persönlichen und einen staatlichen, mit auf die Datscha, um sich gegen alle Eventualitäten zu sichern. Der fette Pilau, der teure Cognac und die Liebkosungen käuflicher Schönheiten – die traditionelle Kollektion von Vergnügungen – beschäftigten die Herren bis 3 Uhr morgens. Eine Gruppe von Ermittlern, geleitet von Nikolaj Iwanow, wartete im Hinterhalt. Es wurde Zeit zu handeln.

Einer der Ankömmlinge zeigte dem Wächter einen falschen Ausweis und erklärte lässig: »Ein Eilpaket für den Stellvertretenden Minister aus Taschkent.« Dann ging er durch den Park auf das Haus zu. Ein zweiter Ermittler blieb bei dem Wächter und beschwerte sich über den unruhigen Dienst eines Kuriers, der nicht einmal nachts in Frieden gelassen werde. Der Wächter im Inneren des Hauses lag in trunkenem Schlaf – ein Bild aus Stevensons *Schatzinsel*, das am anderen Ende des Planeten und in unseren Tagen zur traurigen Realität geworden war. Der Mann rappelte sich mit Mühe auf und rief Karimow durch die Tür zu: »Genosse Stellvertretender Minister, man bringt Ihnen eine Eilsendung aus Taschkent.« Die Tür öffnete sich ein wenig, und ein nackter Arm wurde ausgestreckt. »Her damit.« Sofort schnappten die Handschellen zu. Es gelang, den Verhafteten in der Dunkelheit durchs Tor zu bringen und in ein Auto zu stoßen. Der stumpfsinnige Wächter merkte allzu spät, daß etwas vor sich ging, erinnerte sich an die Autonummer und schlug Alarm. Aber die umsichtigen Ermittler tauschten die Nummer nach der ersten Biegung der Straße aus. Und sie rasten keineswegs zum Flughafen, sondern in die entgegengesetzte Richtung: zu einer Lichtung, wo sie von einem Hubschrauber erwartet wurden.

Nachdem Innenminister Kudrat Ergaschew von Karimows Verhaftung erfahren hatte, beging er fünf Tage später (ohne zu wissen, daß sein eigener Haftbefehl bereits unterzeichnet war) Selbstmord. Danach bezahlte einer der Herren der Republik nach dem anderen, die kurz zuvor noch willkürlich über das Schicksal von Millionen Menschen verfügt hatten, mit dem eigenen Leben. Oberst Gennadij Davydow, Ergaschews Erster Stellvertreter, wurde mit drei Kopfschüssen in einem Krankenhausbett gefunden; die offizielle Erklärung: Selbstmord. Ein paar Sekunden vor seiner Verhaftung stach sich der Erste Sekretär eines Gebietskomitees, Rais Gaipow, ein Küchenmesser ins Herz. Kurz darauf brachte sein Sohn, der Chefpilot der Taschkenter Aeroflot-Abteilung, eine halbe Million Rubel und eine Kiste, die mit Goldringen und -ketten vollgestopft war, zur Staatsanwaltschaft. Dies bewahrte ihn selbst jedoch nicht vor der Verhaftung.

Die Wertsachen, die in den Verstecken der verhafteten Partei- und Staatsbosse entdeckt wurden, überstiegen jeden Vergleich mit allem, was die sowjetische Kriminalistik bis dahin verzeichnet hatte. Allein bei Karimow, dem »Emir von Buchara«, wurden mehr als hundert Kilo Gold, über fünftausend Goldmünzen aus der Zarenzeit, rund 12000 Brillantschmuckstücke, fünf Autos, elf Fernsehgeräte, zwanzig Tonbandgeräte, unzählige wertvolle Pelze, Tafel- und Teeservice, Kronleuchter, Mäntel und Lederjacken gefunden, nicht zu reden von Kleinigkeiten wie einer halben Million Rubel in bar. Selbst die vom Gericht ermittelte fabelhafte Summe an Bestechungsgeldern, die Karimow erhalten hatte – fast 2 Millionen Rubel –, deckte nicht annähernd das, was bei ihm aufgespürt worden war. Dabei hatte er unzweifelhaft den bei weitem größten Teil der von ihm bezogenen Gelder an einflußreichere und bedeutendere Persönlichkeiten in Taschkent und Moskau weitergegeben. Ebenso unzweifelhaft ist, daß bei keinem einzigen der hohen Mafiamitglieder sämtliche Schätze beschlagnahmt wurden. Ein erheblicher Teil blieb unberührt, wodurch nicht nur den Familienangehörigen ein sorgenfreies Leben garantiert, sondern auch für richterliche Milde, Amnestien, vorzeitige Entlassungen und erträgliche Haftbedingungen gesorgt wurde.

Allein die Aufzählung der in Usbekistan Verhafteten und eine kurze Beschreibung ihrer Missetaten könnten ein ganzes Buch füllen. Zu ihnen gehörten fast ausnahmslos alle Mitglieder der Parteiführung, die einander im Laufe der Jahre abgelöst hatten. Das gesamte Personal des republikanischen Ministerrats mehrerer Kabinette fand sich im Gefängnis oder im Lager wieder. Bei der Grabrede zum Gedenken an Raschidow sprach Ministerpräsident Narmochonmad Chudajberdyjew (im Anklang an die Stilistik Stalins und an dessen bekannten Schwur am Grabe Lenins) die schwülstigen Worte: »Wir geloben dir, Scharaf Raschidowitsch, wir werden deinen Befehl ausführen und Moskau melden, daß wir 6 Millionen Tonnen Baumwolle angebaut haben.«

Die Meldung schickten sie natürlich ab – dazu ist man bei uns imstande. Und das Geld erhielten sie in voller Höhe – nicht für die Baumwolle, sondern für die Meldung. Kurz darauf wurde Chudajberdyjew ins Gefängnis gesteckt. Er und andere ähnlichen Ranges legten den Ermittlern gegenüber ein volles Geständnis ab, leugneten jedoch vor Gericht alles. Die juristische Bedeutung ihrer unterschiedlichen Aussagen war gewaltig, die moralische und gesellschaftliche Bedeutung war gleich Null. Für die öffentliche Meinung stellte sich ein eindeutiges Bild dar, und wie sich das Schicksal eines konkreten Angeklagten auch gestalten mochte, die Wahrheit lag auf der Hand. Ein Mafia-Krebsgeschwür, das die Republik von oben bis unten befallen hatte, schickte unausrottbare Metastasen in den gesamten Körper des Landes aus und erreichte auch dessen Hirn und Herz: den Kreml.

Die Entlarvung der usbekischen Mafia fand im Land starken Widerhall, doch an der Spitze gab man sich alle Mühe, die Sache zu vertuschen. Man fürchtete sich vor der Tiefe des nun klaffenden Abgrundes, vor den Dimensionen dessen, was plötzlich bloßgelegt wurde, und – in erster Linie – vor den Folgen für jene hochgestellten Parteibosse, die, zumindest bis zu jenem Moment, unfehlbar und integer gewirkt hatten.

Das erste Signal für das Mißvergnügen des Kreml über das Ausmaß, das die Enthüllung der usbekischen Mafiosi annahm, war die anderthalbjährige Gnadenfrist, die Jurij Tschurbanow trotz Glasnost und Perestroika eingeräumt wurde. Dabei lagen bereits zahlreiche Beweise für seine persönliche und aktive Beteiligung an den Taten dieser Mafia, für seine direkte Verbindung zu Raschidow und der gesamten usbekischen Spitze vor. Weder Breschnew noch Tschernenko, noch Schtscholokow weilten noch unter den Lebenden, und seine engsten Freunde, Trinkgenossen und Mitbesucher von Privatsaunen hatten jegliche reale Macht eingebüßt. Gerüchte über seine bevorstehende Verhaftung hatten sich weithin verbreitet, doch er saß weiterhin in seinem Dienstzimmer eines Stellvertretenden Innenministers. – Gewiß, nicht des *Ersten* Stellvertreters, sondern eines von sieben. Gewiß, man entzog ihm den Befehl über die inneren Truppen und überhaupt jegliche konkreten Aufgaben: er wurde Stellvertretender Minister für Gott weiß welchen Bereich. Und trotzdem und trotzdem...

Die Ermittler und Staatsanwälte warteten also fast anderthalb Jahre lang auf das Einverständnis des Politbüros zur Verhaftung Tschurbanows! Man kann sich leicht vorstellen, wieviel Geld und Wertsachen er in diesem Zeitraum beiseite schaffen konnte. Noch leichter kann man sich vorstellen, wie Zeugen präpariert wurden und wie sich die Komplizen über die künftigen Aussagen bei den Ermittlungen und vor Gericht absprachen.

Die entscheidende Frage ist: Wer rettete den mittlerweile völlig nutzlosen Tschurbanow und warum? Wie sehr mochte man sich an der Spitze gewünscht haben, daß er dem Beispiel Schtscholokows folgte und sich eine doppelläufige Flinte an den Schädel setzte! Aber man wußte, daß er so etwas niemals tun würde. Dazu fehlte ihm der Mumm, und deshalb mußte er gerettet werden.

Wieso? Erstens sollte kein Präzedenzfall geschaffen werden. Bis dahin war kein Funktionär diesen Ranges (zudem noch aus der »Zarenfamilie«) wegen *krimineller* (nicht politischer!) Delikte vor Gericht gestellt worden. Da praktisch jeder der Machthaber in diesem oder jenem Maße in illegale Angelegenheiten verwickelt war, drohte auch ihnen – vielleicht nicht sogleich, doch in Zukunft – ein ähnliches Finale. Und eine solche Perspektive ist nicht sehr erfreulich.

Zweitens – und dies ist, wie ich meine, der Hauptgrund – hatte man an der Spitze eine recht klare Vorstellung über den Informationsgrad Tschurbanows und seiner Spießgesellen. Eine Untersuchung mit nachfolgendem Prozeß, wie man sie auch vorbereitete und inszenierte, entzog sich bis zu einem gewissen Grade der Kontrolle. Wenn ein Steinchen in Bewegung geriet, kamen auch andere ins Rollen, und niemand konnte sämtliche Folgen vorhersagen.

Während man sich in den hohen Staatsämtern hierum stritt, wartete Tschurbanow bescheiden auf den Ausgang, wobei er davon überzeugt war, daß man ihn nicht abstürzen lassen würde. In dieser Zeit führte ich ein Telefonat mit ihm. Ein degradierter MWD-Leutnant hatte sich mit einer Klage über das Chaos bei der Feuerwehr von Saratow an mich gewandt, und ich beschloß spaßeshalber, ihn an Tschurbanow zu verweisen. Man kann sich leicht denken, wie dieser Scherz in anderen, nicht lange zurückliegenden Zeiten für mich geendet hätte, doch nun lud der vom Nichtstun gelangweilte Stellvertretende Minister den Provinzleutnant mit einer für hohe sowjetische Funktionäre unvorstellbaren Großmut zu einem Treffen ein. Man reiche Tee, Gebäck und Süßigkeiten – und das Treffen dauerte drei Stunden! Ich weiß nicht, worüber sie sprachen, doch kurz darauf erhielt ich einen entzückten Brief von dem Leutnant: Dieses »freundschaftliche Gespräch« werde er »bis an sein Lebensende« nicht vergessen.

Tschurbanow reagierte ebenfalls. Er rief mich persönlich an, um mir für die Entsendung des »interessanten Besuchers« zu danken, und bat, ihm auch in Zukunft hilfsbedürftige Personen zu schicken; er lud mich ein, »ganz formlos vorbeizukommen«, als habe es nie Probleme zwischen uns gegeben... Als sei ich je bei ihm »vorbeigekommen« – formlos oder nicht! Ich fragte ihn, wie es stehe, wie er sich fühle, und er erwiderte, er fühle sich gut, doch bald werde er wahrscheinlich eine andere, wirtschaftliche Funktion übernehmen. Dies hätte man für schwarzen Humor halten können, aber er besaß nicht den geringsten Sinn für Humor. Er sprach mit monotoner, trockener Sachlichkeit, und dann kam mir der Gedanke, daß der Anruf kein Zufall war. Anscheinend wollte er in Moskau die Kunde verbreiten, daß bei ihm alles in Ordnung sei, daß sein Einfluß nicht nachgelassen habe, daß seine Freunde ihn nicht im Stich lassen würden, weshalb es nicht ratsam sei, ihn vorzeitig zu Grabe zu tragen. Jedenfalls hatte ich den Eindruck, daß er deshalb angerufen hatte, denn es gab zwischen uns keine »gemeinsamen Themen« und wir waren es keineswegs gewohnt, am Telefon zu plaudern.

Etwas später wurde er jedoch verhaftet, und in den Zeitungen druckte man die Vorwürfe der Staatsanwaltschaft gegen ihn. Die Summe der von ihm bezogenen Bestechungsgelder schmolz vor den Augen der Leser dahin; jeder neue Zeitungsartikel erwähnte einen Betrag, der geringer war als der in früheren Mitteilungen erwähnte. Um es vorwegzunehmen, gegen

Ende der Verhandlung war die Summe völlig trivial geworden: 90000 statt der vier Monate zuvor bekanntgegebenen 600000 Rubel. Der Rest war nicht zu *beweisen*.

Wer glaubt, daß das Ziel solcher Anstalten darin bestand, Tschurbanow zu retten, ist im Irrtum: Das Strafmaß (er wurde zu zwölf Jahren Gefängnis verurteilt) konnte dadurch nicht beeinflußt werden – auf ein Jahr mehr oder weniger kam es im Prinzip nicht an. Nein, das Ziel war ein ganz anderes. Man wollte den Kreis seiner Komplizen so weit wie möglich einengen und die ernsthaften Absichten derjenigen unterstreichen, die mit ihm in all diesen Monaten verhandelt und ihm versprochen hatten, die Sache nicht »aufzublasen« und sein Schicksal als Gegenleistung für ein Schweigegelübde zu erleichtern. Daran, daß solche Verhandlungen stattfanden, und zwar erfolgreich, kann kein Zweifel bestehen.

Ende August, Anfang September 1988 verbrachte ich einen Kurzurlaub in einem kleinen bulgarischen Küstenort unweit der türkischen Grenze. Ich glaubte, daß ich mich für zwei Wochen von der Hast des Zeitungsalltags abgekapselt hatte, denn das nächste Telefon war fast einen Kilometer entfernt. Aber nein, auch hier wurde ich aufgespürt! Der stellvertretende Chefredakteur forderte mich auf, unverzüglich nach Moskau zurückzukehren: Es war Freitagabend, und am Montag um 9 Uhr begann endlich der lange erwartete Prozeß, dessen Hauptangeklagte Jurij Tschurbanow und der frühere Innenminister Usbekistans, Schtscholokows Protegé Chajdar Jachjajew, waren. Es war Raschidow gelungen, den letzteren durch seinen eigenen Mann, Kudrat Ergaschew, auf diesem Posten abzulösen.

»Es ist eine einzigartige Chance!« tönte die ferne Stimme des stellvertretenden Chefredakteurs durch die Leitung. »Wir haben Ihnen einen Passierschein für die Verhandlung besorgt. Sie beginnt um 9 Uhr, und am Mittag sollte Ihr erster Artikel auf meinem Schreibtisch liegen. Sie werden in jeder Nummer, bis zum Ende des Prozesses, Bericht erstatten. Setzen Sie Himmel und Hölle in Bewegung, und fliegen Sie sofort zurück.«

»Himmel und Hölle« standen mir nicht zur Verfügung,

denn alle Tickets waren bereits bis Ende September ausverkauft. Aber ich schaffte es, mich von dem Piloten an Bord bringen zu lassen, wo ich auf den Platz der Stewardeß gesetzt wurde. »Der Genosse wird in der Zeitung über den Tschurbanow-Prozeß schreiben« – diese Worte waren mein Ticket, denn das ganze Land wartete ungeduldig auf die Verhandlung.

Am Montagmorgen war ich im Obersten Gerichtshof. Am Mittag lag, wie abgesprochen, der Artikel über den Prozeßbeginn auf dem Schreibtisch des stellvertretenden Chefredakteurs. Doch er warf nicht einmal einen Blick darauf, sondern reichte mir das Blatt, das gerade über den Fernschreiber gekommen war, über die »Tassowka«, wie der TASS-Fernschreiber im sowjetischen Zeitungsjargon heißt. Zunächst wurden die Zeitungen und Zeitschriften aufgeführt, an die sie sich richtete. Meiner Ansicht nach war diese Liste überflüssig, denn sie enthielt die gesamte zentrale und regionale Presse der UdSSR. Die Mitteilung selbst war kurz: Den genannten Presseorganen wurde kategorisch verboten, auch nur eine einzige Zeile über die Tschurbanow-Affäre zu drucken, abgesehen von der offiziellen Information, auf welche die TASS Monopolrechte besaß. Der Befehl trug keine Unterschrift, was sogar in der Zeit vor der Glasnost-Ära beispiellos gewesen wäre, doch sein Ton hinterließ keinen Zweifel daran, daß er von ganz oben kam und unbedingt befolgt werden mußte. Auch der waghalsigste Redakteur, wenn sich ein solcher gefunden hätte, wäre nicht in der Lage gewesen, den Gehorsam zu verweigern, denn der Zensor hätte einen entsprechenden Artikel einfach nicht durchgelassen.

(Ein einziger Redakteur entschloß sich zu einem kühnen Schritt. Jegor Jakowlew, Chefredakteur der *Moscow News*, machte sich einen banalen Fehler der »Tassowka« zunutze, die seine Zeitung nicht namentlich erwähnt hatte, und veröffentlichte einen Artikel von Viktor Loschak, begleitet von drei Fotos. Ein unglaublicher Skandal entbrannte: Moskau wartete viele Tage lang voller Unruhe auf Jakowlews Zwangsversetzung in den Ruhestand. Auf dem Alten Platz bezichtigte man ihn der »Unaufrichtigkeit« und des »bewußten Ungehorsams«, denn in der »Tassowka« sei die Nachrichtenagentur »Nowosti«

erwähnt worden, von der die Zeitung herausgegeben wird; folglich beziehe sich das Verbot auf sämtliche Publikationen der Agentur. Doch der wahre Konflikt hatte keineswegs mit juristischer Haarspalterei zu tun, zumal der veröffentlichte Artikel kein einziges Wort enthielt, das den Rahmen der offiziellen TASS-Informationen sprengte. Es ging ums Prinzip: Würde eine dosierte, gefilterte, sorgfältig selektierte Wahrheit in die Presse gelangen, oder konnte man, wenn man die Zeitungsleute nicht im Zaum hielt, alle möglichen Überraschungen von ihnen erwarten? Jegor Jakowlew, unterstützt von Alexander Jakowlew, ließ sich nicht einschüchtern, und der Konflikt wurde vertuscht, aber weder in den *Moscow News* noch in irgendeiner anderen Zeitung erschien bis zum Ende des Prozesses irgendein Bericht außer der für die gesamte Sowjetpresse einheitlichen TASS-Information.)

Ich kehrte zur Nachmittagssitzung zum Obersten Gerichtshof zurück. Der am Morgen ausgestellte Passierschein war weiterhin gültig und garantierte mir freien Zugang zum Saal. Aber die Dinge hatten sich geändert! Bereits auf der Straße wartete ein langjähriger Freund und Kollege, ein Mitarbeiter des Obersten Gerichts, auf mich und flehte mich an: »Um Gottes willen, bring mich nicht in Schwierigkeiten, geh nicht in den Saal! Man hat uns verboten, Journalisten einzulassen.«

»Kann ein einfacher Zuschauer eintreten?«

»Ja, mit Sondergenehmigung.«

»Dann gib mir eine Sondergenehmigung.«

»Du bist wohl verrückt geworden! Dich kennt doch jeder. Willst du mir unbedingt Schwierigkeiten machen?«

Das wollte ich natürlich nicht. Aber ich hätte sehr gern gewußt, von welchem Wahnsinn der Kreml plötzlich erfaßt worden war. Wer war in Panik geraten? Woher diese Hysterie? Wovor – und vor wem – hatte man Angst?

Das Geheimnis wurde nach ein oder zwei Tagen aufgedeckt. Jegor Ligatschow hatte die Anweisung erteilt, die Glasnost abzudrosseln. Damals war er der zweite Mann in der Partei und im Staat. Der erste Mann, Gorbatschow, weilte im Urlaub auf der Krim. Und wäre er in Moskau gewesen, hätte er sich in einer solchen Frage vermutlich nicht auf einen Streit mit dem zweiten Mann eingelassen. Wie wir wissen, tat er dies auch in weit ernsteren Fällen nicht.

Die simple Logik liefert eine ganz einfache und offensichtliche Erklärung für diese skandalöse Aktion. Ligatschow selbst hatte eine direkte Verbindung zu dem allumfassenden Netz korrupter, hochrangiger Funktionäre, und er nutzte seine damals noch unerschütterliche Position an der Parteispitze – nicht, um seine Komplizen, sondern um sich selbst zu retten. Er fürchtete, daß sich jemand verplappern, daß sein Name plötzlich im Gerichtssaal genannt werden würde, und dann konnte alles mögliche geschehen...

Es gab bekannte Gründe für diese Version, die ich häufig in verschiedenen Moskauer Salons hörte. Zum Beispiel würde bald eines der »Geheimnisse« der sich fortsetzenden Ermittlungen gegen die anderen Oberhäupter der usbekischen Mafia herauskommen und sich über die ganze Welt verbreiten: Inamshon Usmanchodshajew, der Raschidow als Erster ZK-Sekretär der Kommunistischen Partei Usbekistans abgelöst hatte und der bald aus seinem luxuriösen Amtszimmer in eine Gefängniszelle überwechseln sollte, hatte ausgesagt, daß er persönlich Ligatschow eine Bestechungssumme in Höhe von 60 000 Rubeln übergeben habe.*

Indessen wurde, wie es häufig bei Gerüchten ohne zuverlässige Grundlage der Fall ist, die Ursache hier mit der Wirkung verwechselt, und die Chronologie wurde zerstört. Usmanchodshajew hatte tatsächlich solche Aussagen gemacht, aber nicht einem Ermittler, sondern einem Staatsanwalt gegenüber, nämlich dem Stellvertretenden Generalstaatsanwalt der UdSSR, Wassiljew. Und nicht bevor, sondern *nachdem* Ligat-

---

* Ehrlich gesagt, ich halte nicht viel von dieser Beschuldigung. Zunächst erklärte Usmanchodshajew, daß er, da er hoffte, Raschidows Platz nach dessen Tod einzunehmen, und auf Ligatschows Hilfe rechnete, diesem einen wertvollen, fünfhundert Jahre alten Teppich geschenkt habe. Diese Aussagen sind im Protokoll festgehalten worden. Doch dann begriff man, daß ein so einzigartiges Museumsstück eine Geschichte haben mußte: Woher stammte dieser Teppich? Wo war er früher verwahrt worden? Wie hatte Usmanchodshajew ihn an sich gebracht? Ohne lange nachzudenken, ersetzten die Ermittler den Teppich durch 60 000 Rubel, die in zwei Raten übergeben worden seien – das war verständlicher, normaler und einfacher.

schow unter grobem Mißbrauch seines Amtes einen Anschlag auf die Pressefreiheit unternommen und den Journalisten einen Maulkorb angelegt hatte. Usmanchodshajew machte diese Aussagen am 26. Oktober 1988, fast zwei Monate nach dem Beginn der Verhandlung des Obersten Gerichtshofs gegen Tschurbanow. Er nannte Namen hochgestellter Empfänger von Bestechungsgeldern; es war ein Bukett, das jeden an der Ermittlung beteiligten Juristen in Schwindelgefühle versetzen und ihm den Atem stocken lassen mußte: Ligatschow, Romanow*, Solomenzew**, Kapitonow***, Rekunkow, Soroka****, Terebilow***** – insgesamt siebzehn Personen aus den höchsten Parteirängen.

Darauf, in welchem Maße diese Ausagen zuverlässig sind und was sich hinter ihnen verbirgt, werde ich später noch eingehen. Wichtig ist hier nur zu wissen, daß es nicht diese Aussagen waren, die Ligatschow zu seinem Einschreiten veranlaßten. Sein persönliches Interesse an einer größtmöglichen Unterdrückung der Glasnost hatte andere Gründe: Der Kreis der »Opfer« der Rechtsprechung mußte, koste was es wolle, eingeschränkt werden, denn sonst bestand die Gefahr, daß auch »seine« Leute erfaßt wurden. Manche waren von Ligatschow selbst, der den Kaderdienst leitete und seine Position als »zweiter« Mann ausnutzte, in Führungsämter befördert worden. Andere, die auch ohne seine direkte Einwirkung hohe Posten erhalten hatten, gehörten zu seinen Gesinnungsgenossen und bildeten jenen mächtigen Clan von Apparatschiks, die sich an ihre Sessel krallten, weil sie spürten, daß die Perestroika sie ins Wanken bringen konnte.

---

* Grigorij Romanow: bis 1985 Politbüromitglied, langjähriger Erster Sekretär des Leningrader Gebietskomitees, danach ZK-Sekretär; Führer der »Falken«, der nach Breschnews Tod im Verein mit Viktor Grischin gegen die Wahl Gorbatschows zum Generalsekretär opponierte.

** Michail Solomenzew: Politbüromitglied, Vorsitzender des Komitees für Parteikontrolle.

*** Iwan Kapitonow: ZK-Sekretär, danach Vorsitzender der Zentralen Revisionskommission des ZK der KPdSU.

**** Oleg Soroka: damals Stellvertretender Generalstaatsanwalt der UdSSR, Leiter der Hauptuntersuchungsbehörde.

***** Wladimir Terebilow: damals Vorsitzender des Obersten Gerichtshofs der UdSSR.

Hätte man ihre Namen im Laufe des Prozesses nur ein einziges Mal erwähnt, so wären die Betroffenen sofort in der Presse erschienen, und dies hätte sie Ligatschows straffer Kontrolle entzogen. Der Schutz *seiner* Leute in der bereits unverhüllten Auseinandersetzung zwischen reaktionären und demokratischen Kräften, in dem sich verschärfenden Machtkampf – das war es, worauf es für ihn ankam!

Und natürlich gab es noch einen anderen Grund, weshalb Ligatschow die zunehmend neugierige Presse in die Schranken verwies. Im offiziellen Jargon handelte es sich darum, die Partei vor einer Kompromittierung durch die Verleumdung ihrer Führungskader zu bewahren.* Deshalb gab es eine Absprache: Die Angeklagten konnten als Gegenleistung für ihr Schweigen und ihr »vernünftiges« Verhalten vor Gericht mit milderen Strafen oder sogar mit Straflosigkeit rechnen. Die Machthaber hinter den Kulissen hatten den Journalisten demonstrativ den Mund gestopft und dadurch überzeugend zu verstehen gegeben, daß ihre Versprechen nicht Schall und Rauch waren, sondern daß sie ihr Wort hielten.

Als der Prozeß kurz vor Neujahr zu Ende ging und der Richter, Generalmajor Michail Marow, das Urteil verkündete, tauschten alle, die nur ein wenig mit der »Gerichtsküche« vertraut waren, vielsagende Blicke aus. Der frühere Stellvertretende Innenminister Usbekistans, Pjotr Begelman, der sich auf

---

* In diesem Zusammenhang fällt mir ein in jenen Jahren populärer Witz ein. Ein Kolchosvorsitzender wird vom Sekretär des Parteibezirkskomitees angerufen:

»Hör zu, Iwan, bald treffen amerikanische Journalisten bei dir ein. Daß du ihnen bloß nicht alles zeigst.«

»Die waren schon da. Vor einer Stunde sind sie weggefahren.«

Der Bezirkssekretär fragt entsetzt: »Hast du ihnen etwa den Stall gezeigt, in dem die Kühe vor Hunger krepieren?«

»Ja.«

»Und das Krankenhaus, dessen Dach leckt und die Wände zerbröckeln?«

»Ja.«

»Und die Schule, in der Ratten herumlaufen?«

»Ja.«

»Bist du verrückt geworden, die werden über das alles in ihren Zeitungen schreiben.«

»Es ist wirklich traurig«, antwortete Iwan. »Wieder solche böswilligen Verleumdungen!«

keine Absprachen hinter den Kulissen eingelassen und vor Gericht seine Aussagen über den Empfang einer Datscha und gewisser Bestechungssummen bestätigt hatte, wurde zu einer härteren Strafe verurteilt als jene, die sich vor Gericht *vernünftig* verhalten und alles geleugnet hatten. Am verblüffendsten war jedoch, daß der zweitwichtigste Angeklagte, Chajdar Jachjajew, nicht ins Gefängnis kam, sondern nach Hause zurückkehrte, um den Beginn des neuen Jahres im Kreise seiner Familie und seiner Freunde zu feiern. Die Presse, die vier Monate lang kein Recht gehabt hatte, außer den wenig plausiblen TASS-Bulletins Berichte über den Prozeßverlauf zu drucken, sollte nun vielen Millionen Lesern diese rätselhafte Entwicklung erklären. Aber wie läßt sich etwas Unerklärliches erklären?

Ich habe Jachjajew als den zweitwichtigsten Angeklagten in diesem Prozeß bezeichnet, aber ich bin nicht sicher, daß diese Einstufung korrekt ist. Oder genauer gesagt, ich bin sicher, daß sie nicht zutrifft.

Gewiß, Tschurbanow war eine auffällige, grelle Gestalt, schon deshalb, weil er der berüchtigte Schwiegersohn Breschnews war, ein Mann, der geradezu eine Varietékarriere hinter sich hatte. Da war zum Beispiel seine geheime (!) Auszeichnung mit dem Staatspreis »für die Organisation vorbildlicher Ordnung in Moskau während der Durchführung der Olympischen Spiele«. Aber in Wirklichkeit – gemessen an dem Platz, den er einnahm, und an der Rolle, die er in der Mafia spielte – war Tschurbanow eine unbedeutende, winzige Figur. Seine Position – nicht als Stellvertretender Minister, sondern als Angehöriger der »ersten Familie des Landes« – erlaubte es ihm, zu bluffen und die Illusion zu erzeugen, daß er tatsächlich imstande sei, etwas zu tun: Leute zu ernennen, Leute zu befördern, Leuten zu helfen. Und man brachte ihm Geschenke, die das Budget der Mafia kaum belasteten. Selbst wenn die Mafiosi nicht mit seiner Unterstützung rechneten, so hofften sie doch, daß er sie nicht stören würde. Und er erfüllte diese Hoffnung.

Die wirklich einflußreiche Person dieser Verhandlung war der von Tschurbanow in den Hintergrund gedrängte Generalleutnant Chajdar Jachjajew *. Wladimir Olejnik **, einer der besten sowjetischen Ermittler, der die echte Machtverteilung innerhalb des Mafia-Clans kennt, bestätigt, daß es kein anderer als Jachjajew war, der entscheidend zur Errichtung der »Raschidow-Herrschaft« beitrug und in Usbekistan ein System des Spitzelwesens und der brutalen Abrechnugn mit allen, welche die Mafia behinderten, aufbaute. Schließlich war er so mächtig geworden, daß er eine Gefahr für jene darstellte, denen er eigentlich hätte dienen und die er hätte beschützen sollen. Deshalb ersetzte Raschidow ihn durch Ergaschew, der absolut loyal war.

Aber diese Intrigen, die in jeder Mafiagruppierung zu finden sind, brauchen uns hier nicht zu interessieren. Uns kommt es auf das Ergebnis an: Tschurbanow, dem man im Laufe der Zeit immer weniger und geringere Verbrechen zur Last gelegt hatte, wurde trotzdem zu zwölf Jahren Gefängnis verurteilt. Jachjajew dagegen, dessen Anklagepunkte nicht reduziert worden waren und den die Staatsanwaltschaft zur Zielscheibe zahlreicher Bezichtigungen gemacht hatte, durfte unter dem Vorwand, daß sich Verfahrensfehler in die Ermittlungen gegen ihn eingeschlichen hätten, wohlbehalten nach Hause zurückkehren. Auf diese Weise erfuhren wir, wer tatsächlich welchen Rang in der Mafia bekleidete, wem die Mafia verpflichtet war und wen sie in Erfüllung ihrer Pflicht schützte.

Hier drängt sich der Gedanke auf, daß die wahre Kräfteverteilung innerhalb der sowjetischen Mafia noch nicht völlig offengelegt wurde. Vielleicht sind wir der Aufdeckung dieser Geheimnisse noch nicht einmal nahegekommen. In der *Prawda* wurde einmal am Rande erwähnt, daß Tschurbanow in jenen denkwürdigen Oktobertagen, als er Taschkent mit seinem Be-

---

* Ein merkwürdiges Detail, das den Leser erheitern mag: Dieser General, der nicht hinter dem »hervorragenden Prosaschriftsteller« Raschidow zurückstehen wollte, beschloß, ein »hervorragender Dichter« zu werden und gab sechs Sammlungen »seiner« Poesie heraus. Vor Gericht prahlte er, ein Exemplar eines seiner Sammelbände stehe in der Bibliothek der University of Illinois, USA.

** Weil er der beste Ermittler war und allzuviel wußte, wurde Olejnik »auf eigenen Wunsch« aus der Staatsanwaltschaft entlassen und von den Ermittlungen ferngehalten. Später wählte man ihn in einem der Moskauer Bezirke zum Volksdeputierten der RSFSR.

such beglückte (und ich einträchtig mit ihm im »Sonderzimmer« speiste), mit Raschidow eine für beide sehr wichtige Problematik erörtert habe: Wie man einem kleinen Schankwirt helfen könne, welcher der Miliz in die Fänge geraten war. In der *Prawda* wurde dies als nebensächliche Einzelheit behandelt, die höchstens davon zeugte, wie tief so achtbare und wichtige Persönlichkeiten gefallen waren.

In Wirklichkeit zeugt der Vorfall von etwas ganz anderem, nämlich davon, daß der dingfest gemachte Schankwirt die wichtige Persönlichkeit war, während Raschidow und Tschurbanow im Verbrechermilieu bestenfalls als kleine Fische galten. Der folgende Gedanke eines sowjetischen Rechtsgelehrten ist vielleicht, so paradox er auch wirken mag, nicht sehr weit von der Wahrheit entfernt:»Es ist nicht ausgeschlossen, daß dieser Schankwirt Minister in einem illegalen Kabinett war, während ihm Tschurbanow und Raschidow nur als Sicherheitsfunktionäre dienten.« Das heißt, die beiden gehörten zu denen, deren offizielle Stellung in der Gesellschaft ihnen die Möglichkeit bot (und darin bestand ihre Hauptaufgabe innerhalb des Mafiasystems), die Unantastbarkeit der wahren Herrscher, deren Namen und Funktionen uns unbekannt sind, zu garantieren. Es sind demnach nicht Leute wie Raschidow oder Tschurbanow, die Schankwirte auf echte (also mit realer Macht ausgestattete) Ministerposten befördern, sondern es sind die Schankwirte, welche die Partei- und Staatsbosse ernennen und stürzen.

Ich meine nicht, daß dies ein Paradoxon, eine Phantasievorstellung oder auch nur eine Übertreibung ist. Wenn in der sogenannten Schattenwirtschaft nach offiziellen Angaben 150 bis 200 Milliarden Rubel umgesetzt werden (wobei die wirkliche Summe nach Ansicht kompetenter sowjetischer Ökonomen mindestens 400 Milliarden Rubel beträgt), so muß ich wiederum fragen: Welche Wirtschaft liegt in Wirklichkeit im Schatten? – Wer über reales Geld verfügt, der verfügt auch über reale Macht.

Es sind aber weniger solche logischen Schlußfolgerungen, welche diese Hypothese belegen, als vielmehr allgemein bekannte Tatsachen. Ist es etwa ein Zufall, daß der rätselhafteste und offenbar mächtigste Vertreter dieses Clans, der in ganz Usbekistan als »Pate« bezeichnet wird, nämlich Achmadshan

Adylow, bereits seit mehr als sechs Jahren in einer Gefängniszelle auf seinen Prozeß wartet, ohne daß ein Ende seiner Untersuchungshaft abzusehen wäre? Selbst wenn er noch vor Erscheinen dieses Buches vor Gericht gestellt werden würde (was äußerst unwahrscheinlich ist), ließe sich nicht an einer Tatsache rütteln: Unter den Augen des ganzen Landes tat die Mafia alles ihr Mögliche, um ihren »Premier« zu retten (auch wenn das Gericht nur einen geringen Teil der Verbrechen Adylows für erwiesen hielte, könnte dies nur die Todesstrafe nach sich ziehen) und zu verhindern, daß unerwünschte Informationen über die noch in Freiheit befindlichen Mitglieder des »Schattenkabinetts« durchsickern, was bei einem öffentlichen Prozeß sehr wahrscheinlich wäre.

Obwohl Achmadshan Adylow Generaldirektor eines agrarwirtschaftlichen Kombinats im Namanganer Gebiet, Deputierter des Obersten Sowjets der UdSSR, ZK-Mitglied der republikanischen Kommunistischen Partei und Held der Sozialistischen Arbeit war, verfügte er de jure nicht über die geringste administrative und politische Macht. Doch de facto besaß er mehr Macht als jeder andere in Usbekistan. Alle, die Raschidow für irgendein Amt ernennen wollte, mußten sich persönlich bei Adylow vorstellen und seine Zustimmung erlangen. Meistens hatte Raschidow nicht einmal Gelegenheit, ihn um einer derartige Erlaubnis zu bitten, denn Adylow »empfahl« ihm einfach seine eigenen Kandidaten. Und die »Empfehlung« war ein Befehl.

Ein Angehöriger von Adylows »Nomenklatura«, der Vorsitzende des Gebietskomitees für Volkskontrolle, erkühnte sich eines Tages, Adylow den Gehorsam zu verweigern, und wurde sofort (sofort!) brutal von Adylow und dessen Vertrautem, dem Ersten Sekretär des Bezirkskomitees, Sitdikow, niedergemacht (und zwar im buchstäblichen Sinne: mit Knüppelschlägen und Fußtritten). Aber die Mafia kennt, wie man weiß, Zeugen gegenüber keine Gnade. Adylow schenkte Sitdikow »als Hilfestellung« ein Gewehr; es war eine recht durchsichtige Anspielung, die Sitdikow »nicht verstand«. Ein paar Tage später wurde er mit zerschmettertem Schädel aufgefunden. Neben ihm lag das Gewehr.

Burijew, ein anderer Parteifunktionär, rief »Genossen aus

Moskau« (von MWD und KGB) gegen Adylow zu Hilfe. Die »Genossen« machten Adylow sofort Meldung, und noch in jener Nacht schleppte man den »Verräter« in die Wüste und schlug ihn brutal zusammen. Bei der Bestrafung war ein Angehöriger des Obersten Gerichtshofs anwesend, welcher der Mafia diesen Posten zu verdanken hatte. Bereits ein paar Monate später verurteilte er Burijew nach einer fingierten Anklage. Burijew, der die Situation durchschaute, nahm das Urteil schweigend hin, da er wenig Neigung hatte, in seiner Gefängniszelle erdrosselt zu werden.

Usmanchodshajew brauchte Adylows Unterstützung, um zum Präsidiumsvorsitzenden des Obersten Sowjets und zum Ersten ZK-Sekretär Usbekistans aufzurücken. Hierzu mußte Usmanchodshajew eine »Prüfung« absolvieren, die darin bestand, mit einem der »Abweichler« abzurechnen. Aber Usmanchodshajew war dazu nicht fähig. Er bat kniefällig um Vergebung und leckte Adylows Stiefel (im wahrsten Sinne des Wortes).

Adylow vergab ihm und glaubte, ihn dadurch zu seinem Handlanger gemacht zu haben. Doch wer auf einen solchen Posten berufen wird, hing und hängt von vielen Personen ab, und zwar nicht nur in der Hauptstadt der Republik, sondern vor allem in Moskau. Wie Usmanchodshajew und Adylow selbst einräumten, mußten sie Millionen Rubel für die Ernennung aufbringen. Wer erhielt dieses Geld? Zumindest Breschnew und Suslow müssen in die Sache verwickelt gewesen sein; aber auch an Tschernenko, Andropow und anderen, die ihr Einverständnis schriftlich zu bekunden hatten, war nicht vorbeizukommen.

In vielen von Adylows Aktionen sind nur zu deutlich die Züge eines rein orientalischen Sadismus und Despotismus zu erkennen. Die Medunowsche Mafia, obwohl ihrem Wesen nach nicht weniger brutal, wäre wahrscheinlich, im Gegensatz zu Adylow, niemals auf den Gedanken gekommen, ein unterirdisches Gefängnis für ungehorsame oder sonstwie »schuldige« Mafiamitglieder einzurichten. Auch hätte sie keine Folter organisiert, die Adylow selbst als »Karbyschowka«[*] bezeich-

---

[*] Dieser Folter wurde der gefangene sowjetische General Professor Dmitrij

nete: Halbtote, nackte Personen wurden an einen Pfahl gefesselt und bei starkem Frost mit kaltem Wasser übergossen.

Hier geht es nicht um die spektakulären Einzelheiten, die den Leser, der bis zur Genüge von den Greueltaten in Kambodscha, Afghanistan oder Uganda gehört hat, kaum noch überraschen können, sondern um jene Geheimmechanismen, die von der Mafia auf den höchsten Stufen der Parteihierarchie eingesetzt werden, um die Macht an sich zu reißen und ihre Mitglieder in Schlüsselpositionen unterzubringen. Boris Swiderskij, der das Ermittlerteam in Adylows Angelegenheit leitete, erklärte in einem seiner Interviews: »Adylow und seine Anhänger haben ihre Kandidaten mehr als zwanzig Jahre lang auf Schlüsselpositionen gehievt. Die meisten von ihnen haben weiterhin führende Ämter in den verschiedenen Bereichen des Staatsapparats inne. Es ist in ihrem Interesse, die Untersuchungen scheitern zu lassen.«

Aus diesen lakonischen Worten wird deutlich, daß einflußreiche Leute die Aufdeckung der Verbrechen behindern und daß die Ermittler ihre Namen nicht laut auszusprechen wagen. Zudem ist hinreichend bekannt, daß unter diesen Leuten auch prominente Journalisten sind, die bis heute wichtige Stellungen in den Massenmedien bekleiden. Adylows Beziehungen erstreckten sich nicht nur auf Moskau, sondern auch auf die baltischen Staaten und auf Sibirien. Seine enge persönliche Bekanntschaft mit Breschnew und Suslow ist sehr gut dokumentiert. Es gibt überzeugende Beweise – direkte oder indirekte – dafür, daß sich Adylows Reichtümer auf Abermillionen Rubel in Wertsachen und Banknoten belaufen. Gefunden wurden jedoch nur einige hunderttausend. Der Großteil befindet sich weiterhin im Umlauf und grantiert die Lebensfähigkeit und Sicherheit der unverwüstlichen Mafia. Wer also regiert das Land wirklich – nicht auf der Bühne, sondern hinter den Kulissen?

Dies ist durchaus keine rhetorische Frage. Sie fordert eine Antwort. Aber ich bezweifle sehr, daß wir bald eine Antwort erhalten werden. Vorläufig wird eine führende Gestalt Usbekistans nach der anderen unter gewichtigen, schwer anfechtba-

---

Karbyschew in dem nationalsozialistischen Lager Mauthausen ausgesetzt. Er verwandelte sich in eine Eissäule und ging qualvoll zugrunde.

ren Vorwänden (Unschuldsvermutung; Unzulässigkeit apriorischer Schlußfolgerungen oder Vorurteile; Berufung auf das Prinzip: im Zweifel für den Angeklagten – welch wunderbare Postulate! Wer könnte an ihnen Anstoß nehmen?) aus der Haft entlassen und den Ermittlungen enzogen. Es handelt sich um die engsten Kampfgefährten und Freunde Raschidows: die früheren ZK-Sekretäre Timofej Ossetrow, Rano Abdullajewa (ihr Fall wurde immerhin verhandelt, doch der Oberste Gerichtshof bedachte sie mit einem Freispruch), die Präsidiumsvorsitzende des Obersten Sowjets von Usbekistan, Jagdar Nasriddinowa, und viele, viele andere.

Womit haben wir es hier zu tun? Mit dem Triumph der Rechtsprechung oder mit dem Wirken der Mafia? Die Zukunft wird es zeigen.

7. KAPITEL

Königliche Jagden

Es war 1986. Gorbatschows Perestroika war gerade ins Rollen gekommen. In Usbekistan liefen die Ermittlungen zur Baumwollaffäre auf vollen Touren. Das KGB übergab der Staatsanwaltschaft sämtliche Materialien über die unglaubliche Manipulation mit aufgeblähten Ziffern, und das Ermittlerteam aus Moskau, geleitet von Wladimir Kalinintschenko, dem Chefermittler für besonders wichtige Angelegenheiten in der Generalstaatsanwaltschaft der UdSSR, fand immer mehr erhärtende Indizien. Die Sache wuchs sich aus und erfaßte die höchsten Amtsträger.

Auf dem Höhepunkt dieser Arbeit, die offensichtlich noch viele Jahre dauern würde, kam ein Anruf vom Generalstaatsanwalt. Alexander Rekunkow beorderte Kalinintschenko in aller Eile nach Moskau zurück, wo diesem ein neuer Auftrag von größter staatlicher Wichtigkeit erteilt wurde. Er solle sich nach Kasachstan, der Nachbarrepublik Usbekistans, begeben und der Republikführung helfen, Korruptionsfälle bei örtlichen hohen Funktionären aufzudecken.

Ein erfahrener Ermittler wie Kalinintschenko hätte sofort erraten müssen, daß dieser unerwartete, dem Anschein nach verlockende Vorschlag etwas Seltsames und Zweifelhaftes an sich hatte. Aber Kalinintschenko gestand mir später, daß er nicht *sofort* Verdacht schöpfte. Er war an die impulsiven und unlogischen Aktionen seiner Vorgesetzten gewöhnt, und außer dem Widersinn, der dem Befehl des Generalstaatsanwalts anhaftete, fiel ihm damals noch nichts auf. Welchen Sinn hatte es, einen Ermittler, der eine Untersuchung noch nicht beendet hat, auf einen anderen, wenn auch nicht weniger bedeutenden Fall anzusetzen?

Aber bald zeigte sich, daß diese Entscheidung im Gegenteil ganz logisch und sorgfältig durchdacht war. Sie zeugte von der Tatsache, daß die Mafia von erfahrenen, intelligenten, umsichtigen Profis beraten wird. Schließlich weiß man sehr gut, daß eine Unterbrechung des Rhythmus stets zu einer Verlangsamung führt. Das neue Ermittlerteam mußte zwar nicht von Null anfangen, doch es hatte sich in einer ungewohnten Umgebung neu in den Fall einzuarbeiten. Der usbekischen Mafia war eine Atempause gegönnt worden. Kalinintschenko galt als der erfahrenste, unermüdlichste und unbestechlichste Ermittler des Zentralapparats – einer wie er würde nicht leicht zu finden sein. Der Ermittler Telman Gdljan, der Wladimir Kalinintschenko in Taschkent ablöste, war damals noch eine unbekannte Größe. Wer hätte ahnen können, daß die Nachfolger Raschidows, die neuen usbekischen Führer, bald bittere Tränen vergießen würden, da sie es, ihren Voraussagen zum Trotz, plötzlich mit einem leidenschaftlichen und besessenen »Rächer des Volkes« zu tun hatten?

Kalinintschenkos Versetzung war von Breschnews Günstling und Freund, Dinmuchamed Kunajew, dem Politbüromitglied und Ersten ZK-Sekretär Kasachstans, arrangiert worden. Er durfte hoffen, daß die Operation ein Erfolg gewesen war und daß er seine Feinde überlistet hatte. Ihm war rechtzeitig klargeworden, daß es keinen Sinn hatte, passiv abzuwarten, bis die Moskauer Ermittler auf seine gigantische Republik aufmerksam wurden. Also ergriff er die Initiative und setzte sich höchstpersönlich an die Spitze des Kampfes gegen die Korruption: Angriff ist die beste Verteidigung!

Deshalb bat er den Generalstaatsanwalt um Hilfe bei seinem Feldzug gegen die Mafia; man solle den »besten Ermittler, den Genossen Kalinintschenko«, zu ihm entsenden. Welcher Generalstaatsanwalt hätte eine solche Bitte, zumal von einem Politbüromitglied, abschlagen können? Wir dürfen nicht vergessen, welche entscheidende Rolle die Kommunistische Partei damals, im Jahre 1986, noch spielte. Kunajews Sturz war nicht abzusehen, und ihm haftete der Glanz eines allmächtigen Angehörigen der höchsten Führung an.

Dies waren die Umstände, unter denen Kalinintschenko in Alma-Ata, der kasachischen Hauptstadt, eintraf, um den »persönlichen Auftrag« des Politbüromitglieds und Ersten ZK-Sekretärs der Republik auszuführen. Doch Kalinintschenko merkte sehr bald, welche listigen Pläne der kasachische Führer schmiedete. Kunajew selbst bestimmte den Kreis der korruptionsverdächtigen Personen und die Gebiete, wo die Korruption am besten gedieh. Seine Aufmerksamkeit richtete sich immer wieder auf die Stadt Karaganda und deren Verwaltungsbereich. Selbst wenn Korruptionsverdächtige in der Republikhauptstadt Alma-Ata arbeiteten, stellte sich stets heraus, daß sie aus Karaganda und dessen Nachbarbezirken stammten.

Wer mit den kasachischen Sitten und der Realität in jenen gewaltigen, der Außenwelt kaum bekannten Gebieten (das Territorium Kasachstans ist fast so groß wie die gesamte Fläche Europas ohne den europäischen Teil der UdSSR) nicht vertraut ist, wird nur mit Mühe begreifen, welche Hintergründe diese hier sichtbar werdenden interregionalen Konflikte hatten. Es ist so, daß die Führungsspitze, ungeachtet ihrer Fassade von Geschlossenheit und Einheit, durch brutale Machtkämpfe gespalten wird. In Kasachstan herrscht praktisch Kriegszustand zwischen zwei Gruppen von »Landsleuten«. Kunajew selbst stammt aus dem Gebiet der Hauptstadt Alma-Ata, ebenso wie alle damals wichtigen Führungskader, die ihm absolut ergeben waren. Außerdem sind die Angehörigen des herrschenden Clans durch enge oder fernere Verwandtschaftsbande miteinander verknüpft. Für einen Außenstehenden ist es nicht einfach, diese Familienbande zu entwirren.

Dieses Problem ergibt sich jedoch nicht im Falle von Kunajews jüngerem Bruder Askar, den Kunajew zum doppelten Akademiemitglied (der UdSSR und der Kasachischen Republik) sowie zum Präsidenten der Akademie der Wissenschaften Kasachstans, also zum uneingeschränkten Herrscher über alle Wissenschaftler des Landes, ernennen ließ. Dieser Trunkenbold und Dummkopf war der gesamten kasachischen Intelligenz verhaßt.

Wenig Kopfzerbrechen macht auch das Verhältnis zu Askarow, dem Ersten Sekretär des Gebietskomitees von Tschimkent, mit dem Kunajew durch die Heirat ihrer Kinder verbunden war. Solche Verwandtschaftsverhältnisse sind offenkundig. Aber es gab auch unsichtbare Beziehungen: durch gemeinsame Herkunft, gemeinsamen Schul- oder Universitätsbesuch usw. Und die ganze Republik war in solche Beziehungen verstrickt.

177

Als Kunajews Thron mit Gorbatschows Machtübernahme ins Wanken geriet, wenn auch zunächst kaum merklich, trat die »Opposition« auf den Plan, die nur dem Namen nach andere Prinzipien verfocht. In Wirklichkeit handelte es sich nur um einen Machtkampf unterschiedlicher Gruppen. Die Herausforderung an Kunajew und seine Leute ging von der Karagander Gruppe aus. Sie wurde von Nursultan Nasarbajew geleitet, dem früheren Gebietssekretär von Karaganda, der inzwischen infolge der Absprachen zwischen den Clans zum ZK-Sekretär der Kommunistischen Partei Kasachstans aufgestiegen war. Breschnew hatte Kunajew vorbehaltlos unterstützt, aber Moskau konnte sich nicht auf eine Verschärfung des Konflikts einlassen, die unvermeidlich gewesen wäre, wenn man andere »Sippen« und »Landsmannschaften« völlig ausgeschaltet hätte.

Da Nasarbajew achtundzwanzig Jahre jünger war als Kunajew, hatte er schon aus Altersgründen einen erheblichen Vorteil gegenüber dem hinfällig werdenden »Vater der Nation«. Der Ehrgeiz von Nasarbajews Gefährten, denen hohe Ämter und uneingeschränkte Macht winkten, veranlaßte ihn zu entschlossenen Aktionen. »Jetzt oder nie«, muß er gedacht haben, denn er wagte einen im ersten Stadium der Perestroika noch fast undenkbaren Schritt: Auf dem Parteikongreß der Republik erlaubte er sich, den Genossen Kunajew persönlich zu kritisieren!

Genosse Kunajew, der nicht einfältig war, begriff natürlich, daß Gorbatschow hinter Nasabajew stand und daß man ihm den Fehdehandschuh hingeworfen hatte. Die »Opposition« hatte nun keine andere Möglichkeit mehr, als seinen möglichst raschen Sturz herbeizuführen. Was konnte er Nasarbajew und dessen Freunden entgegensetzen? »Ideologische« Gesichtspunkte? Argumente? Parlamentarische Rhetorik? Selbst wenn er keine konkreten Beweise besessen hätte, wäre kein Zweifel daran möglich gewesen, daß die »Karagander« genauso in die Verbrechen der Mafia verstrickt waren wie die Vertreter jeder anderen kasachischen Region. Alle wissen nahezu alles über einander, aber sie geben es nach ungeschriebenen Mafiaregeln nicht zu erkennen – jedenfalls nicht, bevor man ihnen die erste Herausforderung entgegenhält.

Die erste Herausforderung war von den Karagandern ausgegangen, und nun hatten die Kunajew-Leute das Recht zu einem Gegenschlag. Dieser war um so wirksamer, als Kunajew zuverlässige Informationen über eine der zynischsten und unverschämtesten Unternehmungen der Mafia von Karaganda besaß. Und um seinen Gegenschlag auszuführen, hatte er nun die Dienste Kalinintschenkos angefordert. Es war ein prächtiger Plan, wie ich meine, und er sollte, wenn nicht in jeder Hinsicht, so doch in den Hauptpunkten erfolgreich sein.

Anatolij Karawajew, der Straßenverkehrsminister Kasachstans, stammte aus Karaganda; zudem war er kein Kasache, sondern Russe. Dies genügte, um ihn zu einem »Fremden« zu machen oder jedenfalls zu einem Menschen, dessen Schicksal Kunajew völlig gleichgültig war. Er setzte also den gerade eingetroffenen Kalinintschenko auf Karawajews Mafia an.

Daran, daß eine solche Mafia existierte, gibt es nicht den geringsten Zweifel; ungewiß ist nur, ob sie von Karawajew oder von jemand anderem geleitet wurde. Dadurch, daß Kunajew einen ihrer keineswegs unschuldigen, doch vermutlich nicht entscheidenden Angehörigen verriet, lenkte er die Ermittlungen auf ein Nebengleis und rettete seine eigenen wichtigsten Mitarbeiter. Und gleichzeitig versetzte er seinen gefährlichsten Rivalen einen schmerzhaften Schlag.

Die Haupteinnahmequelle der Mafia von Karaganda war von geradezu absurder Einfachheit. In einer so großflächigen Republik wie Kasachstan sind die Städte und Siedlungen sehr weit voneinander entfernt, und es gibt fast keine Verkehrsverbindungen. Nur hier und da werden Flugzeuge eingesetzt, und das Eisenbahnnetz befindet sich, nach westlichen Maßstäben, auf dem Stand des Jahrhundertbeginns. Praktisch das einzige Verkehrsmittel sind die zwischen den Städten verkehrenden Autobusse, und sie sind im Besitz einer Monopolorganisation, der sogenannten Passagierverkehrsbehörde.

Die Passagiere waren bereit, fast jeden Preis für die Beförderung zu zahlen, aber hier war das Risiko der Entlarvung zu groß. Schließlich fand sich immer irgendein beleidigter Gerechtigkeitsfanatiker, der eine Anzeige machen konnte. Die Mafiosi gingen umsichtiger vor und nahmen den Passagieren keine einzige zusätzliche Kopeke ab. Aber fünfundsiebzig bis achtzig Prozent der Passagiere erhielten nach der Bezahlung keine Karten. Alle Kontrolleure und Buchprüfer waren in den Schwindel verwickelt, weshalb es fast unmöglich war, die Diebe zu entlarven. Damit nicht genug, alle Fahrer waren ohne Ausnahme an der »gemeinsamen Sache« beteiligt. Deshalb wäre es nicht unangebracht, dieses Unternehmen als eine Aktiengesellschaft sowjetischen Stils zu bezeichnen.

Jeder »Aktienbesitzer« bezog Einkünfte, die sich nach seiner persönlichen »Investition« richteten, und je höher sein Amt war, desto größer waren natürlich die Dividenden. Ein Teil des Geldes wurde für »Geschenke« an Partei- und Verwaltungsbosse in Karaganda wie in Alma-Ata ausgegeben. Um die Moskauer Bosse brauchte sich diese bescheidene Mafia nicht zu kümmern, denn die Moskauer wurden von denen versorgt, die viel umfangreichere Geschäfte betrieben. Und es diente dem Schutz ebendieser umfangreicheren Geschäfte, daß Kunajew die Ermittler aus dem Zentrum mit edler Parteiinbrunst auf die »elenden Betrüger von Karaganda« losließ.

Das Ermittlungsteam aus Moskau stürzte sich, unter dem Befehl und der weisen Anleitung Kunajews, mit unglaublichem Erfolg auf die örtlichen Fahrer und ihre unbedeutenden Bosse. Den hohen Boß, Minister Karawajew, benötigte Kunajew nur zur Ablenkung, damit die ganze Affäre nicht den Eindruck vermittelte, daß mit Kanonen auf Spatzen geschossen wurde.

Niemand hätte den Ermittlern vorwerfen können, unschuldige Personen aufs Korn genommen zu haben. Darüber hinaus stand die Staatsanwaltschaft eher vor einem moralischen als vor einem juristischen Problem. Wenn sie sich streng an den Buchstaben des Gesetzes gehalten hätte, wäre es nötig gewesen, mehrere hundert Menschen (nach anderen Schätzungen bis zu zweitausend), die alle kleinere oder größere Verbrechen begangen hatten, auf die Anklagebank zu bringen. Abgesehen von rein humanitären Überlegungen und der ganz offenkundigen Furcht vor dem nahezu unvermeidlichen Ausbruch von Massenunruhen, standen einem solchen Verfahren auch pragmatische Gesichtspunkte entgegen: Es wäre erforderlich gewesen, sämtliche Autobusfahrer der Region zu verhaften. Darauf konnte die Staatsanwaltschaft sich natürlich nicht einlassen, was dem Kunajew-Clan später Gelegenheit verschaffte, demagogisch aufzuheulen und die Ermittler zu bezichtigen, diese hätten »sich aus egoistischen Gründen mit der Mafia abgesprochen«.

Kunajew versuchte, die Untersuchung persönlich zu leiten, sie in die richtige Bahn zu lenken und die »Hauptkader« vor der Entlarvung zu bewahren. Da er damals noch Politbüromitglied und der mit allen Machtbefugnissen ausgestattete Herr der Republik war, konnten die Ermittler Kunajew unter den realen Bedingungen des Jahres 1986 nicht widersprechen, so ehrlich und objektiv sie auch sein mochten und wie sehr sie sich auch bemühten, ihrer professionellen Pflicht treu zu bleiben. Infolgedessen erhielten die Hauptmafiosi mindestens ein halbes Jahr Aufschub, so daß sie in der Lage waren, ihre Reichtümer zu verbergen und Beweisstücke verschwinden zu lassen. Auch der Tempoverlust wirkte sich, wie ich wiederholen muß, nicht günstig für die Ermittler aus. Also hatte Kunajew seine Hauptaufgabe erfüllt, die darin bestand, den Kern der Mafia und all ihre »Gewinne« zu schützen und die Ermittler an einem Angriff auf breiter Front zu hindern. In Kasachstan gelang es nicht, so etwas Ähnliches wie die »usbekische Angelegenheit« zu organisieren.

Ohnehin hatte es sogar die usbekische Mafia geschafft, den größten Teil ihres Geldes und ihrer Wertsachen zu retten. Als man in Taschkent merkte, daß die Gefahr einer Zerschlagung drohte, wurden Säcke mit Banknoten, Gold, Schmuck und Antiquitäten ins benachbarte Kasachstan geschickt, wo der mächtige Kunajew immer noch außer Verdacht war und wo seine Mitarbeiter zuverlässige Verstecke für diese unschätzbaren Reichtümer finden konnten. Nur ein kleiner Teil wurde später ausfindig gemacht.

Trotzdem war Kunajew zum politischen Untergang verdammt, was ihm natürlich bewußt gewesen sein muß. Ein paar Jahre später konnten weder Gorbatschow noch das gesamte Politbüro nach eigenem Gutdünken den Chef einer Republik ablösen oder ernennen. Der Kreml hatte nicht mehr das letzte Wort, und Moskau konnte keinen »Gouverneur« mehr entsenden. Aber im Jahre 1986 war dies alles noch möglich. Wir dürfen zu Recht sagen, daß Kunajews Ablösung durch ein Imperialdekret aus Moskau und die Entsendung des Moskauer Statthalters Gennadij Kolbin nach Alma-Ata die letzte derartige Aktion in der Geschichte des sowjetischen Kolonialsystems darstellten.

Kolbin wurde vom ZK-Sekretär Gennadij Rasumowskij nach Alma-Ata begleitet und der kasachischen Führung in Gorbatschows Auftrag vorgestellt. (Drei Jahre zuvor, als man Kolbin zum »Gouverneur« des Gebiets von Uljanowsk ernannt hatte, war er von Jegor Ligatschow dorthin begleitet worden – ein geringfügiges, doch aufschlußreiches Detail.)

Kunajews Sturz war für Gorbatschow unerläßlich, denn dieser treue Satrap Breschnews war ein offener Gegner des Generalsekretärs und seiner Perestroika-Politik. Da er über eine gewaltige Macht in der Republik und weitgespannte Kontakte im sowjetischen Parteiapparat verfügte, war er in der Lage, den geplanten Reformen Hindernisse in den Weg zu legen. Zudem war das zentrale KGB gut über die Mafiastrukturen unterrichtet, in denen alle, die Kunajew nahestanden, eine aktive Rolle spielten, und es wußte, daß Kunajew als echter »Pate« die reichen Gaben der Mafiosi mit Freuden entgegennahm.

Doch Gorbatschow übersah zwei äußerst wichtige Faktoren, die zwar Kunajew nicht vor dem politischen Sturz retteten, den Generalsekretär jedoch zwangen, auf eine umfassende Säuberung, auf eine gründliche »Ausjätung« der Führungskader der Republik und ihrer zahlreichen Gebiete sowie auf eine breite, rückhaltlose Offensive gegen die kasachische Mafia zu verzichten.

Der erste dieser beiden Faktoren ist allgemein bekannt: Die Berufung eines Nichtkasachen, eines Russen, in die Spitzenposition der Republik gab Kunajew und seinen Anhängern die Möglichkeit, an nationalistische Gefühle zu appellieren und diese zur Hauptwaffe ihres Widerstands gegen die Perestroika zu machen. Die Kunajew-Leute besaßen keine andere Waffe, die sie so blitzartig hätten einsetzen können, und deshalb war die mangelnde Weitsicht Gorbatschows, der den alten, so häufig angewandten Methoden folgte, ein Göttergeschenk für sie. Gorbatschow ahnte nicht, welchen Geist er dadurch aus der Flasche entweichen ließ. Man kann den 17. Dezember 1986, als die Unruhen in Alma-Ata aus Anlaß der Absetzung Kunajews und der Ernennung des Gorbatschow-Anhängers Kolbin per Dekret aus Moskau begannen, als den Tag bezeichnen, an dem ein neues politisches Phänomen geboren wurde: das Nationalitätenproblem, das schließlich die Grundmauern des sowjetischen Imperiums ins Wanken brachte.

Der zweite Faktor war eng mit dem ersten verbunden und läßt die Widersprüche und die Mehrdeutigkeit jener Prozesse besser verstehen, die sich über viele Jahre hinweg unter Breschnew vollzogen und zur Entstehung zahlreicher Mafiagruppen sowie zum Zusammenbruch des sowjetischen Kolonialsystems führten. Die vollständige Analyse dieser einzigartigen sowjetischen Erscheinung (das heißt des »Breschnewismus«) dürfte das rein negative Klischee von der Geburt und Kräftigung der nationalen Mafiastrukturen zerstören.

Es war nämlich so, daß riesige Geldsummen unverdient und ohne jegliche Warendeckung aus der zentralen Staatskasse in die Staatskassen der einzelnen Republiken gepumpt wurden. (Es gab nicht nur vorgetäuschte usbekische Baumwollernten, sondern auch – und zwar überall – vorgetäuschte Getreide- und Obsternten, Scheinproduktionen von Industriebetrieben usw.) Dies führte in gewissem Maße zur persönlichen Bereichung der Mafiagruppen. Aber, wie bereits erwähnt, floß ein großer Teil dieser Gelder nicht in ihre Taschen, sondern wurde für die Bestechung und Beschenkung der zentralen Mafia ausgegeben und führte gleichzeitig zu einer echten Bereicherung der Republiken selbst.

Nur deshalb verwandelte sich zum Beispiel Alma-Ata, die Hauptstadt Kasachstans, unter Kunajew von einem Provinzdorf in eine schöne, harmonisch angelegte Stadt. Jedesmal, wenn ich durch ihre modernen Avenuen gehe und die Architektur ihrer weiträumigen Plätze, ihre Hotels, Theater, Kunstgalerien und Kulturpaläste vor dem Hintergrund schneebedeckter Berge bewundere, kann ich den Gedanken nicht verdrängen, daß dies alles in erheblichem Maße mit verbrecherisch erworbenen Geldern gebaut wurde, infolge eines Betrugs, vor dem die Betrüger wie die Betrogenen die Augen verschlossen. Dies ist die Paradoxie und die Widersprüchlichkeit einer Situation, die durch die rapide Ausbreitung der Mafia-

Geschwüre entstand, und zwar nicht nur in der Hauptstadt der Republik, sondern in vielen Gebietszentren. Überall wurden die Städte verschönert, bereicherten sich nicht nur Individuen, sondern Zig- und Hunderttausende von Menschen auf Kosten des sowjetischen Haushalts. Aus diesem Grunde betrachtete ein erheblicher Teil der kasachischen Bevölkerung Kunajew als »Vater der Nation« und Wohltäter des Volkes.

Diese Umstände trugen zweifellos zu den zentrifugalen Tendenzen in der sowjetischen Föderation und zum stürmischen Wachstum des Nationalbewußtseins bei. Die totale Korruption in den Republiken wurde zu einem Faktor von großer politischer Bedeutung, der die Abspaltung der Randgebiete vom Zentrum förderte. Jeder Versuch der zentralen Staatsanwaltschaft, den Kampf gegen die nationale Mafia aufzunehmen, geriet mit mächtigen Kräften in der politisch und wirtschaftlich erstarkenden Republik in Konflikt. Der Strom von Geld, Wertsachen und Geschenken, der die Spitzenleute im Staat überflutete, führte dazu, daß diese Amtsträger nicht die Verbrecher verfolgten und bestraften, sondern diejenigen, die gegen die Kriminalität kämpften. Hier waren Kunajew und seine Anhänger erfolgreicher als die meisten anderen.

So bildete sich eine paradoxe Situation heraus, in der die Vasallen den Herren des Imperiums ihre relative Unabhängigkeit und ihren relativen Wohlstand abkauften und zugleich ihre politische Loyalität garantierten. Dafür verlangten sie, daß ihre Bereicherungsversuche nicht gestört wurden. Dieses Arrangement geriet in Gefahr, als ein »Agent Moskaus« den »Vater der Nation« ablöste.

Das Faß war bereits mit Pulver vollgestopft, und man brauchte nur noch ein Streichholz an die Lunte zu halten. Die Mafia (sowohl die politische wie die wirtschaftliche – beide waren längst miteinander verschmolzen und bildeten eine Einheitsfront) begriff, daß eine demütige Hinnahme des Moskauer Diktats ihrem Selbstmord gleichkam, zumal die Zerschlagung der benachbarten usbekischen Mafia bereits im vollen Gange war.

Hier muß noch ein dritter Faktor erwähnt werden, den Gorbatschow ebenfalls nicht berücksichtigte, was ihm allerdings nicht angelastet werden kann (schließlich hatte es in der sowjetischen Geschichte bisher keine Präzedenzfälle dieser Art gegeben, und die entscheidenden Entwicklungen, die sich unter Breschnew auf verschiedenen Stufen der gesellschaftlichen Leiter vollzogen hatten, besonders in den Unionsrepubliken, waren kaum bekannt geworden): Die herrschende Elite besaß keine entsprechenden Informationen, eine Analyse fand nicht statt, und es lagen keine wissenschaftlich fundierten Prognosen vor, an denen sich ernsthafte Politiker hätten orientieren können.

Die Jugend und die Studenten sind stets die sensibelste, am leichtesten aufzuwiegelnde Gesellschaftsschicht; sie reagiert empfindlich auf jede »Zündladung«. In Kasachstan, vor allem in Alma-Ata, bestand die Studentenschaft fast ausschließlich aus Protegés der Mafia: aus Kindern von Parteiapparatschiks und anderen Funktionären, aus Sprößlingen von Familien, die ihre Söhne und Töchter mit Hilfe von Mafiabeziehungen und gegen fabelhafte Bestechungsgelder an den höheren Lehranstalten untergebracht hatten. Der Preis eines Studentenausweises, vor allem, wenn das Diplom eine Arbeit im Ausland verhieß, war zuerst auf 40 000 und dann auf 60 000 Rubel angestiegen. Obwohl die Kasachen nur ein Drittel der 15 Millionen umfassenden Bevölkerung ausmachen, stellten sie den Löwenanteil der Studenten. Offiziell wurde dies mit der Notwendigkeit erklärt, die nationalen Kader zu fördern und eine nationale Intelligenzija entstehen zu lassen, doch hinter dieser wohlanständigen Fassade wurde den Vertretern einflußreicher Mafiagruppen, die sich hauptsächlich aus kasachischen »Landsmannschaften« rekrutierten, der Weg freigemacht.

Der Verlust der politischen Unterstützung für diese Gruppierung brachte sie um ihre Karriereaussichten und – schlimmer noch – bedrohte ihr (vom juristischen Standpunkt aus illegales) Studium an Universitäten und anderen Hochschulen. Eine solche Furcht war durchaus begründet, denn etwas später stellte eine Prüfungskommission fest, daß kein einziger aus einer Kontrollgruppe von Studenten, solche an der philologischen Fakultät eingeschlossen, bei einem einfachen Diktat in der kasachischen und in der russischen Sprache weniger als zwanzig Fehler machte; ihre Essays zu einem Thema eigener Wahl zeugten von erschreckendem Unwissen und finsterer

185

Kulturlosigkeit. Genau dies aber waren die Leute, die in absehbarer Zukunft zu »Führungskadern« werden sollten. – Man kann sich leicht vorstellen, wie leicht es war, sie an jenem ungewöhnlichen kalten Dezembertag zu Kundgebungen für den »Vater der Nation« zu bewegen.

Wäre dies nicht im Jahre 1986, sondern zum Beispiel im Jahre 1989 geschehen, hätte die gewaltige Demonstration, die auf dem Breschnew-Platz in Alma-Ata begann, auf alle Städte der Republik übergegriffen, und der »Vater der Nation«, der »Pate«, wäre zweifellos von der Mafia verteidigt worden, die sich unter der Flagge der nationalen Wiedergeburt gegen die Übergriffe der russischen Kolonialherren auf ihre Reichtümer erhoben hätte. Aber im Jahre 1986 war es noch möglich, »nationalistische Ausschreitungen« mit militärischer Gewalt niederzumachen. Ich setze das Wort »nationalistisch« deshalb in Anführungszeichen, weil es sich in Wirklichkeit um einen Mafia-Aufstand in nationalem Gewand handelte.

Dies bedeutet keineswegs, daß all jene, die gegen die nationale Demütigung und das imperiale Diktat Moskaus protestierten, ausschließlich Mafia-Clans angehörten. Die überwiegende Mehrheit der Teilnehmer an diesem Volksaufstand bestand aus Menschen, die aufrichtig empört über das gedankenlose, abstoßende Verhalten der Nachfolger des Stalinismus und Breschnewismus waren, weil diese nicht im geringsten auf die Gefühle und Interessen eines ganzen Volkes Rücksicht nahmen. Aber für mich ist klar, daß die Mafia-Clans die Explosion initiierten und auslösten, da sie ahnten, daß ihr Ende bevorstand. Sie setzten Leidenschaften frei, die seit langem unter der Oberfläche geschwelt hatten.

Vier Jahre danach räumte der Oberste Sowjet in Kasachstan ein, daß es ein Irrtum gewesen war, die Ereignisse vom 17. Dezember 1986 als »nationalistisch« einzustufen. Interessanterweise wurde diese Revision unter der Präsidentschaft Nasarbajews vorgenommen, der die Moskauer Haltung in jenem denkwürdigen Dezember so inbrünstig verteidigt hatte. So ist es eben – die Zeiten ändern sich, und wir ändern uns mit ihnen. Natürlich war der Aufstand in Alma-Ata nicht nationalistisch im Sinne der Moskauer Interpretation; ihm wurde, ich wiederhole es, ein edler nationaler Charakter von jenen Kräften zugeschrieben, welche die Zeichen ihres bevorstehenden Untergangs erkannten. Deshalb widersprechen die Einschätzung des Autors und die vom kasachischen Parlament 1990 geäußerte Meinung einander nicht.

Die Rufe der Menge: »Gebt uns einen Kasachen, keinen Russen!« liefen auf die Forderung hinaus, die Mafia in Ruhe zu lassen. Die Mafia war nicht in der Lage, Kunajew zu retten, doch sie selbst konnte sich, mit kleinen Ausnahmen, behaupten. Moskau bekam sofort Angst vor nationalistischen Naturgewalten und zog es vor, nicht mehr in ein solches Wespennest zu stechen. Um das Prestige des Kreml zu wahren und dessen unmittelbare Ziele durchzusetzen, genügte es völlig, auf dem bereits getroffenen Beschluß über die Absetzung Kunajews durch Kolbin zu bestehen.*

Die Rettung der Mafia war vielleicht Kunajews größte Leistung. Während die Offensive gegen die Mafia in anderen Republiken, zum Beispiel in Armenien, noch nicht einmal begonnen hatte, war sie in Kasachstan eingeleitet worden, aber sofort versandet. Der Schutzmechanismus, der bis heute nicht durchbrochen ist, funktionierte ausgezeichnet.

1989, drei Jahre nach den Ereignissen auf dem Breschnew-Platz, kam es zu einem unbedeutenden Vorfall, der trotz seiner banalen Einfachheit sehr aufschlußreich ist. Er bedarf keiner Interpretation, sondern spricht für sich selbst.

Ein Ermittler der örtlichen Miliz überfuhr einen Fußgänger,

---

* Gennadij Kolbin, der aus Moskau entstandte »Gouverneur«, traf sofort eine Reihe unverhüllt populistischer Maßnahmen, um sich bei der Bevölkerung Autorität zu verschaffen. Er begann, die kasachische Sprache zu erlernen, und konnte schon bald ein paar Sätze vor einem Publikum aussprechen. Dutzende von früheren Schlössern, Residenzen und »Jagdhäusern« Kunajews wurden den Gewerkschaften oder medizinischen Institutionen übergeben. Aber all dies erhöhte Kolbins Popularität nicht, zumal er die alten Verhaltensmuster der Parteiführer nicht überwand. Zum Beispiel ließ er seine Familie und deren persönliches Gepäck mit einem Sonderflugzeug nach Alma-Ata bringen und die Kosten von der Parteikasse übernehmen. Dies wurde sogleich in Alma-Ata und in der ganzen Repbulik bekannt. Die Sache war trivial, wenn auch charakteristisch; in der damals in Kasachstan herrschenden gespannten Situation handelte es sich jedenfalls um eine Dummheit. Aber wenn Gott jemanden bestrafen will, raubt er ihm bekanntlich die Vernunft. – Kolbins Herrschaft über das fremde Land dauerte drei Jahre.

der an den Unfallfolgen starb. Aus diesem Unfall wurde zunächst ein ganz gewöhnlicher Kriminalfall, denn der Ermittler der Staatsanwaltschaft, der laut Gesetz für solche Untersuchungen zuständig war, hegte den Verdacht, daß der Fahrer das Opfer auf der menschenleeren Chaussee nicht nur überrollt, sondern auch noch ausgeraubt hatte. Dieser Verdacht bewog ihn, bei dem Fahrer eine Haussuchung durchzuführen, wobei er hoffte, einige Habseligkeiten des Opfers zu finden.

Aber bei der Haussuchung fand man etwas ganz anderes, nämlich mehr als hundert Akten von Strafsachen, die sowohl vor wie nach dem Sturz Kunajews gegen die örtliche Mafia eingeleitet worden war. Der Bezirksstaatsanwalt machte der Staatsanwaltschaft der Republik Meldung, und diese erstattete Moskau Bericht. Im Laufe weiterer Nachforschungen entdeckte man noch rund neunzig zusätzliche Akten in verschiedenen Verstecken. Dies führte zu ähnlichen Nachforschungen in ganz Kasachstan. Insgesamt fand man mehr als fünftausend Strafsachen, die eingeleitet worden, doch deren Akten dann auf geheimnisvolle Weise verschwunden waren (manche Experten sind der Ansicht, daß die Zahl viel höher ist).

Alle an diesen Amtsmißbräuchen Beteiligten wurden von Kunajews Leuten durch erhebliche Bestechungsgelder und häufige Auszeichnungen dazu animiert. Dagegen entfernte man ihre Kollegen, die gewissenhafte Ermittlungen anstellten, unter irgendeinem Vorwand aus dem Dienst und sorgte sogar dafür, daß sie zu Opfern gerichtlicher Willkür wurden.

Der interessanteste Aspekt dieses kaum jemandem bekannten Falls ist sein Ergebnis: Die Enthüllungen hätten Sensationscharakter haben und Prozesse nach sich ziehen müssen, doch sie führten nur zu Disziplinarverfahren gegen zweitrangige Funktionäre und zur Wiederaufnahme der Verfahren gegen zehn bis fünfzehn kleine Mafia-Geschäftemacher. Das war alles, und die Stärke der Mafia blieb ungeschmälert erhalten. – Der unsichtbare Dirigent beherrschte seine schwierige Partitur vortrefflich.

Trotzdem kam die kasachische Mafia nicht völlig ohne Verluste davon. Man folgte dem usbekischen Vorbild, wenn auch in viel kleinerem Maßstab. Um den Kunajew-Clan zu schwächen, übergab das KGB der Staatsanwaltschaft einen Teil seiner Informationen über die Aktivitäten der engsten Mitarbeiter des »Führers des kasaschischen Volkes«. Daraufhin wurde Kunajews Assistent Djussetaj Bekeshanow nach ein paar Monaten verhaftet. Bekeshanow war der eigentliche Herrscher der Republik gewesen, da Kunajew ihm gestattet hatte, nach eigenem Gutdünken und unter Nutzung der mündlichen und schriftlichen Formel »Genosse Kunajew bittet um Hilfe« zu handeln. Infolge solcher »Bitten« erhielten Tausende von Menschen, die nach einem ständig steigenden Tarif Bestechungsgelder gezahlt hatten, außer der Reihe eine Wohnung (innerhalb von zwei oder drei Wochen, während die »normale« Wartefrist in Kasachstan fünfzehn bis zwanzig Jahre beträgt), Arbeitsplätze, Pässe für Auslandsreisen, importierte Videogeräte, Möbel, Kleidung, das Recht, ein Auto zu kaufen, Grundstücke für den Bau einer Datscha... Neben Bekeshanow waren noch mehrere Mitarbeiter Kunajews an diesen Machenschaften beteiligt, doch Kunajew selbst schien Distanz zu halten: seine persönliche Unterschrift war auf keinem einzigen illegalen Dokument zu finden. Aber natürlich war es kein Geheimnis, daß er sehr wohl mit diesen »Geschäften« zu tun hatte.

Eine der Personen in Gogols unsterblichem *Revisor* zog es vor, sich nicht mit Geld, sondern mit Barsoiwelpen bestechen zu lassen – in der naiven Annahme, daß ein Hündchen nicht mehr als ein harmloses Geschenk sei. Weder die Ermittler noch ich selbst verfügen über konkrete Beweise dafür, daß Kunajew Geld erhielt, doch die Rolle der »Barsoiwelpen« wurden eindeutig von Gewehren übernommen. Kunajew war ein leidenschaftlicher Jäger und ein noch leidenschaftlicherer Sammler von Jagdgewehren. Natürlich wollte er mit den primitiven Flinten aus der einheimischen Produktion nichts zu tun haben, aber für den Erwerb teurer ausländischer Waffen benötigte man harte Währung. Die Wünsche des »Vaters der Nation« waren auf gesetzlichem Wege nicht zu erfüllen, doch über ungesetzliche Kanäle funktionierte das System vorbildlich. Mit Hilfe von Bestechung konnte man harte Währung und überhaupt alles beschaffen, was das Herz begehrte.

Dutzende von Gewehren, die mit Einlegearbeiten aus wertvollen Metallen und Edelsteinen verziert waren, wurden für Kunajew in England, Belgien und der Bundesrepublik Deutschland gekauft, was seine Sammlung von mehreren hundert Waffen vervollständigte. Gleichzeitig beschenkte man einen anderen passionierten Jäger, nämlich Breschnew, der die gesamte Operation mit seinem breiten Rücken deckte. Auch die Gefolgsleute wurden nicht vernachlässigt: Unter dem Vorwand, daß es stets billiger ist, in größeren Mengen als einzeln einzukaufen, kamen Bekeshanow selbst sowie Kunajews treuer Diener Bajken Aschimow, der unter ihm als Ministerpräsident der Republik diente, an kostbare Gewehre.

Die Geschenke beschränkten sich jedoch nicht auf Gewehre. Kunajews Sammlerleidenschaft erstreckte sich auf alles Wertvolle, wobei der Geschmack dieses halbgebildeten »Akademiemitglieds« (er galt als Experte für die Förderung von Erzvorkommen) überaus vulgär war. Deshalb besorgten ihm seine Lakaien zum Geburtstag eine mit Diamanten übersäte Schweizer Uhr, für die sie in Paris rund 20000 Dollar bezahlten. Dem westlichen Leser mag diese Summe für einen so hohen Funktionär wie Kunajew lächerlich vorkommen, aber im sowjetischen Rahmen gelten ganz andere Maßstäbe. Um eine solche Summe in harter Währung illegal zu beschaffen, benötigt man eine unglaubliche Menge von Rubeln, und um sie legal zu beschaffen, sind unglaubliche Bestechungsgelder erforderlich. Außerdem erhöht sich der Wert eines solchen Gegenstandes, der im ganzen Land einzigartig ist, in der UdSSR um das Zig-, wenn nicht um das Hundertfache. Zahlreiche Mitglieder der Mafia-Clans sind ohne weiteres bereit, jeden Betrag für ein Objekt zu zahlen, das so bequem verwahrt werden kann und keinem Inflationsverlust ausgesetzt ist. Wer also den Wert eines Objekts nur nach seinem Preis bemißt, läßt die sowjetische Realität außer acht.

Die Ermittler konnten einfach nicht herausfinden, wer das Geld für den Kauf wo besorgt und wer den Kauf vorgenommen hatte. Doch halt! Ich habe aufrichtigen Respekt vor den Ermittlern, die diesen Kriminalfall untersuchten, aber wer soll ihnen diese Hilflosigkeit glauben? Die einfache Erklärung ist, daß aus Moskau der Befehl gekommen war, die Sache nicht zu weit zu treiben, »die Leidenschaften nicht zu schüren«. Denn wer A sagt, muß auch B sagen: Wenn konkrete Verbrechen festgestellt wurden, mußte man die Schuldigen, darunter auch Kunajew selbst, zur Verantwortung ziehen. Die Spuren würden unweigerlich nach Moskau führen – und wer weiß, zu wem? Auch hatte man große Angst davor, »die Vergangenheit aufzuwühlen« und »die niedrigen Rachegefühle der Bevölkerung zu entfachen«.

Dies also waren die hohen Prinzipien, welche die Moskauer Führung bewogen, den persönlichen Pensionär von Unionsrang* vor dem Kugelhagel zu schützen. Man traf ein stillschweigendes Abkommen: Kunajew sollte bescheiden in seinem persönlichen Schloß weiterleben, das durch einen dichten Park – hier erhob sich die bereits zu Lebzeiten errichtete Statue des doppelten Helden der Sozialistischen Arbeit – vor neugierigen Augen verborgen war. Als Gegenleistung sollte er den Mund halten, wenn das »Schwert der Vergeltung« seine engsten Mitarbeiter traf. Diese sollten als Sündenböcke oder, besser gesagt, als Opferlämmer dienen.

Eines Tages, während irgendeiner Parteiversammlung in Moskau, ging die First Lady von Kasachstan, Mrs. Kunajewa, mit der First Lady des Magadaner Gebiets, der Gattin des Ersten Gebietssekretärs, spazieren. Sie erörterten die brennende Frage, wer seit ihrer letzten Begegnung was »erworben« hatte. Die Lady aus Magadan rühmte sich gegenüber der Lady aus Alma-Ata mit der Kunde, daß man aus dem nahen Japan unglaublich schöne Teegedecke in ihr Gebiet geliefert habe. Und

---

* Die »sozialistische« Kastengesellschaft kann nicht darauf verzichten, Menschen selbst dann auf unterschiedliche gesellschaftliche Stufen zu stellen, wenn sie sich in den »verdienten Ruhestand« zurückgezogen haben. Über den gewöhnlichen Rentnern stehen die vom Staat wegen früherer Verdienste begünstigten »persönlichen Pensionäre«, die sich wiederum in drei Kategorien unterteilen: in Pensionäre von Unions-, Republiks- oder Gebietsrang. Von der Kategorie hängt nicht nur die Höhe der Pension, sondern auch der Umfang sonstiger Privilegien ab.

Das Privilegiensystem entläßt den Menschen – sogar im Zeitalter der Perestroika – nicht einmal nach dem Tod. Je nach seinen »Verdiensten um Partei und Staat« kann er auf einem gewöhnlichen oder auf einem »speziellen« Friedhof beigesetzt werden. In Moskau zum Beispiel gibt es Friedhöfe der »höchsten Kategorie« (Nowodewitschjij), der ersten (Nowokunzewskij), der zweiten (Wagankowskij) und so weiter ad infinitum.

die Lady aus Alma-Ata wollte sich entsetzlich gern ein ebensolches Teeservice zulegen.

Früher hatte ich gedacht, daß solche Wünsche auf einem derart hohen Parteiniveau auf ganz einfache Weise befriedigt würden: Man gibt eine Bestellung auf, und der Artikel wird durch einen Kurierdienst geliefert. – Aber nein, die Partei-Etikette läßt so einfache Verfahren nicht zu; sie gelten als unbescheiden, aufreizend, unanständig. Deshalb mußte die kasachische Lady den Gefechtsstab ihres Gatten zu Hilfe rufen und einen Plan zur Beschaffung des Porzellans ihrer Träume ausarbeiten.

Warum hätte man nicht einfach einen Boten nach Magadan[*] schicken können, um den Traum zu erfüllen? Auch diese Möglichkeit war zu simpel und galt als unschicklich. Sie hätte die würdevolle Bescheidenheit der Partei verletzt. – Gab es also einen Ausweg?

Natürlich wurde ein Ausweg gefunden. Seine Originalität und Eleganz rechtfertigen es, ihm eine eigene Seite in der Geschichte der sowjetischen Mafia einzuräumen.

Bis vor kurzem verfügte jedes Politbüromitglied über ein persönliches Flugzeug; je nach Rang über ein größeres (Iljuschin 62 oder Tupolew 154) oder ein kleineres (Tupolew 134). Kunajew konnte sich, ohne jegliche Einschränkung, eines der letzteren bedienen. Dies also war der Ausweg: Hinein ins Flugzeug und los!

Aber auch das war nicht so einfach, wie wir gewöhnlichen

---

[*] Der Ferne Osten ist seit langem dank der Vorzüge von Importen aus Japan eine eigentümliche Oase in der Sowjetunion. Man nimmt vernünftigerweise an, daß es keinen Zweck hat, Geld für den Transport importierter Haushaltsgüter in die Tiefe des Landes auszugeben, wenn es im Fernen Osten selbst einen gewaltigen Markt für solche Güter gibt. Folglich bleiben diese Waren im Verfügungsbereich der örtlichen Organe und damit – nicht ausschließlich, aber vorwiegend – in den Händen der lokalen Mafia. Durch die Verfügung über solche wertvollen Güter und durch den Kontakt mit Mafiagruppen aus anderen Regionen kontrollierten »einzelne Behördenvertreter« das gesamte Verteilungssystem für solche Segnungen, wodurch sie ihr eigenes Vermögen rasch vervielfachen konnten.

Hätte ich den letzten Satz vielleicht nicht ins Präteritum setzen sollen? Denn noch heute besitzt der Ferne Osten ein Monopol für den Kauf und Weiterverkauf japanischer Gebrauchtwagen. Die Mafiosi der örtlichen Herrschaftselite erwerben die Autos zum »staatlichen« Preis (von jeweils etwa 15000 Rubel) und verkaufen sie den Bewohnern des »Kontinents« dann für 50000 Rubel; in Mittelasien oder in Transkaukasien sind sogar 100000 oder 150000 Rubel zu erzielen.

Sotschi. Nach einer Konferenz führender Mitarbeiter des Innenministeriums der UdSSR. In der ersten Reihe, von links nach rechts: Jurij Tschurbanow, Sergej Medunow und Wjatscheslaw Woronkow, Bürgermeister von Sotschi. In der zweiten Reihe, zweiter von links: ZK-Sekretär Gennadij Rasumowskij; zweiter von rechts: Stellvertretender Generalstaatsanwalt Viktor Najdjonow. Fünf Minuten nach dieser Aufnahme überlistete er die mit ihm fotografierten »Freunde« und floh ins benachbarte Abchasien.

Wjatscheslaw Woronkow, Bürgermeister von Sotschi, nach der Verhaftung (aus den Prozeßakten).

Wjatscheslaw Woronkow: bei der Entspannung mit
anderen Mafiosi (in der Mitte sitzend).

Die Oberhäupter der Mafia von Sotschi beim Picknick.

Arkadi Waksberg und sein Kollege Jewgenij Bogat beim Interview mit
Nikolaj Schtscholokow.

Der Oberste Richter der USA, Warren Burger (zweiter von links), im
Gespräch mit dem Innenminister der UdSSR, Nikolaj Schtscholokow
(zweiter von rechts). Erster von links: US-Botschafter Malcolm Toon;
vierter von links: der Autor.

In einem Lager für minderjährige Straftäter bei Moskau. Zweiter von rechts: Warren Burger; vierter von links: der spätere Vorsitzende des Obersten Gerichtshofs der UdSSR, Jewgenij Smolenzew; erster von links: der Autor.

Warren Burger beim Besuch einer Moskauer Milizabteilung. Unter dem Stern: der Autor.

Scharaf Raschidow, Jurij Tschurbanow und einer der führenden Funktionäre des Schriftstellerverbandes der UdSSR, KGB-General Jurij Wertschenko.

Jurij Tschurbanow unter einem Porträt seines Schwiegervaters.

Kunajow mit Jagdtrophäen. Zweiter von links: der heutige Präsident von Kasachstan, Nursultan Nasarbajew.

Das gesamte sowjetische Politbüro bei einer neuerlichen Ordensverleihung an Dinmuchamed Kunajew. Erster von links: Kunajews Mitarbeiter Bekeshanow, der sich unerwünscht in das Foto gedrängt hat.

Ermittler Wladimir Kalinintschenko (vorn Mitte) und sein Team mit bei der Mafia von Krasnodar beschlagnahmten Geldern.

Einer der aktivsten Kämpfer gegen die Mafia von Sotschi, Anatolij Tschurganow.

Godolij Awerbuch, einer der Gegner der aserbaidschanischen Mafia.

Der abgesetzte Staatsanwalt von Aserbaidschan, Gamboj Mamedow.

ПОЧЕТНАЯ ГРАМОТА

Тов. Ваксберг Аркадий Иосифович

За активное участие в воспитании личного состава, пропаганде деятельности органов внутренних дел среди населения и в связи с 60летием советской милиции

НАГРАЖДАЕТСЯ ПОЧЕТНОЙ ГРАМОТОЙ МИНИСТЕРСТВА
ВНУТРЕННИХ ДЕЛ СССР

Министр внутренних дел СССР   *Н. Щелоков.*

(Н. Щелоков)

Приказ МВД СССР № 577/с от 3. XI 1977 г.

»Ehrenurkunden« waren eine der Auszeichnungen, mit denen Schtscholokow Journalisten, Schriftsteller und sonstige Kulturschaffende »an sich binden« wollte.

Text: »Genosse Arkadi Iossifowitsch Waksberg wird für die aktive Teilnahme an der Ausbildung des Personals und an der Propaganda für die Tätigkeit der inneren Organe bei der Bevölkerung im Zusammenhang mit der Sechzigjahrfeier der sowjetischen Miliz mit der Ehrenurkunde für Innere Angelegenheiten der UdSSR ausgezeichnet.

Innenminister N. Schtscholokow, 3. November 1977.«

Der Autor hat nie etwas mit »der Ausbildung des Personals« oder »der Propaganda für die Tätigkeit der inneren Organe« zu tun gehabt.

Gejdar Alijew (dritter von links) als Gast bei sowjetischen Schriftstellern.

Auf dem Podest des Obersten Sowjets der UdSSR: Michail Gorbatschow, Anatolij Lukjanow (zur Linken Gorbatschows), Generalstaatsanwalt der UdSSR, Alexander Sucharew, und Ermittler Telman Gdljan.

Sterblichen denken, denn die Maschine mußte ständig startbereit sein – für den Fall, daß das Politbüromitglied plötzlich in den Kreml beordert wurde. Trotz all seiner Macht hätte Kunajew auf eine solche Aufforderung nicht erwidern können: Ich muß warten, bis meine Frau von ihrem Ausflug in den Osten zurückkommt. Und mit einer anderen Maschine als seiner persönlichen durfte das Politbüromitglied nicht nach Moskau fliegen, da sein kostbares Leben stets von Sonderbewachern geschützt werden mußte.

Doch dann fand das Hirn des kasachischen Führers eine wahrhaft glänzende Lösung für diese komplizierte, staatstragende Aufgabe. Er ließ einen Bericht darüber anfertigen, daß eines der Flugzeugtriebwerke Zweifel an seiner Zuverlässigkeit aufkommen lasse und rasch durch ein neues ersetzt werden müsse, damit das Leben des Besitzers nicht gefährdet werde. Die Sicherheitsvorschriften des Kreml verboten es dem Politbüromitglied nun, die Maschine mit dem neuen Triebwerk zu benutzen, bevor es von Testpiloten über eine Entfernung von 20 000 Kilometern geprüft worden war.

Der Zweck dieses brillanten Schachzugs leuchtet ein: Einige ausgewählte Mitarbeiter Kunajews waren bereit, die Rolle der »Kamikaze-Tester« zu übernehmen. Sie entwarfen eine Route, die der geforderten Entfernung von 20 000 Kilometern entsprach. Nicht weniger und nicht mehr! Man würde Zwischenlandungen in Krasnojarsk, Irkutsk und Chabarowsk und auf dem Rückflug einen Abstecher nach Petropawlowsk-Kamtschatskij machen. Schließlich konnte man den sowjetischen Fernen Osten nicht besuchen, ohne sich am Anblick von Geysiren und einem aktiven Vulkan zu weiden. Überall wurden sie – als persönliche Abgesandte Kunajews – von den höchsten örtlichen Funktionären empfangen.

Diejenigen, die sich bis zum Gipfel der Macht vorgearbeitet hatten, sind erstaunlich versessen darauf, ihre Lustbarkeiten auf Zelluloid festzuhalten. Dank dieses Hobbys können wir heute mit eigenen Augen sehen, wie sich ihre Vergnügungsreise gestaltete: überall Picknicks mit dem traditionellen Schaschlik und mit Batterien von Wodkaflaschen, überall Saunen und »Königsjagden« auf Wildeber, Elche und Rentiere, die den hohen Gästen eigens vor die Flinte getrieben wurden.

Die First Lady selbst mußte begreiflicherweise auf die Reise verzichten. Wie ihr Gatte durfte sie ihr Leben keiner Gefahr aussetzen. Aber die kühnen Testpiloten kehrten schließlich zurück, nachdem sie die Kabine und die Laderäume des Flugzeugs mit fernöstlichen und sibirischen Geschenken vollgestopft hatten. Nicht nur Dutzende von japanischen Teegedekken, sondern auch japanische Stereo- und Videogeräte, Pelze, Schnitzereien aus wertvollem Rentierhorn – die erlesensten Werke eingeborener Künstler –, Tausende von Dosen mit fernöstlichen Krabben und anderen Meeresfrüchten – all diese Dinge trafen gleichsam als Kriegstrophäen in Alma-Ata ein.

Aus den Unterlagen geht hervor, daß sämtliche Waren aus Spezialmagazinen an Bord des Flugzeugs geschafft und von den Gästen mit »harter« sowjetischer Währung bezahlt wurden. Das dürfte zutreffen, denn sowjetische Rubel waren für die Mafiosi nur bedrucktes Papier, das sie in Alma-Ata sackweise hatten einladen können. Und die Waren, die sie erstanden hatten, konnten von Kunajews Clan in der Heimat zum zehnfachen Preis losgeschlagen werden. Viele Anwärter rissen sich darum, die mitgebrachten Schätze zu kaufen. Die entsprechende Genehmigung hierfür wurde allerdings nur für treue Dienste der Mafia gegenüber erteilt.

Während der Ermittlungen gegen Kunajews Assistenten Bekeshanow, gegen den ZK-Geschäftsführer der Kommunistischen Partei Kasachstans, Andrej Statenin, gegen Ministerpräsident Bajken Aschimow und andere führende Angehörige des Clans wurde der possenhafte Flug in den Fernen Osten als eine der kriminellen Episoden betrachtet, die man den Angeklagten vorzuwerfen hatte. (Aschimow war übrigens am Diebstahl der Exponate einer jugoslawischen Möbelausstellung beteiligt – eine Tatsache, die Bände über das klägliche Interessenniveau dieser hochgestellten Pygmäen spricht.) Aber es war unmöglich, sie wegen des Fluges zu verurteilen, denn die Kreml-Vorschriften *verlangten*, daß nach dem Einbau eines neuen Triebwerks ein Testflug von 20000 Kilometern unternommen wurde, und darüber, wer dabei an Bord zu sein hatte, stand in den Vorschriften kein Wort. Auch konnte nicht festgestellt werden, was aus den herangeschafften Gütern geworden war –

sie hatten sich in Luft aufgelöst. Damit hatte die Mafia eine weitere glänzende Operation abgeschlossen.*

Ich gebe zu, daß diese Episode mit ihrem Operettencharakter eher albern als schwerwiegend ist. Zudem vermittelt sie keine umfassende Vorstellung von den Dimensionen der Tätigkeit einer verzweigten Mafia, die über ein gewaltiges Kapital verfügt und die gesamte Macht an sich gebracht hat. Sie kennzeichnet eher die Sitten, Geschmäcker und Gewohnheiten der gestrigen (und heutigen) »Herren des Lebens« als ihre weitreichenden verbrecherischen Mißbräuche. Aber das Bild wäre unvollständig ohne dieses nachdenklich machende Detail, das Einblick in verschiedene Aspekte der sowjetischen Realität liefert.

Über die Sitten, Geschmäcker und Gewohnheiten der Mafiosi könnte man ein ganzes Buch schreiben. Es gibt eine Überfülle von Material, aber ein solches Buch würde den Leser wohl bald langweilen, denn sämtliche Episoden, in welcher Republik oder in welchem Bezirk des Landes sie sich auch abspielen, sind armselig, monoton und einander allzu ähnlich.

Wer sich mit der sowjetischen Mafia befaßt, einem Phänomen, von dem erst seit kurzem – und nur *sotto voce* – die Rede ist, wird das Thema von ihren sozialen, wirtschaftlichen und politischen Aspekten her angehen. Das ist verständlich und normal. Aber es gilt, auch den sogenannten menschlichen Faktor zu berücksichtigen. Letzten Endes sind alle Mafiosi – von

---

* Aeronautische Vergnügungen wurden für die Nomenklatura nicht nur in Kasachstan und nicht nur in Breschnews und Kunajews Zeiten zur Norm. Die folgende Episode ereignete sich 1990. Eine Tupolew 134, die einer Militärflugzeugfabrik gehörte, sollte in der sibirischen Stadt Omsk zu einem geheimen Dienstflug starten. Anonyme »Gönner« teilten telefonisch mit, daß bestimmte Waffen für armenische Untergrundkämpfer an Bord seien. Mit Maschinenpistolen bewaffnete Milizionäre verletzten das Militärgeheimnis und stürmten das Flugzeug unmittelbar vor dem Start. Aber sie fanden keine Waffen vor, sondern anderthalb Dutzend hohe Komsomol-Funktionäre und ebenso viele langbeinige Gespielinnen. Dazu Kästen alkoholischer Getränke und Säcke mit raren Delikatessen. Unter der Tarnung eines militärischen Geheimflugs wollten sich einige »Herrscher« zu einem Kurort im Kaukasus aufmachen, um die Freuden des Sommers ein wenig zu verlängern. Interessanterweise hatte niemand das Recht, sie daran zu hindern. Der Flug kostete die Steuerzahler zigtausend Rubel, aber niemand wurde zur Rechenschaft gezogen.

den allergrößten bis hin zu den niedrigsten Handlangern – Menschen, denen nichts Menschliches fremd ist. Ihre gefährlichen und verworrenen Operationen zur Festigung ihrer Macht und zur Vervielfachung ihres Vermögens sind nur Mittel zum Zweck, Mittel zur Sicherung eines »süßen Lebens« mit größtmöglichen Genüssen und der Gewißheit, jede Laune befriedigen zu können. Diesem Zweck sind all ihre Handlungen, Entscheidungen und Schachzüge untergeordnet, auch wenn sie als ideologisch begründet, als Maßnahmen »für das Wohl des gesamten Volkes« ausgegeben werden. Dafür müssen Millionen Sklaven, die stolz als »wahre Herren ihrer Heimat« bezeichnet werden, schuften, sich quälen, leiden. Um die Wertmaßstäbe der Herrscher, die gleichzeitig Führer von Mafia-Clans sind, zu begreifen, muß man durchschauen, welchen Zweck die von ihnen angewandten Mittel rechtfertigen.

Vor sieben oder acht Jahren schlug mir ein kasachischer Bekannter bei einem meiner Besuche in Alma-Ata vor, ein paar Tage »in einem paradiesischen Winkel« an der Grenze zwischen Kasachstan und Usbekistan zu verbringen. Der Mann bekleidete kein Staatsamt, doch er gehörte (und gehört) zur erlesensten Elite und war in der Lage, sich geschickt der damaligen (und der heutigen) Führung anzupassen.

Ich hatte eine Ruhepause nötig und nahm die Einladung meines Freundes sehr gern an, um so mehr, als die »Pension des Ministerrats« (so nannte er den Ort, an dem ich mich vom weltlichen Treiben erholen sollte) unter malerischen Obstgärten lag, am Fuß des Tienschan.

Bevor ich die Reise zur »Pension« antrat, erhielt ich von meinem Freund einige Instruktionen, die ich zunächst für einen Scherz hielt. Mit gewundenen, doch recht durchschaubaren Sätzen gab er mir zu verstehen, daß man mir »sukzessive« (vor allem dieser Ausdruck hat sich mir eingeprägt) verschiedene »Mitarbeiterinnen« des Personals vorstellen werde: Ärztinnen, Krankenschwestern, Stubenmädchen, Kellnerinnen und »Diensthabende« (hinter diesem verschwommenen Begriff mochte sich alles mögliche verbergen). Diejenige, die mir am meisten zusage, werde sich »persönlich um mich kümmern«. Ich lauschte diesen Instruktionen mit einem Lächeln, ohne zu ahnen, wie ernst er es meinte.

Tatsächlich, sofort nach meiner Ankunft begann die seltsame und sehr ausgedehnte Zeremonie der »Vorstellung des Personals«. Die Zeremonie wurde von einer recht gewichtigen, geschmacklos, doch teuer gekleideten Dame geleitet, die bereits ihre zweite Jugend erreicht hatte, aber noch Spuren früherer Schönheit aufwies. Sie wurde mir als »Hausmutter« vorgestellt. Eigentlich war es gar keine Zeremonie, vielmehr traten in Abständen von fünf oder sieben Minuten mehrere Vertreterinnen des schönen Geschlechts nach einem Klopfen scheinbar absichtslos ein: Brünette, Blondinen, magere, füllige, mit Makeup bemalte und engelhaft ungeschminkte Frauen, die vorrevolutionären Gymnasiastinnen glichen. Für jeden Geschmack war gesorgt. Die eine überprüfte den Inhalt des Kühlschranks, die andere brachte zusätzliche Flaschen Mineralwasser, die dritte änderte, wer weiß warum, das Arrangement der Blumen in der Vase, die vierte erkundigte sich, ob ich ein hartes oder weiches Ei oder vielleicht ein Omelett zum Frühstück bevorzuge.

Ich beantwortete alle Fragen und bedankte mich für die Aufmerksamkeit, womit ich die »Empfangszeremonie« für beendet hielt. Aber keineswegs! Eine halbe Stunde später begann alles von neuem, und danach erkundigte sich die »Hausmutter« behutsam, ob ich mit allem zufrieden sei oder noch irgendwelche Wünsche hätte. »Ja«, sagte ich und bemerkte, wie ihre Züge einen Moment lang erstrahlten. »Ich möchte allein sein und mich ein wenig hinlegen.« Ihr Gesicht verfinsterte sich, und sie ging mit zusammengekniffenen Lippen hinaus.

Ein paar Tage später kam ich mit einer der »Kellnerinnen« ins Gespräch. Sie war nicht nur eine lebhafte Gesprächspartnerin und eine recht gebildete junge Dame, sondern sogar eine meiner Leserinnen. Zum Beweis dafür hatte sie eines meiner Bücher – es war durch viele Hände gegangen und ziemlich abgegriffen – mitgebracht, und ich schrieb freudig eine Widmung hinein. Zwischen uns entwickelte sich ein guter Kontakt, weshalb sie mir dies gestattete, ihre Geschichte auf Tonband aufzunehmen. Ich werde einige Abschnitte aus dieser Aufzeichnung, die ich in meinem Archiv verwahre, wiedergeben, aber weil ich ihr dies versprochen habe und aus Gründen, die dem Leser verständlich sein dürften, kann ich ihren Namen (jedenfalls vorläufig) nicht nennen.

»Ich wohne hier in der Nähe. Meine Eltern hatten sieben Kinder, drei Töchter und vier Söhne. Mein Vater starb vor neun Jahren; er war Alkoholiker, und sein Tod wurde durch Leberversagen bewirkt. Mutter arbeitete als Wäscherin in einem Regierungssanatorium, bevor es bei uns Waschmaschinen gab. Sie versorgte die ganze Familie allein, aber dann begannen meine älteren Brüder zu arbeiten. Einer wurde vom Wehrdienst freigestellt, und auch er half Mutter, uns Jüngere aufzuziehen. Dann fing meine ältere Schwester an, hier in der Pension als Reinmachefrau zu arbeiten. Ich weiß nicht genau, wie sie hierherkam, aber wahrscheinlich durch die Vermittlung meiner Mutter, denn das Sanatorium, wo Mutter arbeitete, und diese Pension gehören dem gleichen System an, das bei uns ›kasachische Kremljowka‹ genannt wird. Wenn meine Schwester nach Hause kam, schloß sie sich immer mit Mutter in ein Zimmer ein, und ich konnte hören, wie sie laut weinte. Mutter versuchte, sie zu beruhigen, und wiederholte dauernd: ›Es geht nicht anders, es geht nicht anders.‹ Meine Schwester riet mir: ›Wenn man versucht, dir hier in der Pension Arbeit anzubieten, lauf lieber davon. Laß dich darauf nicht ein.‹

Damals war ich erst elf Jahre alt, und ich begriff nicht, worauf sie hinauswollte. Deshalb antwortete ich nur: ›Gut, ich werde weglaufen.‹ Mit der Zeit veränderte meine Schwester sich sehr; sie war viel ruhiger, wenn sie uns besuchte, und immer wenn ich nach ihrer Arbeit fragte, erwiderte sie knapp: ›Arbeit ist eben Arbeit.‹ Sie warnte mich nicht mehr, und später heiratete sie den Direktor eines Gemüselagers. Er ließ sich ihretwegen scheiden; sie wohnen heute in einer anderen Stadt und haben einen kleinen Jungen. Später wurde ich aufgefordert, hier zu arbeiten, sozusagen als Ersatz für sie, aber nicht als Reinmachefrau, sondern als Kellnerin. Mutter sagte: ›Geh nur, arbeite dort, jetzt kannst du ein geordnetes Leben führen.‹ Ich war gerade in die zehnte Klasse gekommen und wollte die Schule beenden, aber man erklärte mir: ›Mach dir deshalb keine Sorgen. Wir werden dich an der Abendschule registrieren. Du brauchst nicht hinzugehen und keine Prüfung abzulegen, aber dein Abschlußzeugnis kriegst du trotzdem.‹

Niemand hatte mir gesagt, worin meine Arbeit bestand. Ich dachte, eine Kellnerin sei wirklich eine Kellnerin. Aber als ich nach ungefähr zehn Tagen einem Gast gefiel, forderte er mich auf: ›Bleib bei mir.‹ Ich weigerte mich, er machte einen Skandal, und die Hausmutter, die Sie kennen, führte ein Gespräch mit mir. Sie war früher genau wie ich ›Kellnerin‹ gewesen und hatte sich dann zur Leiterin hochgedient. Sie redete mir zu, keine Umstände zu machen, denn man werde mich sowieso zwingen, zu tun, was man wolle. Und wenn ich mich weigerte oder anfinge, mich zu beklagen, werde man mit mir und auch mit meiner Familie abrechnen. Denn diese Leute hätten die Macht, auch die Miliz und die Staatsanwälte seien auf ihrer Seite. Selbst wenn ich nach Moskau oder sonstwohin flüchtete, würden sie mich finden und zum Schweigen bringen. Falls ich mich aber gut oder ›korrekt‹ – so drückte sie sich aus – benähme, werde man für mich sorgen. Ich würde immer Geld und Arbeit haben, man werde mir eine Wohnung geben und einen Mann für mich finden, genau wie für meine ältere Schwester. Und nun erst begriff ich, was für eine ›Reinmachefrau‹ meine Schwester gewesen war und worüber sie in meiner Kindheit mit Mutter hinter verschlossenen Türen gesprochen hatte.

Außerdem wurde mit erklärt, daß meine ›Arbeit‹ von großer Wichtigkeit für den Staat sei. Darüber werden Sie wahrscheinlich lachen, aber das wurde mir allen Ernstes gesagt. Die Männer, die sich hier erholen, haben sehr hohe Ämter; ihre Arbeit ist so wichtig und ermüdend, daß sie kaum Zeit haben, sich auszuruhen. Deshalb werden sie für ein paar Tage zu uns, in die Pension, geschickt, damit sie den ständigen Streß ablegen können. Schließlich sind sie wie alle anderen, sie brauchen weibliche Zärtlichkeit, aber sie können sich keine Freundin in einer Diskothek oder sonstwo suchen. Man muß die richtigen Bedingungen für sie schaffen... Zuerst war es abstoßend, aber dann gewöhnte ich mich daran. Alle Versprechen wurden erfüllt: Ich bekam mein Abschlußzeugnis, und jeden Monat gab man mir, zusätzlich zu meinem Lohn, einen Umschlag mit Geld. Bald werde ich eine Wohnung haben und dann kann ich fortgehen, wenn ich will, und mir einen Mann suchen. Wenn ich keinen finde, werden sie einen für mich auswählen, den sie genauso wie mich in der Hand haben, bloß in einem anderen Bereich.

Meine jüngere Schwester wächst heran, und man will versuchen, auch sie hierherzubringen. Aber ich werde mir eine List einfallen lassen. Um keinen Preis lasse ich zu, daß sie hierherkommt. Heute bin ich nicht mehr so dumm wie früher...«

Dies war der Monolog, den ich mit meinem Tonbandgerät aufzeichnete. Ich stellte ihr noch drei zusätzliche Fragen und erhielt auf zwei davon keine Antwort. Als erstes fragte ich, wer diese Leute waren, die alles organisierten und vor denen meine »Kellnerin« so schreckliche Angst hatte. Die zweite Frage lautete: Wieviel Geld ist in dem monatlichen Umschlag? Die Furcht, von denen vernichtet zu werden, die noch genauso mächtig wie früher waren, hinderte sie, Namen zu nennen. Und was das Geld im Umschlag betraf, so erwiderte sie lächelnd, es handele sich um ein »Staatsgeheimnis«.

Immerhin erhielt ich auf meine dritte Frage eine Antwort: Weshalb hatte sie das Risiko auf sich genommen, mir ein Geständnis abzulegen? Sie sprach folgende Worte auf mein Tonbandgerät: »Ich fühle mich nicht mehr als Sklavin und möchte mein Gewissen erleichtern, damit ich mich nicht bis an mein Lebensende verachten muß. Aber mit wem könnte ich reden? Viele würden mich anspucken und dann verraten... Zu Ihnen habe ich irgendwie Vertrauen... Ich brauche keine Hilfe, ich komme selbst zurecht.«

Ich möchte auf jeglichen Kommentar zu diesem Monolog verzichten, denn er spricht für sich selbst. Ich habe ihn in großen Teilen wiedergegeben, statt seinen Inhalt auf einen einzigen Satz zu komprimieren, denn um es noch einmal zu sagen: Alle mit der Existenz der sowjetischen Mafia verbundenen Probleme werden gewöhnlich vom sozialpolitischen oder wirtschaftlichen Standpunkt aus betrachtet, während die herrschende Oligarchie, die zu einem Bestandteil der Unterwelt geworden ist, Menschenleben zerbricht und zerstückelt, ohne moralische Skrupel zu empfinden oder sich um das Knirschen der Knochen zu scheren, auf denen sie ihre Tänze vollführt.[*]

---

[*] Mein Kollege, der sowjetische Journalist Walerij Agranowskij, erzählte mir von einer ähnlichen Situation in Usbekistan, der Nachbarrepublik Kasachstans. In dem Kurort Schachimardan, unweit von Fergana (das durch die blutigen Ereig-

Das Ausmaß der Vergnügungen, an denen sich die sowjetischen Mafiosi erfreuen, ist seit langem bekannt. Es ist überall das gleiche, sei es für Politbüromitglieder oder für kleine Bezirkskomiteechefs. Wesentliche Unterschiede gibt es kaum, denn schließlich kann niemand zehn Mahlzeiten hintereinander essen, ein Faß Wodka austrinken oder sich sexuellen Ausschweifungen mit einem ganzen Harem hingeben. Die Reinmachefrauen und Kellnerinnen, die einer »Arbeit von großer Wichtigkeit für den Staat« nachgehen, sind dabei nur ein Teil jener elementaren Vergnügungen, denen sich die Mafia auf Staatskosten hingibt.

Aber weder die »Odalisken« noch die Saunen und Swimming-pools, die in keiner Mafia-Residenz fehlen dürfen, sind so teuer wie die zahllosen Jagdreviere, die sich über das ganze Land verteilen. Die Jagdleidenschaft griff bereits unter Chruschtschow um sich, der sich manchmal erlaubte, in Jugenderinnerungen zu schwelgen und den Abzug durchzudrücken, wobei er die für ihn bereitgestellten lebenden Zielscheiben mit erstaunlicher Präzision traf. Aber die Jagdepidemie erreichte ihren Höhepunkt unter Breschnew, der ein Fanatiker dieses uralten Zeitvertreibs war und der unter seinen vom Nichtstun gelangtweilten Marschällen und Generalen dankbare Partner fand. Die Epidemie breitete sich rasch über das ganze Land aus, und bald gab es keine Republik, kein Verwaltungsgebiet und keinen gottverlassenen Bezirk ohne ein Revier, in dem die örtlichen Führer mit ihren Gefährten von der Mafia und ihren zugereisten Gästen dem Waidwerk nachgehen konnten.

Im Jahre 1972 wurde speziell für Breschnew und seine Busenfreunde das Wildreservat »Sawidowo« unweit von Moskau, an der Grenze zum Gebiet Twer, geschaffen. Ein Reservat dient normalerweise dazu, Flora und Fauna zumindest auf

---

nisse von 1989 weltberühmt wurde), hatte die örtliche Mafia ein Regierungserholungsheim in ein Bordell für hohe Funktionäre und Gäste aus den »Kontrollorganen« verwandelt. Als »Gastgeberinnen«, »Kellnerinnen« und »Reinmachefrauen« wurden in einem benachbarten Textilkombinat arbeitende Mädchen angestellt. Man »versetzte« sie zwangsweise an den neuen »Arbeitsplatz« und hielt sie dort hinter verschlossenen Türen fest. Die einzig mögliche Form des Widerstandes war Selbstmord.

einem begrenzten Raum vor der Zerstörung der Menschen zu schützen. Aber die einfallsreiche herrschende Mafia dachte sich eine Wortverbindung aus, die aus widersprüchlichen Teilen besteht:»Jagdreservat«. Auf einer Fläche von 125 000 Hektar züchtete man Elche, Wildschweine, Rehe und zahlreiche Vogelarten, zum Beispiel Birkhähne und Auerhähne; außerdem führte man sibirische Edelhirsche und anderes Rotwild ein. Die Unterhaltung dieses Reservats und die Ausgaben für das Personal (mehrere hundert Menschen) kosteten die Staatskasse -zig Millionen Rubel, und dies alles diente nur einem einzigen Zweck: Leonid Iljitsch und seine geliebten Marschälle zu verwöhnen, damit sie sich von ihren allzu erschöpfenden staatlichen Pflichten erholen konnten.

Die Gesamtkosten dieser »Jagdreservate« beliefen sich wahrscheinlich nicht auf Millionen, sondern auf Milliarden Rubel. Zu ihnen gehörten das Krim- und das Asow-Siwasch-Reservat, der einzigartige »Bärensee« an der Grenze des Kurganer Gebiets zu Kasachstan, der berühmte Beloweschskij-Wald unweit der polnischen Grenze im Westen Belorußlands und viele andere. Es ist unmöglich, all jene gigantischen Territorien aufzuzählen, welche die Nomenklatura für die Jagd mit Beschlag belegte. Das Wort »Reservat« legalisierte gleichsam das Zugangsverbot für unerwünschte Besucher, wohingegen das Personal, das der herrschenden Elite diese oder jene Dienste erwies (von finanziellen Transaktionen bis hin zur Bereitstellung von »Reinmachefrauen« und »Kellnerinnen«), natürlich freien Zutritt genoß.

Die Einladung zu einer der »königlichen Jagden« galt als Zeichen dafür, daß man zur Elite aufgerückt war. Der Posten eines Wildhüters war bald genauso angesehen wie der eines Diplomaten oder einer für harte Währung arbeitenden Hure.

In der Provinz sind die Nummernschilder der Autos hoher und mittlerer Funktionäre weithin bekannt, und die Öffentlichkeit ist über die normalen Routen der Insassen orientiert. Aus diesem Grunde werden Ersatznummernschilder angebracht, wenn die Herren sich auf die Jagd begeben. Die Schilder brauchen nicht gestohlen zu werden, sondern man erhält sie von der Verkehrspolizei, die sich auf diese Weise in den Zirkel der »wechselseitigen Bürgschaft« einschaltet.

Da es sich nicht um Privat-, sondern um Dienstwagen handelt, müssen die Chauffeure nach sowjetischer Vorschrift für jede Fahrt ein sogenanntes Wegeformular ausüllen: wohin, weshalb, Abfahrts- und Ankunftszeit usw. Doch im ganzen Land hat man für die Exkursionen hochgestellter Jäger in Dienstwagen mit ausgetauschten Nummernschildern eine einheitliche Wendung gefunden: »Sonderfahrt«. Die nebelhafte Vorsilbe »Sonder-« ist dem sowjetischen Ohr vertraut; sie hat eine magische Wirkung und schließt jede Möglichkeit einer Überprüfung aus. Und wer sollte eine solche Prüfung auch vornehmen? Alle Kontrolleure und Revisoren gehören fast automatisch dem Mafianetz an, und wenn sich einer von ihnen widerspenstig zeigt, kann man ihn, wenn er Glück hat, einfach versetzen oder, wenn er Pech hat, entlassen oder sogar vor Gericht stellen.

In den letzten Jahren, als dieses Mafiahobby, das den Staatshaushalt so sehr belastet, zuviel Publizität erhielt, wurde der Versuch gemacht, den Schaden auf eine typisch sowjetische Art zu vertuschen. Man benannte die »Jagdreservate« in Touristengebiete um, die dem Staat harte Devisen einbringen sollten. Es war, als existierten sie ausschließlich für reiche Touristen aus dem Ausland, die davon träumten, ihre Millionen in den wildreichen russischen Wäldern, den kasachischen oder den georgischen Steppen abzuladen. Zum Beweis veröffentlichte Intourist Reklameprospekte mit dem Motto »Erholen Sie sich bei der Jagd in Rußland!« Einfältige Seelen (es gibt immer weniger, aber sie sind noch nicht ganz ausgestorben) schenken diesem neuerlichen Betrug Glauben. Und es ist schwer, Nachforschungen anzustellen, denn alles, was mit dem »Ausland« zu tun hat, steht bei uns weiterhin unter strengster Geheimhaltung.

Immerhin, einige Waghälse schafften es, in das Allerheiligste vorzudringen, und sie stießen auf sehr eindrucksvolle Bilder. Zum Beispiel dauert die Intourist-Jagdsaison in den Revieren des Rostower Gebiets acht Monate: von August bis März. Zwei Ökologen (Vorläufer der künftigen sowjetischen »Grünen«) gelang es, Einblick in die Unterlagen zu erhalten, und sie fanden heraus, wie viele Devisen die dortigen Reservate während der Saison für die fortgesetzte ökologische Zerstörung eingenommen hatten. Wie sich zeigte, waren in diesen acht Monaten nur dreißig ausländische Waidmänner erschienen; zu ihrer Betreuung waren sechsundsechzig Jäger, acht Wildhüter und 108 andere Bedienstete eingestellt worden. Daneben standen ihnen siebzehn Lastwagen, sechzehn Lieferwagen, sechs Kleinbusse, dreiundzwanzig Motorräder, achtunddreißig Motorboote, fünf größere Schiffe und Kutter, siebenundvierzig Pferde, mehrere Funkgeräte, Mähdrescher und Traktoren zur Verfügung.

Stand dies alles wirklich *ihnen* zur Verfügung? Natürlich nicht, diese Armada diente keineswegs den Touristen, sondern die Reservate waren wie früher Erholungsgebiete für die Herrscher und deren Gefolge. Dort konnten sie sich nicht nur einem Zeitvertreib hingeben, der Abermillionen unserer Mitbürger verwehrt ist, sondern auch gleichzeitig alle nur denkbaren Köstlichkeiten für ihre Speisekammern an sich bringen. Den Unterlagen zufolge verspeisten dreißig ausländische Jagdliebhaber mehrere Tonnen Delikatessen, Räucherwaren, Fleisch, Fisch, Butter, leerten Tausende Flaschen Wodka, Champagner und edle Weine und verbrauchten mehr als einen halben Zentner Kaffee. In Wirklichkeit landete dies alles natürlich bei den Parasiten der örtlichen Mafia. Man sollte im Auge behalten, daß hier nur die Rede von den Jagdrevieren eines einzigen Verwaltungsgebietes ist, die selten oder nie von einem Waidmann aus dem Kreml beehrt wurden.

Heutzutage gibt es ein neues Hobby, das der Mafia fabelhafte Einkünfte verschafft. Man kann zu Recht sagen, daß dieses Geschäft (und damit die Einahmen) weiter wachsen wird, und die langfristiger planenden Mafiosi legen hier bereits ihr gesamtes Kapital an. Das Geschäft kann als Kind der Perestroika bezeichnet werden, denn in den Zeiten von Breschnew, Andropow oder Tschernenko hätte man dafür kein Geld, sondern ein paar Jahre Gefängnis erhalten. Es geht um pornographische und erotische Filme sowie um Thriller auf Videobändern, die nun hohe Umsätze machen und von überall im Land eröffenten Videotheken verbreitet werden.

Natürlich waren die hochgestellten Angehörigen der Nomenklatura sowie deren Familienmitglieder und Freunde schon früher in der Lage, sich solche Filme anzusehen, aber nur im geheimen und ohne daß sie damit Profite hätten machen können. Heute haben solche Vorführungen den Reiz des Verbotenen eingebüßt, denn niemandem droht mittlerweile mehr eine Gefängnisstrafe für ihren Import aus dem Ausland oder für ihren offenen Verleih. Dafür strömen jetzt die Gelder. In einem Land, in dem es früher nicht einmal in den Großstädten, von den kleineren Bezirkszentren oder Dörfern gar nicht zu reden, irgendwelche Zerstreuungen gab, sind die Videotheken zu einem langerwarteten Ausweg geworden. Die Menschen sind bereit, fast jeden Preis zu zahlen, um sich das anzuschauen, was sie weder in den Warenhäusern noch in den Kinos, noch im Fernsehen sehen können.

Es sei jedoch angemerkt, daß der gewerbliche Verleih von Gott weiß wie »angeschafften« Filmen völlig illegal ist, zumal Videotheken im großen Maßstab Steuern hinterziehen. Die Herstellung von Video-Raubkopien ist auch im Westen ein bekanntes Phänomen, doch in der Sowjetunion hat sie Massencharakter angenommen – langer Hunger führt zu Völlerei. Ein Anruf würde genügen, um die Video-Piraten sofort ins Gefängnis zu bringen. Aber zu solchen Anrufen kommt es nicht, weil sich die örtlichen Mafiagruppen an den Einkünften aus diesem Geschäft bereichern. In dieses Netz sind wiederum nicht nur die Parteibosse, sondern auch die »Rechtsschutzorgane« – Staatsanwaltschaft, Miliz, Gerichte – verwickelt.

Noch ein weiterer Zeitvertreib der Mafia-Elite hat sich aus einem privaten Amüsement in ein einträgliches Geschäft verwandelt, ebenfalls dank der Perestroika, die eine Vielzahl früherer Verbote hinwegfegte. Man hat festgestellt, daß sich mit den »Reinmachefrauen« und »Kellnerinnen« mühelos großes Geld verdienen läßt. Das Geschäft mit der Prostitution ist im Westen seit so langer Zeit bekannt, daß diese »Entdeckung« wenig Neues zu bieten scheint. Aber als sich die Prostitution in der UdSSR ausweitete, handelte es sich um einen prinzipiell neuen Faktor, welcher der Mafia enorme Chancen eröffnete. Von einem von einzelnen Individuen betriebenen Gewerbe wurde die Prostitution zu einer mächtigen Industrie, welche die Mafia bereits im Entstehungsstadium übernahm, vor allem deshalb, weil sich damit in den Großstädten und in den Häfen sehr leicht Devisen verdienen ließen.

Dies ist wahrscheinlich das einzige Mafiageschäft in unserem Land, das keine sowjetischen Eigenheiten aufweist, sondern genauso organisiert ist wie im Westen. Man findet streng voneinander abgegrenzte Territorien, ein nach dem Pyramidenprinzip aufgebautes Zuhälterwesen, gewaltige Prozentanteile, welche die Prostituierten ihren Beschützern zahlen müssen, sowie die Notwendigkeit, all jene zu beteiligen, von denen die Existenz des ältesten Gewerbes abhängt: die Portiers der Hotels, zu denen kein freier Zugang möglich ist, sowie die Miliz und die örtlichen KGB-Leute, die veranlaßt werden müssen, ein Auge zuzudrücken und die Damen nicht einzusperren.

Eine Stichprobenuntersuchung in Moskau, Leningrad, Odessa, Sotschi und Alma-Ata erbrachte, daß durchschnittlich etwa vierzig Prozent der Einkünfte von »Devisen-« wie von »Rubelhuren« in anonyme Hände übergehen und daß die Prostituierten selbst nicht mehr als zwanzig Prozent* behalten (von den übrigen vierzig Prozent wird »Kleingeld« für die Miliz, das KGB und die Portiers abgezwackt, während der Löwenanteil Gangstern zufällt, deren wachsender Einfluß die Partei- und Staatsmafia in letzter Zeit stark beunruhigt, denn die Gangster haben es auf das abgesehen, was »rechtmäßig« der Mafia gehört). Allerdings ist es nicht schwer, die Identität dieser »anonymen Hände« zu erraten, besonders wenn es um Deviseneinkünfte geht. Natürlich handelt es sich wiederum um die Partei- und Staatsmafia, die sich der neuen Situation im Lande äußerst dynamisch anpaßt. Ohne die Möglichkeit aufzugeben, sich aus den alten, traditionellen Quellen (hauptsächlich durch ihr Monopol für die Beschaffung von Mangelwaren) zu bereichern, bringen die Mafiosi geschickt neue Wirkungsbereiche an sich, die sich ihnen, trotz der Beibehaltung aller Mittel des Repressionsapparats, durch die Schwächung der Verbotsstrukturen erschließen.

---

* Mitte 1990 betrug das *Netto*-Deviseneinkommen einer Prostituierten im Zentrum Moskaus ungefähr 1500 Dollar pro Monat, während sich das Nettoeinkommen der Frauen, die für »weiches Geld« arbeiteten, auf 4000 Rubel belief. In der Provinz sind diese Beträge natürlich geringer. Jede »Devisenhure« bringt der Mafia also monatlich 3000 Dollar ein. Man muß berücksichtigen, daß diese Summe in der Sowjetunion eine weit höhere Kaufkraft hat als im Westen.

Vor relativ kurzer Zeit machte man in mehreren Städten (zuerst in Lettland und dann auch in anderen Republiken) den Versuch, die Prostitution zu legalisieren und Bordelle unter administrativer und medizinischer Kontrolle einzurichten. Wie zu erwarten war, wurde dieser Versuch von den Zentralbehörden verurteilt, die sämtliche Massenmedien einsetzten, um die öffentliche Empörung anzufachen. Man kann sich leicht vorstellen, welche »moralisch« wirkende Argumentation dabei bemüht wurde.

In allen Städten, wo die Versuche stattfanden, erschienen freigewählte demokratische Vertreter bei der Verwaltung. Sie wollten der Mafia diese neue Einkommensquelle entziehen und die Prostituierten von allen Arten illegaler Abhängigkeit und von der Furcht vor Mißhandlung befreien. Dabei wußten sie sehr gut, daß das Phänomen an sich, so sehr es auch an unseren moralischen Stützpfeilern rüttelt, nicht verschwinden würde. Aber es kam, wie es kommen mußte: Die allmächtige Mafia berief sich auf die »öffentliche Meinung«, spielte sich als Hüterin der allgemeinen Moral und der Volkstradition auf und blockierte die Legalisierung, so daß sie selbst das Monopol (jedenfalls vorläufig!) für die Einnahmen aus diesem blühenden Gewerbe behielt.

Wer meint, diese Einnahmen flössen der zentralen Machtelite zu, ist stark im Irrtum. Eine solche Folgerung wäre geradezu absurd und ließe sich sehr leicht widerlegen. Trotzdem gibt es unzweifelhaft eine unterirdische Verbindung. Auf komplizierten Wegen, über eine Vielzahl von Vermittlern, die vielleicht nicht einmal etwas voneinander ahnen, versorgt eine »Einheitsbank« der Mafia das gewaltige Nomenklatura-Heer und kümmert sich rührend um dessen Generale und Marschälle. Die Kraft der Nomenklatura (die heute nach einer anderen Bezeichnung sucht) garantiert die fortgesetzte, stabile Existenz der Mafia.

Die Frage bleibt: Wie gelang es Kunajew und fast seinem ganzen Clan, dem Druck standzuhalten? Weshalb kam es trotz aller Enthüllungen, trotz leidenschaftlicher öffentlicher Anklagen, darunter auch vom Podium des Kongresses der Volksdeputierten und des Obersten Sowjets der UdSSR, zu überhaupt keinen praktischen Konsequenzen? Die Mafia zog sich mit recht unbedeutenden Verlusten aus der Schlinge (die wenigen Veurteilten wurden, nach sowjetischen Maßstäben, im Lager mit allen Annehmlichkeiten bedacht und sehr bald entlassen); all ihre Führungskräfte, die zwar manchmal den Amtssessel wechseln oder sich gar ganz von ihm trennen mußten, wirkten weiterhin innerhalb der illegalen Mafiastrukturen.

Nursultan Nasarbajew trug, wie geplant, den Sieg im Kampf gegen Kunajew davon. Er wurde Erster ZK-Sekretär der Kommunistischen Partei Kasachstans, Vorsitzender des Parlaments und später Präsident der Republik. Außerhalb Kasachstans kannte ihn fast niemand, doch er verschaffte sich dadurch Popularität, daß er sich gegen die posthume Hetze gegen Iwan Chudenko, einen der Wegbereiter der heutigen Wirtschaftsreformen in der UdSSR, aussprach. Chudenko erhielt Ende der sechziger Jahre von Kunajew ein großes Grundstück zur Durchführung eines einzigartigen Wirtschaftsexperiments (einzigartig, wie sich versteht, nach sowjetischen Maßstäben). Er durfte so viele Arbeiter beschäftigen, wie er es für nötig hielt, durfte persönlich die Löhne festlegen und brauchte mit dem Staat nur über die erzielten Ergebnisse abzurechnen. Innerhalb eines Jahres stieg die Arbeitsproduktivität in seinem Sowchos um das Vierfache, der Lohn der Arbeiter um das Achtfache, und die Sowchoseinahmen sowie die Menge der dem Staat gelieferten Produkte vergrößerten sich sogar noch stärker. Die gesamte Partei- und Staatsmafia, die gefälschte Statistiken vorlegt und Seifenblasen zu Geld macht, sah sich bedroht. Kunajew und der Zweite ZK-Sekretär Kasachstans, Valentin Mesjaz (später wurde er Landwirtschaftsminister der UdSSR und danach Leiter des Moskauer Gebietskomitees der KPdSU) machten sich an die gnadenlose Vernichtung Chudenkos.

Ihre Rache mag übertrieben grausam erscheinen, aber sie reagierten aus ihrer Sicht völlig normal auf die Aktionen eines Mannes, der anschaulich zeigte, welches Heer von Schmarotzern sich am leidgeprüften sowjetischen Volk labte. Man fingierte eine Anklage gegen Chudenko, er wurde verurteilt und starb im Lager. Die besten Ökonomen, Schriftsteller und Journalisten des Landes kämpften ohne Erfolg zunächst für seine

Entlassung dann für seine posthume Rehabilitierung. Im letzten Stadium schloß sich ihnen auch Nasarbajew an. Erst 1989 wurde Chudenko vom Obersten Gerichtshof der UdSSR für unschuldig erklärt. Doch weder Kunajew noch Mesjaz brauchten die Folgen für ihre persönliche Teilnahme an der Hetze für einen unschuldigen Menschen zu tragen.

Allmählich vollzogen sich personelle Veränderungen in den verschiedenen Strukturen des Machtapparats von Kasachstan. Die Kunajew-Leute wurden von den Nasarbajew-Anhängern nahezu verdrängt. Gorbatschows offenkundiger Fehler – die Ernennung des russischen Emissärs Kolbin als Chef der Republik – wurde ziemlich schnell und ohne viel Aufsehen bereinigt.

Doch dies führte keineswegs zu einer totalen Niederlage der Kunajew-Leute oder zu einer öffentlichen Entlarvung ihrer Missetaten. Die alte Mafia brauchte ihre Beute nur mit der neuen zu teilen und auf eine Ausweitung der von ihr eroberten »Territorien« zu verzichten, wonach sie ungehindert von den angehäuften Reichtümern leben konnte. Das war natürlich bei weitem nicht die beste Lösung für diejenigen, die gestern noch allmächtig gewesen waren, aber wenigstens war es besser als die schlechteste Lösung: Gefängnis, Arbeitslager oder Beschlagnahme ihres Vermögens. Kunajew selbst hatte praktisch nichts verloren, sogar seine Statue zierte weiterhin das Zentrum von Alma-Ata.

Was ist die Erklärung für all diese Dinge? Es gibt einen oberflächlichen, äußerlichen Grund – den, daß sich die kasachische Mafia entsprechend auf die künftigen Schläge vorbereitet und eine rettende Taktik für den Kampf mit den Ermittlern und den Gerichten ausgearbeitet hatte. Diese Taktik war überaus einfach und recht geschickt.

Kunajews Mafia sah ein, daß es wenig produktiv sein würde, die Korruptionsvorwürfe lediglich zurückzuweisen. Die Ermittler würden sich bemühen, einen einzelnen Angeklagten während der Untersuchung zu zermürben; sie würden nach Umwegen suchen, um ihn zu entlarven und Indizien anzuhäufen, die ihn von den anderen Beteiligten separierten (so verfuhr man, wie bereits dargestellt, in Usbekistan mit Adylow). Die Kunajew-Leute wählten deshalb eine andere Methode des Widerstands.

Sobald ein Angehöriger des Clans den Ermittlern in die Hände fiel, gestand er alles und wurde von den Zeugen schwer belastet. Man vermied eine Konfrontation mit den Ermittlern und kam ihnen sogar bereitwillig entgegen. Die Geständnisse wurden durch zahlreiche Einzelheiten erhärtet, wodurch die Aussagen noch überzeugender wirkten. Die Angeklagten sagten nicht vage: »Ich habe Bestechungsgelder gezahlt« oder: »Ich habe Bestechungsgelder genommen« – nein, sie nannten das präzise Datum und den präzisen Ort, was in der juristischen Terminologie der Sowjetunion als »Untermauerung des Schuldbekenntnisses« bezeichnet wird. Die Ermittler waren außer sich vor Freude, denn die rührende Kooperation zwischen Anklägern und Angeklagten führte sehr rasch zu einer Verhandlung.

Und dann, vor Gericht, brach alles in sich zusammen. Wie sich zeigte, hatten die Angeklagten die Ermittler einfach an der Nase herumgeführt. Die von den Juristen so hochgeschätzten Details waren Zeitbomben, die im Gerichtssaal explodierten. Kein einziges Detail konnte untermauert werden – im Gegenteil, es wurde überzeugend widerlegt. Zum Beispiel sagte Achmetow, der Chef der ZK-Abteilung für Wissenschaft und Lehranstalten, gegen Bekeshanow aus. Er behauptete, in einer der berüchtigten »Pensionen« eine Bestechungssumme von dem Angeklagten erhalten zu haben, und er präzisierte den Zeitpunkt und die für das Geld geleisteten Dienste. Während der Verhandlung wies der Verteidiger jedoch nach, daß die »Pension« erst einige Jahre später gebaut worden und daß das Motiv für den Empfang der Bestechungssumme ebenfalls nichtig war.

Ein anderer Angeklagter berichtete, wie er mit Kunajews Gefolge per Linienflug in eine bestimmte Stadt gereist sei; dort habe man im Flughafenrestaurant gespeist, während der Mahlzeit sei ihm eine Bestechungssumme zugesteckt worden, dann hätten sich alle am Ufer eines Sees gesonnt und seien drei Stunden später zurückgeflogen. Vor Gericht bewies der Verteidiger jedoch ohne große Mühe, daß der Linienflug an jenem Tag gegen 23 Uhr eingetroffen und daß das Flughafenrestaurant damals bereits seit einem halben Jahr wegen Reparaturen geschlossen war.

Bei einer dieser Niederlagen der Ermittler war ich im Gerichtssaal anwesend. Man verhandelte über einen früheren hohen Parteiapparatschik von Kasachstan, der nicht einmal im Gefängnis seinen gewaltigen Bauch verloren hatte und dessen Miene immer noch vor Sattheit glänzte. Die Aussagen, die er den Ermittlern gegenüber gemacht hatte, wurden verlesen: Am 9. Mai, dem Tag des Sieges, habe er mit Freunden in der Regierungsresidenz bei Alma-Ata gefeiert und sei dann in die Stadt zurückgekehrt; einer der Zechgenossen – ein nicht ganz so hochgestellter Apparatschik – habe nach der Fahrt eine Aktentasche mit 25 000 Rubeln für ihn auf dem Sitz des Autos hinterlassen.

Der Angeklagte hörte sich seine eigenen Aussagen, die vom Richter verlesen wurden, träge und mit einem verächtlichen Lächeln an. Danach fragte der Richter: »Sie entsinnen sich genau, daß dies am 9. Mai geschah – schließlich kann man ein solches Datum schwer verwechseln?«

»Natürlich, ich erinnere mich sehr gut«, erwiderte der Angeklagte selbstzufrieden und nickte seinem Anwalt zu. Dieser legte sofort eine längst vorbereitete Dokumentation auf den Richtertisch. Aus ihnen ging unwiderlegbar hervor, daß der Angeklagte am 9. Mai zur Behandlung seiner Leber in dem tschechoslowakischen Kurort Karlsbad geweilt hatte, weshalb sein Geständnis während der Ermittlungen keinen Pfifferling wert war.

»Weshalb haben Sie diese Aussagen gemacht?« fragte der Richter erstaunt.

»Der Ermittler hat mich erpreßt und mich zu falschen Selbstbezichtigungen gezwungen«, lautete die Antwort.

Buchstäblich alle Geständnisse waren nach demselben Modell aufgebaut, was beweist, daß irgendein Unbekannter im Zentrum dieses Muster ausgearbeitet und es dann als Direktive an alle Mitglieder des Führungskerns der Mafia weitergegeben hatte. Die Methode machte sich bezahlt, denn die Ermittler waren diskreditiert, alles von ihnen gesammelte Material wurde in Zweifel gezogen und vom Gericht abgelehnt. Dieser taktische Sieg hatte zur Folge, daß die Ermittler die Initiative verloren und nicht mehr die Kraft hatten, wieder ganz von vorn anzufangen.

Während man der Voraussicht und dem Geschick der hochqualifizierten Juristen, die der Mafia als Experten dienten, Tribut zollen muß, läßt sich nicht leugnen, daß die Hauptgarantie für die Rettung der gescheiterten Mafiosi nicht in ihrer virtuosen Taktik gegenüber den Ermittlern bestand. Die Hauptgarantie lieferten die quälend langsamen Manöverkämpfe im Kreml, und bei diesen Kämpfen um die Macht, deren Ausgang niemand mit hundertprozentiger Sicherheit vorhersagen konnte, wollte keiner der Beteiligten einen gefährlichen Präzedenzfall schaffen. Die Verhandlung gegen ein früheres Politbüromitglied konnte zu einem Gebirgskiesel werden, der eine Lawine auslöste, und das war unbedingt zu vermeiden. Es wurde bekannt, zwar nicht aus offiziellen, doch aus verläßlichen und gutinformierten Quellen, daß anonyme (wieder einmal – offenbar kann dieses Regime nicht anders!) Experten vor »der Entfachung unkontrollierbarer und unbeschreiblicher Massenunruhen« gewarnt hatten, falls sich auch nur ein einziges Mitglied der höchsten Führung auf der Anklagebank wiederfinden sollte. Der Grund lag, wie es in dem Dokument heißt, darin, daß »die Sehnsucht nach Rache immer noch sehr groß ist«. Letzten Endes war das Gespenst nationaler »Unruhen« zu bedrohlich, was durch die Ereignisse der letzten Jahre, etwa jene vom 17. Dezember 1986 auf dem Breschnew-Platz in Alma-Ata, bekräftigt wurde.

Die öffentliche Kritik an Kunajew, so gnadenlos sie auch sein mochte, war hingegen erlaubt – sie diente als Ventil, um Dampf abzulassen. Ihm selbst jedoch drohte (und droht) keine Gefahr; sogar alle Klunker, die seine Brust schmückten, sind noch am gleichen Platz. Als dagegen der pensionierte KGB-Oberst Oleg Kalugin nur einen Zipfel der Geheimnisse seiner früheren Behörde lüftete, kam es sofort zu einer mächtigen Reaktion der Achse Gorbatschow-Ryshkow-Krjutschkow, und dem »Verräter« wurden alle Orden aberkannt. Aber der gesamte Brustschmuck Kunajews, Medunows und anderer Mafiaführer, der für gefälschte Ziffern, angebliche Erfolge und fingierte Errungenschaften verliehen wurde, blieb unangetastet – ungeachtet der wütenden Zeitungsproteste, welche die Gefühle der empörten Bürger ausdrückten.

Solche Proteste waren und sind ergebnislos. Davon ist sogar

der Chef der aufgelösten Ermittlergruppe, Wladimir Kalinintschenko, überzeugt. Man hinderte ihn nicht nur daran, die Untersuchung über die kasachische Mafia zu Ende zu führen, sondern versetzte ihn immer wieder unvermittelt von einem »Gefahrenherd« an den anderen. In einem Gespräch mit mir erklärte er folgendes:

»Glauben Sie nicht, daß ich versuche, Kunajew zu verteidigen, aber auf der Grundlage des gesammelten Ermittlungsmaterials habe ich eine Hypothese, die mir sehr plausibel vorkommt. Kunajew dürfte kaum von jedem Glied in der Verbrechenskette gewußt haben. Er ahnte wahrscheinlich nicht einmal, daß die unter seinem Schutz lebenden Unterweltmillionäre nicht nur ihn selbst, sondern auch seine politischen Feinde unterstützten. Deshalb waren die Bosse unterschiedlicher Ränge, die nacheinander an die Macht kamen, viel stärker miteinander verknüpft, als sie es selbst vermuteten. Man kann sie entlassen, auf andere Posten versetzen, von neuen Leuten ablösen lassen, aber all ihre Karrieren und Schicksale verflechten sich zu einem einzigen Knoten, der einfach nicht durchgehauen werden kann. Es ist deshalb unmöglich, weil niemand daran interessiert ist. Die wirklichen Oberhäupter der Mafia sind durchaus nicht diejenigen, die man in der Öffentlichkeit kennt. Über die wirklichen Oberhäupter wissen wir weiterhin überhaupt nichts.«

Ich meine, daß diese Schlußfolgerung eines kompetenten Juristen die Unverletzlichkeit vieler Mafiaführer – der sichtbaren wie der unsichtbaren – in den verschiedenen Regionen der UdSSR erklärt. Die Mafia, die überall unter den gleichen sozialen Bedingungen existiert, handelt nach ihren eigenen Gesetzen, wie stark die berüchtigte »nationale Charakteristik« auch sein mag. Hat die Mafia überhaupt nationale Eigenheiten? Die reiche Erfahrung der multinationalen Sowjetunion läßt daran zweifeln.

8. KAPITEL

Und Gott wandelt auf Erden

Vor ungefähr sechs Jahren rief mich ein langjähriger Freund an, ein Mann von gefestigter Reputation, der sich nie mit Banalitäten abgegeben hatte. Er bat mich, einen Besucher aus Baku zu empfangen. Ich versuchte, das Treffen ein paar Tage zu verschieben, aber mein Freund beharrte mit einer für ihn untypischen Entschiedenheit, daß es »spätestens morgen« stattfinden müsse. Offenbar um seine Aufdringlichkeit abzumildern, setzte er verschwörerisch hinzu: »Wenn das, was er sagt, dir nicht interessant vorkommt, dann jag ihn gleich nach dem ersten Satz zum Teufel!«

Am nächsten Tag saß der von meinem Freund entsandte Besucher in meinem Redaktionsbüro. Er war ein stämmiger Mann von etwa sechzig Jahren. Sein großes Gesicht wirkte über die Maßen erschöpft, und unter seinen entzündeten, blutunterlaufenen Augen hingen dunkle Tränensäcke. An seinem Jackett hafteten drei Ordensspangen, die, wie ich sofort sah, nicht für »Arbeitssiege« (solche Auszeichnungen hatte man unter Breschnew an Millionen von Lügnern und Schwindlern vergeben), sondern für echte militärische Leistungen verliehen worden waren. An dem rechten Aufschlag des Jacketts steckte ein vor Alter verblichenes Gardistenabzeichen – so etwas hatten nur Soldaten und Offiziere der angesehensten Militäreinheiten im Krieg erhalten.

Ich wartete auf den von meinem Freund erwähnten ersten Satz. Er lautete: »Vor ihnen sitzt ein gefährlicher Verbrecher, der im ganzen Land gesucht wird. Sie können die Miliz anrufen, mich ausliefern und dafür 10000 Rubel einstreichen.«

Damit ich diese Erklärung nicht für einen einfältigen Scherz oder für die Spinnerei eines Verrückten hielt, zog er ein vierfach gefaltetes Plakat aus einer Aktentasche. Auf ihm blickte mir das Gesicht meines Besuchers entgegen, und im Text hieß es: »Allunions-Fahndung... Ein besonders gefährlicher Verbrecher... Belohnung für Angaben...« Und dann fett, mit riesigen Ziffern:»10000 Rubel.«

Wie er offensichtlich erwartet hatte, stürzte ich nicht zum Telefon, und mein Besucher begann mit seiner Geschichte.

Godolij Awerbuch stammte aus Baku. Als Ökonom ausgebildet, arbeitete er im mittleren Management der Verwaltung verschiedener Wirtschaftsorganisationen. Die örtliche Staatsanwaltschaft zog ihn oft als Experten für Unterschlagungsfälle zu Rate. Es ist eine aufreibende und undankbare Arbeit, sich durch die gefälschten Geschäftsunterlagen sowjetischer Betriebe mit ihrer für Betrüger geradezu idealen Verworrenheit hindurchzukämpfen. Nur wenige sind zu dieser anstrengenden, riskanten (von ihr hängt das Schicksal von Menschen ab, die, nach östlichem Brauch, zu Vergeltungsmaßnahmen neigen) und schlechtbezahlten Aufgabe bereit. Aber Awerbuch fand Befriedigung in ihr, weil sie ihm die Möglichkeit gab, die örtlichen Räuber und Schwindler mit professionellen Mitteln zu bekämpfen. Solange es um »kleine Fische« ging und nicht um die Mächtigen dieser Welt, hatten die Ermittler von Baku keine Einwände; allerdings waren sie nicht gerade begeistert von ihm, denn er erwies sich als allzu vortrefflicher, gründlicher und gewissenhafter Experte.

Eines Tages, als Awerbuch sich mit einer, wie es schien, unbedeutenden Angelegenheit beschäftigte, war er unvorsichtig genug, aus eigener Initiative die ihm von der Ermittlungsbehörde gesetzten Grenzen zu überschreiten. Der Fall betraf eine Arbeiterin in einer Tankstelle von Baku; sie war von einem »Rächer aus dem Volke« (so nennt man im einschlägigen Jargon die eifrigen Bürger, die nie ein Auge zudrücken können) angezeigt worden, weil sie einem »Privatfahrer« für staatliche Autos bestimmtes Benzin verkauft hatte. Solche Dinge, die in der Sowjetunion illegal sind, geschehen tausendfach und unablässig. Man hat sich damit abgefunden, und nur jene werden erwischt, die jegliche Vorsicht fallenlassen und den Staat schamlos vor aller Augen bestehlen.

Dies also war die Strafsache, die gegen die Tankstellenarbeiterin eingeleitet wurde, und damit hätte die Sache ihr Bewenden haben müssen. Doch der wachsame Experte Awerbuch hatte kaum mit der Arbeit an den Unterlagen begonnen, als er merkte, daß die Verbindungen weiter gespannt, daß viel mehr Personen in das Verbrechen verwickelt waren. Um die Geduld des Lesers nicht zu sehr mit Einzelheiten zu strapazieren, möchte ich nur zusammenfassend sagen, daß er seine vorläufige Schlußfolgerung naiverweise an seine Arbeitgeber weitergab: Täglich wurden an einer einzigen städtischen Tankstelle Tausende von Litern Benzin gegen Bargeld verkauft, das nirgendwo in der Buchführung auftauchte und folglich in den Taschen der Mafia landete; sämtliche Tankstellen der Stadt (und vielleicht des Landes) waren miteinander verknüpft und trieben das gleiche Spiel. Es war unmöglich, ihre Einnahmen präzise anzugeben, aber der Betrag belief sich pro Jahr zweifellos auf -zig Millionen Rubel – nicht in nur auf dem Papier stehenden, abstrakten Ziffern, sondern in konkreten Banknoten.

Awerbuch forderte eine sofortige Buchprüfung und die Eröffnung eines Verfahrens nicht nur gegen eine einfache Arbeiterin, die bloß ein Rädchen im Getriebe der gewaltigen Verbrechensmaschinerie war, sondern auch gegen die offensichtlich an der Sache beteiligten höheren Amtsträger.

Er hatte mit überschwenglichem Lob gerechnet, doch er stieß auf zurückhaltende Skepsis. Unter den Juristen, an die er sich wandte, mochten ehrliche, unbestechliche Leute sein, doch auch sie begriffen, was sie bei dem Versuch, in diesem Ameisenhaufen zu stochern, erwartete.

Immerhin, die ersten Schritte wurden eingeleitet: Der Staatsanwalt unterzeichnete einen Befehl zur Beschlagnahme sämtlicher Finanzunterlagen der städtischen Tankstellen für die vorangegangen drei Jahre. Als die Mitarbeiter der Staatsanwaltschaft eintrafen, um den Befehl auszuführen, war gut die Hälfte der Dokumente verschwunden. Noch zwei oder drei Wochen zuvor hatte Awerbuch sie in den Händen gehalten und sich Notizen gemacht, aber nun schienen sie sich in Luft aufgelöst zu haben. Die Juristen beeilten sich, wenigstens den Rest zu beschlagnahmen, doch bald verschwand auch der – angeblich im Laufe eines sehr ungeschickt inszenierten Einbruchs in die Staatsanwaltschaft.

Die ersten Zeugen (es handelte sich um Bus- und Lastwagenfahrer staatlicher Organisationen), die man bereits befragt und zu wahrheitsgetreuen Aussagen bewogen hatte, wurden sehr schnell von empfindlichen »Schicksalsschlägen« ereilt: Einem steckte man die Wohnung an, der Sohn eines zweiten wurde von einem Auto überfahren, der Bruder eines dritten ohne jeden Grund von seinem Arbeitsplatz entlassen. Der »Hinweis« wurde verstanden, und die nächsten Zeugen verweigerten – unter Berufung auf ihr schlechtes Gedächtnis – die Aussage.

Aber das »Hauptwild«, auf das die Jäger der Mafia es abgesehen hatten, war natürlich Awerbuch selbst. Auf primitivste Weise wurde eine Anklage gegen ihn fingiert. Die Drahtzieher hinter den Kulissen hatten keine Mühe, Erklärungen darüber, daß er für sich Bestechungsgelder erpreßt habe, von Sträflingen zu erlangen, die er durch seine Arbeit ins Gefängnis gebracht hatte. Die genannten Summen waren gewaltig – Papier ist geduldig.

Infolge seiner langjährigen Kontakte zu Miliz und Staatsanwaltschaft erfuhr Awerbuch rein zufällig, daß ein Befehl für seine vorläufige Festnahme unterzeichnet worden war. Die Miliz schickte sich an, Awerbuch im Morgengrauen zu überraschen und festzunehmen. Doch Awerbuch hatte sich bereits weit von Baku entfernt in der Datscha eines alten Frontkameraden versteckt.

Es gibt stets genug Verbrecher, die es nicht eilig haben, ins Gefängnis zu kommen, aber nur in ganz seltenen Fällen, nämlich wenn es sich um Mord, Raubüberfall, Terrorismus oder Bandenverbrechen handelt, wird eine Allunions-Fahndung ausgeschrieben. Noch seltener ist, daß man mit einer hohen Belohnung winkt, und diese wird ohnehin erst dann ausgesetzt, wenn die üblichen Fahndungsmethoden erfolglos geblieben sind. Aber diesmal leitete man sofort eine Allunions-Fahndung ein und war auch mit dem Geld nicht sparsam. Hieran ist zu erkennen, welche einflußreichen Personen aktiv geworden waren und welche Furcht sie umtrieb. Offensichtlich – und wahrscheinlich durch reinen Zufall – war Awerbuch nicht nur über eine Gruppe Diebe gestolpert, sondern über eine Gruppe, die zur obersten Spitze Zugang hatte, denn sonst hätte man nicht so energische und kurzfristige Maßnahmen getroffen (allein die Beschaffung der notwendigen Funktionärsunterschriften nimmt gewöhnlich einen ganzen Monat in Anspruch).

Zu dem Zeitpunkt, als Awerbuch bei mir erschien, hatte er sein Versteck – in verschiedenen Städten des Landes – bereits viermal gewechselt. Mit großer Vorsicht, um seinen Aufenthaltsort nicht zu verraten, schickte er Briefe und Telegramme an den Kreml, ans KGB und an den Generalstaatsanwalt und bat um Hilfe. Da er keine Adresse angeben konnte, rechnete er nicht mit einer Antwort. Aber er erhielt trotzdem eine: Man verwüstete die von ihm verlassene Wohnung in Baku und überfiel ihm nahestehende Personen.

Einer ähnlichen Situation war ich während meines Berufslebens noch nie begegnet. Ich bat Awerbuch, mich ein paar Tage später anzurufen, und begab mich zu Najdjonow, der kurz zuvor, nach dreijähriger »Exkommunikation«, in die Staatsanwaltschaft zurückgekehrt war. Meine Redaktion habe einen Brief von einem gewissen Awerbuch erhalten; weshalb nehme die Staatsanwaltschaft keine Notiz von seinen Mitteilungen?

Najdjonow hörte mich an und lächelte schlau. »Ihre konspirativen Bemühungen taugen nicht viel. Awerbuch war vorgestern« – er blickte auf einen Kalender – »von 15.30 Uhr bis 16.40 Uhr in der Redaktion und fuhr dann in die Wohnung, die ihm als Versteck dient.« Najdjonow nannte die Adresse.

Ich war erstaunt über seine Informiertheit. Da Najdjonow nichts mehr mit den Ermittlungen zu tun hatte, mußte sein Interesse durch etwas anderes geweckt worden sein. (Dies war tatsächlich der Fall: Er hatte sich vor seinem »Sturz« mit der aserbaidschanischen Mafia beschäftigt und hielt sich nun, in die Staatsanwaltschaft zurückgekehrt, über den Kampf gegen sie auf dem laufenden. Leider wurden kaum Fortschritte erzielt...)

Schreckliche Angst packte mich. Nun würde man Awerbuch verhaften, und ich würde niemals beweisen können, daß ich nicht das geringste mit dieser Gemeinheit zu tun hatte. Aber Najdjonow erahnte meine Gedanken: »Sagen Sie Awerbuch, daß er vorläufig in Sicherheit ist. Nur darf er nicht auf den Straßen spazierengehen. Wenn die Sache gefährlich wird, gebe ich Ihnen Bescheid.«

Ich hatte mit allem möglichen gerechnet, nur nicht mit einer solchen Reaktion des Stellvertretenden Generalstaatsanwalts!

Wiederum kam er meiner Frage zuvor: »Sie können sich nicht vorstellen, wie genau Ihr Protegé ins Schwarze getroffen hat. Die Benzinmafia ist eine der mächtigsten in Aserbaidschan – sogar noch mächtiger als die Baumwoll- oder die Fischmafia. Sie hat Beziehungen zu allerhöchsten Personen und wird heute nicht nur in Baku, sondern auch in Moskau gedeckt.«

Es fiel mir nicht schwer zu erraten, von wem die Rede war. Kurz zuvor war Gejdar Alijew, der absolute Herrscher von Aserbaidschan, zum Vollmitglied des Politbüros ernannt worden, nach Moskau übergesiedelt und auch noch zum Ersten Stellvertretenden Ministerpräsidenten avanciert. Aber eine Allunions-Fahndung ist ein Verwaltungsakt, der sogar dem Stellvertretenden Generalstaatsanwalt Verpflichtungen auferlegt. Wie konnte es geschehen, daß ein »Staatsverbrecher« von ihm geschützt wurde?

Najdjonow antwortete nicht sofort, als wolle er nicht an strengste Dienstgeheimnisse rühren. Dann sagte er knapp: »Awerbuch wird mit Verbrechern in eine Zelle gesteckt werden. Einer von ihnen fängt einen Streit mit ihm an und tötet ihn bei der sich anschließenden Schlägerei. Es wird keine Ermittlungen und keine Verhandlung geben. So etwas ist teuer, aber in solchen Fällen läßt die Mafia sich nicht lumpen.«

Gamboj Mamedow, der Staatsanwalt von Aserbaidschan, war inzwischen schon nicht mehr im Amt. Man hatte ihn »wegen mangelhafter Arbeit« entlassen und aus der Partei ausgeschlossen (das war bis vor kurzem die schlimmste Bestrafung für einen Apparatschik, denn sie bedeutete das Ende seiner Karriere). Dies ist die traditionelle sowjetische Formulierung, wenn man einen Funktionär unbedingt loswerden will, jedoch keinen »einleuchtenden« Anlaß zu bieten hat.

Mamedow war kein fanatischer und unerschütterlicher Kämpfer gegen die Mafia, sondern er führte seine Befehle nur gewissenhaft aus und zog im Rahmen seiner Kräfte (doch keineswegs über die Maßen pflichtbewußt) mal den einen Dieb, mal den anderen korrupten Staatsdiener zur Verantwortung. Er schloß sich der Mafia nicht an und mied jeden direkten oder indirekten Kontakt zu ihr. Damit wurde er auf seinem Schlüsselposten für die Mafia nicht nur zu einem nutzlosen, sondern auch zu einem gefährlichen Menschen.

Außerdem war er gut, vielleicht zu gut, mit Alijew bekannt und besaß Informationen, die der aserbaidschanische Führer nicht gern an die Öffentlichkeit dringen lassen wollte. Deshalb war klar, daß das Schicksal des Staatsanwalts früher oder später besiegelt sein würde.

Über Gejdar Alijews Persönlichkeit ist bereits sehr viel geschrieben worden, aber wir müssen zu einigen typischen Zügen dieser außergewöhnlichen Gestalt zurückkehren, zumal Alijews Name, im Gegensatz zu seinen in Ungnade gefallenen Politbürogenossen, von neuem am politischen Firmament aufglänzt.

Seit langem fällt auf, daß viele sowjetische Spitzenpolitiker ihre Karriere beim KGB begannen und ihren Aufstieg dann mit Hilfe dieser mächtigen Behörde fortsetzten. Denken wir an Andropow, Schewardnadse oder Tschebrikow. In dieser Reihe bildet Alijew eine Ausnahme, denn er ist der einzige, der keine andere Erfahrung als die im KGB aufzuweisen hat. Bei Kriegsausbruch war der achtzehnjährige Alijew nicht in einer Einberufungsstelle, sondern in seiner Heimatstadt Nachitschewan zu finden, im NKWD der autonomen Republik, wo er (mit achtzehn Jahren!) sofort den außerordentlich hohen Rang eines Sicherheitsdienstleutnants (der dem Rang eines Armeemajors entspricht) erhielt und das NKWD-Geheimarchiv der autonomen Republik leitete.

Dieser Ernennung war die Vorlage eines gefälschten Attests über eine schwere Lungentuberkulose vorausgegangen, an welcher der blühende junge Mann angeblich litt – nur so konnte er sich vor der Einberufung retten. Allein die Beschaffung eines solchen Attests war ohne hohe Protektion unmöglich für einen Jungen aus armer Familie, der sich bis dahin nur durch die Teilnahme am Laienspieltheater seiner Schule ausgezeichnet hatte (er spielte sogar den Hamlet – nicht mehr und nicht weniger!). Und die Tatsache, daß er – in Stalinschen Zeiten – einen so verantwortungsvollen Posten bekam, verstärkt die Vermutung, daß er einflußreiche Hintermänner hatte. Diese Annahme wird durch folgende Meilensteine in der beispiellosen Biographie des jungen Tschekisten untermauert: Mit neunzehn Jahren leitete er die Geheimabteilung des sowjetischen Volkskommissariats (das heißt der Regierung) der Autonomen Republik Nachitschewan, und mit einundzwanzig Jahren stand er an der Spitze der NKWD-Operationsabteilung von Aserbaidschan.

Nur einmal kam es zu einem bedauerlichen Rückschlag in dieser zügigen NKWD-Karriere. Als Chef aller aserbaidschanischen Spitzel verfügte Alijew über unzählige »konspirative Wohnungen«, in denen sich beamtete Tschekisten mit nichtbeamteten, den sogenannten freiwilligen Helfern, treffen konnten. Unter diesen Freiwilligen waren auch Personen weiblichen Geschlechts, und durch die konspirativen Wohnungen wurde das Problem geheimer Rendezvous mit ihren Freunden gelöst. Alijew nutzte seine Position, um die freiwilligen Mitarbeiterinnen zu Liebschaften mit ihm zu zwingen. Eine Helferin überlegte es sich später anders und löste einen Skandal aus. (Dazu kam es bereits nach Stalins Tod, und die Furcht vor Berijas einiger Behörde ließ vorübergehend nach.) Unsichtbare Beschützer retteten den heldenhaften Liebhaber: Ihm stieß nichts anderes zu, als daß er sich eine Zeitlang mit einem niedrigeren Rang begnügen mußte – aber natürlich nicht für lange. Bald »schwamm er sich wieder frei« und setzte seinen unaufhaltsamen Aufstieg fort.

Aber es gab noch eine weitere ärgerliche Kleinigkeit, denn ein Mitglied der Kommission zur Überprüfung der Beschwerde, an die sich das Opfer von Alijews Gelüsten gewandt hatte, war der damalige Chef der Ermittlungsabteilung des Staatssicherheitsdienstes von Aserbaidschan, Gamboj Mamedow, der neun Jahre später zum Staatsanwalt der Republik werden sollte. Er hatte gefordert, die Sache nicht zu vertuschen, sondern Alijew, diesen »Verletzer moralischer Prinzipien«, zu degradieren und als Deserteur vor Gericht zu stellen. Die Kommission, welche die Beschwerde untersuchte, hatte auch diesen Umstand an den Tag gebracht.

Damit entwickelte sich Mitte der sechziger Jahre eine ungewöhnlich gespannte Situation: Auf der einen Seite stand der »Erzfreund«, der Staatsanwalt der Republik, Mamedow, auf der anderen der KGB-Vorsitzende der Republik, Alijew. Und ein paar Jahre später fand sich dieses Duo in einer noch komplizierteren Konstellation wieder. Der erstere war weiterhin Staatsanwalt der Republik, während der letztere als ZK-Vorsitzender die absolute Herrschaft übernommen hatte!

Ohne diesen Hintergrund ist die Situation, die sich noch ein wenig später herausbildete, nicht zu verstehen. Nachdem Alijew seine Position als erster Mann der Republik gefestigt hatte, begann er, das Führungspersonal »auszujäten«, das von seinen Vorgängern ernannt worden war, und seine eigenen Leute nachrücken zu lassen. Die Entfernung Mamedows hatte höchste Priorität, denn er wußte nicht nur zuviel, sondern er hatte sich auch als Feind Alijews erwiesen. Außerdem ist der Posten des Staatsanwalts der Republik tatsächlich von entscheidender Bedeutung, denn laut Gesetz kann der Staatsanwalt gegen jede Entlassung Protest einlegen und die Verhandlung jedes beliebigen Falles anordnen oder verhindern.

Aber nichts ist schwieriger, als sich des Staatsanwalts zu entledigen, denn schon seit Lenins Zeiten ist die Ernennung und Ablösung sämtlicher Staatsanwälte – selbst auf der niedrigsten Ebene – die absolute Prärogative Moskaus. Natürlich kann kein Staatsanwalt ohne Zustimmung des örtlichen Parteiführers ernannt werden, doch Mamedow hatte den Posten schon vor Alijews Aufstieg zum ZK-Chef inne. Um ihn abzulösen, mußte man also sorgfältig »den Boden bereiten« und einen Vorwand finden. Alijew hatte noch keine ausreichenden Kontakte in Moskau, um einfach den Telefonhörer abzuheben und dem »zuständigen Genossen« ohne Erklärung mitzuteilen: »Bitte, schaff mir diesen Schweinehund vom Hals.« Nicht einmal Andropow, der bereits KGB-Vorsitzender war und Alijew das Amt des ersten Mannes in der Republik verschafft hatte, konnte den Staatsanwalt ohne weiteres entlassen. Dazu bedurfte es eines gewichtigen Grundes oder einer Anweisung Breschnews. Doch Breschnew war noch außerhalb seiner Reichweite.

Mittlerweile hatten jedoch die siebziger Jahre begonnen, und die Mafia gewann an Einfluß. Sie benötigte ihren *eigenen* Staatsanwalt. Ein heftiger Konflikt brach aus.

Von den Breschnewschen Parteiführern – sowohl im Zentrum wie in den Provinzen – unterschied sich Alijew durch ein sehr wichtiges Merkmal: Er hielt sich von der neuen sowjetischen Elite völlig fern. Er hatte weder an den »königlichen Jagden«

noch an den fürstlichen Angeltouren teilgenommen, bei denen Taucher manchmal geschickt eine Brasse oder einen Hecht am Haken des hochgestellten Anglers anbrachten, noch an den Saunabesuchen mit Masseusen, »Kellnerinnen« oder »Reinmachefrauen«. Nicht etwa, weil er im Prinzip gegen das Dolce vita gewesen wäre (er hängte seine Amouren nicht an die große Glocke, aber sie waren für niemanden ein Geheimnis), sondern weil das süße Leben für ihn in etwas ganz anderem bestand. Man kann sagen, daß er die direkte Nachfolge der Stalinschen asketischen Lebensweise angetreten hatte – nicht im buchstäblichen Sinne, wie sich versteht. Er genoß alle Privilegien, die ihm seine Position verschaffte: eine große Wohnung mit einem privaten Swimming-pool, eine staatliche Datscha am Meer. Aber er verzichtete auf operettenhaften Luxus, auf idiotische Exzesse. Wiederum nicht aus Prinzip, sondern aus persönlicher Neigung zu anderen Genüssen: zur absoluten, unbeschränkten Gewalt über Menschen. Und nichts war größer als sein Ehrgeiz, an die Macht zu gelangen! An die allerhöchste Macht...

Andere Parteiführer strebten ebenfalls an die Macht, doch nur, weil sie darin ein Mittel erblickten, sich selbst das Paradies auf Erden zu verschaffen. Für Alijew dagegen war die Macht selbst das Paradies; sie war kein Mittel, sondern der Zweck an sich. Und deshalb wirkte sein Lebensstil – relativ gesehen natürlich – geradezu bescheiden, was alle Kritiker entwaffnete.

Ich glaube nicht, daß er überhaupt nichts mit dem »goldenen Kalb« zu tun hatte, aber seine Beziehungen zu denen, die von nun an die Republik regierten, basierten auf einem anderen, höchst einfachen Prinzip: In den Städten, Bezirken, Ministerien, Behörden, in den großen und kleinen Ämtern kamen diejenigen an die Macht, die ihn vergötterten und ihr Schicksal mit seinem verbunden hatten. Und wenn ihr Engagement für ihn vollständig und bedingungslos war, wenn sie niemals den Verdacht von Scheinheiligkeit, Lügnerei oder Verschlagenheit aufkommen ließen, dann durften sie sich auf ihren Posten wie kleine Zaren fühlen, die ihre eigenen Wünsche befriedigen und ihre eigenen Ziele verfolgen konnten. Sie waren in der Lage, dem Leben das abzugewinnen, was sie selbst – kein anderer – für wirklich erstrebenswert hielten. Dies schuf ein außerordentlich günstiges Milieu für die Mafia und alle erforderlichen Bedingungen, unter denen sie blühen konnte. Niemand konnte wagen, einem Mafioso zu nahezutreten, wenn dieser »Geschäftsbeziehungen« oder persönliche Kontakte zu einem örtlichen Parteiboß (oder einem hohen Behörden-, Miliz-, KGB-Funktionär) pflegte. Und niemand konnte wagen, einem solchen Boß zu nahe zu treten, wenn dieser von Alijew oder einem seiner engsten Mitarbeiter protegiert wurde. Bei alledem mußte Alijew kein persönliches Interesse an den Mafiaspielen haben. Sein persönliches Interesse bestand darin, daß ihm in Wort und Tat bedingungslose Unterstützung geleistet wurde und daß man sich ihm nicht einmal in Gedanken widersetzte.

Die meisten, welche diese Voraussetzungen erfüllten, stammten aus seiner Heimatstadt Nachitschewan. Damit wiederholten sich die im letzten Kapitel beschriebenen Umstände. Die »Landsmannschaft« Kunajews in Kasachstan läßt sich mit der Alijews in Aserbaidschan vergleichen: Woher der Gebieter stammte, daher stammten auch die Gefolgsleute. Dadurch kam es zu Kuriositäten, denn wer aus anderen Teilen Aserbaidschans stammte, aber unbedingt Karriere machen wollte, mußte für ein Jahr oder mindestens sechs Monate nach Nachitschewan umsiedeln. Der Stempel von Nachitschewan im Paß eines Nomenklatura-Anwärters sorgte dafür, daß er bevorzugt wurde. Natürlich ließ sich ein solches Manöver leicht durchschauen, doch niemand machte sich die Mühe, es genauer zu untersuchen. Zudem gab jeder, der sich zu dem Manöver entschloß, damit zu verstehen, daß er die Spielregeln anerkannte und loyale, ehrliche Dienste leisten wollte.

Gleichzeitig fand ein erbitterter Kampf gegen die Korruption statt. Dies mag paradox scheinen, aber die Opfer von Alijews Angriff auf die Korruption waren Mafiamitglieder, die unter der Einflußsphäre des vorhergehenden Regimes operiert hatten. Mit anderen Worten, es handelte sich um »Firmenkonkurrenz«. Nach hergebrachter sowjetischer Manier wurden so mehrere Fliegen mit einer Klappe geschlagen. Man schaltete nicht nur Konkurrenten aus, sondern auch die Günstlinge der gestürzten Parteiführung, die eine potentielle Gefahr für die neuen Machthaber darstellten. Dazu bedurfte es keiner Willkür des Herrschers, sondern als Anlaß dienten echte Verbrechen, die bei Bedarf leicht aufgedeckt werden konnten. Denn Alijew wußte, daß das gesamte System von oben bis unten mit Korruption durchseucht war. Er konnte herausgreifen, wen er wollte, und sicher sein, daß der Betreffende etwas auf dem Kerbholz hatte. Aber es gab noch eine dritte »Fliege«, und die war für Alijews künftige Karriere am allerwichtigsten. Auf seine Initiative hin tönte die Presse lautstark über die unversöhnliche Säuberungskampagne, die in Aserbaidschan unter Führung des Ersten Sekretärs stattfinde. Er wurde zur Verkörperung des moralisch reinen Marxisten-Leninisten, der Ehre, Unbestechlichkeit und Bescheidenheit über alles stellt. Man bezeichnete ihn als Nemesis, als leidenschaftlichen Kämpfer gegen die Korruption. Und dies traf zu. Seine rückhaltlosen Attacken gegen Bestechlichkeit, Planfälschungen und Diebstahl hatten nur einen einzigen Mangel: Er ging selektiv und tendenziös vor. Zu leiden hatten diejenigen, die infolge der gnadenlosen Logik des Machtkampfes bestraft werden mußten. Die übrigen blieben verschont.

An der einen Flanke kämpfte er gegen Betrug und Diebstahl, an der anderen blühten beide. Das kleine Aserbaidschan beschloß, hinsichtlich des Baumwollanbaus nicht hinter dem riesigen Usbekistan zurückzustehen. Die Obstgärten, der wahre Reichtum der Republik, die Gemüseplantagen und Weiden wurden vernichtet, und überall säte man Baumwolle. Moskau wurde jedoch mitgeteilt, der Erntezuwachs sei auf die erhöhte Produktivität der alten Anbauflächen zurückzuführen, wobei die Erschließung der neuen Flächen unerwähnt blieb. Dafür schickte Moskau gewaltige »Prämienbeträge« an die Republik und bedachte Alijew mit mehreren »Heldensternen«. Als sämtliche neuen Flächen bereits dem Baumwollanbau dienten, während Alijews »sozialistische Verpflichtungen« weiterwuchsen, schritt man zum bewährten Mittel der Planfälschung. Diesen aufgeblähten Ziffern folgten neue Mengen von Sternen, Orden und Medaillen, und wiederum brachten gepanzerte Eisenbahnwaggons Milliarden neuer, auf Befehl Breschnews gedruckter Rubel nach Aserbaidschan: Das usbekische Modell wurde genau nachgeahmt. Hunderttausende von Menschen verfingen sich – zunächst in kleinem, dann in großem Maßstab – in den Netzen der Mafia.

Mittlerweile festigte Alijew in Moskau einige vielversprechende Kontakte. Als Haupttriebkraft, die ihm den Weg nach oben bahnte, diente ihm Semjon Zwigun, der unzertrennlich mit Breschnew verbunden war. Als Andropow den Generalsekretär überredet hatte, Alijew zum Chef Aserbaidschans zu machen, entsandte Breschnew Zwigun auf den von Alijew geräumten Posten des KGB-Vorsitzenden der Republik. (Breschnew hatte bereits in der Moldau eng mit Zwigun zusammengearbeitet.) Alijew und Zwigun fanden sehr bald eine gemeinsame Sprache und wurden Freunde. Als Zwigun ein paar Jahre später Andropows Erster Stellvertreter wurde, vergaß er seinen teuren aserbaidschanischen Freund nicht. Der Name Alijews wurde in den Amtszimmern und Korridoren der gewaltigen Parteigebäude am Alten Platz ehrfurchtsvoll ausgesprochen; man nannte ihn einen »engen und treuen Mitkämpfer Iljitschs«, einen Mann mit großer (sehr großer) Zukunft, der bald über seine kleine Republik hinauswachsen werde. Ein großes Schiff braucht schließlich ein großes Meer.

Wer kann die geschäftlichen und privaten Treffen der »Diener des Volkes« in ihren städtischen und ländlichen Residenzen, in den südlichen Kurorten, bei großen und kleinen Empfängen und auf Auslandsreisen im Auge behalten? Ich weiß nicht, wie und wann Alijew mit Breschnews engsten Vertrauten Freundschaft schloß: mit dessen Assistenten Andrej Alexandrow-Agentow, mit Ministerpräsident Tichonow, mit dem Minister für zivile Luftfahrt, Boris Bugajew. Im Verein mit Andropow und Zwigun waren sie für Alijew nicht nur ein mächtiger Schutz gegen alle denkbaren Angriffe, sondern auch ein nicht weniger mächtiger Rammbock, mit dem er jede Mauer auf seinem Weg zerschmettern konnte. Doch er konnte auf den Schutz wie auf den Rammbock verzichten, denn Alijew wurde vom Schicksal verwöhnt. Er brauchte nur auf eigenen Beinen zu stehen, um alle echten und vermeintlichen Feinde zu überwinden.

Ich wiederhole, daß mir fast keiner von denen leid tut, mit denen er abrechnete (indem er sie ins Gefängnis steckte, aus der Partei ausschloß oder aus dem Amt entließ), keiner all jener Bezirks- und Stadtkomiteesekretäre, Exekutivkomiteevorsitzenden, Milizchefs, Richter, Staatsanwälte, Inspekteure und

Revisoren. Sie alle waren Schmiergeldempfänger, Diebe, Demagogen, Schwindler, die das Volk ausgepreßt und das Spiel nur verloren hatten, weil die alte Mafia von einer neuen abgelöst worden war. Sie hatten verloren, während die Sieger unter Alijews Fittichen von Tag zu Tag reicher wurden und all das zu Geld machten, was Aserbaidschan an Schätzen zu bieten hat. Die »Benzinkönige« machten Geschäfte mit gestohlenem Öl, die »Baumwollkönige« manipulierten Planziffern, die »Obst- und Gemüsekönige« sandten gestohlene oder zu lächerlich niedrigen Staatspreisen gekaufte Früchte nach Sibirien und in den Norden, wo die Produkte auf den leeren städtischen Märkten das Zehn-, Fünfzehn- oder sogar Zwanzigfache einbrachten. Die Eisenbahn- und Luftfahrtmafia verdiente stattliche Summen mit Waggons und Flugzeugen, die sie ihren Kumpanen aus anderen Mafiagruppen allen Gesetzen zum Trotz zur Verfügung stellte. Die Fischmafia brachte heimlich Tonnen teuren Störs an sich und betrieb in Staatsunternehmen nirgends registrierte, illegale Abteilungen zur Gewinnung von Kaviar. Mit ihr kooperierte die Außenhandelsmafia, die Beziehungen zu westlichen Kollegen hatte. Über die iranische und türkische Grenze wurden enorme Mengen Kaviar in der üblichen Fabrikverpackung verschickt. Die Käufer in vielen Städten Europas und Asiens vermuteten gewiß nicht, welch komplizierten Weg dieses kostbare exotische Produkt zurückgelegt hatte, bevor es auf den Ladenregalen erschienen war.

Aber hätten solche Operationen ohne Beteiligung einer Zollmafia stattfinden können? Ohne die Beteiligung einer Mafia, die sich im Inneren der Staatskontrolle (in der UdSSR spricht man von »Volkskontrolle«) ein Nest gebaut hatte? Ohne eine Milizmafia (denn im System der Organe des Innenministeriums gibt es den Spezialdienst OBCHSS: Abteilung für den Kampf gegen den Diebstahl sozialistischen Eigentums und gegen Spekulation)?

Die illegalen Werkabteilungen bestanden aus Produktionskollektiven, die in normalen Staatsbetrieben arbeiteten, dort ihren Lohn bezogen und die gleichen Produkte herstellten wie andere Abteilungen derselben Betriebe – mit dem einzigen Unterschied, daß sie ihre Erzeugnisse nicht dem Staat, sondern zu Profitzwecken ihren illegalen Chefs übergaben. Solche

Praktiken waren fast im ganzen Land verbreitet, besonders stark jedoch in Transkaukasien. Im Grunde war dies die natürliche Reaktion auf die Unterdrückung der persönlichen Initiative, auf das Verbot von Privateigentum, auf die Deformation der Produktionsbedingungen, auf die Zerstörung des freien Marktes. Es war gleichsam das Sprießen einer Pflanze, die sogar durch Asphalt ans Licht vordringt.

Wie nicht anders von einem Besitzer zu erwarten, dessen Einkünfte bedroht sind, verfolgte der Staat diese »Schwarzarbeiter« mit besonderer Strenge. Falls sie der Miliz oder der Staatsanwaltschaft in die Hände fielen und in die Gerichtsmaschinerie gerieten, wurden sie viel härter bestraft als andere Rechtsbrecher, selbst wenn diese, allerdings auf unterschiedliche Weise, dem Staat noch mehr Geld gestohlen hatten. Die Hauptgefahr für das Regime bestand weniger in der Höhe der gestohlenen Summe als in der Tatsache, daß sich in den Tiefen des »sozialistischen« Wirtschaftssystems ganz andere, nämlich freie, den Gesetzen des nichtexistierenden Marktes unterworfene Produktionsbedingungen entwickelten. Schlimmer noch: Die in den illegalen Abteilungen Beschäftigten, die meist nur einen sehr geringen Teil der Einkünfte für sich abzweigten, arbeiteten unter Einsatz aller Kräfte, während ihre Kollegen im selben Betrieb, die zur Bereicherung des abstrakten »Staates« arbeiteten, so wenig Mühe wie möglich aufwandten und nicht in erster Linie Produkte, sondern fiktive Ziffern für die offizielle Statistik herstellten.

Natürlich gerieten nur jene Schwarzarbeiter in Schwierigkeiten, die es nicht geschafft hatten, in ihr Mafianetz alle Personen einzubeziehen, von denen ihre Sicherheit abhing. Oder sie wurden belangt, weil sie einer Mafiagruppierung angehörten, die den Bruderkampf verloren hatte. Illegale Werkabteilungen existierten in Aserbaidschan nicht nur zu Alijews Zeiten, sondern schon lange vorher. Zweifellos existierten sie auch noch, nachdem Alijew nach Moskau übergesiedelt war. Verfolgt wurden jedoch nur diejenigen, die mit den gestürzten Machthabern im Bund gewesen waren. Von außen wirkte dies wie ein kompromißloser Kampf gegen die Mafia, denn nicht nur in der Massenpropaganda, sondern auch in den für den Kreml bestimmten Berichten wurde die Hauptsache verschwiegen: Es war kein Kampf gegen die Mafia, sondern der Kampf einer Mafiagruppe gegen die andere. Die Niederlage der ersteren führte zu einer noch größeren Kräftigung der letzteren. Wie immer waren jene die Verlierer, in deren Namen und zu deren Nutzen die Auseinandersetzung angeblich stattfand: die in Armut und Rechtlosigkeit schmachtenden Menschen, welche hochtrabend als »das Volk« bezeichnet werden.

Im Lichte dieser Ausführungen wird vielleicht verständlich, weshalb Alijew so wütend gegen einen Beamten vorging, dem er einen recht plausibel klingenden Vorwurf machte, nämlich der »Schwarzarbeitermafia« anzugehören. Es handelte sich um den Chef der Ermittlungsabteilung der Staatsanwaltschaft Aserbaidschans, Ibrahim Babajew. Angeblich hatte er die Schwarzarbeiter nicht nur gedeckt und vor gerichtlicher Verfolgung bewahrt, sondern sogar mehrere hunderttausend Rubel in die illegale Produktion investiert, was ihm entsprechende Profite eingebracht haben soll.

Ich kann nicht mit völliger Sicherheit sagen, ob die Anklage eine reale Grundlage hatte. Unstrittig ist, daß dies der Fall hätte sein *können*, denn schließlich gibt es beliebig viele Beispiele für die Zugehörigkeit hoher Juristen zu Mafiagruppen. Aber zwei Umstände lassen Zweifel aufkommen. Erstens: Babajew war in der Zeit vor Alijew ernannt worden und gehörte also nicht zu dessen Gruppe. Zweitens: Alijew mischte sich nicht nur in die Ermittlungen und in die Verhandlung gegen Babajew ein, sondern forderte sogar persönlich dessen Exekution durch Erschießen. Nichts anderes sei möglich, ein abweichendes Urteil werde sehr gefährlich für die Richter sein und ihnen vielleicht sogar das gleiche Schicksal bescheren, das Babajew erwartete.

In meinem Besitz ist die schriftliche Aussage Firudin Gussejnows, eines früheren Mitglieds des Obersten Gerichtshofes von Aserbaidschan: »Der Fall Babajew wurde vor dem Obersten Gerichtshof verhandelt, und ich wurde mit der Prozeßführung beauftragt. Gerichtspräsident Ismailow hatte mich gewarnt, daß Alijew persönlich das Todesurteil für Babajew und zwei Mitangeklagte angeordnet habe. Ich weigerte mich kategorisch, einen Fall zu übernehmen, dessen Ausgang bereits durch die Einflußnahme eines Außenstehenden entschieden worden war, zumal ich sofort merkte, zu welch groben Verletzungen der Strafgerichtsordnung es im Laufe der Ermittlungen gekommen war. Ein anderes Gerichtsmitglied, mein Namensvetter R. Gussejnow, weigerte sich ebenfalls, den Fall zu verhandeln. Doch schließlich fand man einen bereitwilligen Richter, nämlich Orudshew, der kurz darauf Justizminister wurde. Ich dagegen wurde sehr rasch entlassen und muß dankbar sein, daß ich von einer Gefängnisstrafe verschont blieb.«

Mit unglaublicher Geschwindigkeit fällte der Oberste Gerichtshof von Aserbaidschan unter Orudshews Vorsitz das von Alijew gewünschte Urteil. Babajew legte Berufung ein, und der Fall kam vor den Obersten Gerichtshof der UdSSR. Die Fadenscheinigkeit der Anklagen war offensichtlich, und die Eile, mit der Babajew zum Tode verurteilt worden war, ließ die Richter stutzig werden. Der Oberste Gerichtshof der UdSSR schlug vor, die Sache einzustellen und Babajew aus Mangel an Beweisen freizusprechen. Aber der Stellvertretende Vorsitzende des Obersten Gerichtshofs der UdSSR, Jewgenij Smolenzew (heute leitet er den Gerichtshof), traf eine vorsichtigere Entscheidung: Er hob das Urteil auf und machte den Vorschlag, neue Ermittlungen durchzuführen und eine neue Verhandlung abzuhalten. Es war eine sehr zurückhaltende und verständliche Richterentscheidung, zumal wenn man bedenkt, daß ein Menschenleben auf dem Spiel stand.

Aber dann brach ein Sturm los! Hier ist eine Mitteilung, die ich von Oleg Temuschkin*, Doktor der Jurisprudenz und Abteilungsleiter beim Obersten Gerichtshof der UdSSR, erhielt:

»Eines Tages war ich aus dienstlichen Gründen im Büro des

---

* Oleg Temuschkin arbeitete lange Jahre in Führungspositionen in der Staatsanwaltschaft der UdSSR; er war Staatsrat dritter Klasse (was dem militärischen Rang eines Generalmajors entspricht). Dann wechselte er an den Obersten Gerichtshof der UdSSR über, wo er noch heute tätig ist. Er wurde weithin bekannt durch seine Teilnahme an dem Prozeß gegen Andrej Sinjawskij und Julij Daniel, in dem er als staatlicher Ankläger auftrat. Leider hat er bis jetzt keine Möglichkeit gefunden, sich von dieser schändlichen Rechtsverdrehung zu distanzieren. Gleichwohl hat er einen erheblichen Beitrag zur Demokratisierung der sowjetischen Rechtsprechung geleistet, indem er sich aktiv für die Rehabilitierung von Opfern des Stalinschen und Breschnewschen Terrors einsetzte. Auch äußerte er in der Presse und im Fernsehen scharfe Kritik an der unmenschlichen Gesetzgebung und an den gerichtlichen Strafmaßnahmen der UdSSR.

Vorsitzenden des Obersten Gerichtshofs der UdSSR, Lew Smirnow, als das Regierungstelefon klingelte. Aus dem Gespräch ging hervor, daß Gejdar Alijew der Anrufer war. Er habe von der Aufhebung des Urteils im Fall Babajew erfahren und sei über Smolenzews Aktion zutiefst empört. Die Erschießung Babajews habe ›gesellschaftliche Bedeutung für die gesamte Republik‹, und wenn der Oberste Gerichtshof der UdSSR sich einschalte, habe er ›die Schuld zu tragen‹. Alijew beendete das Gespräch mit den Worten: ›Ich hoffe, daß Sie mich richtig verstehen, sonst muß ich mich an eine andere Person wenden.‹ Smirnow teilte mir danach den Wortlaut des Telefonats mit. Selbstverständlich brauchte Alijew sich nicht an ›eine andere Person‹ zu wenden. Smirnow wies den Protest seines Stellvertreters und anderer Mitglieder des Obersten Gerichtshofs sofort zurück und machte Alijew untertänigst davon Meldung. In Aserbaidschan wartete man nicht einmal die schriftliche Bestätigung aus Moskau ab, sondern richtete Babajew unverzüglich hin. Im Grunde war dies Mord.«

Was hatte die wahnsinnige Aktion ausgelöst? Warum hielt man solche Maßnahmen für erforderlich, die meiner Meinung nach von politischer Hysterie zeugten? Die Rachsucht und Bosheit Alijews, die sich hinter seiner äußeren Sanftheit und seiner stets lächelnden Miene verbargen, waren in Aserbaidschan gut bekannt. Aber diese Züge waren hier in einer ganz unverzeihlichen, nackten Form zutage getreten.

Infolge seiner Stellung hatte Babajew Einblick in das Leben hinter den Kulissen gehabt, das die nachrückende Mafia (von der abtretenden gar nicht zu reden) führte. Er mußte nicht nur abgelöst oder ins Gefängnis gesteckt, sondern vernichtet werden. Dies würde den »Ehemaligen« als anschauliches Beispiel dienen: Jeder, der mehr wußte, als ratsam für ihn war, und nicht den Mund hielt, mußte sich auf ein ähnliches Ende gefaßt machen. Doch entscheidend war die Möglichkeit, mit Mamedow abzurechnen. Babajew war von ihm ernannt worden, und Mamedow versuchte, seinen Protegé zuerst vor der Verhaftung, dann vor der Verhandlung und schließlich vor der Hinrichtung zu retten. Nun konnte man auch seiner Karriere ein Ende setzen, denn er hatte sich als Beschützer eines extrem gefährlichen Staatsverbrechers und Mafiosos erwiesen, der dem Volk (!) Millionen Rubel gestohlen hatte.

Mamedow wurde in Unehren – ungeachtet müder Einwände durch seinen Freund, Generalstaatsanwalt Rudenko – von seinem Posten entlassen. Aber das war noch nicht alles, denn die Mafia macht nie halbe Sachen.

Man darf nicht glauben, daß all diese Ablösungen, Ernennungen und Versetzungen ohne große Mühe vollzogen wurden, indem ein »Vertrauter« an die Stelle eines »Fremden« rückte. Dies ist die allgemeine Tendenz, und der Zweck der personellen Veränderungen liegt auf der Hand, aber in jedem Einzelfall müssen eine Vielzahl von Faktoren und die gegensätzlichen Interessen derjenigen berücksichtigt werden, von denen die Entscheidung abhängt. Deshalb gilt es manchmal, das gesteckte Ziel nicht mit einem, sondern mit mehreren Zügen zu erreichen.

Die Mafia sah sich nicht imstande, einen ihrer hundertprozentigen Anhänger, der vollauf ihren Anforderungen entsprach, für Babajews Posten zu finden. Deshalb mußte sie sich vorläufig mit einem »neutralen« Juristen zufriedengeben, der keiner bestimmten Gruppe angehörte. Er hieß Maksud Kulijew.

Man hatte angenommen, daß er – im Bewußtsein, wem er seine Beförderung zu verdanken hatte – der Mafia gehorsam dienen werde, denn die örtlichen Traditionen sind schließlich jedem vertraut. Aber Kulijew zeigte sich keineswegs gehorsam. Statt die Reste der geschlagenen Mafiagruppen zu zermalmen, stürzte er sich auf diejenigen, die gierig immer neue Machtpositionen an sich brachten. Hinter ihnen stand ein mächtiger und verzweigter Clan, dessen Fangarme in alle Lebenssphären und in sämtliche Gebiete der Republik reichten.

Die allerengsten Verwandten Alijews, niemand anders, hatten eine Monopolstellung in ihrem jeweiligen Wirtschaftsbereich. Trotzdem ist es unmöglich, auch nur einen kleinen Teil von ihnen aufzuzählen. Die Situation erinnerte auf geradezu parodistische Weise an Rumänien, wo Ceauşescus nahe und ferne Verwandte sämtliche Führungsposten besetzten. Die Brüder Alijew hatten umfassende »Territorien« unter Kontrolle. Hassan Alijew wurde Akademiemitglied im Fach Geographie, Dshalal Alijew, Biologe und Akademiemitglied, herrschte nicht nur über sein eigenes Institut, und Agil Alijew, der Ausbildung nach Ökonom, hatte unbeschränkte Macht im medizinischen Institut und in der gesamten Universität. Hassans Sohn war Chefarchitekt in Baku; sämtliche Bauvorhaben der Stadt waren in seiner Hand. Ein vierter Bruder, Hussein, der als bescheidener Fotograf und Retuscheur bei einer Lokalzeitung gearbeitet hatte, entpuppte sich plötzlich als »hervorragender aserbaidschanischer Künstler«, wurde mit den höchsten Ehrentiteln ausgezeichnet und stieg zum Gebieter der darstellenden Künste auf. Die Ehemänner von Alijews Schwestern wurden entweder Minister oder Generale. Kurban Alijew, der Bruder von Gejdar Alijews Frau (auch sie wurde Akademiemitglied im Fach Medizin), übernahm das Amt des Ministers für Hoch- und Mittelschulbildung der Republik. Man frage jeden beliebigen Bürger in Aserbaidschan, wie einträglich dieser Posten ist, denn schließlich müssen dort für einen Studentenausweis Zigtausende bezahlt werden. Und der Minister ist nicht nur für die Immatrikulation der Studenten, sondern auch für die Vergabe von Lehrstühlen und Professuren sowie überhaupt für jegliche Lehrtätigkeit in der Republik zuständig!

Ich weiß nicht, was Kulijew veranlaßte, die Aktivitäten dieses Clans unter die Lupe zu nehmen: Naivität, heilige Einfalt, Mangel an Umsicht, beruflicher Fanatismus? Denn kaum hatte er damit angefangen, als er auch schon von einem gewaltigen Windstoß, der im Büro des Ersten ZK-Sekretärs seinen Ursprung hatte, hinweggefegt wurde. Das war sein Glück, denn wenn er sich länger auf seinem Posten gehalten und gründlicher in die Angelegenheiten der Mafia vertieft hätte, wäre er von einem viel härteren Schlag getroffen worden.

Und nun war endlich Mamedow an der Reihe. Obwohl er seinen Staatsanwaltsposten verloren hatte, war er immer noch Parteimitglied und sogar Deputierter des Obersten Sowjets der Republik. Hierbei handelte es sich um einen taktischen Fehler Alijews, doch später behauptete er, dies sei ein Beweis für seine Loyalität, Nachgiebigkeit und Toleranz gewesen.

Mamedow begriff, daß ihm die endgültige Abrechnung

drohte, und kam den Ereignissen zuvor. Auf einer der nächsten Sitzungen des Obersten Sowjets eilte er plötzlich ans Pult, ohne auf die Genehmigung des Vorsitzenden zu warten, und konnte einige Wahrheiten hervorbringen, bevor er von den kriecherischen Deputierten mit Pfiffen und Fußgetrappel übertönt wurde: Der »Staatsplan« der Republik sei ein Schwindel, ebenso wie der Haushalt, die Erfolgsberichte seien Lügen, und...

An dieser Stelle wurde er vom Podest verjagt, und siebzehn »Opponenten« machten sich daran, den »Verräter« und »Verleumder« zornig anzuklagen. Das gewichtigste Argument gegen Mamedow trug Sulejman Ragimow, der »Volksschriftsteller Aserbaidschans«, vor: »Gegen wen kämpfst du eigentlich, Gamboj? Gott hat uns Seinen Sohn in Gestalt Gejdar Alijews geschickt. Kann man etwa gegen Gott kämpfen?« Im Stenogramm steht nach diesen Worten: »Stürmischer, langanhaltender Beifall, der in eine Ovation übergeht. Alle erheben sich.«

Mamedow wurde aus der Partei ausgeschlossen, und man leitete eine Strafsache gegen ihn ein. Das Muster ist bekannt: Der Bekämpfer der Mafia wurde zu einem Mitglied der Mafia, zu einem Schmiergeldempfänger und Dieb erklärt. Die »Zeugen« hielten sich schon bereit, doch Mamedow floh, bevor es soweit kam. Im Gegensatz zu Awerbuch versteckte er sich nicht in Geheimwohnungen, sondern bei seiner Schwester in Leningrad. Wahrscheinlich hätte man ihn ohne große Mühe finden können, doch Alijew verzichtete auf die Suche. Es gab eine unausgesprochene Abmachung, die ihm besser gefiel: »Wenn du den Mund hältst, lassen wir dich in Ruhe, wenn nicht, bist du selbst für die Folgen verantwortlich.« Mittlerweile hatte Alijew vor nichts und niemandem Angst. Mamedow wußte dies und blieb stumm. Schließlich hatte er selbst der Nomenklatura angehört und war mit den Spielregeln vertraut.

Weshalb hatte Alijew nun vor nichts und niemandem Angst? Weil er inzwischen direkten Kontakt mit Breschnew aufgenommen und dem Generalsekretär unzweifelhaft gefallen hatte. Einen Meilenstein in der Geschichte ihrer »Bruderliebe« bildete Breschnews Besuch in Baku im Jahre 1978. Dies war das letzte Stadium jener Reise, in deren Verlauf Breschnew einen Abstecher nach Mineralnyje Wody machte und mit Gorbatschow zusammentraf. In Baku warteten großzügige Geschenke auf den teuren Gast. Das kostbarste war nicht der Goldring mit dem unglaublich großen Diamanten, nicht der handgefertigte Teppich, der auf der Rückreise ein ganzes Abteil des Regierungswaggons einnahm – nein, am kostbarsten war das Porträt Breschnews durch den berühmten aserbaidschanischen Künstler Tair Salachow. Einst, lange vor Alijews Ära, hatte Tair Salachow ein Porträt Chruschtschows gemalt und zur Verzierung seines Werks ein Säckchen mit Diamanten aus der Schatzkammer der Republik erhalten. Doch Chruschtschow, ein eifriger Schüler der von Stalin gepredigten Askese, war schockiert gewesen und hatte die Annahme verweigert. Das Porträt, lange Jahre hinter Schloß und Riegel, erwies sich nun als sehr nützlich: Salachow löste sämtliche Diamanten von dem Bild Chruschtschows und schmückte Breschnews Porträt mit ihnen.

Breschnew schlug das Geschenk nicht aus. Im Gegenteil, er äußerte bei der Überreichung einen Satz, der sofort sprichwörtlich wurde: »Aserbaidschan macht gigantische Fortschritte.« Der Satz wurde hunderttausendfach, millionenfach vervielfältigt – er stach auf den Titelseiten der Zeitungen, an Hausfassaden und als Leuchtreklame in die Augen. Aserbaidschan machte gigantische Fortschritte, wobei es weder mit Gold noch mit Diamanten, noch mit dem Erschießen aufmüpfiger Systemgegner sparte.

Die Redaktion der *Literaturnaja gaseta* erhielt eine Flut (zumeist anonymer) Briefe, in denen die dramatischen Ereignisse in Aserbaidschan beschrieben wurden: Verfolgungen, brutale Vergeltungsmaßnahmen, das mysteriöse Verschwinden von Menschen, Erpressungen, Diebstähle, Fälschungen und die Zügellosigkeit der politischen Mafia, die Diebstahl und Erpressung einerseits duldete, andererseits Menschen genau dieser Verbrechen wegen inhaftierte. Auffallend war, daß all diese Briefe eines gemeinsam hatten: sie waren außerhalb der Republik, nämlich im benachbarten Georgien oder im benachbarten Dagestan, abgeschickt worden. Gutinformierte Personen teilten mir mit, daß sämtliche Briefe, die nicht an Privatpersonen, sondern an Behörden – wie zum Beispiel das Zentralkomitee, das MWD, die Gerichte, die Staatsanwaltschaft, die Zeitungsredaktionen – adressiert waren, der Zensur unterlagen. Ein früherer KGB-Mitarbeiter der Republik, der mich bat, seinen Namen nicht zu nennen, ließ mich Ende 1988 wissen, daß er selbst an der »selektiven Überprüfung« solcher Briefe teilgenommen und »Berichte über die Stimmung der Bevölkerung« für Alijew angefertigt habe.

Ich erinnere mich an die Erzählung eines anonymen Briefschreibers, der eigens mit dem Auto in die dagestanische Stadt Derbent gefahren war, um seinen Brief abzuschicken. Er ging auf die Ermordung des Innenministers von Aserbaidschan ein – ein Verbrechen, in das, seinen Worten zufolge, die Mafia verwickelt war. Wir hatten mehr als genug über den Mord gehört, jedoch keine Einzelheiten erfahren. Unser eigener Korrespondent in Aserbaidschan, Emil Agajew, erwiderte auf sämtliche Anfragen der Redaktion, daß dies »die Tat eines Verrückten war und nicht von öffentlichem Interesse ist«.

Ich beschloß, nach Baku zu reisen, um selbst herauszufinden, was sich hinter diesem blutigen Vorfall verbarg. Nichts schien meiner Reise im Weg zu stehen, und ich hatte bereits den schriftlichen Auftrag der Redaktion und ein Flugticket in der Tasche. Doch dann sickerten Informationen über meine Pläne durch. Am Tag vor meinem Abflug wurde ich zum Ersten Stellvertreter des Chefredakteurs gerufen. Er erklärte: »Ihre Dienstreise wird gestrichen. Man hat aus dem Zentralkomitee angerufen. Genosse Alijew hält es für unzweckmäßig ... Die Situation in Aserbaidschan ist kompliziert ...«

In unserem Land ist und war alles »kompliziert«, wenn für die Behörden unangenehme Fakten berührt werden. Ich hatte nur einen Gedanken: Wer ist der Verräter? Später erfuhr ich, daß es unser ständiger Korrespondent in Baku war. Ich selbst hatte eine unverzeihliche Dummheit begangen und ihn gebeten, in der Hauptstadt ein Hotelzimmer für mich zu reservieren.

Welche Ereignisse hatten den Genossen Alijew gezwungen, solche Vorsichtsmaßnahmen zu ergreifen?

Muradow, ein Gefängnisoffizier, war im Rahmen eines Disziplinarverfahrens nach Schuscha (Berg-Karabach) versetzt worden. Er war allein in einem Wohnheim untergebracht, während seine Familie (seine Frau, mehrere Kinder und seine sehr alten Eltern) in der Heimat, das heißt im Bezirkszentrum Kassum-Ismajlowo, zurückblieben. Muradow stellte mehrere Anträge, ihn in die Nähe seiner Familie zu versetzen, doch ohne Erfolg. Dann hatten seine Vorgesetzten endlich Erbarmen, und ein Befehl über die Versetzung Muradows in die Milizabteilung des Städtchens, wo seine Familie wohnte, wurde vorbereitet. Das einzige, was noch fehlte, war die Unterschrift des Stellvertretenden Ministers Gussejnow – eine Formalität, wie es schien. Doch Gussejnow beorderte Muradow zu sich. – Man stelle sich vor, ein Stellvertretender Minister möchte mit einem kleinen Milizoffizier aus dem gottverlassenen Schuscha plaudern! Sie unterhielten sich unter vier Augen, und das Versetzungsgesuch wurde abgelehnt.

Am nächsten Tag flog Muradow erneut nach Baku und begab sich ins Empfangszimmer Gussejnows. Der Adjutant teilte ihm mit, Gussejnow sei gerade beim Minister und erstatte diesem Bericht. Muradow eilte dorthin, achtete nicht auf die Protestrufe der diensthabenden Offiziere im Vorzimmer und stürzte in das Büro des Ministers. Ohne ein einziges Wort zog er seine Pistole und tötete den Minister sowie einige Generale, die sich ebenfalls im Büro aufhielten. Gussejnow war nicht unter ihnen. Er hatte das Büro eine Minute vorher verlassen, um die Toilette aufzusuchen. Nach den Morden richtete Muradow die Pistole gegen sich selbst.

In der Tasche seiner Uniformjacke wurde eine Selbstmordnotiz gefunden. Darin berichtete Muradow von seinem Gespräch mit Gussjenow (wenn man es überhaupt ein Gespräch nennen konnte). Kurz gesagt, der Stellvertretende Minister hatte ein Schmiergeld verlangt. In Aserbaidschan ist ohne Bestechungsgelder überhaupt nichts auszurichten. Weshalb also hatte diese »normale« Forderung seines hohen Vorgesetzten Muradow empört? Weil er sie als ungerecht empfand. Seine Position als Gefängnisoffizier in Schuscha bot ihm viel größere Möglichkeiten zum Empfang von Bestechungsgeldern von seiten der Verwandten seiner Häftlinge als der ihm angebotene Posten in einem kleinen Bezirkszentrum. Mit anderen Worten, er war bereit, einen guten Posten freiwillig gegen einen schlechteren einzutauschen – und dafür sollte er auch noch bezahlen?

Diese Begebenheit spiegelte, bei aller Tragikomik, die alltägliche Realität des »gigantische Fortschritte machenden« Aserbaidschan wider. Aber der »eiserne Vorhang«, den Alijew persönlich aus einem so unbedeutenden Anlaß hatte errichten lassen, löste Verblüffung aus. Noch verblüffter war ich, als ich erfuhr, daß gegen den Gefängnischef Balugjan Anklage erhoben worden war (unglaublicherweise deshalb, weil er das »Verschwinden« Muradows aus Schuscha rechtzeitig hätte melden müssen) und daß man dem Richter von zwölf Bänden Ermittlungsmaterial nur einen einzigen geschickt hatte – die übrigen blieben in einem »Spezialarchiv«. Dieser vom Standpunkt eines Juristen aus lächerliche Fall bekam eine merkwürdige Dimension und eine für den normalen Sterblichen undurchschaubare Hintergründigkeit.

Aber von Hintergründigkeit konnte keine Rede sein. Alles war ganz einfach, wenn nicht gar primitiv. Gussejnow, einer der engsten Mitarbeiter Alijews, wartete damals gerade auf eine Beförderung, und sein Name durfte mit keinem Skandal in Verbindung gebracht werden. Tatsächlich erhielt er bald darauf einen Schlüsselposten als Abteilungsleiter der ZK-Verwaltungsorgane Aserbaidschans, das heißt, er wurde im damaligen administrativen Rahmen zum Chef aller Richter und Staatsanwälte der Republik, aller MWD- und sogar KGB-Behörden. Es war eine so mächtige Position, daß sie selbst nach der Zerschlagung des Alijew-Clans nahezu unangreifbar blieb. Noch heute, während ich diese Zeilen schreibe, ist S. Gussejnow Abteilungsleiter beim Präsidium des Obersten Sowjets von Aserbaidschan. Damit hat sich seine Macht nur unerheblich verringert.

Semjon Zwigun weilte nicht mehr unter den Lebenden; er hatte sich eine Kugel in die Schläfe gejagt. Aber Andropow und Breschnew waren noch auf ihren Posten, und dies reichte völlig aus, um Alijew und seinem Zirkel das Gefühl von Sicherheit und unbegrenztem Einfluß zu geben. Alijews Weg führte weiterhin nach Moskau, wobei er es, wenn keine Eile geboten war, vorzog, nicht mit seinem Privatflugzeug, sondern mit dem Zug zu reisen. Sein Regierungswaggon Nr. 5555 wartete in

Moskau stets unauffällig auf einem Abstellgleis des Rigaer Bahnhofs, doch bei der Ankunft aus Baku war er immer mit unzähligen Geschenken für »nützliche Personen« beladen. Pelze, Teppiche, Juwelen, importierte Kleidung, Kaviar, Cognac, Obst – das alles wurde sorgfältig ausgewählt, verpackt und, mit rührenden Botschaften des »Sie zutiefst verehrenden G. A. Alijew«, von Kurieren zu den angegebenen Adressen gebracht. Dadurch festigten nicht nur der »zutiefst verehrende Alijew«, sondern sein ganzer Clan konsequent und planmäßig ihre Positionen.

Zur Sternstunde des Clans wurde, kurz vor dessen Tode, der Besuch Breschnews in Baku. Die Ärzte hatten dem senilen Diktator von dieser recht anstrengenden Reise abgeraten, doch Alijews Hartnäckigkeit sowie der leidenschaftliche Wunsch Breschnews, die glücklichen Gesichter der ihn begrüßenden Stadtbewohner zu sehen und, vor allem, die materiellen Beweise ihrer grenzenlosen Liebe zu befühlen, trugen den Sieg davon. Gemeinsam mit Breschnew reisten sein engster Mitarbeiter Andrej Alexandrow-Agentow und sein engster Berater Leonid Samjatin (der spätere Botschafter in London).

Die traurige Farce des nationalen Jubels über den Besuch des einen Gottes bei dem anderen prägte sich nicht nur den Bürgern der Sowjetunion ein, denn die Bilder dieses »allgemeinen Volksfestes« waren auf den Fernsehschirmen der ganzen Welt zu bewundern. Weithin bekannt ist auch, daß man vor Leonid Iljitschs Ankunft speziell für ihn einen Palast im orientalischen Stil gebaut hatte. Weniger bekannt ist, daß dem Generalsekretär mitgeteilt wurde, man werde den durch seinen Besuch gesegneten Palast später in ein »Museum des Genossen Breschnew« verwandeln. Nach dem Vorbild Nordkoreas, wo jeder Ort, den der »große Führer« Kim Il Sung betreten hatte, mit einer Gedenktafel geschmückt wurde, wollte Alijew die Behausung, die durch *unseren* »großen Führer« beehrt worden war, zu einer Pilgerstätte machen. Der Tod des Diktators durchkreuzte dieses Vorhaben, und Millionen Rubel, die man für die Errichtung des Palastes ausgegeben hatte, erwiesen sich als Fehlinvestition. Aber so etwas geschah nicht zum ersten- und nicht zum letztenmal – welche Rolle spielen schon ein paar Millionen mehr oder weniger? Heute ist das »Museum« einfach nur ein Gästehaus für hochrangige Besucher. Allerdings zieht es kaum noch hochrangige Besucher an einen Ort, an dem ständig Blut fließt und ein schreckliches Ereignis das andere ablöst.

Aber damals, im Herbst 1982, waren die schrecklichen Ereignisse noch weit entfernt – mehr noch, sie schienen undenkbar. In Baku erwartete Breschnew ein weiterer Diamantring; diesmal handelte es sich nicht nur um eine materielle Kostbarkeit, sondern auch um ein Meisterwerk der Juwelierkunst. In den Ring war ein gewaltiger Edelstein eingelassen, der den Sonnenkönig Breschnew symbolisierte, und er war von fünfzehn relativ kleinen Sternen umgeben, welche die fünfzehn Unionsrepubliken, die wie Planeten um die Sonne kreisten, darstellten. Dieses Meisterwerk war »Union der unverbrüchlichen freien Republiken« getauft worden, und als Breschnew das Geschenk empfing und über die darin beschlossene Symbolik unterrichtet wurde, brach er in Tränen aus. Diese Tränen der Rührung kosteten die Staatskasse Aserbaidschans 226 000 Rubel.

Dieselbe Bakuer Juwelierfabrik fertigte auch eine Büste Breschnews aus Weißgold und eine mit Brillanten besetzte Klinge an, die dem Helden von Malaja Semlja von seinen Bakuer Regimentsgenossen überreicht wurde. Und bei jedem neuen Geschenk vergoß der sterbende Autokrat Tränen. Es war ein schändliches und trauriges Schauspiel, denn die Tränen des sterbenden Löwen wurden seinem Wesen nach zum Spott über das geknechtete und ausgeplünderte Volk.

Die Aussage, daß die Staatskasse das Geld für diese »Geschenke« gestiftet habe, trifft nur in abstraktem Sinne zu. Das Geld stammte von der Mafia – aus dem Vermögen, das sie gestohlen, geraubt oder in Form von Schmiergeldern an sich gebracht hatte. Niemand hat je gewagt, die Buchführung der Juwelierfabriken zu überprüfen. Meine Versuche, Zugang zu den Dokumenten zu erhalten (sie wären von großem Interesse – unabhängig davon, ob sie echt oder gefälscht sind), blieben erfolglos. Der Fabrikdirektor Tofik Alijew (kein Verwandter Gejdar Alijews) wurde ein paar Monate später von einem »jähen Tod« ereilt, und die Unterlagen verschwanden.

»Hat es je einen solchen Ring gegeben?« fragt Alijew heute mit entwaffnender Direktheit. Er stellt die Frage in Reden, Artikeln und Interviews, die er der sowjetischen und der ausländischen Presse bereitwillig gewährt. Das ganze Land erlebte im Fernsehen mit, wie Breschnew den Ring bewunderte, nachdem er ihn sich an den Finger gesteckt hatte, wie er vor Rührung weinte und dem Vater des aserbaidschanischen Volkes für dessen »treue Freundschaft« dankte. »Zeigt mir die Unterlagen!« fordert der »Vater« unbesorgt, denn er weiß sehr gut, daß niemand je entsprechende Dokumente vorlegen kann. Und es ist unwahrscheinlich, daß die einzige zuverlässige Zeugin, nämlich Galina Breschnewa, die Erbin des väterlichen Vermögens, je den materiellen Beweis – den Ring selbst – präsentieren wird. Wenn sie so unüberlegt handelte, müßte sie der Staatskasse den Ring zurückgeben, da er auf ungesetzliche Weise erworben wurde.

Erstaunlicherweise zog der (bis Februar 1991) Stellvertretende KGB-Vorsitzende Filipp Bobkow ähnliche Argumente wie Alijew heran, um die Straffreiheit seines früheren Kollegen zu begründen. In einem Interview mit einer kürzlich gegründeten »unabhängigen« Moskauer Zeitung sagte Bobkow: »Das KGB besitzt kein Belastungsmaterial gegen Alijew. ... Kein einziges derartiges Dokument ist je vorgelegt worden...«

Selbstverständlich besitzt das KGB kein »Belastungsmaterial«, denn es ist nicht autorisiert, gegen Politbüromitglieder zu ermitteln. Aber »Material« über den Empfang von Bestechungsgeldern wäre ohnehin eine kriminalistische Neuheit. Sollen korrupte Amtsträger in Zukunft etwa nur vor Gericht gestellt werden, wenn man eine Liste ihrer Bestechungsgelder – von wem, wofür, wann etc. – vorlegen kann?

In dem kurzen Zeitraum zwischen Breschnews Rückkehr aus Baku und seinem Tod gelang es dem Generalsekretär, seinen freigiebigen »Freund und Bruder« fürstlich zu belohnen. Breschnew schlug vor, Alijew vom Kandidaten zum Vollmitglied des Politbüros zu machen. Dies kostete ihn genausowenig wie Alijew, weshalb die beiden nach Belieben in Sachen Großzügigkeit wetteifern konnten.

Gewiß, Alijew oder Breschnew kostete es nicht das geringste, aber irgend jemand mußte natürlich dafür bezahlen. Wie mir zwei sehr gut informierte und Alijew nahestehende Vertreter der höchsten aserbaidschanischen Intelligenzija im Frühjahr 1988 in Baku mitteilten, brachte die Mafia für diesen Karrieresprung ihres Herrschers 4 Millionen Rubel auf. In dieser Summe sind die Kosten der Geschenke für Breschnew noch nicht enthalten. Der Betrag wurde in Banknoten und Naturalien an verschiedene Moskauer Funktionäre gezahlt, von denen »Anstöße« gegeben werden mußten: Sie hatten den entsprechenden Gedanken zu äußern, den Vorschlag zu machen und zu unterstützen sowie das Wirken des künftigen Vollmitglieds und seine einmalige Persönlichkeit in der Presse, im Fernsehen und im Film zu rühmen. Die Summe reichte gerade aus, und wenn sie nicht ausgereicht hätte, wäre sie selbstverständlich erhöht worden.

Die Zustimmung der anderen Politbüromitglieder war eingeholt worden, und man brauchte nur das nächste ZK-Plenum abzuwarten, um die Sache zu besiegeln. Dann schaltete sich eine überirdische Gewalt ein: Der Diktator starb. Aber sein Nachfolger Andropow bestätigte die bereits getroffene Entscheidung nicht nur, sondern holte Alijew sogar nach Moskau: als Ersten Stellvertretenden Ministerpräsidenten.

Diese Versetzung – oder Beförderung – läßt zwiespältige Gefühle aufkommen. Ist sie nicht mit jener zu vergleichen, die Gorbatschow drei Jahre später für Grigorij Romanow bereithielt, als er diesen aus Leningrad nach Moskau versetzte? Alijew verlor seine Hauptstütze, die diensteifrige örtliche Kamarilla, und die schrankenlose Macht über sein *eigenes*, wenn auch kleines Territorium. Nun war er nicht mehr der König eines unerhört reichen Marionettenstaats, sondern einer von vielen »Ersten Stellvertretern« im Zentrum – das heißt, er hatte mehr verloren als gewonnen.* Und darüber war Alijew sich natürlich völlig im klaren, genauso wie die hinter ihm stehende einflußreiche Mafia.

Trotzdem zögerte Alijew nicht lange. Wenn er wirklich dar-

---

* Anders standen die Dinge für Jegor Ligatschow, den Andropow ebenfalls (aus Tomsk) nach Moskau versetzte. Ligatschow hatte mehr gewonnen als verloren. Anstelle fadenscheiniger regionaler Macht wurde ihm eine unermeßliche Macht über sämtliche Parteikader des Landes (das hieß bis vor kurzem: über alles und jeden) anvertraut. Er galt seit langem als unversöhnlicher Feind der Korruption und sämtlicher Mafiagruppierungen, weshalb Andropow seine »eiserne Faust« für die Herstellung der langersehnten »Ordnung« im Parteiapparat benötigte.

auf bestanden hätte, wäre es ihm vielleicht möglich gewesen, in Aserbaidschan zu bleiben. Aber er wollte einen Konflikt mit Andropow vermeiden (und das zu Recht, denn Andropow verlieh ihm auf der Stelle einen zweiten goldenen Stern als Held der Sozialistischen Arbeit). Geschickte Menschen verstehen es, einen Nachteil in einen Vorteil zu verwandeln.

Unterdessen hatte die aserbaidschanische Mafia einen detaillierten Plan ausgearbeitet, der nicht nur durch sein Ausmaß, sondern auch durch seine Einfachheit verblüfft. Alijews Vollmitgliedschaft im Politbüro, seine Beförderung auf einen hohen Posten in Moskau sowie seine Nähe zu Andropow und Tschernenko berechtigten zu der Hoffnung, daß der grandiose Plan in die Praxis umgesetzt werden konnte.

Zu Frühjahrsbeginn streben Millionen Sowjetbürger nach Süden, um Sonne, Meer und Obst zu finden. Die schmalen Strände des Schwarzen Meeres – im Kaukasus und auf der Krim – sind von Heerscharen überlaufen, denen der sowjetische Service kaum menschenwürdige Bedingungen zu bieten hat. Andererseits sind die Küsten des Kaspischen Meeres durchaus nicht schlechter: viele Kilometer lange Sandstrände, ein guter Meeresboden, beständig warmes Wetter (die Saison dauert von April bis November), heilsame Mineralwässer und Schlämme, eine Überfülle an Obst und Gemüse – das alles schafft die idealen Voraussetzungen für einen gelungenen Urlaub. Aserbaidschan konnte die Krim und den Kaukasus mühelos »entlasten« und jährlich mehrere Millionen Urlauber von dort übernehmen.

Das war der Plan, den die aserbaidschanische Führung der Unionsregierung vortrug. Der Plan war ausgezeichnet, vernünftig und völlig gerechtfertigt, wie ich ohne jegliche Ironie feststellen muß. Baku schlug vor, einem zukünftigen Kurortkomplex den »Status einer Allunions-Heilstätte« zu verleihen, und Alijew sollte das Projekt in Moskau fördern und dessen Aufnahme in den allgemeinstaatlichen Perspektivplan durchsetzen.

Auf dem Papier schien das Projekt keine besonderen Nachteile zu haben, doch *in der Realität* war es von der Mafia ausgearbeitet worden, die große Hoffnungen mit ihm und mit seinen verlockenden Perspektiven verknüpfte.

Der berüchtigte »Allunions-Status« eröffnete dem »gigantische Fortschritte machenden« Aserbaidschan ganz neue Horizonte. Gewaltige Summen aus dem Staatshaushalt würden bereitgestellt werden, darunter Millionen oder sogar Milliarden an harten Devisen für Einkäufe im Ausland. Man würde die Möglichkeit haben, Mangelwaren, zum Beispiel Baumaterialien und -geräte, zu erwerben, und zwar auf Kosten des Zentrums, nicht der aserbaidschanischen Reserven.

Die Mafiosi hatten bereits einen Vorgeschmack von künftigen Einnahmen und rieben sich entzückt die Hände. Welche Dimensionen das Bauprojekt auch annehmen mochte, die Bedürfnisse der Urlauber würden niemals befriedigt werden. In der Sowjetunion übersteigt die Nachfrage nämlich immer und überall das Angebot. Diese Defizite schufen die Voraussetzungen für alle denkbaren Spekulationen. Abertausende von Obst- und Gemüsebauern, die ihre Waren bisher über Tausende von Kilometern hinweg zum Markt brachten, würden weder Kraft noch Geld für den Transport aufwenden müssen, denn die Urlauber würden ihnen die Produktion an Ort und Stelle zum gleichen Preis abkaufen. Nicht ohne Grund zählte die vielschichtige Mafia der verschiedenen Ebenen und Schattierungen bereits die neuen Milliarden zusammen, welche dieses »Jahrhundertprojekt« verhieß.

Aber die bürokratische Saumseligkeit, die sämtliche Entwicklungen in der Sowjetunion begleitet, spielte den Mafiosi einen bösen Streich. Andropow verschwand, Tschernenko verschwand, die Perestroika und ein erbitterter Machtkampf begannen. Niemandem war noch nach dem »Jahrhundertprojekt« zumute, denn andere Pläne beschäftigten nun den Geist und die Phantasie der Bürger.

Alijew hatte seinen Sturz vorhergesehen. Personen diesen Typs verfügen über einen sehr empfindlichen Seismographen, der die geringsten Erschütterungen registriert. Eine Flut von Briefen – von Menschen, die Alijews Regime niedergetrampelt und ruiniert hatte – erreichte Moskau. Niemand zählte, ob es Tausende oder Hunderttausende waren. Mamed Mamedow, der Erste Sekretär des Bezirkskomitees von Kjurdamir, wurde im Gefängniskrankenhaus von einem »jähen Tod« ereilt. In einem sibirischen Lager kam Alissachib Abdullajew, der Direktor eines Weinbaustaatsgutes, »jäh« um. Wachid Ismailow, der Erste Sekretär des Bezirkskomitees von Shdanowsk, »erhängte sich« an einem Baum in seinem Garten. Die Liste der Verstorbenen, der durch Erhängen oder Erschießen umgekommenen Selbstmörder, der Vertriebenen und Geflohenen ließe sich beliebig fortsetzen.

An allen in Aserbaidschan lebenden Verwandten – mehr als zwanzig Menschen – des Staatsanwalts Gamboj Mamedow wurde brutal Rache genommen. Man steckte sie ins Gefängnis, brachte sie um ihre Arbeit und ihre Wohnung. In Schuscha wurde das Haus der Mamedows, das Gambojs Vater gebaut hatte, niedergerissen. Hier ist ein Auszug aus einem langen Brief, den mir Wladimir Akopjan aus Stepanakert (der Hauptstadt von Berg-Karabach) schickte:

»Ich arbeite seit vielen Jahren bei der Miliz. Eines Tages rief mich mein Chef, Oberst Muradow, zu sich und sagte: ›Wir haben einen dringenden Auftrag von Keworkow, dem Ersten Sekretär des Gebietskomitees, der seine Befehle von Gejdar Alijew persönlich erhalten hat.‹ Wir mußten sofort nach Schuscha fahren und um jeden Preis Material für die Verhaftung des dortigen Sanatoriumschefarztes finden. Dies war Mansur Mamedow, ein Neffe des früheren Staatsanwalts von Aserbaidschan. Wir hatten eine Woche Zeit. Ich zog viele Experten hinzu: Finanzleute, Technologen, Baumeister, Ärzte, Buchprüfer, aber wir konnten nicht das geringste Vergehen entdecken. Ich machte Muradow Meldung, und er entgegnete: ›Du Dummkopf, wie kann es denn sein, daß jemand, noch dazu der Chefarzt eines Sanatoriums, nichts angestellt hat?‹ Der wütende Keworkow beauftragte das Gebietskomitee für Volkskontrolle mit einer weiteren Überprüfung, und innerhalb von zwei Tagen hatte man etwas ›gefunden‹. Mansur Mamedow wurde entlassen und verhaftet.«

Ein ähnliches Schicksal ereilte jeden, der nicht nur murrte, sondern laut die Wahrheit sagte. Denn nichts durfte das »Image« eines blühenden und »gigantische Fortschritte machenden« Aserbaidschan beeinträchtigen. Als der Staatsanwalt von Sumgait sich in einem Bericht zaghaft über die unbefriedigende Situation in seiner Stadt beschwerte, wo junge

Leute, die offensichtlich von der Mafia beschäftigt wurden, ungehemmt randalierten, bezichtigte man ihn, die wunderbaren Werktätigen von Sumgait verleumdet zu haben. Er verlor seinen Posten und seine Aufenthaltsgenehmigung in der Stadt. Die Liste ähnlicher Beispiele ist endlos, aber ich habe ja versprochen, auf eine Aufzählung zu verzichten.

Der psychische Druck machte sich bemerkbar: Alijew erlitt einen Herzinfarkt am Schreibtisch seines Dienstzimmers. Damit ergab sich eine günstige Gelegenheit, den Kranken in den Ruhestand zu schicken, denn Gorbatschow wußte natürlich sehr gut, was das Politbüromitglied, das stets für ihn stimmte, in Wirklichkeit über ihn und seine Perestroika dachte.

Alijew wurde sozusagen etappenweise in den Ruhestand geschickt: Zuerst verlor er nur die Politbüromitgliedschaft und den Posten des Stellvertretenden Ministerpräsidenten, erhielt jedoch die Funktion eines Regierungsberaters und blieb ZK-Mitglied sowie Deputierter des Obersten Sowjets. Er verfügte weiterhin über eine Wohnung in einem für hohe Apparatschiks reservierten Gebäude, über eine Regierungsdatscha, einen Dienstwagen mit Chauffeur, der zu jeder Tages- und Nachtzeit vorfuhr, und über sämtliche Privilegien der Nomenklatura. Erst heute ist es möglich, einiges (wenn auch bei weitem nicht alles) über Alijew in unserer zensierten Presse zu schreiben. Meine früheren Versuche, derartiges Material drucken zu lassen, stießen immer wieder auf ein kategorisches »Njet« der Redaktion.

Solche Enthüllungen kamen der *Literaturnaja gaseta* besonders ungelegen, weil sie im Jahre 1981 ein aufsehenerregendes Interview mit Alijew unter dem hochtrabenden Titel »Möge die Gerechtigkeit siegen« veröffentlicht hatte. In diesem Interview schilderte Alijew, wie streng er gegen Korruption, Diebstahl und Betrug vorgehe und wie hart er Schmiergeldempfänger im Interesse des einfachen Volkes bestrafe. Mehrere Passagen verblüffen durch ihre Absurdität. Er erklärte zum Beispiel, daß die Kinder von Juristen kein Recht hätten, ihrerseits Juristen zu werden, und daß die Kinder von Parteifunktionären nicht im Parteiapparat arbeiten dürften. Es war klar, daß er ein populistisches Ziel verfolgte, denn schließlich war in der Republik von Familienclans allzuviel Leid angerichtet worden. Wie seine Verbote jedoch mit dem Gesetz und den Menschenrechten in Einklang zu bringen waren, das interessierte niemanden. Die Verbote hinderten die Kinder von Juristen nun allerdings keineswegs daran, Parteifunktionäre, und die Kinder von Parteifunktionären keineswegs daran, Juristen zu werden. Demagogie blieb Demagogie, und Realität blieb Realität. Die einzige praktische Wirkung dieses Interviews (wenn man den Reklamelärm außer acht läßt) bestand darin, daß die Journalistin, die das Gespräch geführt hatte, außer der Reihe eine Wohnung in Moskau erhielt. Die Mafia war sich treu geblieben.

Doch nun haben sich die Zeiten geändert, und am 21. September 1988 erschien in der *Literaturnaja gaseta* mein Artikel »Stürmischer Beifall«, in dem ich schilderte, welcher »Gotteskult« sich in Aserbaidschan entwickelt hatte und wie Mamedow den Intrigen Alijews zum Opfer gefallen war. Mehrere Landes-, Stadt- und Bezirkszeitungen in Aserbaidschan und Armenien druckten den Artikel nach. Innerhalb weniger Tage trafen ganze Säcke voller Leserbriefe ein; sie enthielten die herzzerreißenden Berichte von Opfern, welche die Greuel der Mafia-Hetze am eigenen Leib verspürt hatten. Und etwas später rief Alijew persönlich an.

Leider überraschte der Anruf mich so sehr, daß ich vergaß, ihn auf Tonband aufzunehmen. Deshalb gebe ich das Gespräch anhand der Notizen wieder, die ich mir sofort nach dem Telefonat machte.

Alijew: »Weshalb haben Sie den Artikel geschrieben? Wer hat Sie damit beauftragt?«

A. W.: »Ich schreibe nur das, was ich selbst für nötig halte.«

Alijew: »Wenn Sie mit mir gesprochen hätten, hätten Sie einen besseren Eindruck von mir. Ich habe mich mit Journalisten immer verständigen können, und sie sind immer zufrieden gewesen. Das würde auch für Sie gelten.«

A. W.: »Was meinen Sie mit ›sich verständigen‹?«

Alijew: »Kommen Sie zu einem Gespräch vorbei, dann werden Sie's herausfinden. Wahrscheinlich werden Sie ein Dementi Ihres Artikels schreiben wollen.«

Unser Treffen fand nicht statt, denn ich legte keinen Wert darauf, mich mit ihm »zu verständigen«, aber ich weiß, daß manche Kollegen nichts dagegen hatten. Für einen einzigen schmeichlerischen Artikel, sogar für einen einzigen positiven Hinweis auf den Führer des »gigantische Fortschritte machenden« Aserbaidschan erhielten sie (genau wie unsere eigene Korrespondentin) außer der Reihe eine Wohnung oder ein Auto, wurden befördert, als Buchautoren herangezogen oder mit Auslandsreisen beglückt.

Alijew konnte seinen Charme spielen lassen und als freundlicher Gastgeber, angenehmer Gesprächspartner und Schirmherr der Musen auftreten. Dies hatte nicht nur mit politischer Berechnung, sondern auch mit seinen persönlichen Neigungen und Bedürfnissen zu tun. Seine hochrangigen Parteigenossen vergnügten sich in der Gesellschaft von Alkoholikern, Zotenreißern und Schürzenjägern, doch Alijew bevorzugte ein ganz anderes Milieu: das von Komponisten, Regisseuren und Künstlern. Seine freundschaftlichen Gespräche mit Schostakowitsch zogen sich manchmal bis Mitternacht hin. Nicht nur Hofschranzen, sondern auch wirklich talentierte Kulturschaffende waren nach Begegnungen mit ihm von seinem Charme und seinem Wohlwollen entzückt. Alijew besuchte gern die Ateliers von Malern und bot sich als Mäzen an. Er sorgte dafür, daß der Film *Dopros* (»Das Verhör«) zustande kam, die erste künstlerische Arbeit, in der die Korruption heftig attackiert wurde. Wie wir wissen, gab es im Lande keinen anderen Spitzenpolitiker, der so unermüdlich gegen die Korruption kämpfte wie Alijew.

Auch Schachweltmeister Garri Kasparow hat ihm vieles zu verdanken. Der aus Baku gebürtige Kasparow (er entging den antiarmenischen Pogromen von 1988 nur knapp) wurde bekanntlich von den Zentralbehörden schikaniert und diskriminiert, denn diese setzten auf seinen ständigen Rivalen Anatolij Karpow, einen treuen Parteigenossen und Mitglied des Komsomol-Zentralkomitees. Es ist schwer zu sagen, wie sich das Schicksal Kasparows gestaltet hätte, wenn er nicht in der Lage gewesen wäre, sich in den kritischsten Momenten auf Gejdar Alijews starken Beistand zu stützen.

Das alles ist keineswegs paradox, denn schließlich wissen wir aus der Geschichte um das Mäzenatentum sogar der grausamsten Monarchen. Man muß die unterschiedlichen Facetten dieser vielschichtigen Persönlichkeit im Auge behalten, wenn man begreifen will, weshalb die Einstellung zu ihm – in Aserbaidschan wie außerhalb der Republik – so uneinheitlich ist. An einem Haus in Baku hing einmal ein Plakat mit dem Satz: »In unserem Land ist kein Platz für den Tyrannen Alijew.« Doch an dem gegenüberliegenden Haus stand: »Gejdar Alijew, Vater der Nation, komm zurück und rette uns!«

Viele in diesem Kapitel erwähnte Ortsnamen sind den Zeitungslesern und Fernsehzuschauern der ganzen Welt bekannt: Karabach, Stepanakert, Schuscha, Sumgait... Aber sie sind im Zusammenhang mit ganz anderen Ereignissen bekannt, die sich entfalteten, nachdem Alijew Baku bereits verlassen hatte, und deren Ende noch nicht abzusehen ist. Das hat seine Gründe.

Die Ereignisse von Berg-Karabach und die sich anschließende Kettenreaktion haben historische Wurzeln, die im Rahmen dieses Buches nicht untersucht werden können. Sobald die Unruhen in Karabach ausgebrochen waren, schrieb die gesamte Sowjetpresse einmütig, daß die Mafia dafür verantwortlich sei. Inzwischen war es bereits möglich, die Existenz der Mafia in der UdSSR einzuräumen. Aber es war noch nicht möglich einzuräumen, daß das Land, das Lenin als ein Völkergefängnis bezeichnet hatte, unter den Bolschewiki zu einem Land des Völkergemetzels geworden war.

Wie immer im politischen Wortschatz der Sowjetunion, werden Begriffe ausgetauscht, was Verwirrung hervorruft und den Betrachter hindert, die Ereignisse in ihrer wahren Gestalt zu sehen. Ein Journalist fragte Konstantin Majdanjuk, den Ermittler für besonders wichtige Angelegenheiten der Generalstaatsanwaltschaft der UdSSR, den man nach den ersten Schüssen zur Auffindung der Mörder nach Karabach entsandt hatte: »Behaupten Sie auch, daß die Mafia für alle Probleme in Berg-Karabach verantwortlich ist?« Er antwortete: »Nein, dieser Ansicht bin ich nicht. Das mag die allgemeine Meinung sein, aber wer kann sich vorstellen, daß die örtlichen Diebe und Betrüger Zigtausende von Menschen nur deshalb zu einem hartnäckigen politischen Kampf organisieren, um ungehindert im trüben fischen zu können? Soweit ich mit der Situation vertraut bin, ist es genau umgekehrt...«

Aus dieser Antwort wird deutlich, daß der Moskauer Ermittler unter der Mafia nur eine eng miteinander verbundene und gutorganisierte Gruppe von Kriminellen versteht, wohingegen unter sowjetischen Bedingungen die entscheidende Rolle von der *politischen* Mafia gespielt wird. Auch sie ist eine gutorganisierte Gruppe von »Staatsmännern und Persönlichkeiten des öffentlichen Lebens«, die zur Erhaltung ihrer Ämter und Positionen kriminelle Methoden einsetzen. Aber das heißt keineswegs, daß beide Gruppen identisch wären.

Wann immer die ureigenen Interessen der herrschenden Oligarchie auf dem Spiel standen, verwischten sich die nationalen Unterschiede. Der Armenier Boris Keworkow, der Parteiführer von Berg-Karabach, war von der aserbaidschanischen Spitze ernannt worden, führte in seinem Gebiet sämtliche Anweisungen Alijews durch und zeichnete sich durch grenzenlose Treue zu seinem Gönner aus. So etwas wurde im Parteijargon als »Völkerfreundschaft« bezeichnet, doch in Wirklichkeit handelte es sich um eine wechselseitige Bürgschaft zwischen sogenannten Politikern, die gemeinsame Interessen pflegten. Inzwischen weiß die ganze Welt, welcher Katastrophe dadurch der Boden bereitet wurde.

Andererseits hatte die Bakuer Führung keine Sympathie für ihre aserbaidschanischen Brüder, wenn deren Worte oder Taten die sich an die Macht klammernden Herrscher gefährdeten. Das Beispiel Gamboj Mamedows war keine Ausnahme. Der Staatsanwalt von Sumgait und seine Kollegen hatten häufig vor der bedrohlichen, potentiell kriminellen Situation und den sozialen Entwicklungen in der Stadt gewarnt – besonders davor, daß sich hier eine große Zahl untätiger junger Leute, ehemaliger Verbrecher und Drogensüchtiger angesammelt hatte, die von jeglicher Gruppierung leicht für deren Interessen ausgenutzt werden konnte. Was, außer Dankbarkeit für die wichtige Information, hätte man als Reaktion erwarten sollen? Doch die Antwort lautete: Der Staatsanwalt von Sumgait wird nicht mit dem Rowdytum fertig, verbreitet Panik und provoziert nationale Konflikte.

Während in Karabach Blut vergossen wurde, während es in Sumgait zu brutalen Gemetzeln kam, verfolgte Alijew die Geschehnisse von seiner Moskauer Wohnung oder seiner Datscha bei Moskau aus, wo er, seinen eigenen Worten zufolge, mit der Erziehung von drei Enkeln, mit Spaziergängen und dem Lesen von Zeitungen beschäftigt war. Niemand hörte seine Stimme während der bestialischen Pogrome gegen Armenier in Baku, also auf dem Höhepunkt des sowjetischen Internationalismus. Als jedoch die von Moskau entsandten Truppen in die aserbaidschanische Hauptstadt einmarschierten und gnadenlos friedliche Bürger töteten, unter denen bereits keine Armenier und fast keine Russen mehr waren, erschien Gejdar Alijew wieder auf der politischen Bühne. Er suchte die ständige Vertretung Aserbaidschans bei der Unionsregierung auf und gab seine berühmte Erklärung zur Unterstützung der Aserbaidschanischen Volksfront ab, obwohl diese ihn immer wieder öffentlich für die Tragödie des aserbaidschanischen Volkes verantwortlich gemacht hatte.

Alles wurde ausgetauscht, verwechselt, miteinander verflochten, eine Tatsache scheint der anderen zu widersprechen, Paradoxa häufen sich und wachsen an – dies ist das sicherste Zeichen für die Aktivität in der Tiefe verborgener Mafiagruppen, die jeweils für ihre eigenen Interessen kämpfen und seit langem jegliche Prinzipien, Ideen, Positionen und auch jegliche Logik aufgegeben haben. Es war offensichtlich, daß der friedliche Umgestaltungsprozeß in Aserbaidschan, ob er nun ausgeprägt nationalistischen Charakter hatte oder sich durch Toleranz und echtes Demokratieverständnis auszeichnete, letztlich zur Ablösung der einen politischen Gruppe durch die andere führen mußte.

Diese Rotation der Macht ist unvermeidlich, und sie zieht die Auflösung der früheren, scheinbar so gefestigten Mafiabeziehungen nach sich. Einfacher ausgedrückt: Andere Personen mit anderen Beziehungen übernehmen das Ruder – die Zeit der alten Herrscher geht zu Ende. Der sterbenden, doch immer noch unglaublich starken Mafia bleibt nur noch eine einzige Hoffnung: das Feuer der inneren Unruhen zu schüren und die extremistischsten Kräfte zu fördern. Um wenigstens einen Teil der Posten zu bewahren, die der Mafia Handlungsfreiheit verschaffen, gibt es keine wirksamere Methode als die Entfachung des Nationalismus.

Ob sich also direkte Beweise für die Beziehungen Alijews

und seines Zirkels zu den nationalistischen Extremisten finden lassen oder nicht, ihr Interesse an der Unterstützung der Extremisten ist offenkundig. »Je schlimmer, desto besser« – dies ist die einzige Devise, an die sie sich halten können. Nur wenn die Dinge noch schlimmer wurden, würde man in der Lage sein, die Perestroika und Gorbatschow persönlich in den Augen des aserbaidschanischen Volkes nachhaltig zu diskreditieren.

Es waren also nicht plötzlich aufflammende patriotische Gefühle, sondern nüchterne Berechnung, die Alijew veranlaßte, von neuem sein Glück in der großen Politik zu suchen. Er hatte sich nie sehr nachdrücklich um seinen Aufstieg in Moskau bemüht, weil er wußte, daß er dort ohnehin nicht an die Spitze gelangen würde, und es entspricht nicht seinem Charakter, sich mit der zehnthöchsten oder sogar der vierthöchsten Position zufriedenzugeben. Er ist viel lieber ein Gott in Aserbaidschan als ein hochrangiger Funktionär in Moskau. Unter den Bedingungen des Chaos und der inneren Fehden hatte er eine Chance, seine Positionen in der Heimat wiederzuerringen. Nicht nur deshalb, weil Ajas Mutalibow, der Präsident Aserbaidschans, am Anfang seiner Karriere von Alijew gefördert wurde, sondern vor allem deshalb, weil er weiterhin von jenem Teil der Bevölkerung unterstützt wurde, der entweder Beziehungen zur Mafia unterhielt oder von einer starken Hand, das heißt von einer Autorität ausstrahlenden Persönlichkeit, träumte. In diesem Sinne hatte Alijew nichts von seinem früheren Ansehen eingebüßt.

Die achtzigtausendköpfige Menge, die ihn in seiner Heimatstadt Nachitschewan empfing, bestand keineswegs nur aus Gaffern und Neugierigen. Es war kein Zufall, daß die Statue Alijews, die, wie es sich gehört, für den zweifachen Helden der Sowjetunion in seiner Heimat errichtet wurde, sogar zur Zeit von Waffengefechten und Bruderkämpfen stets mit Blumen geschmückt war. Es kam zu keinem einzigen Versuch, seine Büsten in anderen Städten Aserbaidschans zu entfernen, obwohl man dort mit den Lenindenkmälern nicht zimperlich umging. Sogar ein erheblicher Teil der arbeitenden Bevölkerung der Republik hielt und hält ihn für einen Kämpfer gegen die Mafia, gegen die Privilegierten der Elite. Das Bild des Gottes und Vaters, das er für seine Landsleute schaffen wollte, hat anscheinend immer noch eine gewisse Anziehungskraft. So, wie georgische Taxifahrer lange Jahre demonstrativ Porträts von Stalin an der Windschutzscheibe anbrachten, schmücken ihre Kollegen in Nachitschewan die Taxis heute mit Porträts von Gejdar Alijew. Dies ist nicht bloß Lokalpatriotismus, sondern ein anschaulicher Protest gegen Chaos, Anarchie und Terror in ihrer Heimat und gegen die Gewalt, der niemand ein Ende bereiten kann.

Man brauchte kein Prophet zu sein, um den überwältigenden Sieg Alijews bei den Wahlen zum Obersten Sowjet von Aserbaidschan und zum Obersten Sowjet der Autonomen Republik Nachitschewan vorauszusagen. Er kandidierte in seiner Heimatstadt, wo fast jeder mit ihm verwandt oder befreundet oder ihm verpflichtet ist. Als zweifacher Deputierter genießt er Immunität und braucht keine Sanktionen zu fürchten, selbst wenn das KGB plötzlich eine eigenhändig von ihm geschriebene Liste über den Empfang von Schmiergeldern finden sollte. Und die Mafia braucht ihn als aktiven Politiker, damit sie eine Chance erhält, Rache zu nehmen oder wenigstens straffrei auszugehen.

Es hat keinen Zweck, über Alijews weiteres Schicksal – als Mensch oder als Politiker – zu spekulieren. Jedenfalls ist es unzweifelhaft, daß er sich stark von den anderen alten Männern aus dem früheren Politbüro unterscheidet, deren Abtreten das Ende der Breschnew-Ära markierte: von Grischin, Romanow, Kunajew oder Tichonow. Er unterscheidet sich von ihnen durch seine Energie, seinen Ehrgeiz, seine Schläue, seine Voraussicht und seine Fähigkeit, nicht mit dem Strom zu schwimmen. Alijew verfügt über eine unverkennbare Individualität, die den »Mitkämpfern Breschnews« völlig fremd war, weshalb sie nach dem Verlust ihrer Posten sogleich im politischen Nichts verschwanden.

Und noch ein Umstand ist zu berücksichtigen, wenn wir die Züge der Figuren auf dem »Schachbrett« von Aserbaidschan einschätzen wollen. Die Mafia – auch die Wirtschaftsmafia – hatte kein Interesse daran, sich von den übernommenen Parteistrukturen abzuwenden, denn diese entsprechen genau den östlich-feudalen Traditionen und Beziehungen, die von alters her in der Republik etabliert sind.

Warum findet der Appell, gegen die Marktwirtschaft, gegen die Kooperativen, diese »Blutsauger am Volkskörper«, gegen die berüchtigten Vertreter der »Schattenwirtschaft« zu rebellieren, so lebhaften Widerhall bei der Bevölkerung? Dies mag verständlich sein, denn hier wird mit der mangelnden Sachkenntnis der Menschen gerechnet, mit ihren sozialen Problemen und Sorgen gespielt. Doch wer verkündet den Appell? Für wen ist es vorteilhaft, die Normalisierung der Wirtschaft und die Einführung ihrer objektiven Gesetze ins reale Leben zu verhindern? Für den Parteiapparat natürlich, der seinen politischen Einfluß verlieren würde, und für die hinter ihm stehende Mafia, die ihren wirtschaftlichen Einfluß aufgeben müßte.

Die Marktwirtschaft würde zu einem ehrlichen Konkurrenzkampf, zum Verlust sämtlicher Monopole und zu der Notwendigkeit führen, zu arbeiten, Geschick, Energie und Initiative zu zeigen. Dagegen erreicht die heutige Mafia unter dem herrschenden administrativen Kommandosystem ihre Ziele ohne Risiko und ohne jegliche Mühe, da sie ihr Grundkapital nicht zu verdienen braucht, sondern es einfach stiehlt. Sie monopolisiert gewaltige Werte, die dem Staat geraubt werden, braucht keine Konkurrenz zu fürchten und ist deshalb in der Tat allmächtig – jedenfalls, solange dieser Staat und seine Institutionen weiterbestehen.

Die Mafia ist gegen jegliche Art der Perestroika. Deshalb sieht sie Gejdar Alijew, diesen auf Erden wandelnden Gott, der heute wieder politischen Auftrieb bekommen hat, weiterhin als ihre Stütze und Hoffnung.

9. KAPITEL

Teure Genossen

Das vor mir liegende enzyklopädische Wörterbuch definiert den Begriff »Schelmenroman« als »unterhaltsames Erzählwerk über die Erlebnisse eines durchtriebenen Burschen, eines Abenteurers, der aus den unteren Volksschichten stammt«.

Ich hätte nie gedacht, daß ich auch im wirklichen Leben auf einen Schelmenroman stoßen würde. Dies ist die Geschichte der langjährigen Abenteuer eines Mannes, der die Besitzer von Privilegien und Reichtümern mit erstaunlichem, hundertprozentigem Erfolg an der Nase herumführte. Die Geschichte verdient Aufmerksamkeit, da sie das uns interessierende Problem direkt berührt.

Der Held des folgenden, realen Schelmenromans ist ein ungebildeter Mann sehr hohen Alters (heute ist er bereits über achtzig Jahre alt, doch die Ereignisse, von denen die Rede ist, spielten sich vor ungefähr einem Jahrzehnt ab). Übrigens mag »ungebildet« eine zu zurückhaltende Charakterisierung für einen Mann sein, der, wie ein witziger Jurist bemerkte, in der Lage ist, in einem aus sechs Buchstaben bestehenden Wort sieben Rechtschreibfehler zu machen. Dieser Könner beeinflußte durch eine rührend einfache Methode all jene Personen, von denen die für jeden Sowjetbürger so wichtigen Mangelwaren und knappen Dienstleistungen abhängen. Die Methode war folgende: Er stellte sich mal als Minister, mal als Parteiveteran, mal als »bedeutender Agent« im Ruhestand vor und forderte Geschäftsdirektoren, Chefs von Warenlagern, Handelszentralen, Restaurants und Werkstätten (das heißt jene, die im Gegensatz zu den Parteibossen wirkliche Macht über das Alltagsleben von Millionen Menschen haben) auf, ihm kostbare Mangelprodukte en gros und zum staatlich festgelegten Preis zu übergeben. Man hätte meinen sollen, daß die Direktoren und sonstigen Chefs den unbewaffneten, senilen Gangster fortgejagt oder der Miliz ausgeliefert hätten. Aber nein, sie gaben ihm ohne Murren alles, was er verlangte. Am hellichten Tag belud Jurij Sokolow, Direktor des größten Moskauer Lebensmittelgeschäfts, das noch heute, ein Dreivierteljahrhundert nach der Beschlagnahmung, den Namen des vertriebenen Besitzers Jelissejew trägt, eigenhändig einen Minibus mit Hunderten von Kaviardosen und vielen Dutzend Kilo Delikatessen, die dann in die bei Moskau liegende Datscha des »bedeutenden Agenten« gebracht und dort zum zehnfachen Preis an Spekulanten verkauft wurden.

Was bewog so mächtige Funktionäre, einem ihnen unbekannten alten Schurken zu gehorchen? Ganz einfach: die Fotos, die er ihnen bereitwillig zeigte. Der »bedeutende Agent« war auf Gruppenaufnahmen in zwanglosen Posen zusammen mit einem angetrunkenen Breschnew, einem herablassend lächelnden Suslow und einem steif Haltung annehmenden Gromyko verewigt. Diese Bilder überzeugten sogar die standhaftesten Bosse: Jeder Wunsch des »Busenfreundes« sämtlicher Politbüromitglieder war bedingungslos zu erfüllen.

Am erstaunlichsten ist, daß diese Aufnahmen keineswegs das Ergebnis einer primitiven Fotomontage, sondern durchaus echt waren. Um ihre Entstehung zu begreifen, muß der Leser etwas mehr über unseren Helden erfahren.

Sachar Dwojris war ein professioneller Schwindler, der es sogar zu Stalins Zeiten geschafft hatte, sorgenfrei zu leben, obwohl er nie einen Handschlag tat. Er entzog sich der Einberufung und verbrachte den größten Teil der Kriegszeit in Sibirien, wo er, seiner eigenen Aussage zufolge, »Jagd auf Deserteure machte«. Man kann sich leicht vorstellen, was für »Deserteure« er jagte und wie sie ihn für sein nobles gesellschaftliches Wirken entlohnten.

Bereits in der Chruschtschow-Ära führte das Schicksal ihn mit einem »Parteirelikt«, einem Altbolschewiken namens Fjodor Petrow, zusammen. Ihre Begegnung sollte eine wichtige Rolle für das Schicksal unseres Helden spielen. Petrow gehörte zu den wenigen, die dem Stalinschen Terror entgangen waren. Einst diente er als Stellvertretender Ministerpräsident in der Marionettenregierung der »Fernöstlichen Republik«, dann wurde er Oberbefehlshaber der gesamten sowjetischen Wissenschaft und fand schließlich als Herausgeber enzyklopädischer Wörterbücher einen stillen Hafen. Unter Chruschtschow war er – Parteimitglied seit 1896 (obwohl die Partei erst 1898 gegründet wurde) – der älteste aller noch lebenden Bolschewiki! Auch die Zeitungen nannten ihn »den ältesten Bolschewiken«, und in dieser Eigenschaft nahm er als Ehrengast an verschiedenen Parteiversammlungen und anderen Zusammenkünften im Kreml teil. Chruschtschow und dann auch Breschnew liebten es, sich mit diesem Fossil, das sich kaum noch auf den Beinen halten konnte, fotografieren zu lassen und so ihre direkte Beziehung zur »Leninschen Garde« zu demonstrieren.

Die Tatsache, daß Petrow sich kaum noch auf den Beinen halten konnte, wurde mit Bedacht erwähnt. Denn wo er auch erschien, lehnte er sich an die Schulter seines treuen Sachar, der dreiunddreißig Jahre jünger war als er. Deshalb war Dwojris, wie eine Krücke, stets bei Petrow und wurde zwangsläufig mit diesem vom Objektiv erfaßt. Dabei weiß jeder, daß sich niemand ohne Genehmigung der »Neunten« (das heißt der 9. KGB-Abteilung, die für die Bewachung der Parteiführer zuständig war) dem Aufenthaltsort unserer Spitzenfunktionäre nähern, geschweige denn sie umarmen konnte. Und eine Krücke für Petrow hätte die »Neunte«, wenn nötig, bestimmt finden können.

Es waren diese Bilder, auf denen Dwojris den alten Petrow mit einer Hand stützte und sich gleichzeitig kumpelhaft an Gromyko lehnte oder Breschnew zuprostete, die ihm alle Türen öffneten. Zunächst waren es die Türen der Funktionäre mittleren Ranges, und er erreichte einen Lebensstandard, der unter sowjetischen Bedingungen sonst nur der Führung vorbehalten ist. Seine beiden Villen in dem Moskauer Vorort Iljinskoje erinnerten an vorrevolutionäre Adelspaläste; sie waren mit ultramoderner Elektronik ausgestattet, darunter eine automatische Alarmanlage, automatische Türen und eine spezielle Telefonverbindung. Aus Gründen der Kuriosität will ich erwähnen, daß der Stellvertretende Verkehrsminister ihm die beispiellose Erlaubnis gab, Eisenbahnschienen jederzeit zu überqueren; und so geschah es, daß der diensthabende Milizionär strammstehen und vor dem Passagier in der Limousine, die vor einem sich nähernden Zug über die Schienen raste, salutieren mußte.

Nachdem Dwojris sich in die sowjetischen Partei- und Verwaltungsstrukturen eingeschlichen hatte, konnte er sich mit eigenen Augen davon überzeugen, in welchem Maße sämtliche Apparatschiks und »Wirtschaftler« in illegale und verbrecherische Operationen verwickelt waren und wie sehr sie sich vor einer Entlarvung fürchteten, obwohl jeder über einen recht zuverlässigen Schutz verfügte. Dadurch, daß Dwojris ihnen »greifbare Beweise« für seine Freundschaft mit den höchsten Parteiführern vorlegte, flößte er ihnen einerseits Angst davor ein, eine so wichtige Persönlichkeit wie ihn zu verärgern, andererseits machte er ihnen den Mund durch den Hinweis auf nützliche Beziehungen wäßrig. Das Risiko, einen Teil ihrer gestohlenen Reichtümer zu verlieren, erschien ihnen natürlich viel annehmbarer als das Risiko, alles zu verlieren.

Jahrelang hatte der analphabetische, gebrechliche Greis die mächtigsten Mafiosi in der Hand. Und es gab niemanden, der auf den Gedanken verfallen wäre, ihn einfach zu beseitigen, denn die Unverschämtheit, die er an den Tag legte, und seine Aura totaler Unverwundbarkeit ließen alle vermuten, daß er irgend etwas mit den »zuständigen Organen« zu tun hatte. Zwar fehlen mir die Beweise, aber ich vermute, daß Dwojris ein Spitzel des KGB war, das mit seiner Hilfe (vielleicht sogar ohne sein Wissen) die Beziehungen zwischen verschiedenen Angehörigen der Handelsmafia einerseits und dem Partei- und Verwaltungsapparat andererseits klären und herausfinden konnte, wem – und auf welche Weise – die Waren geliefert wurden, von denen die Mafia so widerspruchslos einen Teil an den Schwindler abtrat.

Interessanterweise reichte auch Dwojris die meisten seiner Waren an korrupte Beamte weiter, die nicht ahnten, wie er an die Schätze herangekommen war. Man fühlt sich an ein Stück des absurden Theaters erinnert, das jedoch unter sowjetischen Bedingungen normale und alltägliche Realität ist.

Vielleicht hätte es wenig Sinn, so ausführlich auf dieses hübsche Sittenbild des modernen Moskau einzugehen, wenn sich an Dwojris' letztliches Scheitern nicht einige faszinierende Ereignisse angeschlossen hätten. Er scheiterte rein zufällig – wie ein Bergsteiger, der nach der Bezwingung des Mount Everest plötzlich mitten in der Stadt auf einer Orangenschale ausrutscht und sich ein Bein bricht: Überzeugt von seiner Unantastbarkeit, hatte Dwojris während eines Urlaubs in Sotschi einen ganz gewöhnlichen Schneider betrogen, das heißt, er hatte einen für ihn angefertigten Anzug nicht bezahlt und sich wie ein kleiner Dieb nach Moskau davongemacht. Der Schneider hatte die Ehrfurcht einflößenden Bilder ebenfalls zu Gesicht bekommen, aber er fühlte sich nicht von Dwojris bedroht, da er weder der Mafia noch dem Parteiapparat angehörte und nichts zu verlieren hatte. Er schlug Lärm, woraufhin Anklage wegen Betrugs erhoben wurde, doch dann entrollte sich das Knäuel zwangsläufig immer weiter. Der Skandal begann. Der Fall des Kunden, der einen Schneider um 160 Rubel betrogen hatte, wurde an die Staatsanwaltschaft der RSFSR übergeben, und die höchstgeheime Untersuchung wurde von der Chefermittlerin Soja Schejkina geleitet. Allein die Tatsache, daß sich die Ermittlungen über viele Monate hinzogen und Hunderte von Zeugen befragt werden mußten, spricht Bände.

Wie sich herausstellte, gehörten zu denen, die in die Machenschaften des Angeklagten verwickelt waren, Minister der UdSSR und der Unionsrepubliken, Deputierte des Obersten Sowjets der UdSSR sowie ZK-Mitglieder der KPdSU. Man weiß aus sicheren Quellen, daß der ZK-Sekretär Jakow Rjabow, der spätere Sowjetbotschafter in Frankreich, von der Ermittlerin zum Verhör vorgeladen wurde (eine Sensation für den Beginn der achtziger Jahre!).

Wahrscheinlich gab es in der Breschnew-Epoche keinen Kriminalfall (im Unterschied zu politischen Fällen), der von einer solchen Geheimhaltung geprägt war. Er schien von einer undurchdringlichen Mauer des Schweigens umgeben zu sein. Inzwischen weiß ich jedoch, wohin die Fäden führten, nämlich wieder zu den populären Persönlichkeiten Tschurbanow, Schtscholokow und Breschnew. Aber diesmal auch zu Viktor Grischin, dem Herrscher Moskaus, der bald zum Kronprinzen und Bewerber um den Allunions-Thron werden sollte. Dies alles ließ sich damals jedoch nur vermuten.

Mein Interesse an dem Fall Dwojris wurde durch Sergej Michalkow geweckt, den Vater der Filmregisseure Nikita Michalkow und Andreij Kontschalowskij, der zugleich der Lieblingsdichter Stalins, Chruschtschows, Breschnews und Tschernenkos, Autor des Textes der sowjetischen Nationalhymne sowie

Vorsitzender des berüchtigten Schriftstellerverbandes der RSFSR war. Zunächst war er nur durch Freundesbande mit Dwojris verknüpft. Der Schwindler, der wußte, daß Michalkow Zugang zur höchsten Parteiführung besaß, hatte dessen Bekanntschaft gesucht und schaffte es später mit Hilfe des Poeten, dem der prosaische Alltag nicht fremd war, mehrere einträgliche Operationen abzuwickeln. Wie üblich betrog Dwojris dann auch seinen Freund und fing an, diesen zu erpressen. In den Jahren der Freundschaft hatte er einiges über den Dichter erfahren, das dieser nicht an die Öffentlichkeit dringen lassen wollte. Michalkow geriet in Panik und rief um Hilfe. Dabei wandte er sich auch an mich mit der Aufforderung, »den Taugenichts und Halunken öffentlich zu Hackfleisch zu machen«.

Das Thema und die Wahrheit darüber waren äußerst interessant. Hier spiegelte sich die ganze Verworrenheit der sowjetischen Realität wider, in der nur ein kleiner Schritt zwischen Tragik und Komik liegt. Alles, was ich über den Fall Dwojris herausfand, faßte ich in zwei Artikeln zusammen, die in der *Literaturnaja gaseta* veröffentlicht wurden. Dort erwähnte ich auch – eher ironisch als aggressiv – Jurij Sokolow, den Direktor des Lebensmittelgeschäfts Jelissejew.

Die Reaktion versetzte sogar unseren abgebrühten Redaktionschefs einen Schock. Dabei hätte man annehmen sollen, daß Alexander Tschakowskij, der sich gründlich in den Parteiintrigen auskannte, durch nichts mehr zu verblüffen war.

Zuerst traf ein Telegramm ein, das von einem guten Dutzend Kosmonauten unterzeichnet war. Wie hätte ich es wagen können, riefen die einfachen und doppelten Helden, den Namen eines so bemerkenswerten Mannes zu verunglimpfen, der stets bemüht sei, die Wünsche seiner treuen und dankbaren Kunden zu erfüllen? Damals waren Kosmonauten noch von einem romantischen, geheimnisvollen Nimbus umgeben, sie genossen größte Achtung an der Parteispitze, und der Direktor des Lebensmittelgeschäfts dürfte ihnen tatsächlich alle Wünsche »erfüllt« haben. Ihr Telegramm löste bei uns ein Lächeln, doch keineswegs Erstaunen aus.

Ein Stunde später traf ein zweites Telegramm ein – mit identischem Text, doch unterzeichnet von einer Gruppe hoher Generale. Am Morgen des nächsten Tages erhielten wir ein drittes Telegramm, diesmal von Volkskünstlern der UdSSR. Gegen Abend brachte ein bewaffneter Kurier einen versiegelten Umschlag von Wladimir Promyslow, dem Moskauer Bürgermeister. Er drückte sein »starkes Mißfallen über die unbegründete Kritik an einem der besten Vertreter des sowjetischen Einzelhandels aus, der die Mitarbeiter des Moskauer Sowjets unablässig mit Lebensmitteln versorgt hat«.

Um die Mitarbeiter des Moskauer Sowjets hatten wir uns ohnehin keine Sorgen gemacht, doch welche unsichtbare Kraft hatte diese offenkundig verängstigten und offenkundig dummen Menschen veranlaßt, einen solchen Angriff auf eine Zeitung einzuleiten und dabei *schriftliche* Spuren ihrer Angst und ihrer Dummheit zu hinterlassen?

Immerhin, der Hauptangreifer hinterließ keine derartigen Spuren, denn er nahm einfach nur den Hörer seines Kreml-Telefons ab und machte dem Chefredakteur »seines groben Fehlers wegen« Vorwürfe. Dieser Angreifer war Viktor Grischin. Er verbreitete sich natürlich nicht über die erhöhte Aufmerksamkeit, die der Direktor den Mitarbeitern des Stadtkomitees gewidmet habe – eine solche Argumentation wäre für einen so soliden Politiker allzu seicht gewesen. Er ging von ganz anderen, bedeutenderen Kriterien aus. »Darf man den sowjetischen Lesern so unbedachte Informationen zumuten?« maßregelte er den Chefredakteur. »Sie schreiben von Kaviar und anderen Fischdelikatessen, die unter der Hand verkauft werden, währen die Regale in Moskau leer sind.« (Im Vergleich mit den heutigen – wirklich leeren – Regalen schien ein Füllhorn über die »leeren« Regale jener Zeit ausgeschüttet worden zu sein.) »Es kann zu Unruhen kommen. Wollen Sie wirklich für den Beginn von Ausschreitungen verantwortlich sein?«

Ich kann nicht umhin, von einem Ereignis zu berichten, das sich ein paar Monate später abspielte, denn die völlig identische Parteireaktion, sogar mit gleichem Wortlaut, macht deutlich, was die Funktionäre damals beunruhigte.

Die *Literaturnaja gaseta* hatte einen Artikel von mir, »Frühjahrshochwasser«, veröffentlicht. Darin schrieb ich über das Vieh-Massensterben im Gebiet Wladimir, das auf Futtermangel zurückzuführen war, denn die örtlichen Bosse, mit ihren persönlichen Angelegenheiten beschäftigt, hatten das Futter verfaulen lassen. Schon am Tag des Erscheinens der Zeitung läutete das Regierungstelefon des Chefredakteurs ununterbrochen: Die Ersten Gebietssekretäre aus Archangelsk, Woronesh und anderen Städten, von Wladimir gar nicht zu reden, riefen an. Sie alle hatten nur eines mitzuteilen: Unsere Veröffentlichung könne zu Hungeraufständen gegen die Parteispitze führen – hätten wir es etwa darauf abgesehen? Gegen Ende des Tages kam ein Anruf direkt aus Moskau: Michail Simjanin, der für Ideologie zuständige ZK-Sekretär, gab sich nicht mit Einzelheiten ab, sondern erklärte, daß der Artikel »Frühjahrshochwasser« und die Tatsache seines Erscheinens »ein sehr grober politischer Fehler« seien.

Der erschrockene Chefredakteur rief mich zu sich und schlug vor, ich selbst (!) solle in der nächsten Nummer einen Widerruf schreiben. Voller Mitgefühl gestattete er mir, bei diesem Angriff auf mich selbst »die schärfsten Wendungen fallenzulassen«, doch er setzte hinzu, daß ich mich in dem Widerruf »kategorisch von allen Verallgemeinerungen abgrenzen« müsse. Auf das Risiko hin, das Unverständnis des Lesers zu wecken, doch im Einklang mit der Wahrheit gestehe ich, daß ich den Vorschlag akzeptierte. Denn ich war sicher, den »Widerruf« so formulieren zu können, daß jeder erkennen würde, welchen Zwang man auf uns ausgeübt hatte.

Am nächsten Tag ging ich mit dem vorbereiteten Text in Tschakowskijs Büro und entdeckte, daß er vorzüglicher Stimmung war. »Zerreißen Sie das und zeigen Sie es niemandem«, sagte er und zeigte mir ein Blatt Papier, das er in der Hand hielt. Wie sich herausstellte, hatte frühmorgens, noch vor meinem Eintreffen in der Redaktion, ein anderer ZK-Sekretär angerufen, nämlich der gerade ernannte Michail Gorbatschow. (Wie wir uns erinnern, war Fjdor Kulakow als ZK-Sekretär für Landwirtschaft von ihm abgelöst worden.) Gorbatschow hatte der Zeitung für ihren »scharfen, kühnen Artikel und ihre Prinzipientreue« gedankt, die ihm helfen würden, die gewaltigen Mängel in dem ihm anvertrauten Bereich zu beheben.

Mit der Behebung von Mängeln meinte Gorbatschow in erster Linie personelle Veränderungen. Tatsächlich wurden viele Gebietssekretäre, die für die Landwirtschaft verantwortlich waren, entlassenn – und dies nicht nur in Wladimir.

Ich möchte mich für diesen allzu langen Exkurs entschuldigen, aber ich mußte einfach schildern, wie Gorbatschow mir – zum erstenmal und aus der Ferne – beistand. Dadurch half er uns sehr, wenn auch vielleicht unbewußt, und ermöglichte uns, in der Zeitung weiter gegen die Parteimafia zu Felde zu ziehen.

Aber kehren wir nun zu Sachar Dwojris und dem unerwarteten Ende seines Schelmenromans zurück.

Grischins Rüffel blieb für die Redaktion nur deshalb ohne Folgen, weil, wie wir wußten, das KGB die Ermittlungen nicht nur beobachtete, sondern sie sogar heimlich leitete. Dadurch, daß immer neue Episoden aufgedeckt wurden, halfen die Ermittler Andropow indirekt bei dessen Duell mit Schtscholokow. Tschakowskij, der sich mit »Hofintrigen« vortrefflich auskannte, stufte die Autorität Andropows höher ein als die Grischins, und deshalb beschlossen wir, auf Grischins Verweis nicht zu reagieren.

Man rechnete mit einem sensationellen Prozeß. Er wäre selbst dann sensationell gewesen, wenn er hinter verschlossenen Türen stattgefunden hätte, und wir verfügten bereits über einen Plan zur Beschaffung von Informationen. Außerdem hätte der Prozeß kaum hinter verschlossenen Türen stattfinden können, da dies durch keinen Gesetzesartikel gedeckt war.

Aber es kam zu keiner Verhandlung. Andropow hatte den üblichen Weg eingeschlagen und eine Methode zur Vermeidung des Prozesses gefunden, wobei es ihm gleichzeitig gelang, den entfesselten Alten von der Gesellschaft zu isolieren: Gefällige Psychiater diagnostizierten sofort, Dwojris sei ein unzurechnungsfähiger Schizophrener, und steckten ihn in eine Anstalt. Im Unterschied zu den Gewissensgefangenen, die den Aufenthalt in einer solchen Anstalt als eine Demütigung, eine noch härtere Strafe als eine Gefängnis- oder Lagerhaft empfinden, war Dwojris entzückt von Andropows Entscheidung. Denn dies bedeutete, daß man sein Vermögen nicht beschlagnahmen würde. Und auch die Zeitungspublikationen würden zweifelhaft erscheinen – als hätten wir Journalisten keinen Verbrecher, sondern einen Kranken angegriffen!

Dwojris schickte mir durch Vermittlung seiner Verwandten

einen Brief, in dem er mich aufforderte, ihn zu besuchen und gemeinsam mit ihm (!) einen Schlachtplan gegen die Kreml-Mafia zu entwerfen. Er versprach, sensationelle Dinge über Galina Breschnewa und ihren Mann Tschurbanow, über Grischin und dessen Mitwirkung in der Moskauer Handelsmafia zu enthüllen. Außerdem wollte er mich über die umfangreiche Gruppe von Berühmtheiten unterrichten, die sich an die Mafia »angehängt« habe und behaglich von deren Geschenken lebe. Die Gruppe bestehe aus bekannten Dichtern, Dramatikern, Komponisten, Schauspielern, Malern, Regisseuren und anderen Geistesschaffenden; sie seien Träger der höchsten Ehrentitel, Medaillen und Orden. (Offensichtlich hatte das Zentralkomitee, im Verein mit dem KGB, gewußt, wie gut Dwojris informiert war und wie bereitwillig er »plaudern« würde, weshalb beschlossen worden war, ihn von einer Verhandlung »zu verschonen«.)

Ich beschloß sofort, Dwojris in seinem Krankenhaus im Gebiet von Smolensk zu besuchen, wo er ein Einzelzimmer bekommen hatte und mit dem angenehmen Posten eines »Gesellschaftskontrolleurs« der Anstaltskantine bedacht worden war. Aber für ein Treffen mit ihm benötigte ich die Genehmigung von zwei (!) Ministern: des Innen- und des Gesundheitsministers. Schtscholokow weigerte sich, mir seine Unterschrift zu geben, und Boris Petrowskij, Gesundheitsminister der UdSSR und Akademiemitglied, las mir die Leviten, weil ich einem schwerkranken Mann gegenüber eine inhumane Haltung an den Tag lege und den Versuch mache, dessen Krankheit »einer journalistischen Sensation wegen« zu verschlimmern. »Es gehört sich nicht, ein Individuum zu verspotten!« erklärte er, und ich kam mir wie ein Barbar und Schurke vor.

Trotzdem ereignete sich eine Sensation, wenn auch etwas später. Unmittelbar nach Breschnews Tod instruierte Andropow seine frühere Behörde, das KGB, der Staatsanwaltschaft einige der gesammelten Materialien über die Tätigkeit der Moskauer Mafia zu übergeben. Der erste, der infolgedessen verhaftet wurde, war Jurij Sokolow, der Direktor des Lebensmittelgeschäfts Jelissejew, der so eifrig Kosmonauten, Generale und Künstler versorgte, Angehörigen der Nomenklatura stets »alle Wünsche erfüllte« und die Mitarbeiter des Stadtkomitees und des Moskauer Sowjets so gern belieferte. Neben ihm saßen fast alle Manager dieser Moskauer Zentrale für den Vertrieb von Mangelwaren auf der Anklagebank. Im Verwaltungsteil des Geschäfts, direkt neben dem Büro des Direktors, befand sich ein gemütlicher Raum, in dem der Tisch rund um die Uhr mit Getränken und Imbissen gedeckt war. Hierher kamen nicht nur Grischin, Tschurbanow und andere Parteibosse, um sich zu entspannen, sondern hier hielt auch der »Vorstand« der hauptstädtischen Mafia, deren Mitgliedschaft damals noch ein Buch mit sieben Siegeln war, bei Whisky und schwarzem Kaviar seine Besprechungen ab.

Wie immer in solchen Fällen kam es zu einer heftigen Kettenreaktion. Eine Geheimtür nach der anderen öffnete sich (im wörtlichen und im übertragenen Sinne). Die Enthüllungen führten zum Chef sämtlicher Moskauer Handelsorganisationen, Tregubow, und dann zum Handelsminister der RSFSR. Sie und ihre Leute vertrieben Mangelwaren und erteilten Genehmigungen für den Großhandels- und Einzelhandelskauf von Möbeln, Kleidung und Lebensmitteln, die auf dem Schwarzmarkt das Drei-, Fünf- oder sogar Zehnfache ihrer staatlichen Preise einbrachten. Das Muster war immer das gleiche: Die Waren wurden an Großhändler abgesetzt, die ihrerseits den Preis erhöhten und sie weiterverkauften. Ein Teil der Einnahmen ging an die Miliz, die Staatsanwaltschaft, die Richter, den Partei- und Staatsapparat. Die Beziehungen der hauptstädtischen Mafia führten weit von Moskau fort: nach Transkaukasien und Mittelasien. Aber vor allem führten sie zum nahegelegenen Alten Platz im Zentrum Moskaus.

Die Ermittler hatten Erlaubnis, bis zu einer gewissen Stufe der Nomenklaturaleiter vorzudringen, nämlich bis zum Stellvertretenden Handelsminister der Republik. Durch seine Verhaftung hatten sie alle Möglichkeiten erschöpft, sich weiter vorzuarbeiten. Der Mafia war ein Schlag versetzt worden, doch nicht einmal Andropow beabsichtigte, gegen ihre höchsten Vertreter einzuschreiten – jedenfalls noch nicht. Im Politbüro saßen all die senilen Genossen – von Tschernenko bis Grischin – noch neben ihm, und unter sowjetischen Bedingungen bot es sich nicht an, sie mit Hilfe der Gerichte auszuschalten.

Immerhin war es möglich, die Ermittlungen bei Bedarf noch

ein wenig fortzusetzen (wenn nicht nach oben, dann wenigstens seitwärts). Mir schien, daß dies durch einen einfachen taktischen Schachzug unterstützt werden konnte. Wenn die Unzurechnungsfähigkeit von Dwojris durch ein neues medizinisches Gutachten widerlegt wurde, war es möglich, die Ermittlungen gegen ihn wiederaufzunehmen und den Fall vor Gericht zu bringen. Dadurch würden sowohl neue Namen als auch neue Episoden aus dem Leben der hochgestellten Mafiosi an die Öffentlichkeit gelangen.

Die Idee sagte einigen Mitarbeitern des Komitees für Parteikontrolle zu, die gemeinsam mit dem KGB Belastungsmaterial gegen den Schtscholokow-Clan sammelten.

Zwar wagte niemand, den uralten Komiteevorsitzenden Arwid Pelsche, der kaum noch ein Bein vor das andere setzen konnte, zu beunruhigen (ohnehin hätte er um keinen Preis zugelassen, daß die Partei öffentlich »verunglimpft« wurde), doch Iwan Gustow, sein Erster Stellvertreter, hatte an der Spitze Erkundigungen eingezogen. Man forderte mich sogar auf, sämtliche Materialien, die gesammelt, aber nicht in Zeitungsartikeln veröffentlicht worden waren, aufzubereiten und »den zuständigen Genossen« zur Verfügung zu stellen. Doch plötzlich wurde der Schlußstrich gezogen. Andropow lag bereits auf dem Sterbebett, und kein anderer wollte eine so wichtige Entscheidung auf sich nehmen.

Unterdessen vollzog sich hinter den Kulissen ein unsichtbarer Handel, bei dem es nicht um Geld, sondern um ein Menschenleben ging. Sokolow saß im Lefortowo-Gefängnis ein, und zwar in dem vom KGB, nicht vom MWD, verwalteten Trakt. Aber zwischen den verschiedenen Trakten gab es natürlich keine undurchdringliche »Berliner Mauer«, und Sokolow wurde eine Abmachung vorgeschlagen, die er nicht ablehnen konnte: Sein Leben für sein Schweigen. Zudem warnte man ihn, daß das Gericht ihn wahrscheinlich zum Tode durch Erschießung verurteilen werde, aber er brauche keine Angst zu haben, denn wenn er ein Gnadengesuch einreiche, werde man diesem stattgeben. Und danach – natürlich nicht sofort, aber sehr bald – werde man ihn in aller Stille entlassen, und auch im Lager – klarer Fall! – brauche er nicht mit harschen Bedingungen zu rechnen.

Dies alles schien äußerst plausibel. Sokolow wußte, daß die Verhandlungen gegen kleinere Mafiosi auf ähnliche Weise abgelaufen waren und daß die Mafia ihr Wort ausnahmslos gehalten hatte. Sokolows Prozeß fand hastig und hinter halbverschlossenen Türen statt, und der Angeklagte hielt sich an die Vereinbarungen: er nannte keinen einzigen neuen Namen und keine einzige neue Tatsache. Übrigens hätte er dazu auch kaum Gelegenheit gehabt, denn der Staatsanwalt machte nicht den geringsten Versuch, den Rahmen der Anklageschrift zu überschreiten, und gab sich alle Mühe, auf seine eigenen Fragen und die der Verteidigung möglichst knappe Antworten zu erhalten.

Wie erwartet wurde das Todesurteil verhängt, und der Angeklagte nahm es mit unerschütterlichem Gleichmut entgegen. Er schrieb innerhalb der gebotenen Frist ein Gnadengesuch, ohne sich allzusehr um die Schlagkräftigkeit seiner Argumente zu kümmern und ohne sich in den Augen des Präsidiums des Obersten Sowjets der UdSSR, das für Gnadengesuche zuständig ist, in ein besonders günstiges Licht zu setzen. Aber das Gesuch wurde abgelehnt, was dem Verurteilten eine halbe Stunde vor der Hinrichtung mitgeteilt wurde. Er mochte so laut brüllen, wie er wollte, daß man ihn betrogen habe – es war zu spät.

Seinem direkten Vorgesetzten, Nikolaj Tregubow, gelang es jedoch, sich zu retten. Er schrieb aus seiner Gefängniszelle persönliche Briefe an Grischin und an den Ersten Stellvertretenden Vorsitzenden des Präsidiums des Obersten Sowjets, Wassilij Kusnezow: »Ich bitte um ein Gespräch unter vier Augen, denn ich muß Ihnen etwas mitteilen, das ich vor Gericht auf keinen Fall erwähnen kann.« Der Wink wurde verstanden. Weder Grischin noch Kusnezow besuchten ihn im Gefängnis, aber man nahm Kontakt auf und vereinbarte, ihm als Gegenleistung für sein Schweigen das Leben zu schenken. Bekanntlich hinderte eine solche Vereinbarung die Mafia nicht daran, Mitwisser und abtrünnige Komplizen zu beseitigen. Aber Tregubows Prozeß wurde verzögert, Gorbatschow kam an die Macht, und das Urteil wurde im Herbst 1986 gefällt. Grischin und seine Freunde hatten jegliche reale Macht verloren, und es war schwieriger geworden, einen unerwünschten Freund folgenlos auszuschalten. Deshalb hielten sich beide Seiten an ihre Verpflichtungen. Tregubow wurde zu fünfzehn Jahren verurteilt und leistet die Strafe – so schweigsam wie möglich – fern von Moskau ab. Wie lange wird er den Mund halten? Er ist bereits über siebzig Jahre alt. Wenn er seine Todesangst überwindet, könnte er eine interessante Geschichte erzählen. Schließlich weiß er sehr viel über zahlreiche Personen. Und es ist gewiß kein Zufall, daß die Gefängnisbehörden und die Moskauer Obrigkeit ihn sorgfältig von der Außenwelt abschirmen.

In den vorhergehenden Kapiteln haben wir bereits die Vermutung erörtert, daß die höchsten Posten im »Schattenkabinett« der Mafia wahrscheinlich nicht von Politbüromitgliedern oder Ministern oder Gebietssekretären bekleidet werden, sondern von unauffälligen Gastwirten oder kriminellen Mechanikern, die nicht an offiziellen Funktionen interessiert sind, sondern Politbüromitglieder, Parteisekretäre und Minister rücksichtslos ausnutzen, um in deren Schutz zu gedeihen. Dies ist als Hypothese vorgetragen worden, die durch kein einziges konkretes Beispiel erhärtet werden konnte. Nun gibt es jedoch die Möglichkeit, ein solches Beispiel – ein einziges nur, aber ein unzweifelhaft konkretes – anzuführen.

Nachdem Gorbatschow bereits die Macht übernommen und die Perestroika eingeleitet hatte, erlaubte sich die Staatsanwaltschaft, die Verhaftung einer angesehenen Persönlichkeit zu sanktionieren, deren kriminelle Aktivitäten man seit langem bemerkt hatte. Aber eine unsichtbare Hand gebot dem Staatsanwalt jedesmal Einhalt, wenn er den Haftbefehl ausstellen wollte. Damit nicht genug: Aus manchen Quellen verlautete, daß der Mann eine wichtige Rolle im »Schattenkabinett« spielte, aus anderen kamen Informationen über die glänzenden Erfolge, die er auf dem Gebiet des Handels erzielt hatte. Während die ersten Mitteilungen in den geheimen Safes der entsprechenden Dienste ruhten, hatten die zweiten greifbare »geschäftliche« Folgen. Zuerst wurde der »angesehene Genosse« als Kollegiumsmitglied der Handelshauptverwaltung (ein hoher Posten in der sowjetischen Nomenklatura) bestätigt und dann zum Deputierten des Moskauer Sowjets ernannt, Pardon, »gewählt« (damals konnte man das Wort »gewählt« nur in Anführungszeichen setzen). Ich muß jedoch betonen, daß es ihn keineswegs zu offiziellen Funktionen und Posten hinzog – die inoffiziellen genügten ihm vollauf.

Der Mann hieß Mchitar Ambarzumjan, und er bekleidete den bescheidenen Posten des Direktors eines Obst- und Gemüselagers in einem der Moskauer Bezirke. Als man seine Verhaftung Ende 1985 bekanntgab, wurde der Nachricht wohl nur von »Insidern« Bedeutung beigemessen. Denn die Direktoren von Obst-, Gemüsedepots u. ä. (das idiotische Ergebnis eines Plansystems, das den Produzenten der Ware und ihren Verkäufer durch ein Zwischenglied in Gestalt des »staatlichen Depots« voneinander trennt; dort wird mit Zahlen, nicht mit Produkten gehandelt, und man kann innerhalb eines Jahres Millionen an sich raffen) spielen in der allwöchentlichen Verbrechenschronik eine führende Rolle. Aber die offiziellen, der vorgeblichen Position des Angeklagten nicht angemessenen Zeitungsberichte über die Ermittlungen, die Verhandlung und das Urteil machten mehr als deutlich, daß er kein durchschnittlicher Depotchef war.

Ich begegnete Ambarzumjan nur ein einziges Mal. Im Moskauer Haus des Films wurde eine Premiere gefeiert, und einer der Produzenten, ein Freund von mir, lud mich nach der Vorführung »zu einer gemütlichen Mahlzeit« in ein Restaurant ein. An dem reichgedeckten Tisch nahmen berühmte Schauspieler, Schriftsteller und Regisseure Platz, doch unter ihnen war auch ein weniger auffälliges Paar. Der Mann machte den Eindruck einer bedeutenden Person und wirkte viel jünger als seine fünfundsechzig oder siebenundsechzig Jahre. Während er liebenswürdig lächelte, ohne sich am Tischgespräch zu beteiligen, wurde irgendwie aus seinem Verhalten deutlich, daß er der wichtigste Gast bei dieser Feier war. Ein paar junge Leute knipsten die Gesellschaft unablässig, und einem aufmerksamen Beobachter konnte nicht entgehen, daß der schweigsame Würdenträger stets den Mittelpunkt der Aufnahmen bildete. »Wer ist das?« flüsterte ich meinem Freund in einem geeigneten Moment zu.

»Das weißt du nicht?« Er war aufrichtig überrascht. »Das ist Mchitar Ambarzumjan. Ganz Moskau kennt ihn. Er bezahlt die ganze Chose.« Mein Freund wies mit einer großzügigen

Geste auf die sich biegende Tafel. »Möchtest du vielleicht Weintrauben? Oder Bananen?«

Natürlich hätte ich gern Weintrauben oder Bananen gegessen, doch da ich nun begriffen hatte, wer der Gastgeber war, wies ich das Angebot stolz zurück.

Das Geld, über das Ambarzumjan verfügte, gelangte folgendermaßen in seinen Besitz: Er erhielt gegen Bestechungsgelder aus Transkaukasien und Mittelasien überschüssiges, das heißt nicht von der Statistik erfaßtes Obst, darunter auch importierte exotische Früchte wie Orangen, Bananen und Ananas. Danach zahlten ihm Geschäftsleiter, die von solchen Waren träumten (damit ließen sich, unter dem Tresen verkauft, Riesengewinne erzielen), ihrerseits Bestechungsgelder. Die Summen, die er erhielt, waren erheblich höher als die Summen, die er ausgab, so daß er letztlich immer den größten Gewinn einstrich. In den zweiundzwanzig Jahren seiner Tätigkeit auf diesem Posten beliefen sich seine Einkünfte nicht auf Tausende, sondern auf Millionen. Aber mit der Zeit waren es nicht mehr Früchte, die seine Haupteinnahmequelle bildeten.

Nachdem Ambarzumjan sein Grundkapital vervielfacht und entsprechende Beziehungen geknüpft hatte, begann er, nicht nur mit Obst und Gemüse, sondern auch mit Ernennungen zu handeln. Viele Schlüsselposten im Partei- und Staatsapparat waren von Leuten besetzt, die er empfohlen und auf ihre Sessel befördert hatte. Zum Beispiel kostete der Posten eines Handelsinstrukteurs beim Zentralkomitee der KPdSU 50–60000 Rubel oder mehr. Seine »Empfehlungen« waren nicht billig, aber die Bewerber geizten schließlich nicht. In dieses vielschichtige System des Ämterhandels waren Apparatschiks aller möglichen Ränge verwickelt, und wenn man in den Chefetagen die Dokumente durchsah, auf denen Dutzende von Unterschriften unter dem Zauberwort »akzeptiert« standen, wußte man manchmal gar nicht, weshalb und von wem der »verehrte Genosse« auf diesen oder jenen Posten gehievt wurde. Die Akteure spielten also mit, ohne zu ahnen, daß sie selbst bloß Marionetten an den Fäden eines ungekrönten Königs waren.

Nach Meinung der Juristen, welche die Untersuchungen in diesem Fall und in den Fällen anderer Mafiagruppen führten, hatten nicht nur Dutzende, sondern Hunderte von Amtsträgern ihre Position Ambarzumjan und seinem Kreis zu verdanken.* Darunter waren führende Parteifunktionäre, hohe Ministerialbeamte und Angehörige der Zentralbehörden. Es ist durchaus möglich, daß sie ihre Posten heute nicht mehr bekleiden, doch ihre etwaige Pensionierung wird keineswegs mit der Entlarvung der Gründe ihres Aufstiegs, sondern vielmehr mit den allgemeinen Veränderungen im Partei- und Staatsapparat in Verbindung gebracht. Diejenigen, die sich in der Nomenklatura gehalten haben, sind weiterhin im Apparat aktiv und dienen dem »Schattenkabinett« der Mafia, das zwar seinen einstigen Führer verloren hat, doch unzweifelhaft mittlerweile einen neuen Chef besitzt. Wer ist es? Darüber können wir nur Vermutungen anstellen. Wie kann er unter den Tausenden von Depotdirektoren, Magazinleitern, Barmännern und Mitarbeitern der Materialversorgung aufgespürt werden? Zumal, wenn niemand geneigt ist, ihn ausfindig zu machen.

Wußte Grischin, wer Ambarzumjan in Wirklichkeit war, als dieser am Ende der Grischin-Herrschaft in Moskau erschossen wurde? Vielleicht, vielleicht... Ambarzumjan verriet niemanden, obwohl Sokolows Beispiel anschaulich zeigte, daß er sich auf nichts und niemanden verlassen konnte, und er sich denken konnte, daß man nicht mehr an der Rettung seines Lebens interessiert war. Die »Protektionsgruppe«, das heißt die Spitze der Nomenklatura, hatte beschlossen, den »Paten« zu opfern. Aber Ambarzumjan hatte schließlich noch seine Familie, und er wußte, daß jedes Wort sie teuer zu stehen kommen konnte.

Wladimir Olejnik, der bei der Staatsanwaltschaft der RSFSR für besonders wichtige Fälle zuständige Ermittler (und heutige Volksdeputierte der RSFSR), teilte mir mit, daß im Fall Tregubow, ebenso wie im Fall Sokolow und im Fall Ambarzumjan,

---

* Wladimir Olejnik war überzeugt, daß Ambarzumjan, der bereits weit über sechzig Jahre alt war, ungemein wertvolle Aussagen machen und wichtige Namen nennen könne, um sein Leben zu retten. Er persönlich reichte ein Gnadengesuch für ihn ein und bewog Sergej Jemeljanow, den Staatsanwalt der RSFSR, ihn zu unterstützen. Der Staatsanwalt unterzeichnete das Gesuch spätabends, und am folgenden Morgen suchte Olejnik das Gefängnis auf, um den Verurteilten zu informieren. Wie sich jedoch herausstellte, war Ambarzumjan bereits in der Nacht hingerichtet worden.

alle Fäden zu Grischin führten und daß man versucht habe, diesen als Zeugen verhören zu lassen. Ungeachtet der sonst üblichen juristischen Praxis waren die Ermittler bereit, ihn »zu Hause« aufzusuchen und ein Verhörprotokoll in Form eines »Gesprächsberichts« anzufertigen, um das Politbüromitglied nicht in seiner Würde herabzusetzen. Doch selbst dieser aufrührerische Gedanke führte dazu, daß man den Ermittlern (die selbst Mitglieder der KPdSU waren!) mit dem Verlust ihres Parteiausweises, ihres Postens und mit noch Schlimmerem drohte.*

Seit etlichen Jahren war gemunkelt worden, daß Grischin nicht nur ein Gönner der Mafia, sondern deren aktives und sehr einflußreiches Mitglied sei. Ein bekannter Funktionär, der mich bat, seinen Namen nicht zu nennen (er war unlängst noch Dissident gewesen, ist heute jedoch an der Spitze der Legislative tätig), versicherte mir, daß diese Behauptung dokumentarisch zu belegen sei. Als Verantwortlicher für die offizielle Überprüfung der Ermittlungsmaterialien stieß mein Gesprächspartner auf überzeugende Beweise dafür, daß es zwischen Grischin und den bereits entlarvten »Paten« und deren Mafiapersonal mehr als eine nur platonische Liebesbeziehung gab.

Obwohl ich meinem gutinformierten Gewährsmann, den zuverlässigen Juristen, die mir das gleiche mitteilten, und meinen eigenen journalistischen Nachforschungen glauben möchte, muß ich dennoch zugeben, daß wir vorläufig über keine schlüssigen Beweise für diese Anklage verfügen. Viel wichtiger scheint mir etwas anderes, was unstrittig ist: Die heutige Staats- und Parteiführung ist sichtlich abgeneigt, gezielte Er-

---

* Wer wird sich darüber wundern? Viktor Grischin wurde mehrere Male täglich über den Gang der Ermittlungen auf dem laufenden gehalten: Wer hatte was ausgesagt, welche Namen waren genannt worden, war von der Höhe der Bestechungsgelder die Rede gewesen? Das »Ermittlungsgeheimnis« wurde also den in die Sache verwickelten Personen mitgeteilt, und Grischin gab Anweisung, »den Fall nicht aufzublähen«, »sich nicht von den Angeklagten gängeln zu lassen«. Die Verwandten und Freunde der Mafia-»Könige« arbeiteten dort, wo sich die wichtigsten Informationen konzentrierten, ihre Geliebten dienten als Sekretärinnen des Stellvertretenden Generalstaatsanwalts, der Milizchefs und der Parteiführer. Auf diese Weise erfuhr die Mafia, ob ihre Protegés ein Doppelspiel spielten und ob der Druck auf die Ermittler ausreichte oder verstärkt werden mußte.

mittlungen über die vorliegenden – wenn auch indirekten und widersprüchlichen – Indizien anzustellen, die auf eine Mafiazugehörigkeit des einstigen Politbüromitglieds, vieljährigen Herrschers von Moskau und erfolglosen Thronprätendenten hinweisen.

Man sollte meinen, daß allein die hartnäckigen Gerüchte als Anlaß für eine Untersuchung hätten dienen können – schließlich ging es um die »Ehre der Partei«. Man hätte meinen sollen, daß Grischin selbst, das »Opfer der verleumderischen Gerüchte«, die von der Presse ausgestreut wurden, sich an die Gerichte hätten wenden müssen, um seinen »guten Namen« zu schützen. Doch im Gegenteil, sämtliche Versuche einzelner Ermittler, eine solche Untersuchung nicht mit Hilfe »privater«, sondern gesetzlich einwandfreier Methoden durchzuführen, wurden energisch durchkreuzt. Der erwähnte Wladimir Olejnik, der sich in der Staatsanwaltschaft in einer für seine Arbeit unerträglichen Atmosphäre wiederfand, sah sich gezwungen, seinen Posten »freiwillig« aufzugeben. Obgleich die Partei häufig ihre Nichteinmischung in die staatsanwaltliche Tätigkeit und die Rechtsprechung verkündete, handelte es sich dabei, wie früher, nur um einen demagogischen Propagandatrick. Der Generalstaatsanwalt der UdSSR hätte niemals gewagt, auch nur eine einzige Strafsache gegen Politbüromitglieder einzuleiten, wenn ihm keine direkte Anweisung vom Alten Platz erteilt wurde. Doch derartige Anweisungen hat es nie gegeben, und auch in Zukunft dürfte damit nicht zu rechnen sein.

Die Gesellschaft, die so sehr unter der allgemeinen Korruption zu leiden hat, will die Wahrheit über führende Politiker der jüngsten Vergangenheit wissen. Dabei handelt es sich nicht um Sensationslust, um das Verlangen nach Blut oder Vergeltung, sondern um den natürlichen Wunsch von Menschen, die unter dem Joch allmächtiger und unwissender Schurken gelebt haben. Wenn es nur um einen einzigen der früheren Herrscher ginge, könnten die neuen Machthaber ihn mühelos als schwarzes Schaf, als ärgerliche Ausnahme von der Regel hinstellen und ihn der Justiz zum Fraß vorwerfen. Da es aber um buchstäblich alle (oder fast alle) Mitglieder der früheren Gerontokratie geht, würde ihre Entlarvung nur den Schluß gestatten, daß die Partei und das gesamte politische System verbrecherischen Charakter gehabt haben müssen, da sie Verbrechern den Aufstieg ermöglichten und sie unablässig vor dem Gesetz in Schutz nahmen. Die Rettung einstiger, politisch überflüssig gewordener Spitzenfunktionäre hatte im Grunde nur mit dem Selbsterhaltungstrieb der jetzigen Machthaber, nicht mit der Fürsorge für ihre Vorgänger zu tun. Das System gegenseitiger Rückversicherung wirkte weiter.

Einstweilen müssen wir uns mit Gerüchten zufriedengeben, doch ihnen ist mit extremer Vorsicht zu begegnen. Sehr häufig hörte ich von der engen Freundschaft zwischen Viktor Grischin und Grigorij Romanow, dem Leningrader Autokraten, der durch eine böse Ironie des Schicksals den Familiennamen der von den Bolschewiki vernichteten russischen Zarendynastie trug. Aber diese Freundschaft war nur eine Legende. In bestimmten Situationen wurden die beiden durch die Logik des politischen Kampfes gezwungen, sich zusammenzuschließen, zum Beispiel um Michail Gorbatschow den Weg an die Spitze zu verbauen, doch diese vorübergehenden, rein taktischen Bündnisse hinderten sie nicht daran, einen rücksichtslosen Konkurrenzkampf um den Einfluß in der Partei, um die Rangordnung an der Parteispitze und – bei festlichen Anlässen – um einen Platz auf dem Lenin-Mausoleum oder in irgendeinem Präsidium auszufechten. Jeder der beiden hielt sich seit langem für den am besten geeigneten Nachfolger des Generalsekretärs und versuchte, den Rivalen beizeiten zu verdrängen. Grischin stand Breschnew nicht nur in geographischer Hinsicht, sondern auch seiner Mentalität nach näher, und er wurde nie müde, seinen Parteigenossen geschickt herabzusetzen. Dies muß ich im Namen der objektiven Wahrheit feststellen, wobei ich jedoch nicht verhehlen möchte, daß mir der Moskauer wie der Leningrader Diktator die gleiche mäßige Begeisterung entlockten.

Kein anderer als Grischin selbst verbreitete und bekräftigte (durch tiefsinniges Schweigen und vielsagendes Grinsen) die Gerüchte, die das Land überfluteten und einen besonders starken Eindruck auf all jene machten, welche den triumphierenden Hochmut der neugebackenen Herrscher kaum noch ertragen konnten: Ich meine die üble Geschichte über die Heirat von Romanows Sohn oder Tochter. (Ich drücke mich so vage aus, um die damals zirkulierenden Gerüchte möglichst umfassend wiederzugeben, denn zwei Varianten waren zu hören.) Diesen Gerüchten zufolge fand die Hochzeitsfeier im Winterpalais statt, wobei das Tafelservice der Zaren, herbeigeholt aus einer Sammlung der Eremitage, benutzt wurde. Die Geschichte hält sich hartnäckig bis zum heutigen Tage, und ich hörte sie, im Brustton der Überzeugung vorgebracht, aus dem Munde einiger enger Mitarbeiter Grischins, die seit vielen Jahren zu seinem Personal gehörten.

Die Glasnost-Welle weckte in mir den Wunsch, die gängige Version zu überprüfen und das Ergebnis in unserer Zeitung zu veröffentlichen. Doch der damalige Erste Stellvertreter des Chefredakteurs, Jurij Isjumow, wandte sich entschieden gegen den Vorschlag. Zunächst glaubte ich, die Ursache sei auch hier im Widerwillen der Apparatschiks zu suchen, den Machenschaften früherer Politbüromitglieder nachzuspüren. Aber dann fiel mir ein, daß Isjumow lange Jahre als Berater für Kulturfragen für Grischin gearbeitet hatte und diesem sehr nahestand. Ihm kam es einfach darauf an, die Interessen seines ehemaligen Chefs zu schützen, und er wiederholte alles, was in jenen Kreisen geplaudert wurde. Gleichwohl erhielt ich durch eine List von der Redaktion den Auftrag, zwei ganz andere Kriminalfälle in Leningrad zu überprüfen. Zwei meiner Mitarbeiter – beide pensionierte Justizobersten und frühere Militärermittler und -staatsanwälte – stellten im Laufe sorgfältiger Nachforschungen fest, daß die im Volk umlaufenden Gerüchte jeglicher Grundlage entbehrten. Dies ist keine Rehabilitierung für Romanow hinsichtlich des Hauptvorwurfs, nämlich seiner Zugehörigkeit zur politischen Mafia, die mit der wirtschaftlichen und der kriminellen Mafia zusammengewachsen war. Aber die Eremitage-Episode hat höchstwahrscheinlich nie stattgefunden – jedenfalls müssen wir dies annehmen, solange niemand die geringsten Indizien für ihren Wahrheitsgehalt vorlegen kann.

Das Bedürfnis, die direkte Beteiligung des Breschnewschen Politbüros an den Korruptionsaffären aufzudecken, ergibt sich meines Erachtens ganz logisch aus jener dem ganzen Land bekannten Realität, die sämtliche Beziehungen, nach oben wie nach unten, dem allgemeinen Prinzip unterordnet: »Eine Hand wäscht die andere.«[*]

Da man ohne offene Bestechung nichts erreichen konnte und da die unersättliche Gier Breschnews, seiner Familie und seiner Mitarbeiter niemandem verborgen blieb, entstand der nicht unzutreffende Eindruck, daß jeder führende Funktionär – jeder ohne Ausnahme – seine Position nutzte, um Schmiergelder für geleistete Dienste zu kassieren. Die allgemeine Korruption stellte sich der Bevölkerung nur in einer einzigen Form dar, nämlich im Verlangen nach Geld oder teuren Geschenken. So kam es, daß der Unterschied zwischen den Angehörigen der höchsten Oligarchie, wiederum nach dem Eindruck der Bevölkerung, nur in einem einzigen Merkmal bestand, nämlich darin, wer mehr und wer weniger forderte.

Trotzdem gab es auch hier Unterschiede. Zum Beispiel liegen keine Indizien, nicht einmal unerhärtete, über eine verbrecherische Gewinnsucht Kossygins, Suslows oder Andropows vor. Dies entlastet Kossygin nicht von seiner Schuld daran, daß er sich prinzipienlos bei Breschnew einschmeichelte und am Ruin der sowjetischen Wirtschaft beteiligt war. Auch ist es keine Entschuldigung für Suslows ideologisches Banditentum oder für Andropows Vernichtung unschuldiger Menschen und für seine Verfolgung sogenannter Dissidenten. Doch läßt sich die Schuld der einzelnen Beteiligten nicht auf ein einziges Stereotyp reduzieren.

Aber auch diese Stereotypen entstanden nicht zufällig, sondern gründeten sich auf bestimmte Tatsachen. Das Wesen der

---

[*] Dieses Bedürfnis ist, nach manchen Äußerungen zu urteilen, keineswegs universell. Zum Beispiel beantwortete Alexander Jakowlew, das unumstrittene Oberhaupt des demokratischsten Flügels von Gorbatschows Regierung, die Frage eines Korrespondenten der *Moscow News* über seine Einstellung zu Leuten wie Kunajew, Alijew oder Romanow folgendermaßen: »Ich habe tiefstes Mitgefühl für alle, die vor uns regierten und lebten... Sie waren in erster Linie Opfer.« Mein großer Respekt vor Alexander Jakowlew gebietet mir, auf die Worte zu verzichten, mit denen ich diese großmütige Erklärung kommentieren möchte. Ich will mich mit der Bemerkung begnügen, daß ich nicht das geringste Mitgefühl mit den Amtsinhabern empfinde, die von der sowjetischen Mafia auf ihre Sessel befördert wurden. Und sie selbst dürften sich wohl auch nicht als Opfer empfunden haben, während sie auf ihren Sesseln saßen.

Beziehungen, die sich in den zwanzig Jahren des Breschnew-Regimes auf den höchsten und den niedrigsten Ebenen herausgebildet hatten, schuf ein Zwangsritual, von dem man nicht abweichen konnte, ohne als Sonderling gebrandmarkt zu werden und jegliche Beförderungschancen zu verlieren. Teure Geschenke wurden dem Genossen Vorgesetzten – zu Feier- und Geburtstagen, aus Anlaß eines Besuchs oder auch ohne jeden Anlaß – ganz offen überreicht. Kein Apparatschik konnte auf solche Gesten verzichten, wenn er aufrücken oder überhaupt nur in der Nomenklatura bleiben wollte.

Ein besonders skandalöser Vorfall ereignete sich am Silvesterabend vor Beginn des Jahres 1990. Die Ausstrahlung der überaus beliebten sowjetischen Fernsehsendung *Wsgljad* (»Meinung«) wurde in letzter Minute verboten. Die offizielle – und nebelhafte – Erklärung lautete: »Aus ästhetischen Gründen.« (Ein Jahr später, ebenfalls am Silvesterabend, wiederholte sich das Drama, und *Wsgljad* mußte von neuem ausfallen, diesmal aus offenkundig politischen Gründen. Die Journalisten hatten nämlich einen Kommentar zu Eduard Schewardnadses Rücktritt abgeben wollen.) Anscheinend waren die Fernsehbosse um das Wohl der Zuschauer besorgt, welche das unästhetische Gesicht der betrunkenen und bekleckerten Galina Breschnewa hätten erblicken können. Ich glaube jedoch, daß die Zensoren weniger von der Ästhetik als von der politischen Etikette geleitet wurden. Denn in dem vorbereiteten Interview erzählte die Tochter des verstorbenen Diktators von Geschenken, die ihr Raissa Gorbatschowa seinerzeit gemacht habe. Diese habe die »erste Familie des Landes« für sich gewinnen und ihrem Mann den Weg nach Moskau bahnen wollen. Galina zeigte den Interviewern sogar eine kostbare Halskette, eines dieser angeblichen Geschenke.

Ich habe »angeblich« geschrieben und bin erstaunt über meine eigene Vorsicht. Zwar besitze ich kein Material, das für oder gegen diese Version spricht, aber ich bin bereit, Galina Glauben zu schenken. Das schändliche »Koordinatensystem«, das an der Spitze entstanden war, zwang nämlich alle Parteihierarchen, auf so wüste Art miteinander umzugehen. Wie höfliche Leute nicht ohne einen Blumenstrauß für die Gastgeberin bei einer Familienfeier erscheinen, so war es unter »höflichen«

Parteimitgliedern unziemlich, ohne Geschenke aus der Provinz nach Moskau zu reisen. Einem hochrangigen Moskauer Besucher, der die Hauptstadt einer Republik oder eines Gebiets beehrte, gebührten ebenfalls Geschenke, mit denen man seine Dankbarkeit für den kurzen Besuch ausdrückte. Wenn wir also annehmen, daß Galina tatsächlich Geschenke von Raissa erhielt, so handelte es sich lediglich um einen Tribut, der einem abscheulichen Ritual gezollt werden mußte. Dies bedeutet natürlich nicht, daß es einer der beiden Seiten zur Zierde gereicht hätte. Aber es braucht niemanden zu schockieren, denn es handelte sich nur um das Alltagsleben der Partei – nicht mehr und nicht weniger.

Sehr große Zweifel löst hingegen der an Jegor Ligatschow gerichtete Vorwurf aus, er habe 30 000 (oder 60 000?) Rubel in Form von Schmiergeldern erhalten. Lassen wir die Tatsache beiseite, daß die Vorwürfe – abgesehen von einer einzigen Aussage Usmanchodshajews, von der er später abrückte – jeglicher Grundlage entbehrten. Lassen wir auch die Bedenklichkeit dieser Aussagen beiseite, in denen fast zwei Dutzend höchste Funktionäre als Schmiergeldempfänger genannt wurden, denn diese Liste ist ungeheuer tendenziös: Es handelte sich um all jene, welche die neuen Machthaber sich unter den Schmiergeldempfängern gewünscht hatten, damit sie sich der reaktionären Banditen aus Breschnews Mannschaft mit einem einzigen Schlag entledigen konnten. Es war, als habe Usmanchodshajew sie speziell ausgewählt, um sie anzuschwärzen und für immer aus der politischen Arena zu entfernen.

Lassen wir das alles beiseite, denn was mich hauptsächlich an der Glaubwürdigkeit dieser Aussagen zweifeln läßt, ist das Streben der Ermittler, der verwurzelten öffentlichen Meinung entgegenzukommen, die nur die eine, traditionelle Art von Korruption für verbreitet hält: den Empfang von Geldern. Doch die korrupten Funktionäre waren von unterschiedlicher Mentalität, und manche gehörten der Mafia aus anderen Gründen an. Sie nahmen kein Geld, verzichteten darauf, in irgendeinem unterirdischen Versteck Millionen nutzloser Banknoten vermodern zu lassen, und sie ergötzten sich nicht am Glanz von Diamantringen oder goldenen Uhren. Es gibt kein Indiz dafür, daß Ligatschow ein Bündel Geldscheine erhielt, und mir scheint, daß man ein solches Indiz niemals finden wird. Andererseits liegen unstrittige Beweise dafür vor, daß er viele diebische und zweifellos korrupte Angehörige der Nomenklatura unterstützte, daß er aktive Maßnahmen ergriff, um sie vor Entlarvung, Verhaftung und Aburteilung zu schützen, und daß er sogar seine Position nutzte, um direkt in die Arbeit der Staatsanwaltschaft und der Rechtsprechungsorgane einzugreifen. Für Menschen, die weit von der Kreml-Realität und den endlosen Parteiintrigen entfernt waren, konnte es nur eine einzige Erklärung geben: Da er Mafiaführern zu Hilfe kam und sie aus der Grube zog, in die sie durch eigene Schuld gestolpert waren, mußte er ein persönliches Interesse an ihren Machenschaften haben, denn niemand greift in solchen Fällen umsonst ein und nimmt das Risiko einer Verdächtigung und Anklage auf sich.

Natürlich nicht umsonst. Aber die Entlohnung braucht ja nicht unbedingt in Form von Banknoten abgewickelt zu werden. Viel wichtiger und bemerkenswerter ist etwas anderes: Diese hohen Apparatschiks, die Ligatschow unter den Fittichen hatte, waren »seine« Leute, und er versuchte, sie aus Solidarität und aus Sorge um die Erhaltung seiner Kader zu retten. Wäre er anders vorgegangen, hätte die Mafia den Glauben an die Zuverlässigkeit seiner Beziehungen und an die Festigkeit jenes Schildes verloren, durch den sie an der Spitze der Pyramide abgeschirmt wurde. Einfacher gesagt, sie hätte den Glauben an die Garantien verloren, die sie sich durch die Förderung »ihres« Mannes erworben hatte.

Deshalb staune ich immer wieder über die hartnäckige Frage: »Hat er sich schmieren lassen oder nicht?«, wenn von Spitzenpolitikern die Rede ist, die sich unzweifelhaft bemüht haben, ertappte Mafiosi zu retten und vor gesetzlichen Sanktionen zu schützen. In sämtlichen Justizsystemen der Welt – übrigens auch im sowjetischen – werden die Unterstützung eines Verbrechers, seine Abschirmung gegen Polizei, Staatsanwaltschaft und Gericht, ganz zu schweigen vom direkten Druck auf die Rechtsprechung, als Mittäterschaft gewertet. Das heißt, die »Zugehörigkeit« hochgestellter Beschützer zur Mafia wird schon durch die Tatsache ihrer Beteiligung an »Rettungsoperationen« belegt.

Die Notwendigkeit, überall zuverlässige Leute* unterzubringen und auf ihren Posten zu halten, scheint die Haupttriebkraft zu sein, die allerhöchste Funktionäre veranlaßte, unbedachte Taten zu begehen, und die sie, unabhängig von finanziellen Eigeninteressen, zuerst zu Geiseln der Mafia und dann zu Mitgliedern des einheitlichen Mafianetzes werden ließ. Jeder spielte die ihm zugewiesene Rolle.

Das anschaulichste Beispiel lieferte die skandalöse Haftentlassung des früheren Zweiten ZK-Sekretärs der Moldauischen Kommunistischen Partei, Viktor Smirnows, der vorher die Spezialabteilung des ZK der KPdSU, die für die gesamte Nomenklatura in Mittelasien zuständig war, geleitet hatte. Als die Kampagne gegen das Raschidow-Unwesen begann, gehörte er zu den leidenschaftlichsten Anklägern und »entlarvte« Apparatschiks, die er selbst ernannt oder zumindest in ihren Ämtern bestätigt hatte. Nachdem er zum Repräsentanten des Alten Platzes in der Moldaurepublik berufen worden war, setzte er seine »Entlarvungen« auch dort fort. Seine Sternstunde war die Aktion gegen den Stellvertretenden Ministerpräsidenten der Moldau, Wassilij Wyschku, der als einer der aktivsten dortigen Mafiosi entlassen, verhaftet und verurteilt wurde. Während Smirnow die Mafiosi in der Moldaurepublik ausschaltete, legten die Ermittler in Usbekistan Beweise für seine Verbindungen zur örtlichen Mafia vor: Er hatte in neunzehn Fällen Schmiergelder bezogen.

Damit begann ein für sowjetische Verhältnisse kennzeichnendes Gerangel hinter den Kulissen. Unter strengster Ge-

---

* Ligatschow hatte seinen Schlüsselposten in der Kremlführung – als Leiter der »Kaderarbeit« – kaum angetreten, als er bereits anfing, seine Kumpane nach Moskau zu versetzen. Sie überraschten ihre hauptstädtischen Kollegen, die auch nicht gerade das Pulver erfunden hatten, sofort durch ihre gründliche Inkompetenz. Aus Tomsk holte er Wladimir Karnauchow in die Hauptstadt und machte ihn zum Chef der Handelsbehörde, und Anatolij Potapow, der frühere Direktor einer Tomsker psychiatrischen Anstalt und ein völlig hoffnungsloser Bürokrat, wurde Gesundheitsminister der RSFSR. Selbstverständlich zahlten sie Ligatschow keine Schmiergelder – er wollte sie einfach als treue Diener um sich haben. Zum Glück dauerte die Amtszeit eines dieser beiden »Wikinger« nicht lange, denn Potapow wurde nicht in die neue russische Regierung aufgenommen. Karnauchow dagegen konnte seinen Aufstieg sogar noch fortsetzen und wurde Stellvertretender Vorsitzender des Exekutivkomitees des Moskauer Stadtsowjets.

heimhaltung wurde das Schicksal des Parteigenossen in den Kreml-Büros entschieden. Zuerst gestattete man eine Untersuchung, dann zog sich Smirnow in aller Stille »aus gesundheitlichen Gründen« in den Ruhestand zurück. Drei Monate später durfte die Staatsanwaltschaft der UdSSR endlich seine Verhaftung autorisieren. Dafür war das Einverständnis von wenigstens zwei oder drei Politbüromitgliedern (oder vielleicht sogar des gesamten Areopags) erforderlich.

Aber der Kampf ging auch nach Smirnows Verhaftung eiter. Die Besiegten gaben nicht auf und bereiteten einen Vergeltungsschlag vor. Am 19. Mai 1989 erhielt das neue Ermittlerteam, das jenes unter Telman Gdljan und Nikolaj Iwanow abgelöst hatte, plötzlich den Befehl vom Staatsanwaltschaftskollegium der UdSSR, »die Gültigkeit des vorliegenden Materials«, das die Verhaftung Smirnows und die Korruptionsanklage gegen ihn ermöglicht hatte, »noch einmal zu überprüfen«. Die Ermittler kannten sich mit bürokratischen Redewendungen und Euphemismen aus, und Smirnow wurde bereits am 22. Mai entlassen.

Übrigens hatte ich am 12. Mai einen hohen Funktionär des Obersten Gerichtshofes der UdSSR in seinem Amtszimmer aufgesucht. Wir unterhielten uns über ganz andere Themen, als plötzlich das Telefon klingelte. Ich konnte dem Gespräch entnehmen, daß es sich bei dem Anrufer um Alexander Pawlow, den Chef der ZK-Verwaltungsabteilung, handelte. (Bis vor kurzem stand der Parteifunktionär, der diesen Posten bekleidete, über dem Justizminister, dem Innenminister, dem Generalstaatsanwalt, dem Vorsitzenden des Obersten Gerichtshofs und sogar über dem KGB-Vorsitzenden, wenn dieser nicht dem Politbüro angehörte.) Am Ende des Gesprächs erklärte mein Gastgeber, ohne auf Details einzugehen, doch voller Genugtuung: »In ein paar Tagen ist Smirnow frei.«

Timofej Ossetrow, der ehemalige Zweite ZK-Sekretär Usbekistans, wurde ebenfalls aus dem Gefängnis entlassen und nahm die ihm dargebrachten Entschuldigungen huldvoll entgegen. Außerdem sprach ein Gericht (es war zu spät, die Verhandlung zu verhindern, da der Fall bereits den Obersten Gerichtshof der UdSSR erreicht hatte) Reno Abdulajewa frei, die ebenfalls zu den ZK-Sekretären Usbekistans gehört hatte.

All diese Entlassungen und Freisprüche waren von grundlegender Bedeutung für die Mafia. Sie hatte dadurch ihre uneingeschränkte Macht und ihre Fähigkeit demonstriert, ihre Mitglieder aus einer normalerweise ausweglosen Situation herauszuholen. Man hatte immer angenommen, daß jemand, der bereits im Gefängnis saß – um so mehr im Falle eines hohen Partei- und Staatsfunktionärs, bei dessen Inhaftierung so viele Hürden zu überwinden waren –, einer Verurteilung nicht mehr entgehen könne. Bestenfalls konnte mit einem nachsichtigen Urteil, erträglichen Bedingungen im Lager und einer vorzeitigen Entlassung gerechnet werden. Und nun war es zu hastigen Rehabilitierungen und einer öffentlichen Entschuldigung gekommen! Die Mafia legte großen Wert darauf, ihren Einfluß deutlich zu machen, denn dies war ein Signal für die anderen, die man noch nicht erwischt hätte (also die große Mehrheit), standhaft zu bleiben und auf die Wirksamkeit der für den Krisenfall versprochenen Hilfe zu vertrauen.

Man könnte sogar sagen, daß die Mafia ihren Plan »übererfüllt« hatte, da ihr ein in der Geschichte der Sowjetmacht beispielloser Schritt gelang, den wahrscheinlich nicht einmal der kühnste Träumer vorhergesehen hätte. Der entlassene Viktor Smirnow begab sich nämlich fast ohne Umwege aus der Gefängniszelle in den Kreml, zu einem Plenum des Zentralkomitees, dessen Kandidat er weiterhin war. Und dort wurde ihm liebenswürdigerweise das Wort erteilt, damit er von dieser maßgeblichen Tribüne aus all jene, die »Anschläge auf ehrliche Parteimitglieder unternehmen«, anschwärzen und der Welt seinen Triumph verkünden konnte. Dies war natürlich weniger *sein* Triumph als ein Triumph der Mafia.

Roy Medwedjew, der Leiter der Kommission des Obersten Sowjets, welche die Arbeit der Ermittlergruppe Gdljan überprüfte, erklärte mir, daß die Gründe für die Einstellung der Strafsachen gegen Smirnow und Ossetrow* äußerst faden-

---

* Ossetrow wurde entlassen, nachdem eine Expertengruppe »unabhängiger« Staatsanwälte zu dem Schluß gekommen war, daß ihm in einer Gerichtsverhandlung ohnehin nichts nachgewiesen werden könne und sein Freispruch unvermeidlich sei. Dadurch konnte die Mafia jeglichen Verdacht von sich ablenken und die Ermittler unprofessioneller Arbeit bezichtigen. Daß es den Ermittlern, wie den Vertretern vieler anderer Berufe in der UdSSR, an hinreichendem Geschick fehlt,

scheinig gewesen seien und daß man unbedingt zu einer objektiven Untersuchung der gesammelten Indizien zurückkehren müsse. Aber niemand kehrte zu der Untersuchung zurück, und man darf wohl sicher sein, daß dies auch in Zukunft nicht geschehen wird.

Smirnows Entlassung war ein vernichtender Schlag für das Verfahren zur Amtsenthebung korrupter Funktionäre in der Moldau, obwohl seine Verhaftung mit seinen Missetaten in Mittelasien, vor allem in Usbekistan, zu tun gehabt hatte. Dadurch war jedoch die von Smirnow selbst so ungestüm geforderte Attacke auf die Mafia in der Moldaurepublik ausgelöst worden. Nun aber vernahmen nicht nur die Mafiosi das Signal von der Unverletzlichkeit ihrer Organisation, sondern auch diejenigen, die entschlossen waren, sie zu entlarven. Das Gefühl der Hoffnungslosigkeit wirkte sich sehr rasch auf die Vorbereitung und Planung der Operationen aus.

Ich erhielt einen Brief von einem langjährigen Leser, dem früheren Hilfsstaatsanwalt der Stadt Bendera (Moldau), Pjotr Dowgal. Ungeachtet seiner sehr bescheidenen Stellung hatte er bereits in den Breschnew-Jahren – wie sich versteht, auf örtlichem Niveau – versucht, die Bezirksbosse zur Verantwortung zu ziehen, die gegen nicht unbeträchtliche Summen Dienstleistungen verkauften. Aber es war der Mafia gelungen, ihn aus der Staatsanwaltschaft hinauszubefördern. Zuvor war er unerwartet mit einem Günstling von Iwan Bodjul, dem Ersten ZK-Sekretär und »König der Moldau«, zusammengestoßen. Und wer war Bodjul? Ein persönlicher Freund Breschnews, Tschernenkos, Schtscholokows und ein ständiger Teilnehmer an deren Gelagen und königlichen Jagden auf moldauischem Boden.

Das Schicksal Dowgals – dieses winzigen Keils, der einen Felsen hatte spalten wollen – wäre überaus kläglich gewesen, wenn Breschnew Bodjul nicht nach Moskau gerufen und sich dann selbst zu seinen Ahnen begeben hätte. Nach Gorbatschows Machtübernahme beschlossen Dowgal und einige seiner Gesinnungsgenossen, das begonnene Werk zu Ende zu

---

ist nicht zu bestreiten, doch Ossetrows Entlassung dürfte damit kaum zu erklären sein.

führen. Sie forderten strafrechtliche Maßnahmen gegen Bodjul und dessen »Leibstaatsanwalt« Iwan Tscheban, der die Staatsanwaltschaft der Republik unter Bodjul geleitet, sämtliche Aktivitäten der Mafiosi vertuscht und ihre Gegner verfolgt hatte. Smirnows Verhaftung hatte die Hoffnung geweckt, daß die Sache wieder ins Rollen kommen werde.

Aber leider teilte Dowgal mir mit: »Die moldauische Mafia hat wieder Atem geschöpft... Wir werden ständig bedroht, weil wir versuchen, die Diebe und Schmiergeldempfänger zu entlarven und, vor allem, ihre Beziehungen nicht nur in Kischinjow, sondern auch in Moskau aufzudecken... Alle, die sich im MWD und in der Staatsanwaltschaft damit beschäftigen könnten, haben den Mut verloren. Sie werden dauernd behindert und auf sonstige, angeblich wichtigere Fälle angesetzt.«

Wahrscheinlich würden die für die Behinderung Verantwortlichen den Vorwurf mühelos abschmettern und auf mehrere große Mafiagruppen verweisen, die in letzter Zeit in der Moldau entlarvt worden sind. Dabei handelte es sich um Unterschlagungen in Brotfabriken, in Weinkellereien und um den Empfang von Bestechungsgeldern in Handelsorganisationen. Doch dies waren »normale«, gleichsam von der Mafia eingeplante Verluste, vergleichbar mit unvermeidlichen Einbußen durch zerbrochenes Glas, zerrissenen Stoff oder verdorbene Lebensmittel, wie sie beim Absatz jeglicher Ware vorkommen. Solche Verluste sind keine Bedrohung für die Struktur der Mafia oder für die Sicherheit ihrer Anführer.

Sogar ein Mann wie der moldauische KGB-Vorsitzende, General Georgij Lawrantschuk, der schwerlich übermäßiger »Kritiksucht« verdächtigt werden kann, hat zugegeben, daß »unsere heutigen Millionäre mächtige Beschützer haben«. Und die letzteren sind es, die fast nie belangt werden.

In jüngerer Vergangenheit wurde in der Moldau eine umfassende Operation aufgedeckt, welche die örtlichen Mafiosi im Verein mit ihren polnischen »Kollegen« über viele Monate – wenn nicht Jahre – hinweg durchgeführt hatten. »Touristen«, die aus Polen nach Ungarn, Rumänien und Bulgarien reisten, hielten sich stets an eine durch die westliche Ukraine und die Moldau führende Route. Sie schafften gewaltige Mengen von Computern und anderen westlichen elektronischen Geräten über die Grenze, und diese Produkte wurden dann heimlich auf dem inneren Markt der Sowjetunion abgesetzt. Jeder Computer brachte der Mafia mehr als 50 000 Rubel Nettogewinn ein. Dieser Schleichhandel, realisiert mit Hilfe von »gekauften« Zollbeamten, umfaßte Tausende von Personal- und Industrie-Computern (andere Geräte gar nicht mitgerechnet). Die Jagd auf die Lieferwagen der Schmuggler – zu nächtlicher Stunde in den Hochgebirgswäldern der Karpaten – könnte zum Thema eines aufregenden Kriminalfilms werden.

Aber uns interessiert nicht in erster Linie der Unterhaltungseffekt der Operation. Viel wichtiger ist, daß so gewaltige Geschäfte – unter Einbeziehung der internationalen Märkte (denn es handelte sich natürlich nicht um polnische, sondern um amerikanische, deutsche und japanische Computer), wo die Geräte nicht zum Einzelhandels-, sondern zum Großhandelspreis erworben wurden – nur unter Mitwirkung einflußreicher, an den Machthebeln sitzender und vorzüglich zusammenarbeitender Personen möglich waren. Niemand von ihnen wurde je zur Verantwortung gezogen oder auch nur namentlich genannt. Und hier hatten wir es nicht mit dem »Erbe der verfluchten Vergangenheit«, sondern mit der Realität der Perestroika zu tun.

Darf man hoffen, daß den Hauptquartieren der Mafia trotzdem ein Schlag versetzt werden kann? Wohl kaum. Wer wäre daran heutzutage schon interessiert, wo doch die Moldau und etliche weitere Republiken von ganz anderen Konflikten zerrissen werden, die zu globalen politischen Veränderungen mit allen sich daraus ergebenden Konsequenzen führen können? Deshalb ist man wohl nicht allzuweit von der Wahrheit entfernt, wenn man vermutet, daß die Wiedergeburt nationaler Gefühle, die unausweichlich Konfrontationen auslöst – ein Prozeß, der tiefgehende historische Wurzeln hat –, objektiv zur Rettung der Mafia beiträgt, vor allem jener teuren Genossen, die ihre Führung ausmachen. Immerhin dürfte die Mafia sich in den neu entstehenden Strukturen nicht so frei und unbekümmert fühlen wie in all den Jahren im »unverbrüchlichen Bund der Sowjetrepubliken«. Kein politisches System kann so günstige Bedingungen für die Mafia schaffen wie dieser »unverbrüchliche Bund«.

10. KAPITEL

Verbrecher an der Macht

Die Hauptakteure der vorliegenden Dokumentation sind die
führenden Politiker der Republiken und des gesamten Landes,
die sich seit vielen Jahren an der Spitze der Partei- und Staats-
pyramide festgesetzt haben. Aber meine Auswahl hat nicht das
geringste mit dem Hang zu tun, niedrige Instinkte zu befriedigen, etwa den natürlichen Wunsch des »gewöhnlichen« Bür-
gers, etwas mehr über das Leben der »ungewöhnlichen«
Bürger zu erfahren. Nein, es handelt sich einfach um eine Darstellung der deprimierenden Realität, und damit drängt sich
die Frage auf: War es ein Zufall, daß überall (buchstäblich
überall!) – von der Allunionsebene bis hin zur Ebene eines
kleinen Bezirks oder eines winzigen Städtchens – Verbrecher
an die Macht kamen, die direkt oder indirekt in das weitver-
zweigte Mafianetz verwickelt waren und sind?

Die Antwort liegt auf der Hand, schon deshalb, weil kein
Phänomen vom Zufall abhängen kann, das über viele Jahre
hinweg unbehelligt geblieben ist und sich ständig erneuert, ungeachtet der geographischen und nationalen Besonderheiten,
ungeachtet der personellen Zusammensetzung an der Spitze
der Pyramide. Die Wurzeln reichen tief in das politische System hinein, welches das Phänomen hervorgebracht hat, und
folglich kann sich die Situation nicht mit dem Rücktritt dieser
oder jener Funktionäre, mit der Verhaftung und Aburteilung
derjenigen, die von der Mafia freiwillig oder gezwungenerma-
ßen als Opfer dargeboten werden, sondern nur mit dem Wandel des gesamten Systems ändern.

Immer wenn ich irgend jemandem, besonders meinen westlichen Freunden und Kollegen, von meiner Arbeit an diesem
Buch erzählte, hörte ich die Frage, welche Mafia ich ins Auge
gefaßt hätte – die politische, die wirtschaftliche oder die kriminelle? Ich verstehe die Gründe für diese Frage, aber ich staune
über ihre Naivität. Eine so schematische Zerlegung eines ein-

heitlichen Phänomens in drei Bestandteile mag vielleicht für eine wissenschaftliche Untersuchung von Nutzen sein, aber sie ist unendlich weit von der sowjetischen Realität entfernt. Die enge Verflechtung sämtlicher Aspekte, ihre Wechselwirkung und gegenseitige Abhängigkeit sorgen dafür, daß unsere Mafia sich von allen übrigen derartigen, der Welt bekannten Organisationen unterscheidet, daß sie ohnegleichen, unwiederholbar ist. Oder vielleicht nicht ganz. Wo immer sich infolge eines Militärdiktats oder politischen Abenteurertums ein ähnliches totalitäres Regime in seiner übelriechenden – Breschnewschen – Variante herausgebildet hat, sind stets auch große und kleine Mafiagruppen entstanden, die erstarkten und gediehen und in deren Rahmen es unmöglich war, einen Politiker von einem Kriminellen klar abzugrenzen.

Politische Entscheidungen, die häufig von populistischen, konspirativen und demagogischen Erwägungen oder von persönlichem Ehrgeiz bestimmt und nicht unbedingt von Mafia-Interessen erzwungen wurden, fanden trotzdem stets eine Reaktion bei der Mafia, die sich den Entscheidungen anpaßte und sie zu ihrem Vorteil nutzte. Das vielleicht überzeugendste und anschaulichste Beispiel liefert die berüchtigte Kampagne gegen den Alkohol, die den Beginn der kurzen, doch eindrucksvollen Spitzenkarriere Jegor Ligatschows kennzeichnete. Leider fand die Kampagne auch die Unterstützung und den Segen Michail Gorbatschows, der ihre Folgen (wie die Folgen noch schicksalhafterer politischer Aktionen) nicht abzuschätzen vermochte.

Es ist offensichtlich, daß Ligatschow, gerade als zweiter Mann im Staat bestätigt, dem Land durch seine lautstark verkündeten Maßnahmen zum »Kampf gegen den Alkoholismus« die Bräuche seiner Vorfahren, die abstinente Altgläubige waren, aufzwingen wollte. Er strebte nach Popularität und rechnete damit, bei den »breiten Massen der Werktätigen« auf Verständnis und aktive Hilfe zu stoßen. Tatsächlich siechte das Land unter der verbreiteten Trunksucht dahin, die von der Ausweglosigkeit des Alltagslebens hervorgerufen wurde. Tausende, besonders die unglücklichen Mütter, Frauen und Kinder von Alkoholikern, schickten Briefe mit der inständigen Bitte, »Maßnahmen zu ergreifen«, an den Kreml. Für Ligatschow, einen Mann von, milde gesagt, nicht allzu hohem intellektuellem Niveau, konnten jegliche »Maßnahmen« nach sowjetischer Tradition nur in Verboten und – bei Verletzung der Verbote – in Sanktionen bestehen. Die menschlichen und wirtschaftlichen Verluste, die aus jener von Ignoranten gefällten Entscheidung resultierten, sind heute sehr gut bekannt: nicht nur Abermilliarden Rubel an Einnahmeverlusten (40 Milliarden Rubel an direkten und ein Vierfaches an indirekten Einbußen), sondern auch mindestens 18000 Todesfälle, Hunderttausende von Krüppeln und ungezählte Patienten in psychiatrischen Anstalten – sie alle hatten giftige »Wodka-Ersatzstoffe« getrunken.

Die Zahl der Alkoholiker wurde nicht geringer, und nun kamen zu diesem Problem noch zusätzliche andere hinzu. Die Rebstöcke auf zigtausend Hektar von Weinbergen wurden vernichtet, was nichts anderes als ein Massenmord an der Flora war, denn diese Sorten, die im Laufe von Jahrzehnten, wenn nicht Jahrhunderten gezüchtet worden waren, sind für immer verloren.* Ihre Vernichtung richtete auch einen nicht wiedergutzumachenden ökologischen Schaden an.

Diese tragische und dumme Entscheidung, die am lautesten verkündete Aktion zu Beginn der Perestroika, hatte nicht das geringste mit der Mafia zu tun, doch diese war geradezu entzückt. Sie paßte sich den Umständen an und zog den größtmöglichen Nutzen aus ihnen. Der Preis für eine Flasche Wodka auf dem Schwarzmarkt stieg zwar nur um das Anderthalb- bis Zweifache, doch dies genügte, um der Handelsmafia im Laufe von fünf Jahren Aberhundert Millionen Rubel einzubringen (nach Meinung einiger sowjetischer Ökonomen nahm die Mafia sogar Milliardenbeträge ein).

In diesem Zusammenhang kann ich eine kuriose Geschichte erzählen. Meine journalistischen Verpflichtungen führten mich eines Tages in ein Moskauer Geschäft, wo man die Ver-

---

* Der Direktor des weltberühmten Weingutes »Massandra« auf der Krim beging Selbstmord, weil er die Zerstörung seines Lebenswerks nicht verwinden konnte. Die Vernichtung umfaßte auch Rebsorten, die bereits im vergangenen Jahrhundert gezüchtet worden waren und der russischen Zarenfamilie sowie ganz Europa Wein geliefert hatten.

käuferin der Weinabteilung, die in den »wohlverdienten Ruhestand« entlassen wurde, durch eine Feier ehrte. Mich verblüffte die Jugendlichkeit der »Rentnerin«, die noch keine vierzig Jahre alt sein konnte. »Sie sind noch zu jung fürs Altenteil«, scherzte ich galant.

»Nein, überhaupt nicht!« widersprach sie und erklärte mir mit entwaffnender Frechheit, sie habe in den vier Jahren seit Inkrafttreten der Antialkoholkampagne ein Vermögen angesammelt, das noch ihren Enkeln, »vielleicht sogar meinen Urenkeln« gestatten werde, sorgenfrei zu leben.

Zum Beweis führte sie mich in ihr winziges Dienstzimmer, in dem Porträts von Gorbatschow und Ligatschow hingen. Nachdem die Verkäuferin sich ausgiebig – wie vor Ikonen – vor ihnen bekreuzigt hatte, setzte sie provozierend hinzu, daß sie täglich eine Kerze für ihre Wohltäter aufstelle und für sie bete. Die Großtuerei der angetrunkenen Frau schien mir grotesk. Sie zeigte keinerlei Bedauern, sondern nur ein Gefühl der hundertprozentigen Immunität und der Überlegenheit der Presse gegenüber.

Aber dies alles bedeutet nicht, daß Ligatschow einen Sonderauftrag der Mafia ausgeführt und eine für sie nützliche und einträgliche Entscheidung erzwungen hätte. Das System war einfach so organisiert, daß es inkompetente Personen an die Machthebel brachte, und jede Maßnahme dieser Leute kam nicht dem Land oder dem Volk, sondern der Mafia zugute. Die enormen Einnahmen der Handelsmafia im Rahmen der Antialkoholkampagne dürften weder für Ligatschow noch für diejenigen, welche die Entscheidung unterstützt und gebilligt hatten, zu finanziellen Vorteilen geführt haben. Doch ganz ohne »Dividenden« ging es trotzdem nicht ab, denn die wahren Nutznießer hatten ihre offiziellen Beschützer, und diese hatten ebenfalls Gönner und so weiter und so fort. Sie alle unterstützten einander, denn das Schicksal jedes höheren Mafiamitglieds hing vom Schicksal eines niedrigeren ab, und umgekehrt. Ligatschow wurde heftiger Beifall von denen gespendet, die an der Unterstützung bestimmter Mafiazirkel interessiert waren, und diese wiederum... So waren sie alle durch eine Kette miteinander verbunden, unabhängig davon, daß die einen um die Macht und die anderen um Geld kämpften.

Die drastische Einschränkung des Wodkaverkaufs führte zu einem unerhörten Wachstum der Produktion von Selbstgebranntem, das auch die Androhung drakonischer Strafen nicht zu drosseln vermochte: Die Behörden nahmen besonders brutale Rache für jegliche Verletzung des staatlichen Wodkamonopols, wiewohl Wladimir Iljitsch Lenin, der »Führer und Lehrer« der Partei, ebendieses Monopol unter dem Zarismus gnadenlos gegeißelt hatte. Die Nachfrage nach Selbstgebranntem hatte ihrerseits zur Folge, daß die Bevölkerung hemmungslos Zucker, den wichtigsten Bestandteil der Eigenbrennerei, einkaufte. Ich selbst hörte im Plenum des Obersten Gerichtshofes der UdSSR aus dem Munde Rekunkows, des damaligen Generalstaatsanwalts, daß sich 1986 allein in der Ukraine der Zuckerverbrauch um vierundzwanzig Prozent erhöht habe. Deshalb mußte man zusätzliche Zuckermengen in Kuba einkaufen, und zwar im Austausch nicht nur für Waffen, sondern auch für Erdöl und andere Produkte.

Wer brachte dabei sein Schäfchen ins trockene? Neben den zahllosen Funktionären des Außenhandels-, des Verteidigungsbereichs und anderer Behörden, die mit dem internationalen Handel zu tun hatten, waren dies natürlich wieder sowjetische Kaufleute, die hintenherum Zucker zu überhöhten Preisen absetzten; Angehörige der Miliz, die bei der Produktion von Selbstgebranntem ein Auge zudrückten (natürlich nicht umsonst); und die sogenannte »Volkskontrolle«, die dazu aufrief, »die Wachsamkeit zu verstärken und Schuldige unbarmherzig zu entlarven«, während sie selbst es vorzüglich schaffte, einen »Gesetzesbrecher« nach dem anderen zu decken. Sie alle waren die Gewinner. Und wer war der Verlierer? Wie immer das unglückselige Land.*

---

* Zur Frage des Wodkas: Eine gewaltige Menge wird zum Großhandelspreis von einem Dollar pro Flasche exportiert, während die ausländischen Mittelsmänner eine Flasche für acht bis zwölf Dollar an die Verbraucher weiterverkaufen. Aber Wodka wird aus Getreide hergestellt, das man aus den USA und Kanada importiert. Mit anderen Worten, wir kaufen Getreide mit Dollars, verkaufen dann den Wodka und haben am Ende überhaupt nichts vorzuweisen. Eigentlich werfen wir Devisen zum Fenster hinaus. Die Hauptursache dieser Absurdität ist natürlich in der völligen Inkompetenz der »kompetenten« Behörden, in ihrem ungeheuerlichen Mangel an Professionalität zu suchen. Aber wie immer in solchen Fällen

In einem Moskauer Intellektuellenhaushalt, wo man von morgens bis abends (genauer gesagt, von abends bis morgens) ständig über Politik diskutiert, wurde ich einmal unfreiwillig in eine sehr alberne Debatte verwickelt. Man erörterte die aktuelle Frage, welche Mafia in der Sowjetunion die mächtigste sei. »Die Wodkamafia«, behaupteten die einen. »Die Obstmafia«, widersprachen die anderen. »Die Verkehrsmafia«, meinten noch andere. »Die Hotelmafia«, erklärte ich spaßeshalber, da ich mich an einen erfolglosen Versuch erinnerte, ein Hotelzimmer für einen französischen Freund zu reservieren.

Diese Auseinandersetzung war in der Tat lächerlich, denn die Mafia ist allumfassend. Ihre Kraft scheint uns um so stärker, je deutlicher wir ihren Einfluß auf unser Leben spüren. Wenn ich kein Hotelzimmer reservieren kann, dann kommt mir die Mafia, die meine Bemühungen durchkreuzt, besonders mächtig vor. Wenn ich dagegen keine sonderlichen Schwierigkeiten habe, mir Obst zu beschaffen, macht die Obstmafia keinen so alptraumhaften Eindruck auf mich (während gerade sie Millionen Menschen, die seit Jahren von Weintrauben oder Zitronen für unseren geliebten russischen Tee geträumt haben, als Ausgeburt der Hölle erscheint). In Wirklichkeit sind sie alle gleichermaßen mächtig, und sie haben, was das Wichtigste ist, keine separate Existenz, sondern sind eng miteinander verbunden, arbeiten zusammen und unterstützen sich gegenseitig.

Die Handelsmafia kann nicht ohne engste Beziehungen und harmonische Koordination mit der Verkehrsmafia existieren, denn sonst bekäme sie keine Güterwaggons und Transportflugzeuge für die rechtzeitige Lieferung ihrer Produkte in die Gegenden, wo der höchste Profit zu erzielen ist. Deshalb ist es oft nahezu unmöglich, Fahrkarten für eine Bahnreise oder einen Linienflug zu erhalten.

Eine genauso wichtige Rolle spielt die Hotelmafia. Dutzende, wenn nicht Hunderte von Zimmern in Moskauer, Leningrader und anderen Hotels stehen leer, während man Tausende von ausländischen Besuchern, die heute in unser

---

kommen hier auch korrupte Beamte auf ihre Kosten, wenn sie für ihre westlichen Partner günstige Abmachungen schließen – nach dem Prinzip: »Mafiosi aller Länder, vereinigt euch!«

Land strömen, mit den Worten »Besetzt! Besetzt!« abweist. Denn die Hotelmafia verzichtet auf die Möglichkeit, Devisen zu verdienen (Devisen werden schließlich vom Staat, nicht vom Direktor oder Verwalter des Hotels eingesteckt), und reserviert die Zimmer für ihre »eigenen« Leute, die jederzeit einziehen können. Die Antwort auf verständnislose Fragen ist immer die gleiche: »Bron!«

Das russische Wort »Bron«, das am ehesten als »Reservierung« übersetzt werden kann, hat in Wirklichkeit einen völlig anderen Sinn. Dieser beispiellose sowjetische Slangausdruck, der in unseren allgemeinen Wortschatz übergegangen ist, soll dem »Mann auf der Straße« durch seine eiserne Unnahbarkeit und Rätselhaftigkeit Ehrfurcht einflößen. »Bron« ist eine unsichtbare, gewaltige Kraft, die Zugfahrkarten und Flugtickets, Theaterkarten und Hotelzimmer mit Beschlag belegt – folglich alles, was der Mensch braucht und was ihm als Normalbürger, der nicht der Mafia angehört, leider unzugänglich ist.

Um einen besseren Eindruck von dem zu geben, was das berüchtigte »Bron« für den Sowjetbürger bedeutet, möchte ich einen weitverbreiteten Witz erzählen: Ein Mafioso, der in einer überfüllten Gefängniszelle einsitzt, wendet sich mit der Bitte, ihn in eine saubere Einzelzelle zu verlegen, an den Gefängnisdirektor.

»Es gibt keine, sie sind alle belegt«, erwiderte der Direktor.

»Es soll Ihr Schade nicht sein.«

»Wenn es aber keine freien Zellen gibt, woher soll ich dann eine nehmen?«

»Es wird sich ganz bestimmt für Sie lohnen.«

»Ich habe doch gesagt: Nein!«

»Was heißt hier nein, Bürger Direktor? Im ersten Stock, dritte von links, ist doch eine saubere, trockene Zelle, die völlig leersteht.«

»Bist du verrückt geworden? Da haben wir eine Reservierung [Bron] für das Zentralkomitee!«

Außerdem beziehen viele Angehörige des Moskauer Hotelpersonals von der Mafia ein zweites Monatsgehalt, das ihr Grundgehalt um ein Vielfaches übersteigt. Es liegt wohl auf der Hand, welches der beiden Gehälter sie sich mit besonderem Fleiß und besonderer Sorgfalt verdienen.

Die Hotelmafia kontrolliert nicht nur die Vergabe von Zimmern, sondern auch die übrigen Dienstleistungen, etwa die tägliche »Arbeitsvermittlung« für die Prostituierten, die in den Intourist-Hotels für Devisen tätig sind. Heutzutage besteht der einzige greifbare Grund für die Beibehaltung der vor mehr als zehn Jahren erlassenen Vorschrift, die den freien Zugang in Hotels verbietet, vermutlich darin, daß die Verwaltung und die sogenannten Pförtner (das heißt: die mit Livreen angetanen KGB-Angehörigen) den Prostituierten einen »Zins« für den Zutritt zum Hotel abnehmen. Bis vor kurzem mußte eine Prostituierte hundert Rubel zahlen, wenn sie das Moskauer Internationale Handelszentrum (bekannt als »Armand-Hammer-Hotel«) betreten wollte. Als das KGB mit einem Schlag sämtliche Pförtner ablöste, stieg die Gebühr auf dreihundert Rubel. Aber das ist natürlich noch nicht die Höchstgrenze...

Unlängst führte die Hotelmafia noch einen weiteren Personalwechsel durch. Der Geschäftsführer des Moskauer Hotels »Intourist«, das ausländischen Gästen sehr gut bekannt ist, hatte sich bei der Mafia unbeliebt gemacht und wurde der Staatsanwaltschaft als Empfänger von Schmiergeldern (was natürlich zutraf) ausgeliefert. Er erhielt zehn Jahre Haft, und ein anderer ehrenwerter Genosse übernahm seinen Posten.

Aus völlig erklärlichen Gründen wurden die auf staatlicher Ebene gefällten Entscheidungen (besonders von ausländischen Kommentatoren) meist nur einer politischen (bis vor kurzem auch einer ideologischen) Analyse unterzogen. Man interpretierte solche Entscheidungen, indem man die Strategie und Taktik der Regierung im internationalen oder innenpolitischen Rahmen erörterte. Dabei war der »menschliche Faktor« – das heißt die Abhängigkeit einer Entscheidung von persönlichen Interessen und den Interessen der »Beschützer« – wohl nirgends so wirksam wie in der Sowjetunion.

Man darf sicher sein, daß die Unterstützung faschistischer, halbfaschistischer und unverhohlen krimineller totalitärer Regime nicht nur von der militärpolitischen Doktrin Breschnews und seiner Nachfolger, sondern auch von den persönlichen Interessen der zahlreichen Clans bestimmt wurde, die unseren militärisch-industriellen Komplex repräsentieren. Bilaterale Abkommen sahen stets die Entsendung einer enormen Zahl von Beratern, Experten und Beobachtern in die entsprechenden Länder vor. Die Vorbereitung, Unterzeichnung und Verwirklichung von Abkommen waren immer von kurzen, doch häufigen Dienstreisen aller möglichen Delegationen begleitet. Gewiß, Libyen ist nicht England, Syrien ist nicht Kanada. Aber für die Erreichung der »bescheidenen« Ziele, die sich all diese Vertreter – unterschiedlichen Ranges – der Militärmafia gesteckt hatten, genügten auch Tripolis und Damaskus oder noch ärmere Städte. Und nicht nur deshalb, weil jedes syrische Lädchen viel mehr zu bieten hatte als selbst die »Sonderabteilung« eines sowjetischen zentralen Warenhauses, sondern vor allem deshalb, weil jeder Berater im voraus wußte, daß er mit »Geschenken« beladen nach Hause zurückkehren würde. Die Geschenke stammten einerseits von den »Eingeborenen«, die sich für die brüderliche Hilfe bedanken wollten, andererseits von den im Ausland arbeitenden sowjetischen Kollegen, die sich für die Versetzung an ein warmes Plätzchen erkenntlich zeigen und dafür sorgen wollten, daß sie nicht allzuschnell zurückbeordert wurden.

Wenn man also tiefsinnige und wohlfundierte Erklärungen darüber liest, warum die Anwesenheit unserer »Spezialisten« in diesem oder jenem afrikanischen, nahöstlichen oder asiatischen Land erforderlich sei, sollte man über die politische Globalstrategie hinausblicken, denn diese wird immer den bereits bestehenden Wünschen der jeweiligen Person, der Gruppe oder des Clans untergeordnet. Schließlich wissen wir nicht, wer von den einflußreichen Funktionären, die Schlüsselposten in der Militärindustrie oder im Außenhandel bekleiden, ein entsprechendes »Geschenk«, eine unerläßliche »Empfehlung« oder einfach einen »freundschaftlichen Rat« oder eine »persönliche Bitte« erhalten hat; wir wissen nicht, wer in der betreffenden Region welche Interessen und welche langfristigen Pläne verfolgt.

Ein schlagendes Beispiel liefert der frühere polnische Parteiführer Edward Gierek in seinen Memoiren. Er schildert, welche »Dienste« der damalige Ministerpräsident Piotr Jaroszewicz dem polnischen Volk leistete. Immer wenn Jaroszewicz zu Gesprächen nach Moskau reiste, nahm er für seine sowjetischen Bosse ein Faß Wodka oder Warschauer Modeartikel mit.

Diese Geschenke bestimmten in einem hohen Grade, welche Vereinbarungen getroffen wurden, obwohl es bei diesen Gesprächen offiziell um politische, ideologische und strategische Themen ging.

Die Fäulnis der totalen Korruption ist in jede Sphäre, auf jede Ebene der Gesellschaft vorgedrungen. Egoistische, auf die eigene Karriere gerichtete Interessen verdrängen alle anderen Gesichtspunkte. Vor mir liegt ein unveröffentlichtes Dokument, das Geständnis des KGB-Majors der Reserve, Tigram Melkumjan. Er arbeitete offiziell als Vizekonsul in Beirut, während er in Wirklichkeit der sowjetischen KGB-Vertretung im Libanon angehörte und sich hauptsächlich der armenischen Diaspora widmete. Dieser frühere Geheimdienstler, der nach einem Konflikt mit seinen Vorgesetzten entlassen wurde, schildert, welche chiffrierten Anweisungen er aus der Moskauer Zentrale erhielt.

Man erwarte keine sensationellen Enthüllungen von KGB-Geheimnissen. Die chiffrierten Aufträge der Geheimdienstchefs hatten nichts mit Spionage zu tun. »Schicken Sie rasch zehn Dosen Olivenöl«, heißt es in einem verschlüsselten Telegramm. »Wir erwarten die Geburt eines Enkels, kaufen Sie ein Musiktöpfchen für ihn – so etwas habe ich mal im Supermarkt gesehen«, lautete eine andere Mitteilung. »Rasch, rasch!« Und so wurde ein Nachttopf, der unter dem kleinkindlichen Wasserstrahl Musik ertönen ließ, von einem Nachrichtendienstoffizier als überaus wertvolle Trophäe von Beirut nach Moskau mitgenommen. Auf der Rückreise brachte der Mann dann neue »Bestellungen« mit, oder noch unglaublicher: Die »Bestellungen« wurden über Geheimkanäle, die der Übermittlung von Spezialinformationen dienten, weitergegeben.

Chiffrierte Telegramme flogen aus der Zentrale herbei, etwa folgendes: »Bedeutende Gäste sind zu Ihnen unterwegs. Bereiten Sie ihnen einen würdigen Empfang.« Die Gäste arbeiteten keineswegs für das KGB, sondern für andere Behörden, vielleicht für das ZK der KPdSU oder für die Akademie der Wissenschaften der UdSSR, aber das Telegramm mit dem Hinweis auf einen »würdigen Empfang« war aus irgendeinem Grunde an den Nachrichtendienstchef geschickt worden. Also rief der Resident in Beirut seine Leute zu einer höchst geheimen Besprechung zusammen, auf der ein Operationsplan ausgearbeitet wurde: Mittagessen in diesem Restaurant, Abendessen in jenem, dann Fahrt in eine Bar, Striptease, Überreichung von Geschenken. Niemand hatte Geld für solchen Luxus, weshalb man in den Operationsfonds greifen mußte. Nach den Berechnungen Melkumjans wurden allein im Libanon zigtausend Dollar aus den KGB-Reserven für den »würdigen Empfang« von Besuchern ausgegeben, zum Beispiel für Jewgenij Primakow, damals Direktor des Instituts für Weltwirtschaft und internationale Beziehungen und später Mitglied des Präsidialrates, oder für Karen Brutenez, den Stellvertretenden Leiter der internationalen Abteilung des Zentralkomitees. Höchstwahrscheinlich wußten sie nichts von den Anweisungen für ihren Empfang in Beirut, aber die Begrüßung dürfte ihnen ohnehin nicht seltsam vorgekommen sein, denn sie waren solche Vergnügungen gewohnt und zerbrachen sich nicht den Kopf darüber, wer das Geld aufbringen mußte. Um die Ausgaben abzudecken, meldete man, daß sämtliche Autos der sowjetischen Botschaft während der moslemisch-christlichen Kämpfe in Beirut zerstört worden seien, während man sie in Wirklichkeit zu Schleuderpreisen verkauft und einen Teil des Erlöses natürlich auch für den Eigenbedarf abgezweigt hatte.

Man könnte diese Ereignisse, aufgezeichnet von einem KGB-Offizier recht niedrigen Ranges, für die Illustration individueller Unredlichkeit halten, für die Folge der »Rekrutierung falschen Personals«, um ein sowjetisches Klischee zu benutzen. Doch nein, dies ist eine, wenn auch komische Illustration der Mafiatätigkeit, ihres »Kulturniveaus« und ihrer Interessenspannweite. Wenn jemand einen *solchen* Auftrag der Zentrale nicht zufriedenstellend erfüllte, wenn er Unfähigkeit oder mangelnde Bereitschaft erkennen ließ, der geschlossenen und gutorganisierten Gruppe entgegenzukommen, der er selbst seinen Posten zu verdanken hatte, so wurde er sofort, wie Tigram Melkumjan, aus dem reibungslos funktionierenden Kooperationsapparat hinausgeworfen. In solchen Fällen bedient man sich eines typischen Mafiatricks: Nachdem der Betreffende von oben den Befehl erhalten hat, Geld auf Mafiawohltäter zu verschwenden, wird ihm dann genau dies – Verschwendung – von seinen Vorgesetzten zum Vorwurf gemacht.

So rächt sich die Mafia an »Verrätern« und schützt ihre Interessen.

Meiner Meinung nach vermittelt dieses scheinbar triviale Beispiel einen Eindruck davon, wie die an die Macht gelangten Mafiosi unser einst so reiches Land im großen wie im kleinen ausplünderten. Es gestattet auch einen Blick auf die Aktivitäten der Mafia in der internationalen Arena, wo alles von einem Schleier der Geheimhaltung umhüllt ist – und schließlich gibt es nichts Kostbareres für die Mafia als Geheimhaltung. Ihre Mitglieder streben nicht nur deshalb ins Ausland, um in einer »anständigen Gesellschaft« und unter Bedingungen leben zu können, die Abermillionen Glückspilzen, welche alle Segnungen des siegreichen Sozialismus genießen, vorenthalten sind, sondern auch deshalb, weil man dort grandiose Möglichkeiten zur unkontrollierten Beschaffung von Devisen hat. Nicht zufällig wurden die nahen Verwandten der höchsten Parteifunktionäre, denen alle Türen geöffnet sind, nicht zu einer beliebigen Tätigkeit ins Ausland geschickt, sondern zur Spionagearbeit. Ich nenne nur den Sohn und den Schwiegersohn Scharaf Raschidows, den Sohn und den Schwiegersohn Gejdar Alijews, die im Laufe ihrer Karriere nie einen falschen Schritt machten.

Das Wirken dieser Betrüger im Ausland ist ein noch völlig unerforschter Bereich, in dem bewußte Verschleierung und der Zauberstempel »Geheim« es gutorganisierten Übeltätern ermöglichten, alle denkbaren kriminellen Operationen durchzuführen. Unredliche politische Ziele wurden durchweg mit unredlichen Methoden angestrebt, und an den Händen der sowjetischen wie der ausländischen Partner blieb so mancher Geldschein kleben, denn in diesem Bereich gab es bisher nicht einmal Ansätze von Glasnost.

Gut bekannt ist die Praxis der Gründung von Scheinfirmen, die sich sofort in Geschäftspartner der sowjetischen Außenhandelsorganisationen verwandelten. Ihre Einkünfte sorgten für das finanzielle Auskommen der kommunistischen Parteien in den »Bruderländern«. Dagegen konnten keine formellen Einwände erhoben werden – alles war legal! Ich weiß nicht, welche Möglichkeiten westliche Steuerprüfer in diesem Bereich haben, doch den sowjetischen waren die Türen fest verschlossen: Geschäftsgeheimnis (lies: politisches Geheimnis).

Wahrscheinlich werden wir nie erfahren, wieviel Geld die in derartige Geheimnisse Eingeweihten haben kassieren können. Nach demselben Modell wurde eine großangelegte Operation durchgeführt, die 1990 Großbritannien und etliche andere Länder erschütterte. Ich meine den Skandal hinsichtlich der Gelder, die sowjetische Bergarbeiter für ihre streikenden britischen Kollegen gesammelt hatten. Die sowjetische Presse widmete dem Skandal nur wenige Zeilen, da sie zu Recht vermutete, daß den Erklärungen unserer Gewerkschaften und anderer »gesellschaftlicher« Organisationen ohnehin niemand Glauben schenken würde. Schließlich wissen wir nur allzugut, wie »spontane« und »freiwillige« Solidaritätskampagnen abgewickelt wurden. Außerdem hätten »von der Basis« keine Hilfsaktionen eingeleitet werden können, da es keine Möglichkeit gab, sie in die Praxis umzusetzen. Angesichts der Nichtkonvertierbarkeit des Rubels wäre das gesammelte Geld für die britischen Bergleute nichts anderes als ein Haufen Papier gewesen. Wenn man mit dem Geld zum Beispiel Lebensmittel gekauft hätte (damals gab es noch solche Dinge in der Sowjetunion), wäre es unmöglich gewesen, sie den Adressaten auszuhändigen. Und zu guter Letzt ließen die damals bestehenden Gesetze nicht einmal die Gründung einer Zentrale zu, die das Geld hätte sammeln und ausgeben können. Aber die Situation hätte sich grundlegend geändert, wenn ein Beschluß vom Politbüro oder vom ZK-Sekretariat gefällt worden wäre. Dann hätten sich sofort »Zentralen«, Devisen, Transportmittel und Personen zur Verwirklichung des Vorhabens gefunden.

Diese dramatische Geschichte ist weltbekannt, deshalb möchte ich mich hier auf ein paar Aspekte beschränken, die unmittelbar mit unserem Thema zu tun haben. Die Organisation, die den britischen Bergleuten angeblich Devisen schickte, war kein speziell gegründetes Solidaritätskomitee, das unter strenger gesellschaftlicher Kontrolle arbeitete, es war nicht die sowjetische Bergarbeitergewerkschaft, die ohnehin nicht von den Arbeitern, sondern vom Staat kontrolliert wurde (ihre Strukturen und Mechanismen dienten ganz anderen Zielen, in deren Rahmen keine Geheimhaltung garantiert werden konnte), sondern eine mysteriöse Vereinigung, der man den Namen »Sowjetischer Friedensfonds« gegeben hatte. Sein

Name und seine Satzung, die angeblich die Zuständigkeit der Vereinigung festlegte (in Wirklichkeit legte sie überhaupt nichts fest, denn die Worte »eine Tätigkeit zur Unterstützung des Friedens« können jeden beliebigen Inhalt abdecken), sprechen für sich selbst. Hinter der Fassade, die von berühmten Vorsitzenden (dem früheren Schachweltmeister Anatolij Karpow und der Kosmonautin Swetlana Sawizkaja) geliefert wurde, wirkten hochrangige, vom Zentralkomitee der KPdSU ernannte Funktionäre.

Im Herbst 1990 versuchte ich, ohne Erfolg, herauszufinden, weshalb der Friedensfonds sich plötzlich in die Beziehung zwischen den beiden Partnergewerkschaften, der sowjetischen und der britischen, eingemischt hatte. Warum war es nötig, das Geld der sowjetischen Bergleute auf das geheime, nicht einmal von den Staatsgewerkschaften kontrollierte Bankkonto dieser »gesellschaftlichen« Organisation einzuzahlen? Der heutige Vorsitzende der sowjetischen Bergarbeitergesellschaft, Wladimir Lunjow, erklärte mir: »Es wurde für vorteilhafter gehalten, das Konto des Fonds zu benutzen.« Wer es für vorteilhafter hielt und worin der Vorteil bestand, läßt sich leicht erraten.

Ich möchte nur auf folgenden Umstand hinweisen: Nach Aussage aller offiziell an dieser »Solidaritätsaktion« beteiligten Personen gibt es keine Unterlagen über die Sammlung der sowjetischen Rubel, über ihren Umtausch in harte Devisen und über ihre Aushändigung an die Bevollmächtigten der britischen Bergarbeiter. Alles vollzog sich unter strengster Geheimhaltung, was zwangsläufig zu finanziellen Machenschaften und Intrigen verleitet. Man verweigerte mir kategorisch jegliche Informationen darüber, weshalb die Rubel dem Friedensfonds übergeben, die Devisen (woher sie auch stammten) jedoch in den Westen, an den Zentralen Gewerkschaftsrat, transferiert wurden. Übrigens ist es hier nötig, auch das Wort »Westen« zu präzisieren. Dem früheren Vorsitzenden der sowjetischen Bergarbeitergewerkschaft, Michail Srebnyj, zufolge wurden 1,4 Millionen Dollar über die ehemalige internationale Organisation der Bergarbeitergewerkschaften, die ihr Hauptquartier in Warschau hatte, an Arthur Scargill weitergeleitet. Allerdings sind das damalige und das heutige Warschau keineswegs identisch. Der Mechanismus der Übergabe in der polnischen Hauptstadt bleibt weiterhin ungeklärt: Wurde ein Scheck ausgestellt? Auf wessen Namen? Welche Bank löste ihn ein? Oder handelte es sich um Bargeld? Wie gelangte das Geld nach Paris? Ich zitiere zwei weitere Aussagen M. Srebnyjs aus einem Gespräch mit einem Journalisten der *Literaturnaja gaseta*, der in meinem Auftrag mit ihm zusammenkam: »Man hat keine offiziellen Angaben darüber, wo und wie das Geld ausgehändigt wurde... Wer das Geld überbrachte und wie, kann ich nicht sagen... Eine offizielle Bestätigung über den Empfang des Geldes von seiten Scargills lag nicht vor. Auch keine Quittung. Alles beschränkte sich auf mündliche Abmachungen.«

Daran, daß das Geld nach Paris gelangte, kann nicht gezweifelt werden – dieser Aspekt der dunklen Geschichte ist dem westlichen Leser hinreichend bekannt. Ich möchte die Sache von hier aus, mit den Augen eines sowjetischen Menschen betrachten, der sehr gut mit unserer Realität vertraut ist. Unter dem Vorwand politischer Geheimhaltung kommt es – ohne objektiv überprüfbare Unterlagen – zu einer Transaktion mit (besonders nach sowjetischen Maßstäben) gewaltigen Devisenbeträgen. Die Übergabe und die Verwendung dieser Beträge entziehen sich jeglicher Buchführung – es ist eine undenkbare, absurde, mit politischen Erwägungen nicht erklärbare Situation. Da für mich unverrückbare Rechtsprinzipien gelten, muß ich die Frage stellen, die in solchen Fällen von den Juristen des alten Rom gestellt wurde: »*Cui prodest?*« (Wem nützt es?)

Die Erörterung der Frage, wohin freiwillige, aus dem Ausland stammende Spenden in der Sowjetunion gehen und wie sie ausgegeben werden, würde uns zu sehr von unserem Thema abbringen. Immer noch steht eine Erklärung dafür aus, was aus dem Geld und den Gütern wurde, die man im Westen für die Opfer des tragischen Erdbebens in Armenien im Dezember 1988 sammelte. Ist es nicht seltsam, daß die Welt immer noch nicht weiß – abgesehen von sehr kurzen, durch keinerlei Dokumente erhärteten Zeitungsberichten –, wofür man die Gelder verwendet hat?

Ab und zu erschienen Zeitungsberichte darüber, daß für die armenischen Opfer bestimmte Jacken und Decken auf den Trödelmärkten ganz anderer Städte aufgetaucht seien und zu

Schwarzmarktpreisen reißenden Absatz fänden. Aber solche Fälle unbedeutenden Diebstahls haben nicht unser Hauptaugenmerk verdient. Was wichtiger ist: Wie wurden die Devisen verwendet? Wo ist der öffentliche Rechenschaftsbericht für jeden Dollar, für jeden Cent? Es gibt keinen, und es wird ihn nie geben. Schon deshalb, weil die Devisen zumeist durch ihren »Rubelgegenwert« ersetzt wurden, genauer gesagt durch Baumaterialien, Geräte und sonstige Waren, deren Rubelkosten man nach einer offiziellen Skala errechnete. Dies galt zwar nicht für sämtliche Devisen, aber doch für einen nicht geringen Teil. Und wer weiß, wie viele Dollars – reale, nicht in den Bereich der Phantasie gehörende »Valutarubel« – unterwegs »abgezweigt« wurden? Dies war um so leichter, als von einer strengen internationalen Ausgabenkontrolle hinsichtlich der Spenden keine Rede sein kann. Barmherzigkeit stützt sich auf guten Willen und schließt Mißtrauen aus. Diese humane Zurückhaltung, die der zivilisierten Welt vernünftig und verständlich erscheint, schafft eine ideale Atmosphäre für professionelle Diebe, denen jegliche Skrupel fremd sind und die die Skrupel der anderen schamlos für sich nutzen.

Man könnte einwenden, daß es sich bei alledem nur um Mutmaßungen handele. Aber unter den Bedingungen von Geheimhaltung und mangelnder Kontrolle, unter den Bedingungen der Vorherrschaft eng miteinander verknüpfter Mafiagruppen sind solche Mutmaßungen unvermeidlich, und sie kommen der Wahrheit sehr nahe. Denn was sonst soll die Geheimniskrämerei? Schließlich geht es nicht um militärische Objekte oder strategische Geheimnisse. Deshalb sollte die Regierung allen Ländern, die Geld geschickt haben, über jeden Dollar auf plausible Weise Rechenschaft ablegen! Und sei es nur, um sich von der Mafia zu distanzieren und die internationale Mildtätigkeit, falls sie auch in Zukunft nötig sein sollte, zu fördern.

Mit einiger Gewißheit kann behauptet werden, daß auch ein beträchtlicher Teil der Waren und Gelder, die der Westen möglicherweise dem notleidenden sowjetischen Volk zur Verfügung stellen möchte, der Mafia in die Hände fallen dürfte. Das heißt, diese Mittel werden der Stärkung der reaktionären Kräfte dienen, die mit der Mafia in direktem oder indirektem

Kontakt stehen. Aber damit kann ich mich abfinden, wenn nur die in unserer Gesellschaft existierende, unsagbare Explosionen androhende Spannung ein wenig gemildert wird! Der Westen kann sich gegen militärische Angriffe verteidigen, die nun immer unwahrscheinlicher werden, aber er kann sich nicht vor den Folgen des Sowjetsystems schützen. Neue Tschernobyls bedrohen den Westen nicht weniger als den Osten, denn die Strahlung unterscheidet nicht zwischen Demokraten und Reaktionären. Solange die Sowjetunion – in der heutigen oder in einer modifizierten Form – weiterbesteht, wird auch die Mafia nicht untergehen, was bedeutet, daß man zu irgendeiner »Einigung« mit ihr gelangen muß.

Die ganze Welt weiß von dem skandalösen Versuch der früheren ostdeutschen Kommunisten (die sich heute Demokratische Sozialisten nennen), mehr als hundert Millionen D-Mark mit Hilfe von ausländischen Scheinfirmen verschwinden zu lassen. Da die Einzelheiten von der westlichen Presse gründlich behandelt worden sind, möchte ich nur einen Aspekt hervorheben: Ausländische Bankkonten konnten nur dann im Namen fiktiver sowjetischer Organisationen benutzt werden, wenn eine entsprechende »Empfehlung« vorlag, das heißt, um es unverblümt zu sagen, mit Genehmigung des Zentralkomitees. Diese achtbare Vereinigung bestimmte über die sogenannten unabhängigen Organisationen, die außerhalb des Landes registriert waren und die Aufgabe hatten, das dem Volk gestohlene Millionenkapital der Partei zu schützen. Zu diesem Zweck paßte sich die Parteimafia den neuen Umständen an, rekrutierte Experten für westliche Geschäftspraktiken und verband sich mit ausländischen Partnern. Die Operationen waren so umfassend, daß Personen aus Zypern, Venezuela, den Niederlanden, Deutschland und Norwegen herangezogen wurden! Laut dem Nachrichtenmagazin *Der Spiegel* waren es Mitarbeiter der Berliner KGB-Vertretung, die Gregor Gysi rieten, zu den oben erwähnten Methoden zu greifen. Während man nur vermutet, daß der Geheimauftrag von KGB-Offizieren ausgeführt wurde, dürfte klar sein, daß man die Entscheidung am Alten Platz in Moskau traf, von wo aus die Scheinfirmen kontrolliert wurden. Nur dort konnte man den Beschluß fassen, frühere

Parteigenossen zu retten. Ist es verwunderlich, daß das Zentralkomitee sich nach der Enthüllung sofort von der ganzen Sache distanzierte? Doch inzwischen hatte es sein Geld in Sicherheit gebracht. Der entscheidende Punkt ist, daß die Partei, nachdem die Mafia im internationalen Rahmen tätig geworden war, sich nicht mehr mit verschleierten Beziehungen begnügte, sondern die direkte Organisationskontrolle der Mafiagruppen übernahm.

Die Anknüpfung von Kontakten zwischen der sowjetischen Mafia und verschiedenen Verbrechergruppen im Ausland wird genauso zu einem Zeichen der Zeit wie die größere Offenheit der sowjetischen Gesellschaft, die Beseitigung des Eisernen Vorhangs und die Lockerung sämtlicher Grenzkontrollen. Die politischen Veränderungen fielen mit dem Bedürfnis der Mafia zusammen, ihre angesammelten (und immer noch wachsenden) Reichtümer zu investieren. In einem Staat ohne Marktwirtschaft gibt es dazu keine Möglichkeit, denn die entwerteten Rubel verwandeln sich in Staub, und nicht einmal das sowjetische Gold kann für Preisstabilität sorgen.

Alle drei Hauptwege, auf denen die Mafia ihr Kapital anzulegen versucht, führen auf die eine oder andere Weise in die internationale Geschäftswelt: nämlich der Umtausch von Rubeln in konvertierbare Währung, der Handel mit Rauschgift und die Spekulation mit Antiquitäten.

Beginnen wir mit dem letzteren: Investitionen in Antiquitäten, besonders in kirchliche Objekte, sind seit langem üblich, und sie haben viele besonders weitsichtige Personen vor dem Ruin bewahrt. Eben deshalb wurden private Sammler in der Sowjetunion, wie bereits erwähnt, mit so unangemessener Brutalität vom Gesetz, von der Miliz und von den Gerichten verfolgt. Die Mafia hat diese Methode zur Realisierung ihrer Gewinne übernommen, und sie nutzt mit Hilfe ihrer Beziehungen zu hohen Amtsträgern jede Möglichkeit, Antiquitäten ins Ausland zu schaffen. Zehntausende von Ikonen, silbernen Ikonenbeschlägen, von Kultgegenständen, die zweihundert, dreihundert oder sogar vierhundert Jahre alt sind, vorrevolutionäre Artikel aus Gold, Silber und anderen Edelmetallen und aus Edelsteinen, Gemälde, Graphiken, Skulpturen, Teppiche, Gobelins, Möbel aus Museen und Schlössern – das alles wurde in gewaltigen Mengen ins Ausland transportiert und brachte der Mafia harte Devisen anstelle von Rubeln ein. Die überwiegende Mehrheit dieser Operationen, bei denen man jeweils Dutzende, wenn nicht Hunderte von Objekten verschob, konnte schon ihrer Ausmaße wegen unmöglich vor dem Zoll verborgen werden. Deshalb wurden dafür legale staatliche Kanäle, unter Aufsicht oder unter dem direkten Befehl hochrangiger Beamter, genutzt.

Mit Antiquitäten handelten und handeln normalerweise Einzelpersonen oder kleine Gruppen – häufig Emigranten, die im Ausland versuchen, ein karges Auskommen zu finden. Hier ist jedoch die Rede von etwas anderem, nämlich von einem gigantischen Fließband, auf dem gestohlenes oder in Form von Schmiergeldern erhaltenes buntes Papier (Rubel also) mit Hilfe von Antiquitäten in vollwertige Devisen verwandelt wird. Das Fließband entsteht unter Mitwirkung der sowjetischen Mafiagönner und in enger Zusammenarbeit mit ausländischen Partnern. Ohne diese harmonische Kooperation könnte es nicht funktionieren.

Die Mafia ist auch für zahlreiche Diebstähle von Gemälden, antiken Kostbarkeiten, Orden und Medaillen verantwortlich – solche zielgerichteten Räubereien werden in der Sowjetunion immer häufiger –, und man verfrachtet wertvolle Kunstwerke mit erstaunlicher Effizienz in den Westen. Dies bewirkt ein reibungslos funktionierender Mechanismus, in den nicht nur die Miliz und die Zollbehörden, sondern auch hohe Staatsbeamte einbezogen sind. Das »Stückgut« einzelner Schmuggler, die nicht zur Mafia gehören, wird nicht selten abgefangen, und die Zeitungen schreiben triumphierend über solche Erfolge. Aber das Fließband arbeitet ungehindert weiter.

Im Frühjahr 1990 erhielt das Innenministerium der UdSSR eine Geheimdienstinformation darüber, daß im Juni – und zwar in Warschau – eine Geschäftskonferenz sowjetischer und westlicher Mafiosi stattfinden werde, auf der man Pläne zur weiteren Zusammenarbeit unter den Bedingungen des sowjetischen Übergangs zur Marktwirtschaft erörtern wolle. Einer der wichtigsten Tagesordnungspunkte betraf die Methode des Transports russischer Antiquitäten in den Westen.

Das Ministerium entsandte Bevollmächtigte nach Warschau; sie wurden von einem bekannten Journalisten begleitet, der eine einzigartige Reportage über ein weiteres Merkmal der sowjetischen Perestroika verfassen sollte. Aber die Delegation kehrte mit leeren Händen zurück. Entweder war die Geheimdienstinformation falsch gewesen, oder die Mafia hatte ihre Pläne geändert, da sie wußte, daß man ihr auf die Spur gekommen war. Aber ein paar Monate später erfuhr ich von einem hohen Milizoffizier, der mich bat, seinen Namen nicht zu nennen, daß die internationale Mafiakonferenz trotzdem stattgefunden habe, allerdings nicht in Warschau, sondern in Ostberlin. Aus Sorge darüber, daß Einzelheiten über ihren Treffpunkt durchsickern könnten, hatten die Organisatoren der Konferenz abgemacht, nicht nur in verschlüsselten Schreiben, sondern auch in harmlosen Gesprächen untereinander Berlin stets Warschau zu nennen. Diese kleine List machte sich bezahlt.

Weiterhin strömen russische Antiquitäten in den Westen. Man kann sie auf bedeutenden Auktionen finden, wohin sie über eine Vielzahl von Mittelsmännern gelangen, die sämtliche Spuren verwischen. Mit Ausnahme von ein paar Einzelstücken ist es die mächtige Mafia, die hinter dem Verkauf all dieser Kostbarkeiten steckt. Wohl kein anderer Bereich der Kriminalität ist bei uns so professionell, mit einem so geringen Prozentsatz von Mißerfolgen und Verlusten, organisiert. Diese Tatsache allein zeigt auf, wie zuverlässig die Schutzmechanismen in jedem Operationsstadium funktionieren. Westliche Händler, die am illegalen Kauf und Weiterverkauf von russischen Antiquitäten interessiert sind, werden gewöhnlich nur dann entlarvt, wenn ihre sowjetischen Partner auf sich allein gestellte Abenteurer sind, die auf eigenes Risiko und nicht als Teil einer Mafiagruppe arbeiten. Doch aus verständlichen Gründen ist es sehr schwer, das Vertrauen der Mafia zu erringen und in eine Geschäftsbeziehung mit ihr einzutreten.

Was die sowjetische Drogenmafia betrifft, so ist sie noch im Entstehungsstadium begriffen und hinsichtlich ihres Einflusses überhaupt nicht mit amerikanischen oder europäischen Organisationen dieser Art zu vergleichen. Vorläufig ist die Verbreitung von Drogen innerhalb der UdSSR nicht annähernd genau zu beziffern. Bis vor kurzem wurde die Existenz von sowjeti-

schen Drogensüchtigen noch generell geleugnet, und danach –
im Zeichen der aufkeimenden Glasnost – begann man, absurd
niedrige Zahlen zu veröffentlichen. Die Fälschung der offiziellen Statistik geht schon aus folgender Tatsache hervor: Der
KGB-Vorsitzende Krjutschkow erklärte in einem Interview
mit der *Prawda* im August 1990, es gebe im Land 120000 Drogensüchtige. Doch schon im März 1990 hatte Innenminister
Wladimir Bakatin von 130000 gesprochen. Und nur einen Monat nach dem Interview mit Krjutschkow, im September 1990,
behauptete General Nikolaj Chromow, der Leiter der Krimi-
nalbehörde der UdSSR, daß 500000 Sowjetbürger regelmäßig
Drogen nähmen. Mithin hatte die offizielle Zahl sich innerhalb
eines Monats vervierfacht.

Das Rätsel der sowjetischen Zahlenspiele ist recht einfach zu
lösen. Wir »übersahen« (was dem Nichteingeweihten leicht
passieren kann) ein Wörtchen, das der KGB-Vorsitzende wie
nebenbei fallengelassen hatte. Er meinte nämlich »registrierte« Drogensüchtige, das heißt solche, die von einer Son-
derkartei erfaßt waren! Im Unterschied zu der Kartei politisch
unzuverlässiger Personen wurde sie nur sehr langsam und un-
willig ergänzt. Die Behörden wollten nicht einräumen, daß der
trübe Strom der Drogensucht das Land überschwemmt.

Aber nicht einmal die von General Chromow genannte Zahl
kann die Realität widerspiegeln. Experten, die sich an ihre eigene, selektive, doch dafür verläßliche Statistik halten, sind
der Meinung, daß gegen Mitte 1990 in der Sowjetunion nicht
weniger als 4 Millionen Menschen ständig Drogen nahmen und
daß diese Zahl ununterbrochen wächst. Außerdem sind sie der
Ansicht, daß Miliz und Zollbehörden jährlich nicht mehr als
zwanzig Prozent sämtlicher im Umlauf befindlichen Rausch-
gifte beschlagnahmen.*

Im Westen weiß man, daß Dutzende oder gar Hunderte Tonnen Drogen nicht von Einzelpersonen, seien es Hersteller oder
Zwischenhändler, in Umlauf gebracht werden können. Nur ein
gutorganisiertes, illegales Verteilernetz ist einer solchen Auf-

---

* Die angegebene Menge von dreißig Tonnen dürfte in etwa zutreffen, doch ob
sie zwanzig Prozent des gesamten Volumens ausmacht, muß bezweifelt werden. Es
ist durchaus möglich, daß es sich dabei nur um zehn Prozent handelt.

gabe gewachsen. Zum Glück hinken wir auf diesem Gebiet noch beträchtlich hinter den Vereinigten Staaten her, doch nach unseren bescheidenen Kriterien sind die Profite der Drogenmafia recht beachtlich, und sie nehmen rasch zu. Laut Krjutschkows offiziellen Angaben belaufen sich diese Profite jährlich auf 14 Milliarden Rubel. Die besser informierten, wenn auch mit ihren Schlußfolgerungen sehr vorsichtigen Experten sprechen von rund 30 Milliarden.

Der Marktanteil in der UdSSR hergestellter Drogen nimmt dabei ständig ab, während die Importzahlen steigen. Die Hauptlieferanten sind Nordkorea (eine Riesenmenge Opium wird vor allem von koreanischen Waldarbeitern, die durch zwischenstaatliche Vereinbarungen ins Land kommen, eingeschmuggelt), Afghanistan, Vietnam, Iran, Ungarn und Rumänien. Daneben werden Drogen über die UdSSR nach Europa geschmuggelt: aus Pakistan, wiederum aus Afghanistan, aus den Ländern des Nahen Ostens und Südostasiens.

Die große Mehrheit dieser Operationen ist völlig oder teilweise erfolgreich; sie vollziehen sich mit Hilfe der bestehenden Mafiastruktur, die nach allen Regeln einer professionellen Verschwörung aufgebaut ist: Das System ist straff organisiert, die unteren Mitarbeiter gehorchen den höheren bedingungslos, und niemand, abgesehen von einem einzigen Verbindungsmann auf jeder Ebene, kennt irgendeinen anderen, weder im horizontalen noch im vertikalen Rahmen.

Natürlich sind auch Grenzposten, Zoll- und Milizbeamte an den Geschäften beteiligt, und für den Fall einer »Panne« hat man seine Leute in der Staatsanwaltschaft, bei den Gerichten, im Partei- und Staatsapparat. Laut General Komissarow, einem hohen Beamten im Innenministerium der UdSSR, sorgen Miliz, KGB und Staatsanwaltschaft für den Erfolg jeder dritten Operation, doch da offizielle Vertreter unerwünschte Zahlen gewöhnlich um die Hälfte kürzen, dürfen wir mit einiger Berechtigung annehmen, daß die Behörden nicht weniger als den Erfolg von zwei Dritteln solcher Schmuggelaktionen garantieren.

General Komissarow erklärte mir unter vier Augen ein sehr anschauliches Beispiel: Die Kriminalpolizei war gegen eine Verschwörergruppe aus dem Städtchen Ljuberzy bei Moskau vorgegangen. Von hier stammen die gefährlichsten Jugendbanden, die Moskau terrorisieren; sie können Karate und andere Selbstverteidigungstechniken und sind mit Dolchen und Feuerwaffen ausgerüstet. Fast alle *ljubery* (so werden diese Kriminellen nach ihrer Heimatstadt benannt) sind drogensüchtig. Die gewaltigen Summen, die sie für die Beschaffung von Rauschgift benötigen, zwingen sie zu immer neuen Verbrechen. Die Miliz hatte die Beziehungen der Gangsterbanden zur Drogenmafia aufgedeckt und bereitete eine Verhaftungsaktion vor, doch bald merkten die Leiter der Unternehmung, daß Informationen über ihre Pläne durchsickerten. Daraufhin konzentrierte man sich auf die Fahndung nach denjenigen, welche die Mafia über die gegen sie vorbereiteten Maßnahmen unterrichteten.

Drei Männer wurden entlarvt: ein Miliz-Oberstleutnant der Kriminalhauptverwaltung der UdSSR, der für seine Erfolge im Kampf gegen die Mafia mit Orden ausgezeichnet worden war, ein KGB-Major und ein leitender Mitarbeiter des MWD-Infiltrationsdienstes, der zivile Spitzel und Agenten anheuerte und diese in die Mafia einschleuste. Sie alle arbeiteten nicht für die Behörden, sondern für die Mafia. Aber kann man zwischen den einen und den anderen überhaupt unterscheiden oder sie einander gar gegenüberstellen?

Nachdem die drei Männer entlarvt und entlassen worden waren, leitete die Staatsanwaltschaft einen strafrechtlichen Prozeß gegen sie ein. Doch plötzlich intervenierten geheimnisvolle Kräfte, der Prozeß wurde eingestellt, und man fand andere geeignete Posten für die »Opfer«. Die Miliz ist nicht in der Lage, die Identität der geheimnisvollen Kräfte festzustellen, und sie versucht es auch gar nicht, denn es handelt sich um eine zu harte Nuß.

Wenn der Rubel infolge der Wirtschaftsreformen konvertierbar wird, wenn er eine feste Stützung und einen harten Kurs erhält, wird sich ein Strom von Drogen in die Sowjetunion ergießen. Dies ist die Meinung des amerikanischen Professors James Finkelnauer (ein Interview mit ihm erschien in der *Komsomolskaja prawda*), und diese Ansicht wird von den sowjetischen Experten geteilt. Ich habe ein Gespräch mit Oberst Alexander Gurow geführt, dem Chef der beim Innenministerium der UdSSR gegründeten Abteilung zum Kampf gegen das organisierte Verbrechen. Er meint ebenfalls, daß es bisher in der Sowjetunion noch keine mächtige, organisierte Drogenmafia gibt, daß jedoch alle Voraussetzungen für ihre Herausbildung existieren und daß die potentielle Konvertierbarkeit des Rubels die dafür erforderliche finanzielle Basis liefern würde. Übrigens war es diese drohende Gefahr, welche die Behörden endlich veranlaßte, die Entscheidung über den Beitritt der Sowjetunion zur Interpol zu treffen.

Zeitweilig wurden die Milliardeneinkünfte der Mafia im Boden vergraben oder in minderwertiges Gold verwandelt, das zumindest auf dem inneren Markt einen stabilen Preis hatte: in Ringe, Armbänder, Anhänger und Ohrringe. Heutzutage ist es jedoch völlig sinnlos, Rubel anzuhäufen, denn sie sind längst zu wertlosem Papier geworden, und auch das Gold ist verschwunden – sogar für die Mafia. Ohnehin könnte es nur in Rubel zurückverwandelt werden, denn außerhalb der Sowjetunion, vom Westen gar nicht zu reden, ist dieses unreine Metall fast wertlos. Damit wurde es natürlich zum Hauptziel der Mafia, frei konvertierbare Devisen an sich zu bringen. In den nächsten Jahren wird dieses Ziel entscheidend für neue Aktionen der Mafia sein und eine Umorientierung ihrer vielschichtigen Tätigkeit bewirken.

Viele Indizien deuten darauf hin, daß die Beseitigung des Außenhandelsmonopols, die Gründung von Joint Ventures, die Anziehung von ausländischem Kapital und die fast unbehinderte Reisefreiheit es der Mafia ermöglichen werden, mit einem soliden Startkapital, das sie sich durch ihre vieljährigen Aktivitäten zugelegt hat, in die Marktwirtschaft einzutreten. Und dann werden ihre Vertreter aus dem Untergrund auftauchen und legalen Geschäften nachgehen.

Aber... Hier muß unbedingt ein Vorbehalt angebracht werden. Mir scheint, daß ich in dieser entscheidenden Frage der allgemeinen Verlockung erlegen bin, den in der Umgangssprache und in der Presse so verbreiteten Begriff »Mafia« allzu nachlässig zu benutzen. Denn mit diesem Begriff werden alle abgedeckt, welche die Möglichkeit haben, auf halblegalem oder illegalem Wege ein Vermögen anzusammeln. Und gegen sie, die sogenannten »Geschäftsleute der Schattenwirtschaft«, wird der Volkszorn auf sehr geschickte Weise aufgewiegelt, während die echte Mafia, welche die »Geschäftsleute« hervorbrachte, mit ihnen verschmolz und von ihnen abhängig ist – nämlich die politische Mafia –, der öffentlichen Aufmerksamkeit entgeht und unantastbar bleibt. Mehr noch, sie wird in den Augen der Bevölkerung sogar zur Avantgarde im Kampf gegen die verhaßte Mafia. Die Absurdität dieser Situation entspringt der Absurdität des politischen Systems selbst, das solche Verhältnisse erzeugt hat!

In Wirklichkeit streben weder die politische Mafia noch die aus ihr hervorgegangene wirtschaftliche Mafia in all ihren Erscheinungsformen staatliche und administrative Neuerungen oder eine normale Marktwirtschaft an. Diese Kräfte konnten nur unter den Bedingungen des »Polizeisozialismus« gedeihen, der ignoranten Verbrechern die Machtübernahme ermöglichte und – infolge des vom System geschaffenen totalen Mangels – die Bereicherung gewisser Gruppen und Clans auf Kosten der Bevölkerung begünstigte. Die demokratischen Mechanismen, die andere Methoden zur Übernahme wichtiger Staatsämter hervorgebracht und anderen Menschen, die nicht von der Nomenklatura nach ihrem eigenen Bilde ausgewählt werden, den Weg an die Macht gebahnt haben; die Marktwirtschaft, die den klügsten, energischsten und geschicktesten Personen in einem ehrlichen Konkurrenzkampf Erfolg beschert – das alles ist der sowjetischen Mafia zuwider, denn es würde ganz einfach zu ihrem Untergang führen. Wie überall auf der Welt schließen diese neuen Bedingungen das Erscheinen einer anderen Mafia – europäischen oder amerikanischen Typs – nicht aus, doch sie verurteilen die heutige sowjetische Mafia zum Tode oder zur Lossagung von ihrem bisherigen Weltbild. Deshalb besteht das Hauptziel der immer noch sehr starken Mafia, die keine ihrer Positionen eingebüßt hat, darin, den politischen Veränderungen und den wirtschaftlichen Reformen auf jede denkbare Art Widerstand zu leisten.

Dieser verzweifelte Kampf, der unter dem Vorwand, man müsse ein akzeptableres Modell finden, vor den Augen der ganzen Welt gegen die Marktwirtschaft ausgefochten wird, ist in Wirklichkeit ein Kampf der Mafiosi um die Erhaltung ihrer

Positionen. Die tragikomische Paradoxie besteht darin, daß er sich unter der Flagge des Kampfes gegen die Mafia vollzieht! »Nieder mit der Schattenwirtschaft!« brüllen die Populisten der Mafia, wobei sie auf den sensibelsten Saiten der Volksseele spielen, während sie davon träumen, daß die Schattenwirtschaft weiterexistiert, denn nichts anderes verheißt ihnen finanziellen Wohlstand. Allerdings ist die Sache nicht ganz so einfach. Viele, deren Hände und Stimmen die Mafia manipuliert, streben aufrichtig nach Gerechtigkeit und sind bemüht, der Mafia keine Chance zum »Waschen« ihrer illegal erworbenen Gelder zu geben. Diese Leute begreifen nicht – sie wollen oder sie können es nicht –, von wem sie manipuliert werden. Mit verblüffender Klarheit bestätigt sich wieder einmal die seit langem bekannte Regel, daß der Dieb am lautesten »Haltet den Dieb!« schreit.

Das gleiche Szenario gilt für unsere tragischen und blutigen nationalen Konflikte – die erbittertsten aller inneren Konflikte unseres vielgeprüften Landes seit den Tagen des Bürgerkriegs. Die ersten offiziellen Kommentare zu den in Karabach aufgeflammten nationalen Unruhen verblüfften durch ihre Primitivität und ihre offenkundigen Abweichungen von der Wahrheit. Die an der Spitze gebilligte (oder vielmehr erfundene) Version besagte, daß die örtliche Mafia (die »Geschäftsleute der Schattenwirtschaft«) Lebensmittelengpässe verursacht und dadurch die Unruhen provoziert habe. Dazu bemerkte die Politologin Galina Starowojtowa, die Volksdeputierte eines armenischen Wahlkreises, völlig zutreffend: »In Nordirland braucht man keine Lebensmittelkarte, um Wurst zu kaufen, obwohl der ethnisch-konfessionelle Konflikt dort seit vielen Jahren andauert.«

Sehr bald wurde eine andere – noch gefährlichere und noch weiter von der Wahrheit entfernte – Erklärung für die nationalen Zusammenstöße abgegeben, und zwar von Michail Gorbatschow, der nach dem Erdbeben in Jerewan eintraf und vor den Fernsehkameras Fragen von Journalisten beantwortete. Er sagte, die Ereignisse in Karabach und Sumgait seien auf eine Verschwörung korrupter Mafia-Elemente zurückzuführen, die ihre Spuren verwischen wollten. »Diese Leute sollten nicht glauben, daß wir nichts sehen und nichts wissen«, warnte Gorbatschow. »Wir sehen alles.«

Diese Worte lieferten den offiziellen Medien den Tenor für

die »Begründungen« der Vorfälle, die so schwer mit der traditionellen sowjetischen Parole von der »Völkerfreundschaft« in Einklang zu bringen waren. Danach wartete man gespannt darauf, daß die berüchtigten »Geschäftsleute der Schattenwirtschaft« entlarvt und verurteilt wurden. Aber nichts dergleichen geschah. Kein einziges Mal! Weder in Sumgait noch in Fergana, noch in Osch – nirgends.

Unterdessen wurde diese Version weithin verbreitet, was bedeutet, daß irgend jemand großen Wert auf sie legte. Sogar Menschen, die weit von der offiziellen Ideologie entfernt und für ihre demokratische Haltung bekannt waren, fielen auf das Manöver herein. Ein populärer Journalist (ein Kollege und Freund von mir und zweifellos ein ehrlicher und anständiger Mann, weshalb ich seinen Namen nicht nennen möchte) bekräftigte in einem seiner Artikel, und zwar mit dem offiziellen Wortlaut des Innenministeriums der UdSSR: »Schon fünf Monate vor den blutigen Ereignissen in Fergana wußten viele, daß die Führer der Unterwelt sich dorthin aufgemacht hatten.«

Was ist konkret mit der »Unterwelt« gemeint? Welche ihrer »Führer« hatten sich nach Fergana aufgemacht? Wenn so »viele« Bescheid wußten, weshalb wurden die Verbrecher dann nicht aufgehalten? Und zu guter Letzt: Wo sind sie, diese »Führer der Unterwelt«, die das Gemetzel in Fergana anzettelten, aber bisher weder verhaftet noch vor Gericht gestellt worden sind?

Und weiter: Die Version der Behörden fand eine Fortsetzung, denn derselbe Journalist schrieb, daß eine Gruppe von Ermittlern der Staatsanwaltschaft der UdSSR bereits in Aserbaidschan daran gearbeitet habe, die »Geschäftsleute der Schattenwirtschaft« zu entlarven. Aber die Vorfälle in Fergana hätten die Moskauer Ermittler gezwungen, ihre Fahndung zu verzögern, weil die Gefahr bestanden habe, daß die Verhaftung jeglichen Mitglieds der aserbaidschanischen Mafia ähnlich tragische Folgen haben werde.

Ich bin bewußt so ausführlich auf diese Version eingegangen, die hartnäckig und zielstrebig – zudem mit Hilfe von Journalisten, denen die Leser Vertrauen schenkten – ausgestreut wurde. Hier haben wir es mit einem wohldurchdachten und recht wirkungsvollen Ablenkungsmanöver zu tun, das der Mafia, welche tatsächlich Ereignisse wie die erwähnten provoziert, die Möglichkeit gibt, sich abseits zu halten oder sogar in der Rolle des Anklägers der Provokateure aufzutreten. Hier denke ich an die »Partokratie«, die im Laufe der Perestroika eine gewisse Zahl ihrer Mitglieder opferte, doch als Ganzes, als unverrückbarer Monolith, erhalten blieb, was es ihr ermöglichte, sich mit allen Mitteln an die Macht zu klammern. Die Unruhen – nach dem Prinzip: »Je schlimmer, desto besser« – paßten ihr gut ins Konzept, denn zur Zeit der Breschnewschen Stagnation sei es, wie sie behauptete, zu keinerlei Aufruhr gekommen (und es habe gar nicht dazu kommen können). Diese Leute wollten im Sattel bleiben, indem sie sich als Friedensstifter präsentierten, die angeblich in der Lage waren, die feindlichen Seiten miteinander zu versöhnen.

In diesem komplizierten politischen Intrigenspiel, welches das Volk Tausende von brutal ermordeten Opfern kostete, war die Unterstützung, die der alten, einheimischen Mafia vom Kreml zuteil wurde, besonders aufschlußreich. Auf dem Höhepunkt der Greueltaten in der kirgisischen Stadt Osch, wo entfesselte Fanatiker Menschen bei lebendigem Leibe die Haut abzogen, sie pfählten und ihnen die Augen ausstachen, gab die Politbürokandidatin Alexandra Brjukowa auf einer Konferenz der kommunistischen Parteien der Einzelrepubliken folgende Erklärung ab: »Erlauben Sie mir, ganz aufrichtig zu sein. Ich habe den festen Eindruck, daß der Erneuerungsprozeß [in Kirgisien] in die erforderliche Richtung geht, nämlich in die der Perestroika und einer gesunden Demokratie.« (Diese Worte fielen in der kirgischen Hauptstadt Frunse, wo man eine Polizeistunde eingeführt hatte und wo Militärpatrouillen die Straßen beherrschten.)

Eine »gesunde Demokratie« existierte – selbst wenn Menschen lebendig verbrannt wurden – nach Ansicht der Moskauer Führung überall dort, wo die alten Machthaber sich behauptet hatten. Dagegen herrschten, wenn man dem Kreml glauben wollte, dort, wo die neuen Parteien an die Macht gekommen waren, etwa im russischen Parlament oder in den Stadtverwaltungen von Moskau und Leningrad, natürlich die »Geschäftsleute der Schattenwirtschaft«. Auf diese Weise versuchten die politische Mafia und die ihr dienende Leitung von Armee,

KGB und Innenministerium, die Öffentlichkeit von der Richtung abzulenken, aus der dem Land in Wahrheit Gefahr drohte.

Ich möchte die maßgebliche Aussage eines gutinformierten und kompetenten Mannes zitieren. Es handelt sich um Alexander Kitschichin, einen hohen KGB-Offizier. Er hatte mit einem anderen nationalen Konflikt zu tun, der bisher noch nicht zu blutigen Zusammenstößen geführt hat: mit dem Widerstand der sowjetischen Volksdeutschen, die in die Wolgagebiete (heute ein Teil des Gebiets Saratow), aus denen sie von Stalin ausgesiedelt wurden, zurückkehren möchten. Kitschichin schrieb in einem Offenen Brief an Präsident Gorbatschow: »... korrupte Gruppen bemühen sich, an der Macht zu bleiben, Wirtschafts- und Behördenverbrechen zu vertuschen, sich hinter dem Rücken des von ihnen provozierten Volkes zu verbergen, das sie ins Feuer ethnischer Konflikte gestoßen haben. Für all diese Aktivitäten ist die Leitung des Gebietskomitees und einiger Stadtkomitees der KPdSU verantwortlich.«

Sämtliche heutigen Nationalitätenkonflikte der Sowjetunion entstehen und wachsen nach dem gleichen Modell – mit diesen oder jenen Abweichungen, die auf regionalen Besonderheiten beruhen. Niemand außer der herrschenden Mafia, die ihre Felle davonschwimmen sieht, kann irgendein Interesse an ihnen haben. Und man muß zugeben, daß das gewünschte Resultat – jedenfalls meistens – erreicht wird.

Das deutlichste Beispiel liefert Aserbaidschan. In wohl keiner anderen Republik ist es der Mafia gelungen, so viele Posten im Staats- und Parteiapparat, in Industrie, Wissenschaft, Landwirtschaft und Kultur zu besetzen. Perestroika und Glasnost, Alijews Absetzung und das Erscheinen neuer gesellschaftlicher Kräfte auf der politischen Bühne hätten den Untergang der Mafia bewirken müssen. Doch da kam es plötzlich zu den Pogromen in Sumgait und dem Gemetzel in Baku, woraufhin Moskau die Armee und innere Truppen zur Unterstützung der wankenden Partokratie entsandte. Gewiß, ein paar Leute haben ihre Posten verloren, doch die Mafia bleibt unerschütterlich an der Macht. Und bei den »Wahlen«, ebenfalls unter Armeekontrolle, fällt die überwältigende Mehrheit der Deputiertensitze den Apparatschiks zu, das heißt der Partei-, Militär- und Wirtschafts-Nomenklatura, die bereits von Alijew oder unter Alijew eingesetzt worden ist. Dies eben ist die Mafia, die lauter als alle anderen nach einem kompromißlosen Kampf gegen die Mafia schrie. Und Alijew selbst kehrt triumphierend, wie der Erlöser seines Volkes auf einem weißen Roß reitend, ins politische Leben zurück. Nirgendwo zeigte die sowjetische Mafia »nationalpatriotischen Zuschnitts« so klar und überzeugend, wie lebensfähig sie ist und wie kraftvoll sie allen stürmischen Winden standhalten kann.

Aserbaidschan ist natürlich keine Ausnahme, sondern nur das auffälligste Beispiel. Kein einziger der wo auch immer versprochenen Prozesse gegen die Mafia hat je stattgefunden, und wir können sicher sein, daß keiner stattfinden wird, jedenfalls nicht in absehbarer Zukunft.

Bei Autorenlesungen und Treffen mit meinen Lesern werde ich häufig gefragt: »Wie ist die Unverwundbarkeit der Mafia zu erklären? Etwa damit, daß die Mafia auch die heutigen führenden Politiker unterstützt, daß diese, wie ihre Vorgänger, ebenfalls der Mafia angehören?«

Mir scheint, daß eine solche Fragestellung das reale Problem allzusehr vereinfacht, weil sie es auf die mögliche oder tatsächliche Korruptheit einiger Amtsträger reduziert. Die Mafia ist vorläufig unverwundbar, weil sie mit dem System wuchs und mit ihm verschmolz, und das bedeutet, daß sie erst dann zusammenbrechen kann, wenn das gesamte Gebäude, das System also, zusammenbricht. Personelle Veränderungen an der Spitze haben keinen entscheidenden Einfluß auf das Wesen des Systems und seiner Bestandteile. Folglich erhält jeder Staatschef, der das System unterstützt, zwangsläufig auch die Mafia aufrecht, selbst wenn er von dem ehrlichen Wunsch erfüllt ist, ihr ein Ende zu setzen. So sieht die objektive und unausweichliche politische Realität aus.

Man irrt sich zutiefst, wenn man glaubt, daß die Beziehungen zwischen der politischen Führung und den Besitzern verbrecherisch erworbener Vermögen auch heute noch auf der primitiven Parole »Eine Hand wäscht die andere« aufgebaut sind. Dies liegt nicht nur daran, daß »weiche« Rubel bereits keinen Wert mehr haben, und nicht einmal daran, daß es unter heutigen Umständen immer schwieriger wird, solche Beziehungen zu verbergen, sondern vor allem daran, daß sich die strategischen – und damit auch die taktischen – Aufgaben geändert haben. Ein erbitterter Machtkampf vollzieht sich, und er allein bestimmt die Wechselbeziehungen zwischen denen, die direkt oder indirekt an der Macht teilhaben. Dabei spielt Geld vorläufig keine Rolle, denn es hat nur für die Machthaber Kaufkraft, aber auch sie benötigen es nicht, weil die Macht ihnen alle Segnungen praktisch kostenlos zukommen läßt. Ein Machthaber kann für tausend Rubel sehr viele Waren kaufen, während der Normalbürger auch für hunderttausend Rubel nichts bekommt.

Dies mag zu der Vermutung verleiten, daß es sich für die Machthaber lohnt, Geld anzuhäufen, da es in ihren Händen einen realen Wert hat. Aber es würde seinen Wert einbüßen, sobald sie die Macht verlören. Außerdem ist das, was sie hauptsächlich begehren – Komfort, Dienstleistungen, Reisen, Dolce vita –, ohnehin nicht für Geld zu haben. Diese Dinge fallen den Machthabern kostenlos zu. Mithin ist ein »Platz an der Sonne« das, was für sie den höchsten Tauschwert hat. Die Machthaber interessieren sich weniger für die Beschaffenheit von Geld als für verläßliche Mittel zu ihrer eigenen Absicherung. Sie selbst nehmen kein Geld, sondern sie gestatten denjenigen, von denen sie beschützt werden, sich zu bereichern. Vor allem aus diesem Grunde wird es keine Prozesse gegen die Mafia geben, sondern höchstens gegen ein paar kleine Diebe, die ungeschickt genug sind, sich ertappen zu lassen. Das war stets der Fall – unter Chruschtschow wie unter Breschnew und Tschernenko.

Das Muster, nach dem die heutige Wirtschaftsmafia sich mit der politischen Führung zusammenschließt, ist äußerst einfach. Im Unterschied zur Stagnationszeit ist diese Allianz dauerhafter und weniger kraß. Es gibt sie, aber sie fällt nicht ins Auge. Die wirklichen Millionäre erfüllen jeden Wunsch »ihrer« Spitzenfunktionäre, ohne diese auch nur davon zu unterrichten. Die »Auftraggeber« und die Erfüllungsgehilfen sind durch so viele Verbindungsmänner voneinander getrennt, daß die Person an der Spitze sich nicht im geringsten vorstellen kann, wer am Fuß der Pyramide seiner emsigen Tätigkeit nachgeht. Aber ohne sie ist der Spitzenfunktionär verloren – wie jemand, dessen Luxusvilla zusammenbricht, wenn das Fundament verschwindet.

Das Wichtigste für jeden in dieser gigantischen Pyramide ist das Wissen darum, wer auf der Stufe unter und wer auf der Stufe über ihm steht, das heißt, wem er für einen erwiesenen Dienst verpflichtet ist. Und dies gilt für jeden auf jeder einzelnen Stufe. Wie die Verpflichtung beglichen wird – ob durch eine Million, durch Gold, Diamanten, durch Charme, Erpressung, ob durch eine hilfreiche Information oder etwas anderes, sei es schwierig oder nicht, ob jemand ermordet, ins Gefängnis gesteckt oder mit der häßlichen Tochter eines Würdenträgers verheiratet werden muß –, all das ist völlig gleichgültig. Allein das Resultat zählt!

Niemand wird einem Machthaber der höchsten Kategorie 30 000, 70 000 oder 100 000 Rubel zustecken. Diese Dinge werden anders geregelt, auf moderne Art. Nehmen wir an, daß ein »großes Tier« den Wunsch hat, sich einen neuen Palast unter uralten Tannen auf dem märchenhaft schönen Schwarzmeerkap Pizunda zu bauen. Dazu benötigt er ein Grundstück von vielleicht zehn Hektar. Aber natürlich gibt es in Pizunda keine verfügbaren Grundstücke. Alles hat bereits einen Besitzer, oder irgend jemand kann zumindest Ansprüche geltend machen. Die Verwirklichung seines Wunsches erfordert Kontakte mit den Sowjets, mit der Kurortverwaltung, mit der staatlichen Aufsicht, mit der Gesundheitsbehörde und zahlreichen anderen Ämtern. Nur wer über die realen Verhältnisse in Abchasien (auf dessen Territorium Pizunda liegt) im Bilde ist, kann begreifen, welch ein Vermögen dies alles kostet.

Und nun ist der Wunsch erfüllt: Das Grundstück ist erworben, und der ersehnte Palast wird neben den bereits existierenden gebaut. Das »große Tier« weiß nicht und will nicht wissen, wieviel die Sache gekostet und wer den Preis bezahlt hat. Kann man behaupten, das »große Tier« habe etwas von jemandem »erhalten«? Lächerlich! Natürlich nicht. Der Gute hat keine Ahnung von den Ausgaben und wird auch nie Genaueres erfahren. Denn sonst müßte ja mit Ermittlungen und gerichtlichen Schritten gerechnet werden. Aber dafür weiß er ganz genau, wer die Sache »ganz oben« für ihn gedeichselt hat. Und dieser weiß, wer auf einer etwas niedrigeren Stufe verantwortlich ist. Und dieser wiederum... So sind sie alle miteinander verknüpft. Aber wem ist was vorzuwerfen? Wem ist was nachzuweisen?

Manche meinen, daß die im Land so beliebten Gespräche über die Datschas, Autos, Juwelen und Kleider der herrschenden Elite das spießbürgerliche Interesse des einfachen Mannes an den Reichen in einem armen Staat beweist. Aber das ist nicht der springende Punkt. Vielmehr ist es diese Elite, die durch ihr Interesse an Vergünstigungen und Kostbarkeiten ihren kleinlichen, spießbürgerlichen Geschmack und ihre spießbürgerlichen Bedürfnisse und Bestrebungen verrät. Man braucht kein großer Psychologe zu sein, um zu durchschauen, was die Elite in Wirklichkeit beschäftigt, wenn sie sich in aller Öffentlichkeit ekstatisch an die vom Volk verachteten und verhaßten Privilegien klammert, wenn sie alles an sich rafft, was sie nur kann.

Der persönliche Wohlstand der Nomenklatura ist geradezu heilig, das größte aller Staatsgeheimnisse. Was die Tätigkeit der Ermittlergruppe Telman Gdljans, vor allem seine veröffentlichten Erklärungen betraf, so wurde die Empörung der »Partokratie« weniger durch die Beschlagnahme (oder die in Aussicht gestellte Beschlagnahme) eines unerheblichen Teils ihrer Reichtümer ausgelöst als durch eine unerhörte politischen Provokation: Das »Privatleben« der Nomenklatura, ihre Einkünfte und ihr Wohlstand waren zum Objekt öffentlicher Erörterung geworden.

Experten sind der Ansicht, daß es in der Sowjetunion nicht weniger als 200000 Familien gibt, die über ein Vermögen von mehr als einer Million Rubel verfügen. Unter ihnen sind nur dreihundert bis vierhundert Personen – berühmte Theaterleute, populäre Maler, Komponisten, Filmschauspieler –, die solche Reichtümer, wenn auch nicht ganz legal, durch ihre Arbeit erworben haben könnten. Die übrigen sind hohe Funktionäre und »Dunkelmänner«, die manchmal allerdings kaum voneinander zu unterscheiden sind. Doch das Hauptvermögen der Nomenklatura – das, was sich durch keinen Betrag beziffern läßt – besteht in dem (völlig kostenlosen) Luxus, der ihr durch ihren Rang, durch ihre Zugehörigkeit zum System und zu dessen Günstlingen zuteil wird. Dieses geniale Modell, von Stalin ersonnen und entwickelt, hat ihn selbst und seine politischen Nachfolger überlebt und leistet auch den Mitgliedern der Nomenklatura prächtige Dienste, die Stalin verwünschen und verfluchen.

Es liegt auf der Hand, daß die natürlichen, von der Perestroika hervorgebrachten gesellschaftlichen Prozesse zwangsläufig dazu führen werden, daß sich sogar die höchsten Amtsträger schließlich von ihren »Staatsdatschas« und von den Posten, denen diese Datschas zugeordnet sind, werden trennen müssen. Und nun greift eine neue Epidemie um sich: Die kostenlosen Staatsdatschas werden in käuflich zu erwerbende Privatdatschas umgewandelt, damit die hohen Funktionäre sie auch unter veränderten Umständen behalten können. Der skandalöse Versuch von Ministerpräsident Ryshkow, seine »staatliche« Villa mit anderthalb Hektar Waldland für 47 000 Rubel zu kaufen, ist weithin bekannt. Der Versuch scheiterte durch die rechtzeitige Veröffentlichung eines Zeitungsartikels. Aber Dutzende von Marschällen, Hunderte von Generalen, Tausende von nicht allzusehr auf ihre Popularität bedachten Apparatschiks haben ihr Ziel erreicht. Für 30–40 000 Rubel wurden mehrstöckige Villen mit zwölf bis fünfzehn Zimmern, mit einer großen Zahl von Nebengebäuden, mit Wäldern, Teichen und Swimming-pools »verkauft«. Zum Vergleich sei erwähnt, daß meine winzige, außerhalb der Stadt gelegene Zweizimmerwohnung (ich mußte siebzehn Jahre auf die Kaufgenehmigung warten!) – ohne einen einzigen Meter Boden auch nur für ein Blumenbeet – 22 000 Rubel kostete.

Die Tatsache, daß den neuen »Herrschern des Lebens«, die sich in keine Schlange einzureihen brauchten, kostenlos riesige Wohnungen und Datschas angeboten wurden (die Miete ist rein symbolischer Art), empörte die Bevölkerung, als die Zeitungen davon berichteten, aber sie machte die Führer der Perestroika keineswegs verlegen. Wie nicht anders zu erwarten war, unterschieden sie sich um kein Jota von ihren Vorgängern, denen sie leidenschaftlich vorgeworfen hatten, illegale Privilegien zu genießen. In der Presse erschien eine lange Liste der Mitglieder aus Gorbatschows Mannschaft, die auf zynische Weise, nämlich ohne Wartezeit, in den Besitz bequemer, 150 bis 250 Quadratmeter großer Wohnungen (weitaus größer, als es die Vorschriften zulassen) gekommen waren – und dies, während gleichzeitig Millionen ihrer Mitbürger weiterhin in Kellern und Behelfsunterkünften wohnen müssen, obwohl sie bereits zehn, fünfzehn oder zwanzig Jahre auf eine anständige Behausung warten. Strenggenommen waren die »neuen« Leute nicht anders als die »alten«, denn sie zeigten die gleiche egoistische und unverschämte Mißachtung des Gesetzes und der sozialen Gerechtigkeit.

Besonders aufschlußreich ist, daß diese prächtigen Eigenschaften auch von den offiziellen Kämpfern gegen solche Privilegien an den Tag gelegt wurden, zum Beispiel von Jewgenij Primakow, einem Komiteevorsitzenden des Obersten Sowjets der UdSSR, und anderen. Kein einziger der vielen Dutzend hohen Funktionäre, die sich der Presse zufolge großflächige Wohnungen und Datschas angeeignet hatten, war bereit, öffentlich zu den Vorwürfen Stellung zu nehmen. Und als ruchbar wurde, daß Marschälle und Generale, die noch 1990 über die Unzulässigkeit eines »süßen Lebens« auf Kosten der Steuerzahler gewettert hatten, plötzlich Eigentümer von Villen mit fünfzehn oder zwanzig Zimmern (im Wert von Hunderttausenden oder Millionen Rubeln) geworden waren, beschwerte sich Verteidigungsminister Dmitrij Jasow (der sich selbst ein Mini-Versailles gebaut hatte) über »eine Kampagne zur Diskreditierung der Sowjetarmee«.

Über solche Dinge braucht man sich nicht zu wundern. Das System hat sich nicht gewandelt: Fast alle Befürworter der Perestroika sind Parteiapparatschiks vom alten Schlag; ihr Denken, ihre moralischen Kriterien, ihre geheimen Träume und ihre Wertvorstellungen sind identisch mit denen ihrer abgesetzten Vorgänger. Und es kann auch gar nicht anders sein. Bemerken wir am Rande, daß keiner der beiden Breschnewschen »Landsitze«, die jeweils zehn Millionen Rubel wert sind, seit 1986 benutzt worden ist. Aber jährlich werden 245000 Rubel für ihre Instandhaltung ausgegeben (das dafür zuständige Personal umfaßt dreißig Leute). Auf wen warten diese »Landsitze«? Auf neue Bewohner?

Die Frage ist alles andere als rhetorisch, und vielleicht liegt die Antwort bereits vor. Die einst Stalin gehörende Datscha unweit Moskaus wurde Ende 1990 zu einem »Büro« für den

Präsidenten der UdSSR umgebaut, was das Zentralkomitee (!) ungefähr 50 Millionen Rubel kostete. Erstaunlich sind nicht nur die Sehnsucht nach geschmacklosem Luxus und die primitive Protzerei, sondern vor allem die völlige Mißachtung der öffentlichen Meinung, die Gleichgültigkeit gegenüber der Reaktion »unseres« Volkes, dessen Wohlergehen der Präsident zu seinem höchsten Anliegen erklärt hat. Übrigens waren es nicht nur die sowjetischen Vorgänger des Präsidenten, die an dieser Krankheit litten. Alexander Kerenskij, das streng antimonarchistische Oberhaupt der provisorischen Regierung, konnte sich im Sommer 1917 nichts Schöneres vorstellen, als in die majestätische Ruhe des Winterpalais einzuziehen. Diese dümmlichen Traditionen reichen bis weit in die russische Geschichte zurück.

Warum halte ich es für nötig, »kleinbürgerlichen« Stimmungen nachzugeben und dieses Thema zu behandeln? Weil das Bemühen der letztlich (oder vielleicht ist das letzte Wort noch nicht gesprochen?) Herrschenden, soviel wie möglich von den ihnen bescherten Segnungen des Systems an sich zu raffen, deutlich macht, wie ihre wirklichen, von politischer Demagogie getarnten Begierden aussehen. Dies liefert eine psychologische Erklärung dafür, weshalb sie dem Druck der Mafia gegenüber so gefügig sind, weshalb sie den ihnen zufallenden Reichtümern nicht widerstehen können und weshalb sie geistig mit denen verwandt sind, die ihnen so geschickte Fallen stellen. Vergessen wir nicht, daß die Nomenklatura fast ausschließlich aus ungebildeten und einfachen, unwissenden Menschen besteht, die aus einem philisterhaften Milieu stammen. Es sind Neureiche im buchstäblichen Sinne des Wortes. Ihnen fällt es sehr schwer, auf das schöne Leben zu verzichten, das sie so mühelos (von den Mühen ihrer Karrieretricks einmal abgesehen) für sich abgesteckt haben: auf den Marmor, die Teppiche, die Kronleuchter, die Luxusmöbel – auf all das, was Boris Jelzin in seinen Memoiren mit verständlichem Spott schildert.

Natürlich ist es heute undenkbar, daß sie sich die Privilegien der Breschnew-Zeit gestatten, die damals als Norm galten, nun jedoch wie eine wahnsinnige, böse Farce anmuten. Es ist schwer zu glauben, daß einem Politbüromitglied noch vor gar nicht langer Zeit ein getrennter Waggon mit seiner persönlichen Kuh und seiner persönlichen Melkerin in einen Kurort nachgeschickt wurde, damit die Milchsorte unverändert blieb, an die sich der geschwächte Magen des durch die unerträgliche dienstliche Belastung geschädigten Parteibonzen gewöhnt hatte. Aber auch die neuen Hierarchien genießen immer noch für ein verarmtes Land so unerhörte Vergünstigungen, daß Ella Pamfilowa, die stellvertretende Vorsitzende der vom Obersten Sowjet der UdSSR eingerichteten Kommission zur Untersuchung von Privilegien, mit den heutigen (nicht mit den gestrigen, sondern den heutigen!) Spitzenpolitikern zusammenstieß und hastig aus der Partei austrat. Ich möchte dieses Thema mit einem Hinweis auf Alexander Solschenizyns kürzlich erschienenen Essay *Rußlands Weg aus der Krise* abschließen. Er meint: »Die ausschweifende herrschende Klasse, die millionenköpfige Nomenklatura von Partei und Staat... ist nicht dazu fähig, freiwillig auf die von ihr eroberten Privilegien zu verzichten. Seit Jahrzehnten lebt sie gewissenlos auf Kosten des Volkes – und sie möchte, daß es so weitergeht.«

Die Erreichung dieses Ziels fordert gewisse organisatorische Vorkehrungen, denn heute, da sich die politische Situation grundlegend geändert hat, wird nichts mehr durch individuelle Willkürakte entschieden. Ein anschauliches Beispiel lieferte der XXVIII. Parteitag der KPdSU. Obwohl die Partei ihre in Artikel 6 der Verfassung festgelegte »Führungsrolle« aufgab, war sie dazu in der Praxis noch gar nicht fähig. Um radikale demokratische Reformen und die Verwandlung in eine Partei parlamentarischen Typs zu vermeiden, nahmen der Mafia angehörende Kräfte sich vor, für die Auswahl von Delegierten zu sorgen, die unerschütterlich für die Erhaltung des Status quo eintraten. Diese Aufgabe übertrug man Gennadij Rasumowskij, dem ZK-Sekretär, der die Kaderpolitik leitete (er war, wie erwähnt, kurz zuvor Medunows und Worotnikows Nachfolger in der »Mafiahauptstadt« Krasnodar gewesen). Er erfüllte den Auftrag geradezu vorbildlich: Nicht weniger als neunzig Prozent der Delegierten waren erbitterte Gegner der Reformen. Diese Delegierten (genauer gesagt diejenigen, welche die regionalen Organisationen der RSFSR vertraten) riefen einen »Gründungskongreß« aus, bildeten eine dem Gesetz und der Satzung der KPdSU widersprechende »Kommunistische Partei

Rußlands« und wählten Iwan Poloskow, den Nachfolger Rasumowskijs in Krasnodar, zu ihrem Parteichef. Bevor Poloskow seinen neuen Posten in Moskau antrat, war es ihm gelungen, mehr als dreihundert Kooperativen in der Region Krasnodar gewaltsam aufzulösen.

Rasumowskij leistete auch der Militärmafia einen unschätzbaren Dienst. Unter seiner Federführung fand am 20. Dezember 1989 im Zentralkomitee eine Generalkonferenz statt, auf der die Situation erörtert wurde, die sich im Zusammenhang mit der Gründung einer Militärgewerkschaft namens »Schild« ergeben hatte. Der Gewerkschaft gehören Offiziere mittleren und niedrigen Ranges an; sie bilden die demokratische Opposition zu den »Falken«, was bedeutet, daß sie sich für Glasnost und demokratische Reformen innerhalb der Sowjetarmee einsetzen. Unter Rasumowskijs Leitung entschied die Konferenz, jedes Mitglied von »Schild« innerhalb von vierundzwanzig Stunden aus der Armee auszuschließen.

Blieb die Mafia in Rasumowskijs Schuld? Keineswegs. Sie bedankte sich einem vorher abgegebene Versprechen gemäß: Rasumowskij erhielt einen ruhigen Posten als Generalkonsul in Shanghai. Der Träger dieses Amtes gehört zur KGB-Nomenklatura und genießt ein von jedem Apparatschik erträumtes sorgenfreies Leben im Ausland. Er ist fern von allen politischen Auseinandersetzungen und verfügt über einen Devisenhaushalt, der praktisch von niemandem kontrolliert wird. Es ist ein paradiesisches Eckchen für die Zeit vor dem Rückzug in den wohlverdienten Ruhestand.[*]

---

[*] »Gute Taten« werden nicht vergessen – dies ist eine seit Breschnew unveränderte Tradition. Zum Beispiel arbeitet General Sergej Tolkunow, der frühere Chef der KGB-Verwaltung von Stawropol, ungeachtet seiner fünfundsiebzig Jahre immer noch in der Zentrale, wo er den sehr hohen Posten des KGB-Inspektionsleiters der UdSSR bekleidet. Vielleicht gibt es hier eine noch einfachere Erklärung, denn der General weiß schließlich sehr viel... Auch die Dienste der großen Parteibosse, die so viel getan haben, um die »Männer von gestern« zu retten, sind durchaus nicht übersehen worden. Fast alle wurden still und leise zu »Diplomaten« gemacht. Semjon Grossu, der frühere Chef der Moldaurepublik, übernahm mit sechsundfünfzig (!) Jahren den Posten eines bescheidenen Attachés an der sowjetischen Botschaft in Mexiko; Suren Arutunjan, ZK-Sekretär der armenischen Partei, wurde Generalkonsul in Casablanca; Alexander Kapto, Leiter der ZK-Ideologieabteilung, ging als Sowjetbotschafter nach Pjöngjang. Doch diejenigen, die keine

Iwan Poloskow wiederum führte den Befehl derjenigen aus, die ihn zum Führer einer recht illusionären Partei gemacht hatten, und rief, wie zu erwarten war, zu einem entschlossenen Kampf gegen die Mafia auf! Er stellte diesen Begriff gleichsam auf den Kopf, machte sich die seit einem Dreivierteljahrhundert bei uns gängige Parole von der »sozialen Gleichheit« zunutze und trat auf der politischen Bühne mit einem Angriff auf die Kooperativen hervor, besonders auf die staatlich-kooperative Vereinigung ANT, die dabei war, eines der kühnsten und fortschrittlichsten Projekte zu verwirklichen: den Auslandsverkauf von veraltetem, in Schrott verwandeltem Militärgerät im Austausch gegen eine gewaltige Menge im Land akut benötigter Waren – von Wurst und Hosen bis hin zu Waschpulver und Präservativen. Hinter dem Projekt, das 35 Milliarden Dollar wert war, standen Gorbatschow und Ministerpräsident Ryshkow, aber der Schlag sollte nicht nur sie persönlich treffen, sondern er richtete sich vor allem gegen den geplanten Übergang zur Marktwirtschaft, gegen die Idee eines freien und profitablen Handels.

Warum? Weil die von der Mafia durchsetzte Nomenklatura sich an das alte administrative Kommandosystem mit seiner zentralen Planung gewöhnt hatte, das ihr Macht und Geld garantierte. Die sogenannten »Geschäftsleute« und Schwarzhändler erhalten ihre Einnahmen direkt von den bürokratisch organisierten Behörden und teilen ihre Dividenden mit ihnen. Das Kapital der Nomenklatura ist der Zins, der für den Rang, das Amt, den Dienstsessel eines Funktionärs gezahlt wird, denn ohne sie wäre er eine Null. Die Nomenklatura von Partei und Verwaltung kann auf die Marktwirtschaft verzichten, denn unter wirklich marktwirtschaftlichen Verhältnissen würde sie mit dem Machtverlust auch ihre Einnahmen verlieren.

Andererseits enthalten die Schreie der Banditen, die legitime Kinder des Staatsmonopols sind, ein Körnchen Wahrheit. In einer Marktwirtschaft würde sich für einige Mafiosi, die bereits beträchtliche Summen angesammelt haben, tatsächlich die Möglichkeit ergeben, diese Beträge legal in Umlauf zu brin-

---

»wertvollen Informationen« besaßen und von denen man nichts zu befürchten hatte, wurden sofort in den Ruhestand geschickt.

gen (»schmutziges Geld zu waschen«, wie die Poloskow-Anhänger in ihren Zeitungen schreiben). Dies ist eines der unvermeidlichen moralischen Probleme der Perestroika, der Preis, der für das von der politischen Mafia seit einem Dreivierteljahrhundert angerichtete wirtschaftliche Chaos zu zahlen ist. Doch wenn sich die Hoffnung auf eine Marktwirtschaft nicht erfüllt, wird diese Mafia weiterhin – wie seit vielen Jahrzehnten – gedeihen.

Im Grunde ist der Kampf der Reaktionäre und »Partokraten« gegen die Marktwirtschaft nichts anderes als der Kampf der Mafia um ihre Position und ihren Reichtum – sowohl um das, was sie bereits besitzt, als auch um das, was ihr unvermeidlich zufallen wird, wenn sie an der Macht bleibt. Die dümmsten Mafiavertreter, die nur an ihren Machtpositionen interessiert sind, kämpfen gegen jene Mafiosi, die unter neuen Wirtschaftsbedingungen arbeiten und die angehäuften Reichtümer, die vorläufig nichts als Ballast sind, nutzen wollen. Wenn die Marktwirtschaft zustande kommt, werden die letzteren keine Mafiosi mehr sein (nicht jetzt, doch später, später!), sondern sich in normale Akteure in einem normalen Wirtschaftssystem verwandeln.

Aber wird es dazu kommen? Die Zukunft muß zeigen, welche Seite den Sieg davonträgt. Klar ist nur eines: Die Mafia wird in jedem Fall siegen.

11. KAPITEL

Was nun?

Bei einem der Informationsgespräche, die das Ministerium für Innere Angelegenheiten der UdSSR im Frühjahr 1991 durchführte, wurde die Bilanz des Kampfes gegen die Korruption im letzten Jahrzehnt gezogen. Zahlen flimmerten vorbei, auf die man sich kaum konzentrieren konnte und die erst recht nicht vorstellbar waren. Doch plötzlich hoben sich einige Angaben von den übrigen ab: Die Zahl der Kommunisten, die während dieser zehn Jahre wegen Empfangs von Bestechungsgeldern verurteilt worden waren, hatte um fünfundsiebzig Prozent zugenommen; die Organisatoren der Verbrechergruppen, die in staatlichen Betrieben Geld, Waren und Material gestohlen hatten, waren in achtzig Prozent der Fälle die Betriebsleiter selbst – ausnahmslos Kommunisten!

Eindrucksvolle Zahlen, doch was bedeuten sie? Daß die Partei an sich verbrecherisch ist? Daß sie zu einem erheblichen Teil aus Verbrechern besteht? Nein, weder das eine noch das andere trifft meines Erachtens zu. Die Zahlen bedeuten, daß man nur Schmiergelder nehmen kann, wenn man etwas zu bieten hat, und daß nur derjenige fähig ist, sich staatliche Vermögenswerte anzueignen, der zu ihnen Zugang hat. Und die Verteiler von Privilegien, die sich solcher Nachfrage erfreuten, ebenso wie die Leiter auch der kleinsten und kümmerlichsten Betriebe (von den Großunternehmen gar nicht zu reden), mußten bis vor kurzem der Kommunistischen Partei angehören – folglich bemühten sich alle, die sich bereichern wollten, um die Parteimitgliedschaft.

Der Prozeß der Bereicherung vollzog sich in drei Stadien, die an den Aufbau eines klassischen Dreiakters erinnerten: 1. Eintritt in die Partei; 2. Beförderung auf einen vielversprechenden Posten; 3. Nutzung des Postens für persönliche Ziele. Die einen begnügten sich mit dem, was ihnen infolge ihrer Stellung legal zustand: etwa mit der Möglichkeit, vieles kostenlos zu erhalten, wofür der »normale Sterbliche« beträchtliche Summen aufwenden mußte (Wohnung, Datscha, Auto, Lebensmittel, »Dienstreisen« – unter Devisenzuteilung – ins Ausland usw.). Die anderen, die zu Abenteuern und Geschäftemachereien neigten, nutzten die vielfältigen Gelegenheiten, die ihnen das absurde Wirtschaftssystem bot, sowie die zahlreichen »Schlupflöcher« zur weiteren Bereicherung. Sie gerieten in direkten Konflikt mit dem Gesetz, wobei sie sich bewußt oder unbewußt daran ergötzten, daß die Chance, erwischt zu werden, praktisch gleich Null war. Bereits am Ende der Breschnewschen Stagnationszeit räumten frühere Vertreter der Staatsanwaltschaft ein, daß die latente Kriminalität im Bereich von Korruption und Diebstahl staatlicher Vermögenswerte bei über neunundneunzig Prozent liege!

Aber die Situation änderte sich, und die Kommunistische Partei büßte ihr Monopol ein. Es war bereits nicht mehr obligatorisch und manchmal sogar nicht mehr ratsam, der Partei anzugehören, wenn man einen Führungsposten in der Verwaltung anstrebte, wo die lebenswichtigen Privilegien verteilt werden, ganz zu schweigen von Posten in der Herstellung von Massenkonsumartikeln, in Volkswirtschaft und Handel. Hieß dies etwa, daß die Partei sich von der Macht und allem entfernte, was die Macht ihren Besitzern zu bescheren vermag? Oder, genauer gesagt, hieß dies etwa, daß die sowjetische Mafia auf dem Weg zur Selbstzerstörung war, denn schließlich ging sie als Produkt des kommunistischen politischen Systems aus den Parteistrukturen hervor? Die Antwort liegt auf der Hand: Natürlich nicht, denn was sich vollzog, war nur eine Umverteilung und Umbenennung des Mafiapersonals und seine Integration in das neue Wirtschaftsgefüge, während das politische System unverändert blieb und nur versuchte, seine überaus häßliche Fassade zu verschönern.

Entscheidend war nicht einmal, daß Michail Gorbatschow und sein Team, wie sie immer wieder betonten, der »sozialistischen Auslese« treu blieben. Auf die Begriffe und Definitionen, mit denen die sowjetische Propaganda wie immer ohne Unterbrechung jonglierte, kam es nicht an. Die Hauptsache war vielmehr, daß die Parteimafia sich den neuen Bedingungen anpaßte und dabei die reine Ideologie aufgab, die sie früher als

Schutzschirm benutzt hatte. Ihr vorrangiges Ziel war, ihren Reichtum zu retten und zu vervielfachen, indem sie überall Personen unterbrachte, die diese Aufgabe durchführen konnten. Da in der Übergangsperiode vom sowjetischen Sozialismus zum sowjetischen Kapitalismus sämtliche Machthebel in den Händen der Parteinomenklatura blieben, ebenso wie das Ausgangskapital für die zukünftigen Geschäfte, hatte die Nomenklatura die besten Aussichten, in der entstehenden Wirtschaft neuen Typs günstige Positionen zu besetzen, so daß die Mafia auf weiteren Wohlstand hoffen durfte.

Wir wurden Zeugen eines erstaunlichen, in der Weltgeschichte einzigartigen Vorgangs: Angesichts einer möglichen Konfiszierung oder Verteilung des Parteivermögens wurde die Kasse der KPdSU ständig »schwindsüchtiger«, während – und dies ist noch erstaunlicher – das Staatseigentum auf rätselhafte Weise (noch vor der Verabschiedung eines Privatisierungsgesetzes) privatisiert wurde und sich in Grundkapital für verschiedene Banken, Verbände, Aktiengesellschaften, Gesellschaften mit beschränkter Haftung, Joint Ventures und andere wirtschaftliche Neubildungen verwandelte. An ihrer Spitze standen natürlich die »eigenen« Leute. Sekretäre von Gebiets- und Stadtparteikomitees, frühere Vorsitzende von Exekutivkomitees, ihre Stellvertreter und Assistenten – kurz, die Führungselite – wurden plötzlich zu Vorsitzenden und stellvertretenden Vorsitzenden aller möglichen Firmen: Parteiapparatschiks übernahmen die Rolle von Managern.

Hier vollzog sich nicht nur ein Wechsel der Bezeichnungen, nicht nur die Befreiung von einem alten, in Verruf geratenen, nicht nur die Übernahme eines neuen, verheißungsvoll klingenden Status – nein, man paßte sich der Arbeit unter neuen Bedingungen an. Hunderte und Tausende von »Business Schools«, die sowjetische Manager im Ausland oder bei Kreuzfahrten an Bord von Luxusdampfern ausbildeten, waren überfüllt von Teilnehmern, denen die hastig umbenannten, doch wie früher unter Parteikontrolle befindlichen Organe frei konvertierbare Devisen zur Verfügung gestellt hatten. Wenn andere Bürger Devisen besaßen, war es gefährlich für sie, das Geld auszugeben, da seine Herkunft nicht hundertprozentig legal sein konnte. Dagegen brachte die Partei für die Ausbildung ihrer »eigenen« Leute wie selbstverständlich Devisen auf und transferierte sie von Konto zu Konto.

Die Legalisierung der Mafia und ihrer Aktivitäten ist eine der bemerkenswertesten Erscheinungen der Perestroika. Die Mafia, die in den Anfangsstadien der Zeit nach Breschnew in großen Schrecken versetzt worden war, kam nun zu sich und schuf rasch Bedingungen dafür, daß Leute wie Schtscholokow sich nicht mehr zu erschießen brauchten. Das, was Schtscholokow und seine Gesinnungsgenossen illegal getan hatten, ließ sich nun auf völlig legaler Grundlage verwirklichen.

In den letzten anderthalb bis zwei Jahren wurden mit offensichtlich politischer Zielsetzung mehrere Versuche unternommen, eine Reihe von im Laufe der Perestroika entstandenen Kooperativen, die sofort einen schwunghaften Handel aufgenommen hatten, zu kompromittieren. Dies gilt für die im letzten Kapitel erwähnte ANT*, die sich um einen äußerst vorteilhaften Vertragsabschluß über 35 Milliarden Dollar bemühte; dies gilt für die Torpedierung eines Abkommens, das in der Presse als »140-Milliarden-Dollar-Geschäft«** bezeichnet wurde; dies gilt zu guter Letzt für den verzweifelten Versuch,

---

* Dieses Buch war bereits geschrieben, als der Krasnodarer Journalist Wladimir Udatschin, der Autor eines sensationellen Artikels in der erzreaktionären Zeitung *Sowetskaja Rossija*, wo der angebliche ANT-Auslandsverkauf von Panzern gegen Lebensmittel zuerst »entlarvt« wurde, der *Literaturnaja gaseta* folgendes gestand: Er habe den Artikel auf direkte Anweisung Iwan Poloskows, des späteren Chefs der Kommunistischen Partei Rußlands, der damals Erster Sekretär des Krasnodarer Regionskomitees war, sowie unter Mithilfe der örtlichen KGB-Organe veröffentlicht. Nachdem er versucht habe, sich der Beteiligung an dieser Provokation zu entziehen, habe man die Redaktionsleitung von *Sowetskaja Rossija* angerufen und mit seiner Entlassung gedroht. Wladimir Udatschin sah mit eigenen Augen im Hafen von Noworossijsk für den Abtransport ins Ausland bereitstehende Panzer, während in dem Vertrag sowie in den Frachtdokumenten von veralteten Landwirtschaftsgeräten die Rede war, die verschrottet werden sollten. Wer den Umtausch vornahm, blieb ein Rätsel. Dafür ist klar, welchem Zweck er diente: Der »zufällige Fund« war auf die Eröffnung des am nächsten Tag beginnenden ZK-Plenums der KPdSU abgestimmt und sollte Gorbatschow einen Schlag versetzen.

** Gemeint ist ein Transferabkommen, das Gennadij Filschin, der Stellvertretende Ministerpräsident Rußlands, mit ausländischen Vertragspartnern unterzeichnete. Der Angriff führte zur Vereitelung des Abkommens, das eine rasche Lösung für die Lebensmittelkrise der gesamten Ural-Region verheißen hatte, und zum erzwungenen Rücktritt Filschins, eines sehr engen Mitarbeiters von Boris Jelzin.

Boris Jelzin eine direkte, aus Eigennutz geknüpfte Beziehung zur italienischen Mafia zu unterstellen (buchstäblich am Vorabend der russischen Präsidentenwahl). Bei genauerer Betrachtung wird klar, daß KGB und MWD nicht einfach das Feuer auf diese oder jene Politiker eröffnet hatten, nicht einfach auf ihnen unliebsame Personen, sondern auf Firmen, Kooperativen oder Joint Ventures, die nicht unter ihrer Ägide, nicht mit dem Segen der Mafia organisiert und nicht von ihren Protegés vollendet worden waren, weshalb die Mafia mit keinerlei Einkünften rechnen konnte. Einfacher gesagt, man hatte das Feuer auf die Konkurrenz eröffnet.

Mein alter Kommilitone Boris Bolotin (vom Institut für Weltwirtschaft und internationale Beziehungen) erzählte mir von einem Seminarvortrag Sergej Kurginjans – von der Ausbildung her Physiker, von Beruf Theaterregisseur –, der Wirtschaftsberater (!) von Ministerpräsident Valentin Pawlow geworden war. In diesem Seminar bezichtigte der seit langem als »Ökonom in Zivil« bekannte Kurginjan die »sowjetische Mafia«, unter Einsatz »umfassender Währungssabotage« mit führenden Politikern des Westens, besonders der USA, zusammenzuarbeiten. Die amerikanischen Geheimdienste hätten eine Milliarde Dollar in die UdSSR eingeschmuggelt, sie den Leitern von Kooperativen (wem denn sonst?) für 20 Milliarden verkauft und dann mit deren Hilfe strategisch wichtige Rohstoffe erworben, die in den USA 100 Milliarden Dollar kosteten. Diese Phantastereien des gescheiterten Dramaturgen wurden später von KGB-Chef Wladimir Krjutschkow auf dem Podium des Kongresses der Volksdeputierten der UdSSR und schließlich von Ministerpräsident Pawlow selbst wiederholt. Die zu erwartende Reaktion des Westens auf diesen Unsinn interessierte sie nicht im geringsten. Ihr Ziel bestand nämlich darin, den »Volkszorn« (der durchaus begründet und gerechtfertigt ist) gegen die sowjetische Mafia zu entfachen, diesen Zorn dann in eine ganz andere Richtung zu lenken und Personen als »Mafiosi« zu bezeichnen, die gar keine waren.

Unterdessen werden solche Kooperativen gegründet und mit allen Mitteln unterstützt, in denen die echte, nicht die in den Kremlbüros erfundene Mafia ihr Kapital investiert und ihre Leute untergebracht hat. Die sorgfältigen Nachforschungen meines jungen Kollegen Oleg Burmistrow gestatten mir, ein Beispiel zur Illustration anzuführen. Dieses Beispiel ist deshalb besonders aufschlußreich, weil hier nicht die Rede von mächtigen hauptstädtischen Konzernen ist, sondern von zwei bescheidenen provinziellen Joint Ventures, die sich bemühen, jegliche Reklame zu vermeiden.

In Jaroslawl, einem Gebietszentrum unweit von Moskau, wurden zwei sowjetisch-deutsche Joint-Venture-Unternehmen gegründet: »Jar-Kassel-System« und »Jarinvest«. Das erstere soll einen Hotelkomplex mit vierhundert Betten und eine Molkerei bauen, wobei die deutsche Seite die Finanzierung trägt. Experten halten diese grandiosen Pläne für äußerst zweifelhaft. Die 60 Millionen D-Mark, die in den Bau des Hotels investiert werden müssen, können sich schon deshalb nicht rentieren, weil in absehbarer Zukunft auf dem verwüsteten Boden von Jaroslawl nicht mit einer hinreichenden Menge ausländischer Touristen zu rechnen ist. Die Molkerei hat ebenfalls keine Existenzberechtigung, denn die im Gebiet bereits bestehenden Anlagen sind wegen Rohstoffmangels nur zur Hälfte ausgelastet.

Die deutsche Seite, die zum Mitgründer der Firma wurde, hat natürlich keinen einzigen Vertrag unterzeichnet. Aber die Firma hat ihre Tätigkeit unter dem Schirm eines scheinbaren Joint-Venture-Abkommens aufgenommen! Für sie arbeiten zahlreiche Parteiapparatschiks, die rechtzeitig in Manager umbenannt wurden. Sie haben bereits das gesamte (!) Startkapital von mehreren hunderttausend Rubeln, die aus dem Staatshaushalt transferiert wurden, und sämtliche Devisen (aus denselben Quellen) ausgegeben. Die Devisen dienen dazu, die häufigen Dienstreisen der Parteiapparatschiks – Pardon, der Manager – nach Deutschland zu bezahlen, wo ergebnislose Verhandlungen geführt werden. Andererseits, kann man diese Verhandlungen wirklich als ergebnislos bezeichnen? Jede Reise bringt dem »Manager« nämlich Einkünfte, die seinem Jahresgehalt entsprechen.

Während »Jar-Kassel-System« bankrott geht, floriert »Jarinvest«. Wie und auf wessen Kosten? Beide Firmen haben dieselben Gründer und werden von denselben Personen geleitet. Doch »Jarinvest« baut überhaupt nichts, sondern beschäftigt sich mit der Vermittlung von Außenhandelsoperationen, wobei sie den Umstand nutzt, daß die Hersteller keine Genehmigung für den selbständigen Export ihrer Erzeugnisse haben. Nachdem »Jarinvest« eine Erdölraffinerie zwingt, ihr Rohöl für dreißig Rubel pro Tonne (was laut Wechselkurs weniger als einem Dollar entspricht) zu verkaufen, setzt sie dieselbe Tonne in Europa für zweihundert Dollar ab. Diese Gelder machen das Einkommen der so erfolgreichen Geschäftsleute aus, die sich ein künstliches (und kunstvolles) Paradies geschaffen haben. Solche Wunder erstaunen uns kaum noch, wenn wir erfahren, daß als Organisator und Geschäftsführer beider Joint Ventures der Vorsitzende des Gebietsexekutivkomitees von Jaroslawl fungiert, der Volksdeputierte der RSFSR und Fraktionsmitglied der »Kommunisten Rußlands«, Kowaljow. In der Leitung beider Firmen sind sowohl sein Sohn wie zahlreiche alte Parteigenossen, ehemalige Angehörige der Gebietsnomenklatura, vertreten.

Diese sogenannten Joint Ventures existieren, ohne den Bankrott fürchten zu müssen, denn der Staatshaushalt garantiert ihnen die Begleichung sämtlicher Schulden und Ausgaben, was wieder einmal beweist, wie fiktiv der »private« oder auch nur »kooperative« Charakter solcher Unternehmen ist. In Wirklichkeit werden hier nur Vermögenswerte hin und her geschoben, um das Gedeihen der echten Mafia zu verbergen, die den Haß der Bevölkerung geschickt auf ihre Konkurrenten lenkt, nämlich auf die ehrlichen Geschäftsleute, welche die ersten zaghaften Schritte in der sowjetischen Pseudomarktwirtschaft machen, sowie auf die Vertreter anderer, weniger gut protegierter Mafiagruppen. (Laut Oleg Burmistrow steht hinter den obengenannten Firmen die erste sowjetische Kosmonautin und heutige Volksdeputierte der UdSSR, Valentina Tereschkowa, die als Vorsitzende des Bundes sowjetischer Freundschaftsgesellschaften bekannter ist. Ich verfüge über keine Beweise für diese Behauptung, aber es kann keinem Zweifel unterliegen, daß eine sehr einflußreiche Gestalt hinter diesen Firmen steht.) Es ist nicht auszuschließen, daß der Kampf zwischen den Mafia-Clans und die Versuche, ehrliche Konkurrenten zu ruinieren, jene Skandale auslösen, die sich nach außen hin als politische Konflikte darstellen. Unter heutigen sowjetischen Bedingungen verbirgt sich hinter jedem Joint Venture eine Machtstruktur, die sich aus den wirklichen oder vermeintlichen Leitern des Unternehmens und Vertretern der herrschenden Elite zusammensetzt. Das westliche Kapital spielt hier durchweg die Rolle eines Katalysators, durch den die Konflikte verschärft werden.

Wie es sich für jede Verbrecherorganisation gehört, besitzen auch die Mafiosi, die sich in den neugegründeten sowjetischen »Firmen« zusammenschließen, kompromittierendes Material über ihre Partner, das deren Loyalität zur »Freundesgemeinschaft« garantiert. Die erwähnte Erdölraffinerie, die unter so bestürzenden Verlusten zur Bereicherung der Mafia beiträgt, könnte natürlich einen besseren Partner für die Abnahme ihres Heizöls finden. Aber gegen den Direktor, der in ein paar für solche Leute übliche dunkle Machenschaften verwickelt war, ist schon zweimal eine Strafsache eingeleitet worden, und beide Male half ihm die Mafia aus der Patsche. Deshalb ist er (und wohl nicht nur er) durch eine feste Kette mit ihr verbunden. Nebenbei gesagt, während diese Zeilen geschrieben werden, haben die zentralen Milizbehörden in Moskau von sechsunddreißig allgemeinen Mafiakassen erfahren, aus denen Hilfsaktionen für ertappte Verbrecher finanziert werden (Bestechungsgelder, »Kauf« von Zeugen, Sicherung erträglicher Haftbedingungen usw.), doch die Miliz hat keine Möglichkeit, diese Kassen zu beschlagnahmen. Vielleicht will sie es auch gar nicht...

Ich habe zur Illustration des jetzigen Entwicklungsstadiums der sowjetischen Mafia bewußt ein recht unbedeutendes Beispiel aus der Provinz ausgewählt. Es ist nicht nur charakteristisch, sondern auch anschaulicher, denn in ihm treten sämtliche »Geheimnisse« der Mafia auf unkomplizierte Art zutage. Das gleiche geschieht auch in den oberen Machtetagen, aber dort sind die Operationen umfassender und die Hintergründe verschwommener, so daß nicht so leicht zu den Geheimnissen vorzudringen ist.

Wie etwa soll man die unbegreiflichen Transaktionen erklären, die auf dem Weltmarkt mit sowjetischem Gold angestellt werden? Im Jahre 1990 verkaufte die Sowjetunion 234 Tonnen Gold an den Westen – eine Zahl, die der ganzen Welt bekannt war, jedoch sorgfältig vor dem Sowjetvolk verborgen wurde. Bei einem Marktpreis von 400 Dollar pro Feinunze (an der Londoner Börse erreichte der Preis sogar 412 Dollar) wurde das Gold für 218 Dollar verkauft! Dies ist unmöglich mit der Inkompetenz der Verkäufer oder mit den außergewöhnlichen Umständen zu erklären, die einen eiligen Verkauf notwendig machten – dafür ist die Differenz zu gewaltig! Die Mafia (denn dies ist unzweifelhaft ihre Arbeit) schenkte also irgend jemandem auf Kosten unseres verarmten Landes mehr als eine Milliarde Dollar – und natürlich nicht ohne Vorteile für sich selbst. Das für die sowjetische Mafia und ihre westlichen Partner so profitable Geschäft führte zu keiner staatsanwaltschaftlichen Ermittlung. Die Steuerzahler fanden sich schweigend (die überwiegende Mehrheit war ohnehin nicht im Bilde) mit dem neuerlichen Diebstahl ab. Die Namen der Täter und ihre »Argumente« wurden nie veröffentlicht.

Das wohl beredteste Zeugnis der Vitalität, Kraft und Unzerstörbarkeit der Mafia ist die herausfordernde Offenheit, mit der sie in der veränderten politischen Situation und unter erhöhter Glasnost agiert. Kehren wir der Anschaulichkeit halber zu zwei Themen zurück, die in diesem Buch bereits recht ausführlich behandelt worden sind.

Das erste Thema ist das der berüchtigten »Privilegien«. In Wirklichkeit handelt es sich gar nicht um Privilegien, sondern einfach um den nationalen Reichtum, den die Partei-, die Staats- und die Militärmafia an sich gebracht haben und an dem sie sich krampfhaft festklammern. Denn wenn die Mafia ihren Reichtum aufgäbe, wäre sie nicht mehr die begünstigte Schicht, die sie heute ist. Damit würden jeder einzelne ihrer Vertreter und das gesamte System untergehen, mit dem die Mafia zu einem einheitlichen Ganzen verschmolzen ist.

Was verblüffend ist: Unsere führenden Politiker, die sich in professioneller Hinsicht, milde gesprochen, hilflos oder gar tölpelhaft aufführten, zeigten bemerkenswerten Scharfsinn, als ihnen der Verlust ihrer materiellen Güter drohte. Nikolaj Ryshkow schaffte es als Ministerpräsident, rechtzeitig einen Beschluß zu unterzeichnen, der ihm persönlich und dem von ihm geleiteten Ministerrat das Recht gab, gegen eine rein symbolische Bezahlung die von ihnen seit vielen Jahren kostenlos bewohnten »Staatsdatschas« mit Wirtschaftsgebäuden, Möbeln und anderem Inventar zu erwerben. Das gleiche vollbrachte Verteidigungsminister Dmitrij Jasow für seine schneidigen Generale. Das gleiche vollbrachten – im Rahmen ihrer »Kompetenz« – alle möglichen Bosse auf etwas niedrigeren Ebenen. Niemand brauchte sich zu grämen, weder die Würdenträger noch ihre treuen Diener.

Ein weiteres Beispiel (die Liste ließe sich endlos fortsetzen): Alexandra Birjukowa, die für Sozialfürsorge und soziale Gerechtigkeit verantwortlich war, durfte sich ein Haus mit Grundstück, Garage und Möbeln zu einem Preis kaufen, der nach sehr vorsichtigen Schätzungen von Experten ein Hundertsechzigstel des realen Immobilienwertes ausmachte. Kein einziges Rechtsorgan zog die Gesetzlichkeit solcher »legalen« Diebstähle in Zweifel. Die Hearings vor einem speziell zu diesem Zweck gegründeten Ausschuß des Obersten Sowjets der UdSSR blieben ergebnislos. Wie seit einem Dreivierteljahrhundert entzogen sich die höchsten Machtorgane jeglicher Kontrolle, und sie waren nicht bereit, sich einer finanziellen oder sonstigen Revision unterziehen zu lassen. Die seit Stalins Zeiten sorgsam gehütete Geheimhaltung sichert der herrschenden Mafia bis heute den Status der Unantastbarkeit.

Man entsinne sich an den im Sommer 1991 ausgebrochenen Skandal, der darauf zurückging, daß einer der Mitarbeiter des amerikanischen Weißen Hauses öffentliche Transportmittel für persönliche Zwecke eingesetzt hatte. Beim sowjetischen Leser können solche Mitteilungen nur ein müdes Lächeln hervorrufen. Seit langem weiß jeder von den Flügen riesiger Passagiermaschinen, mit denen die Parteibosse und, vor allem, die Marschälle und Generale ihre Familien, Freunde und Geliebten hin und her befördern und Möbel und allen möglichen Plunder transportieren. Aber niemand ist in der Lage, etwas dagegen zu unternehmen, denn es handelt sich nicht um ein paar Ausnahmen von der Regel, sondern um die Regel selbst, nach der die allmächtige Mafia ihr Leben gestaltet. Die sowjetische Fluggesellschaft Aeroflot läßt aus »Treibstoffmangel« häufig Linienflüge ausfallen (manchmal für mehrere Tage hintereinander). Der Oberste Sowjet zögert das Inkrafttreten des Ein- und Ausreisegesetzes seit anderthalb Jahren hinaus, denn es fehlen mindestens hundert Flugzeuge, um die vom internationalen – und nun auch vom nationalen – Recht garantierte Freizügigkeit der Bürger zu verwirklichen. Währenddessen warten Dutzende, wenn nicht Hunderte aufgetankter Riesenflugzeuge auf den Startbefehl eines vom Nichtstun verfetteten Generals, um irgendeinen entfernten Verwandten mit einem neuen Möbelstück zu beglücken. Und solange die Macht in den Händen der Mafia ist, drohen niemandem in einem solchen Fall ernste Sanktionen.

Und hier ist noch ein jämmerliches Detail: In den Villen, die sich die Parteiapparatschiks angeeignet haben, gibt es nicht einmal Stromzähler. Die »Diener des Volkes«, die zu Eigentümern von Palästen geworden sind, denken nicht daran, die von ihnen verbrauchte Elektrizität zu bezahlen, sondern überlassen der Staatskasse diese lästige Aufgabe. Warum sollen sie sich mit solchen Kleinigkeiten abgeben?

Das zweite immer wiederkehrende Thema ist Usbekistan. Ich komme hier auf diese Republik zurück, weil der Ausdruck »usbekische Mafia« nach der posthumen Entlarvung Raschidows und der Verhaftung sämtlicher Parteiführer und Regierungsangehörigen geradezu sprichwörtlich geworden ist und auch, weil die auf halber Strecke abgebrochene Arbeit der Ermittlergruppe Gdljan und Iwanow eine Vielzahl von Gerüchten aufkommen ließ. Was geht heute dort vor?

Rafik Nischanow (später Vorsitzender des Nationalitätenrates des Obersten Sowjets der UdSSR), an den die Macht in Usbekistan nach der Zerschlagung und Verhaftung des Raschidow-Clans überging, bemühte sich, sämtliche restlichen Mitglieder der besiegten Mafia ihrer Posten zu entheben. Doch ihre Zahl war so groß, daß einfache Entlassungen nicht genügten. Nischanow sorgte für eine vollständige Reorganisation der Ministerien und Behörden, die sich unter Raschidow zur Erhöhung der Zahl ihm ergebener Beamte vermehrt hatten, und er legte mehrere winzige Verwaltungsgebiete zusammen, die Raschidow mit dem gleichen Ziel geschaffen hatte. Dies führte zu beispiellosen Personalveränderungen, zerriß die seit Jahren geknüpften Bande und schob viele Amtsträger ins Abseits. Die örtlichen Mafiaführer versuchten zu rebellieren, doch vergeblich. Zudem wurde der Widerstand des Apparats durch eine

starke »Anlandung« von Parteiapparatschiks aus Moskau ge-
lähmt. Es schien, daß die Raschidow-Mafia (das heißt die Mafia von Samarkand, woher sowohl Raschidow als auch sein Ministerpräsident Chudajberdyjew stammten) völlig vernichtet
war und daß nun ganz andere Gruppen am Zug sein würden.

Aber Nischanow (und folglich auch Moskau, das ihn unterstützte) hatte den tatsächlichen Einfluß der Mafia unterschätzt.
Sie rettete sich mit Hilfe der Demokratie! Der Kongreß der
usbekischen Kommunistischen Partei trat zusammen, bevor
sämtliche Metastasen des Usbekistan verseuchenden Ge-
schwürs vernichtet waren. Die Delegierten, welche die alte
Mafia vertraten, hatten die Mehrheit, wählten ein entsprechendes Zentralkomitee, und dieses wählte seinerseits einen
entsprechenden Ersten Sekretär. Dies war der bis dahin ganz
unauffällige Islam Karimow, der unter Raschidow den bescheidenen Posten eines Stellvertretenden Vorsitzenden der örtlichen Planungsbehörde eingenommen hatte. Er war für den
Handel und für die Dienstleistungsbetriebe zuständig gewesen,
und man braucht kein großer Kenner der sowjetischen Verhältnisse zu sein, um zu begreifen, welche Macht ein Mann besaß,
der (zumal in Usbekistan) diesen »bescheidenen« Posten innehatte. (Nur am Rande: Um die Machtergreifung Karimows zu
verhindern, informierten die Nischanow-Anhänger das ZK-
Plenum über die kriminelle Vergangenheit seiner Verwandten.
Den »Demaskierern« kam gar nicht erst der Gedanke, daß sie
dem Bewerber dadurch zusätzliche Stimmen verschaffen könnten.)

Was geschah danach? Fast alle verhafteten Häuptlinge und
einfachen Mitglieder der Mafia wurden entlassen. Außerdem
vertrieb man alle aus dem Zentrum eingetroffenen hochrangigen Beamten: zum Beispiel den Zweiten ZK-Sekretär Ani-
schtschew, den Ersten Stellvertreter des Innenministers, Dido-
renko, den Staatsanwalt der Republik, Ussatow, und seinen
Ersten Stellvertreter Gajdanow. Natürlich ist der »Import« von
Moskauer Beamten durch die Republiken nicht wünschenswert, doch dies war damals praktisch die einzige Methode,
schnell mit den Raschidow-Leuten fertigzuwerden.

Aber der Versuch scheiterte. Man provozierte die sattsam
bekannten nationalen Konflikte, wenn dies die richtige Be-

zeichnung für ein mittelalterliches Gemetzel ist, dessen blutige Einzelheiten nicht einmal der abgebrühteste Leser für möglich halten würde. Und es wurden, wie es der Zufall wollte, nur die »Leute von außen« zur Rechenschaft gezogen! Die Presse der Republik begann, die Bekämpfer der Korruption zu verfolgen und ihre Tätigkeit zum »Genozid am usbekischen Volk« zu erklären. Nach der Stalinschen Tradition bezeichneten die Henker sich selbst als Volk.

Die abgeschafften Gebiete, Ministerien und Komitees wurden wiederhergestellt, und die Mafia kehrte in ihre früheren Positionen zurück. Auf die unter Stalin, Chruschtschow und Breschnew bewährte Weise wurden die Deputierten des Obersten Sowjets der Republik gewählt, so daß die überwältigende Mehrheit Parteiapparatschiks und Wirtschaftsbosson zufiel. Schließlich wurde der Parteichef mit den Stimmen dieser Leute zum Präsidenten der Republik gewählt, und kurz danach rückte er auch noch ins Politbüro der KPdSU auf, das heißt, er konzentrierte in seinen Händen eine nicht zu übertreffende, diktatorische Macht.

Gewiß, es ist nicht mit dem Raschidow-Modell in seiner »klassischen« Form identisch, doch der Mechanismus des damaligen politischen Systems bleibt erhalten: Das freie Denken wird unterdrückt, das Pressegesetz ist eingeschränkt, unabhängige Zeitungen und »Pluralismus« sind verboten, aktive Oppositionelle landen im Gefängnis. Dafür wird die »Wirtschaftsfreiheit« ausgerufen. Karimow erklärte der Wochenzeitung *Argumenty i fakty* in einem Interview mit entwaffnender Ehrlichkeit, daß er sich Taiwan und Südkorea zum Vorbild nehme, wo »volle Wirtschaftsfreiheit der Prosperität und Stabilität wegen von begrenzter politischer Freiheit begleitet wird«.

Es ist nicht schwer, in diesen Worten den Wunschtraum der Mafia auszumachen: Handlungsspielraum für die persönliche Bereicherung unter gleichzeitiger Garantie der Machterhaltung. Dies alles wird in der in vielen Regionen des Landes bereits vergessenen, »abgelagerten« kommunistischen Phraseologie vorgetragen. Dazu bemerkt der Taschkenter Journalist Raschid Nasarow sehr treffend: »Die Kommunistische Partei, die marxistisch-leninistischen Dogmen und die roten Fahnen dienen nur der Tarnung und können bei Bedarf leicht fallengelassen werden – zum Beispiel zugunsten der Suren des Korans und der grünen Farbe des Islam.« Der Wechsel von Fahne und Phraseologie würde im Grunde nichts ändern, denn die Mafia würde überleben.

Gorbatschow war mit dieser Situation offensichtlich zufrieden. Während die Sowjetunion zerfiel, kam es ihm darauf an, das politisch loyale Usbekistan zu seinen Aktivposten zählen zu können, selbst um einen solchen Preis. Die Mafia war für ihn letzten Endes das innere Problem einer souveränen Republik.

Unglücklicherweise handelte es sich jedoch »letzten Endes« keineswegs um ein inneres Problem. Die Mafia war durch Tausende von Fäden mit anderen Republiken und mit dem Zentrum verbunden; alle früheren Strukturen bestanden weiter, selbst wenn hier und dort andere Personen an die Macht gekommen waren. Und es war gewiß kein Zufall, daß die Zentralregierung mit Hilfe der ihr unterstellten Organe des Innenministeriums, der Staatsanwaltschaft und der Rechtsprechung auch weiterhin hartnäckig jede öffentliche Anhörung über die Verbrechen einstiger hochgestellter Mafiosi verhinderte. Die Zeit arbeitete für die letzteren, und mittlerweile ist deutlich geworden, daß man sie nicht zur Verantwortung ziehen wird.

Sogar diejenigen Mafiosi, die vor Gericht gestellt und bestraft wurden, beispielsweise Wjatscheslaw Woronkow, der Bürgermeister von Sotschi, waren entlassen worden, nachdem sie höchstens die Hälfte ihrer Frist abgesessen hatten. Andere, zum Beispiel Jurij Tschurbanow, erhielten derart erleichterte Haftbedingungen, daß sie mit Hilfe von Journalisten und Lektoren ihre geschönten, durch und durch verlogenen Memoiren schreiben konnten. Sowjetische Zeitungen waren gern bereit, Tschurbanows Ergüsse zu drucken, und ein Verlag will die Texte in Buchform herausbringen (soviel ich weiß, sind mit Hilfe hochgestellter »Genossen« auch Gespräche über ihr Erscheinen im Ausland geführt worden). Man druckt »rehabilitierende« Interviews mit früheren »Lenkern unserer Geschicke« wie Viktor Grischin, Alexander Schelepin, Pjotr Schelest, Sergej Medunow und anderen Gerontokraten. Sie alle haben nur ein Ziel: ihre Makellosigkeit zu beweisen und aufzuzeigen, daß es überhaupt nie eine politische Mafia gegeben habe, sondern nur »einzelne Fehler« des teuren und heißgeliebten Genossen Breschnew, die auf dessen Krankheit zurückzuführen sind.

Was wird uns die Zukunft bringen? Vermutlich die Integration der neuen Glückspilze, die von der Perestroika-Welle hochgetragen worden sind, in die bereits bestehenden Mafiagruppen oder (und?) die Bildung neuer Mafiavereinigungen, die sich den veränderten Wirtschaftsverhältnissen und den veränderten politischen Strukturen organischer anpassen. Ich fürchte, daß die neue Elite mit ihren offenkundigen Mafiamerkmalen noch schrecklicher – denn sie ist noch gieriger und hat noch weniger Prinzipien – als die alte sein wird. Aber die Hauptsache ist, daß die Logik der Ereignisse zur unvermeidlichen Vereinigung der zersplitterten kleinen, mittleren und großen Mafiagruppen in Gestalt eines gigantischen Kraken führen wird.

Bisher haben die absurden Wirtschaftsverhältnisse, die Tausende von Möglichkeiten zur Bereicherung boten, die regionalen und nationalen Clans nicht zu einer Vereinigung veranlaßt, sondern sie sogar gespalten. Dieser Separatismus wird enden, denn die entstehende Demokratie könnte alle schwachen und isolierten Gruppen hinwegfegen. Wir beobachten heute die bewußte Konsolidierung der reaktionären politischen Kräfte, der illegal angehäuften Reichtümer und der wiederaufgelebten kriminellen Clans. Die brutale Zentralisierung der administrativen Kommandowirtschaft, der nur in der Theorie, nicht jedoch in der Praxis ein Ende gesetzt worden ist, begünstigt den Zusammenschluß sich spontan herausbildender Mafiagruppen zu einem einheitlichen Ganzen.

Die Bewegung zur wirtschaftlichen und politischen Freiheit und zur Demokratie hin wird von einem Erstarken der Mafia begleitet, die um ihre Existenz und ihren künftigen Wohlstand kämpft. Dies ist durchaus kein Widerspruch, denn schließlich existieren die mächtigsten Mafiakräfte gerade in den demokratischsten Ländern. Vielleicht werden die Dinge also auch bei uns, in der Sowjetunion, eines Tages so aussehen wie bei normalen Menschen.

Nachwort

Dieses Buch wurde im sechsten Jahr der Perestroika geschrieben, die, wie es schien, Millionen Sowjetbürger von der Angst vor dem blinden, brutalen, terroristischen Staatsapparat befreite und ihnen die Hoffnung eingab, daß die politische Mafia vor der kommenden Demokratie, Gerechtigkeit und Legalität zurückweichen werde. Diese Hoffnung hatte eine reale Grundlage, und ich habe es selbst erlebt, welche radikalen Veränderungen sich in unserer Gesellschaft vollzogen. Während in der Zeit vor Gorbatschow sogar die Veröffentlichung allegorisch verschlüsselter Entlarvungen gewaltige Mühe, Schlauheit und Hartnäckigkeit im Kampf mit der Zensur und manchmal auch mit der Chefredaktion erforderte, hatte die Situation sich nun entscheidend geändert: Die Zensur verbarg sich plötzlich hinter einem anderen Namen und versuchte, möglichst nicht aufzufallen, und die Chefredaktion dürstete es nun geradezu nach entlarvenden Artikeln, da sie die Popularität der Zeitung erhöhten und den Leserkreis vergrößerten.

Vor dem Hintergrund dieser Erfahrungen ließ auch ich mich von der freudigen Euphorie, welche die Gesellschaft erfaßt hatte, überwältigen, doch sehr bald erhielt ich eine eiskalte Dusche, die mich wieder auf den Boden unserer harschen Realität brachte.

Nach meiner Rückkehr aus dem Sommerurlaub des Jahres 1989 traf ich einen alten Freund, der die Leserbriefseite betreut. Er schaute sich nach allen Seiten um, führte mich ans Ende eines leeren Flurs und sagte halblaut: »Hier, lies das und vernichte es sofort.« Er ging ein Risiko ein, denn der Brief, den er mir übergab, hätte von der Redaktion sofort über unsere »Sonderabteilung« ans KGB geschickt werden müssen. Um dies zu vermeiden, hatte der Autor seinen Brief an mich persönlich adressiert.

Bevor ich einen Blick auf den Text warf, fiel mir nicht nur

auf, daß der Absender ein Pseudonym benutzte (daran hatten wir uns gewöhnt), sondern vor allem, daß der Brief mit Schreibmaschine geschrieben war und ich den dritten oder sogar den vierten Durchschlag bekommen hatte. Ich erinnerte mich an eine Universitätsvorlesung über Kriminologie: Vom dritten Durchschlag an ist die Identifizierung einer Schreibmaschine, auf welcher der Text geschrieben wurde, äußerst schwierig, wenn nicht gar unmöglich. Der Schreiber kannte sich also aus.

»Sehr geehrter Genosse Waksberg,
    als ständiger Leser Ihrer scharfsinnigen Artikel über Rechtsfragen halte ich es für meine Pflicht, Sie vor einer Gefahr zu warnen, die Ihnen und Ihrer Familie droht. Ich arbeite seit mehr als zwanzig Jahren im engeren Bereich der Sicherheitsorgane und kenne deren Tätigkeit nicht nur vom Hörensagen. Ihre Artikel lassen unsere Chefs nicht gleichgültig, und auf ihrem Tisch liegt stets ein Ordner, in dem all Ihre Schritte festgehalten werden. Unser Chef [gemeint ist der damalige KGB-Vorsitzende Wladimir Krjutschkow] log vor dem Obersten Sowjet, als er auf die Frage eines Deputierten antwortete, daß wir keine Telefone mehr abhörten, keine Briefe läsen und nicht in Abwesenheit der Inhaber in fremde Wohnungen eindrängen. Diese Dinge werden sehr unauffällig von den Spezialisten unserer Besonderen Technischen Abteilung erledigt.
    Die Destabilisierung des Landes wird von unseren Leitern erzeugt, die Perestroika und Demokratisierung ablehnen und mit allen Kräften darauf hinarbeiten, daß die Bürger einstimmig rufen: ›Gebt uns eine starke Regierung!‹ In jeder antisowjetischen und auch in jeder anderen Organisation haben wir Leute, die für uns arbeiten. Wir angeln uns diese Leute, indem wir sie für Bagatelldelikte wie Devisenkauf oder Schwarzhandel nicht zur Rechenschaft ziehen; danach führen sie unsere Aufträge gewissenhaft aus. Durch sie kann die öffentliche Meinung aufgewiegelt werden, und mit ihrer Hilfe lenken wir die verschiedenen Gruppen in eine bestimmte Richtung. Nicht zufällig rückte Gumbaridse [KGB-Chef Georgiens, danach Erster ZK-Sekretär der Republik] nach den Ihnen bekannten Ereignissen [das heißt nach der blutigen Abrechnung des Militärs

mit friedlichen Demonstranten im April 1989] an die Spitze vor. Millionen Bürger werden von uns erfaßt. Es trifft nicht zu, daß die Informationen über die Terroropfer der dreißiger Jahre verschwunden sind; alle, die durch unsere Hände gingen, sind in unseren Datenzentren registriert.

Wir arbeiten immer noch genauso wie früher. Allerdings haben wir unsere Taktik geändert und sind etwas zurückhaltender geworden. Wir gehen nicht mehr ›prophylaktisch‹ gegen Klienten vor, sondern sammeln Informationen über sie, die wir dann im nötigen Moment freigeben. Alle hier fluchen im stillen [inzwischen bereits nicht mehr ›im stillen‹] auf die Reformen und erhoffen das Scheitern der Demokratie, und das wird früher der Fall sein, als Sie denken. Auch die Armee ist auf unserer Seite.

Das einzige, was uns meiner Meinung nach retten kann, ist die völlige Auflösung der Organisation, mit Ausnahme der ersten, zweiten und neunten Abteilung [Spionage, Gegenspionage und Sicherung von führenden Politikern]. Nur diese Abteilungen sollten weitermachen. Dann erst werden Sie eine Garantie haben, daß Sie sich Ihrer ›Schmähschriften‹ wegen (so werden Ihre Artikel bei uns genannt) nicht die Hose auf einer Pritsche in Butyrka oder Lefortowo abwetzen müssen [beides sind Gefängnisse mit einer Spezialabteilung für KGB-»Klienten«].

Vorläufig bitte ich Sie, wachsam und vorsichtig zu sein.

Mit aufrichtiger Hochachtung vor Ihrem Talent

W. N. Woloschin

Anwalt.«

Man sollte meinen, daß das KGB die Entlarvung hoher Mafiosi begrüßen würde. Dies ist schließlich seine Aufgabe, um so mehr, als es dem häufig erklärten Kurs der neuen Landesführung entspricht, von der die Sicherheitsorgane aufgerufen wurden, diese Politik in die Praxis umzusetzen. Weshalb also sammelt das KGB insgeheim Material gegen seine möglichen Verbündeten in der Kampagne gegen die Mafia – eine Kampagne, die von dem früheren KGB-Chef Jurij Andropow so entschlossen eingeleitet wurde?

Weil Andropow, wie zunehmend klar wird, weniger gegen die Mafia insgesamt zu Felde zog als gegen potentielle Rivalen im Machtkampf. Jeder Anschlag auf die Mafia wäre auch ein

Anschlag auf das System, und dazu schickten sich weder Andropow noch seine Nachfolger und Kollegen an. Die herrschende Mafia wird von Zeit zu Zeit ihre personelle Zusammensetzung ändern, doch im wesentlichen wird sie die gleiche bleiben und ihre reibungslos funktionierenden Mechanismen beibehalten. Sie wird von allen wichtigen Trägern des Systems geschützt, doch wer wohldosierte, auf den Rahmen des Zulässigen beschränkte Kritik an gestürzten und nutzlos gewordenen Mafiosi vorbringt, der fördert das edle Image des Systems und wird als Freund und Verbündeter des Regimes angesehen. Wer sich jedoch auf Verallgemeinerungen einläßt, ist auch weiterhin – heute mehr denn je – ein Feind des Systems. Denn im Zeichen der Glasnost ist die Gefahr einer wirklichen Entlarvung des Systems, das die schier unbesiegbare Mafia hervorgebracht hat und mit ihr verschmolzen ist, viel größer als in den sogenannten Stagnationsjahren.

So erklärt sich auch die Tatsache, daß die hinter den Kulissen agierenden Mafiagönner ihre einwandfrei funktionierende Taktik wiederaufgenommen haben. Sie versuchen, die Reihen der Mafiagegner zu spalten, sie anzuschwärzen und unter ihnen Mißtrauen zu säen. Die viele Jahrzehnte lang sehr erfolgreiche Gerüchtemaschine des KGB wird so effektiv wie immer eingesetzt, um Konflikte zwischen Gesinnungsgenossen auszulösen, sie gegeneinander aufzuhetzen und dadurch ihre Enthüllungen zu entwerten.

Hier sind drei Beispiele:

In Leningrad wurde der bereits erwähnte Anatolij Tschurganow auf einer Massenversammlung unvermutet angegriffen (er war einer der unversöhnlichsten Feinde von Medunow und dessen Clan gewesen und hatte seine Wahrheitsliebe mit sechs Jahren Haft im GULag bezahlen müssen). Kaum hatte Tschurganow mit der Schilderung seiner Lagererlebnisse begonnen, als ein Unbekannter schrie: »Spitzel! Agent!« Das Publikum reagierte wie Reisig auf einen Funken, und sofort flammte Unruhe auf. Tschurganow wollte Beweise verlangen, aber man ließ ihn nicht zu Wort kommen. Ähnliche Vorwürfe wurden anderen Gegnern der Mafia gemacht, die sich über viele Jahre hinweg tadellos ehrlich verhalten (und dafür gebüßt) hatten.

Die beiden anderen Beispiele sind noch überzeugender als

das erste. Mirtscha Druk, der Ministerpräsident der Moldaurepublik, trat unbeirrbar für die völlige Unabhängigkeit seiner Republik ein und führte einen entschlossenen Kampf gegen die an Moskau orientierte Mafia. Er mußte unbedingt kompromittiert werden, und die »entsprechenden Dienste« kamen sehr gern zu Hilfe. Ihre Vertreter förderten aus ihrem Archiv einen Brief zutage, den Druk im Jahre 1974 geschrieben hatte; daraus ging hervor, daß er das KGB einmal ganz uneigennützig unterstützt hatte. Dieser Brief gelangte »zufällig« in die Redaktion einer kommunistischen Zeitung und wurde veröffentlicht.

Nach dem gleichen Muster kompromittierte man den Dichter und Volksdeputierten Dmitro Pawlytschko, einen berühmten Verfechter der ukrainischen Unabhängigkeit. Ihm wurde die »Schuld« daran zugeschoben, daß die Moskauer Protegés bei der Wahl in Kiew verloren hatten. Da tauchte aus dem Archiv der KGB-Gebietsverwaltung von Odessa ein fünfunddreißig Jahre altes Vernehmungsprotokoll auf, demzufolge der Dichter einmal gegen einen Kollegen ausgesagt hatte, und dieses hochgeheime Dokument landete auf »rätselhafte« Weise bei der Zeitung der Kommunistischen Partei der Ukraine.

In den beiden letzten Fällen ist nicht die Rede von Fälschungen, sondern von Fakten aus der Vergangenheit von Politikern, doch die Handschrift und die Ziele sind identisch mit denen des ersten Beispiels.

Nichts ist einfacher, als Mafiagegner zu diskreditieren – man braucht sie nur zu bezichtigen, Beziehungen zum KGB zu haben. Es gibt im Land unzählige beamtete und »freiwillige« Spitzel – fast jeder, dem man begegnet, könnte einer sein. Solche Vorwürfe werden von allen für bare Münze genommen, denn schließlich ist unser großes Land schon seit einem Dreivierteljahrhundert dem Fluch des totalen Spitzelwesens ausgesetzt. Niemand kann sich gegen das alles sehende Auge der Geheimdienste, gegen ihre Brutalität und Heimtücke absichern. Für Millionen Menschen gibt es nichts Schlimmeres als die Komplizenschaft mit dem KGB. Aus diesem Grunde besteht die schnellste Methode, sich eines unerwünschten Ermittlers zu entledigen, darin, ein Gerücht über seine Verbindung mit der Geheimpolizei auszustreuen. Wer erinnert sich in solchen Fällen an die Unschuldsvermutung? An die Notwendigkeit, jegliche Anklage zu beweisen und zu begründen? Wem soll der Beweis erbracht werden? Wo und wie? Es gibt keinen verläßlichen Weg, Gerüchte auszuräumen, weshalb es so bequem und produktiv ist, sich ihrer zu bedienen. In ihrem Überlebenskampf wählt die Mafia Waffen, die ihren »moralischen« Prinzipien entsprechen: Gerüchte, Erfindungen, Terror und Erpressung.

Heute wundere ich mich nicht mehr über die Verwünschungen und Drohungen, die ich immer häufiger zu hören bekomme. Seitdem ich mir einen Anrufbeantworter zugelegt habe, wächst die Zahl der »Gönner« ständig, die mir ihre Gefühle mitteilen wollen. Gewöhnlich lösche ich die Aufzeichnungen sofort, doch ich habe beschlossen, die letzte – sie wurde vier Tage vor der Niederschrift dieser Zeilen aufgenommen – sozusagen für die Nachwelt aufzubewahren:

»Du Hundesohn, Hurenbock, räudiger Jude, halt deine Zunge im Zaum, oder du wirst es bedauern, wenn's zu spät ist. Hör auf, in deiner stinkenden zionistischen Zeitung Jauche auszuschütten, und halt's Maul, wenn du am Leben bleiben willst. Ich habe deinen Vortrag in der Bibliothek für ausländische Literatur gehört, wo du ehrliche russische Menschen mit deinem Scheißgewäsch von der Mafia verdummen wolltest. Die Mafia, das seid ihr, ihr räudigen Juden. Rühr die Partei nicht an, rühr unsere Heimat nicht an. Und wenn was gestohlen wird, dann wird es bei euch Juden gestohlen, und das ist ganz richtig. Laß die Finger von der Partei, laß die Finger von der Heimat – es ist nicht deine, sondern unsere –, sonst wirst du hängen wie ein dreckiger Kadaver. Ist das klar? Ich kann's noch mal sagen. Wenn...«

An dieser Stelle bricht die Aufzeichnung ab, da das Band des Anrufbeantworters abgelaufen war. Bisher hat sich der anonyme Anrufer nicht mehr gemeldet.

Alles ist wie erwartet. Die Mafia ist gesund und munter und kämpft im Bewußtsein, daß sie sich auf die Macht des Apparats und auf die Dummheit der vom System irregeführten Bürger verlassen kann. Aber zum Glück wächst die Zahl derer, welche die Verhältnisse durchschauen.

Bei jenem Treffen mit Lesern in der Bibliothek für ausländische Literatur, das der anonyme Anrufer erwähnt, wurde ich gefragt: »Haben Sie keine Angst?« Ich werde die Frage genauso beantworten, wie ich es bei dem Treffen tat: Ich habe Angst, sehr große Angst. Aber was soll ich tun? Ich habe meinen Weg vor langer Zeit gewählt, und nun kann ich nicht mehr zurück.

Ich möchte mit den Worten von Corneille schließen, die vermutlich auch sehr vielen anderen Autoren als Richtschnur gedient haben: »*Faites votre devoir et laissez faire aux dieux*«.[*] (Tu deine Pflicht, und überlasse die Zukunft den Göttern.)

---

* Pierre Corneille (1606–84) *Horace*, II, viii.

P. S.

Die Ereignisse überschlagen sich so sehr, daß kein Buch mit ihnen Schritt halten kann. Und was heißt hier ein Buch! Sogar Monats- oder Wochenzeitschriften werden von den Informationen überholt, die aus Moskau und den anderen Städten der früheren Sowjetunion eintreffen. Welche ergänzenden Informationen auch geliefert werden, dieses Buch wird zum Zeitpunkt seines Erscheinens notwendigerweise unvollständig sein. Deshalb erscheint es mir wichtig, nicht hinter immer neuen Fakten herzulaufen, sondern die Grundtendenzen aufzuzeigen, die früher im Leben der sowjetischen Mafia existierten, und sie unter Verwendung der neuen Einzelheiten, die der Öffentlichkeit nun – Gott sei Dank – zugänglich werden, für die Zukunft zu extrapolieren. Solche Einzelheiten werden trotz des verzweifelten Widerstandes zugänglich, den die mächtigen reaktionären Kräfte, die nicht bereit sind, von der politischen Bühne zu verschwinden, unter allen möglichen Vorwänden leisten.

Allerdings ist es unmöglich, die neuen Fakten im Leben der sowjetischen Gesellschaft völlig zu ignorieren. Schließlich wurde dieses Buch vor dem August-Putsch geschrieben, der die Welt erschütterte, und diese außerordentlichen Ereignisse hatten und haben eine direkte Beziehung zu unserem Thema. Wodurch also haben die Geschehnisse vom August unsere Kenntnis von der sowjetischen Mafia erweitert, wie haben sie das Bild, das auf diesen Seiten gezeichnet wurde, ergänzt und präzisiert?

Zunächst zu dem, was sich bereits nach Fertigstellung des Buches, doch noch vor dem Putsch abspielte, als die finstersten Kräfte der politischen Mafia praktisch unkontrolliert die Macht ausübten und sich hinter dem demokratischen Image Gorbatschows versteckten, der jeden realen Einfluß im Land verloren hatte. Von geringfügigen Ausnahmen abgesehen, waren fast alle Akteure dieses Buches, von deren Sturz, Entlarvung und Verurteilung die Rede ist, Anfang August 1991 bereits wieder in Freiheit: still und leise, ohne besondere Publizität und auf völlig »legaler« Grundlage. Ihre Gönner (oder, besser gesagt, Komplizen), die am Ruder geblieben waren, setzten für die einen die Rehabilitierung am Obersten Gerichtshof durch, erwirkten für die anderen eine Haftverkürzung aus Krankheitsgründen und für noch andere eine Begnadigung. Bedenken wir: Der Vorsitzende des Obersten Sowjets der UdSSR, von dem praktisch jeder Begnadigungsbeschluß abhing, war Anatolij Lukjanow.

Während ich diese Zeilen schreibe, sind *alle* führenden Vertreter der usbekischen Mafia in Freiheit – mit Ausnahme Inamshon Usmanchodshajews. Die Urkunde über seine Begnadigung »unter gesundheitlichen Aspekten und unter Berücksichtigung früherer Verdienste« war schon vorbereitet und sollte Ende August 1991 nach Lukjanows Rückkehr aus dem Urlaub unterzeichnet werden. Nun durfte sie nicht mehr unterzeichnet werden, jedenfalls nicht von ihm und nicht sofort: Usmanchodshajew hatte Pech. Wenn die Putschisten sich noch ein paar Tage gehalten hätten, wäre er bereits im Kreis seiner Familie und könnte auf das Wohl seiner Befreier trinken.

Die übrigen sind zu Hause oder erholen sich in Kurorten, darunter der frühere Ministerpräsident Usbekistans, Narmachonmadi Chudajberdyjew (begnadigt), der frühere »Gouverneur« (das heißt der Erste Parteisekretär) des Taschkenter Gebiets, Mirsamachmud Mussachanow (»wegen Krankheit« entlassen) und andere. Die freigesprochene Reno Abdulajewa, die einst das Amt eines ZK-Sekretärs bekleidete, arbeitet (vorläufig!) als bescheidene wissenschaftliche Mitarbeiterin, andere sind bereits wieder aufgestiegen: entweder zum Institutsdirektor oder zum Leiter eines Industrietrusts. Am bemerkenswertesten ist vielleicht nicht einmal die Tatsache der vorzeitigen Entlassung oder des Freispruchs der Mafiaführer, sondern die unverhohlene, demonstrative Freude der *jetzigen* hohen Amtsinhaber Usbekistans, die es geschafft haben, ihre Freunde und Genossen (wirklich nur Freunde, wirklich nur Genossen?) zu befreien.

Mein Kollege Timur Kadyr hatte das Glück, die Rückkehr

Kallibek Kamalows, des früheren Ersten Sekretärs des karakalpakischen Gebietskomitees, mitzuerleben, der wegen der Annahme von Bestechungsgeldern in Millionenhöhe und der Beteiligung an den Bluttaten der örtlichen Mafia vom Obersten Gerichtshof der UdSSR zu fünfzehn Jahren Gefängnis unter verschärften Bedingungen bis zum Jahre 2002 verurteilt worden war. Kadyr schildert folgende eindrucksvolle Szene: »Das Flugzeug aus Taschkent, mit einem einzigen Passagier an Bord, landete außerplanmäßig in Nukus [der Hauptstadt Karakalpakiens]. Aber er wurde erwartet. Die gesamte Führung Karakalpakiens – sie hatte eine Sitzung des Büros des Parteikomitees unterbrochen [dies alles geschah im Juli 1991] – war zum Empfang am Flugplatz erschienen. Händeschütteln, Umarmungen, Küsse, Wochenschauaufnahmen, Fernsehen, Milizgeleit, Menschenmengen, die auf die Straßen strömten. Danach wurde ein fürstliches Mahl abgehalten – man hatte Dutzende von Hammeln geschlachtet, um Pilau und Schaschlik zuzubereiten. Ein Lastwagen mit Wodka fuhr heran, und jeder Passant wurde bewirtet. Danach kamen mehrere Tage lang Gäste mit Geschenken aus allen Winkeln der Republik herbei: Parteifunktionäre, ›Bezirksführer‹, örtliche Geschäftsleute. Der für die Feier Verantwortliche lächelte wohlwollend, während er den ihm zu Ehren ausgebrachten Trinksprüchen lauschte.«

Welche Position die heutige Führung Usbekistans unter Präsident Islam Karimow einnimmt, unterliegt keinem Zweifel. Interessant ist jedoch, daß dieses letzte mächtige Bollwerk des Bolschewismus auf dem Territorium der früheren Sowjetunion volles Einverständnis bei der Moskauer Regierung fand. Und vielleicht noch findet... Nicht zufällig sprachen bis Mitte August sämtliche Partei- und Staatszeitungen des Zentrums, die sich an den künftigen Putschisten orientierten, ebenso wie das zentrale Fernsehen unter Leitung Leonid Krawtschenkos, überaus mitfühlend von den »Märtyrern und Opfern des Genozids« (damit meinten sie die verurteilten usbekischen Mafiosi), die »ungeduldig in der Republik erwartet werden«. Nurali Kabul, der einzige Schwiegersohn Raschidows, hielt im Parlament der Republik eine flammende Rede, in der er forderte, »die Ehre des usbekischen Volkes« (lies: der usbekischen Ma fia) vor »den Verleumdern und Henkern zu schützen« (lies: vor den Ermittlern, die sich vergeblich bemühten, die Beziehungen der Mafia zum Kreml aufzudecken).

Fügen wir noch hinzu, daß die Verhandlung gegen Adylow (von ihm ist in dem Kapitel »Eine Selbstmordepidemie« die Rede) praktisch geplatzt ist. Die von der Mafia gekauften oder eingeschüchterten Zeugen rücken von ihren früheren Aussagen ab, und der Angeklagte verlangt, den Prozeß nach Taschkent zu verlegen, wo man ihn unzweifelhaft nicht wie einen Verbrecher, sondern wie einen Nationalhelden empfangen wird. Unterdessen brannte die Baumwollfabrik der Stadt Surchandarja. – Auf diese Weise wurden die Spuren gefälschter Planmeldungen schon früher verwischt.

Fast das gleiche – wenn vielleicht auch nicht in so provozierender, geradezu zynischer Form – läßt sich über das Schicksal der Mafiosi in Aserbaidschan oder in der Moldau berichten. Den vorzeitig heimgekehrten Mafiahäuptlingen der Region Krasnodar wurden glänzende Posten von der Parteiführung »vermittelt«, an deren Spitze Iwan Poloskow und seine engen Mitarbeiter standen. Sie alle dürfen die Häuser und Reichtümer behalten, die sie sich durch verbrecherische Aktivitäten angeeignet haben. Die meisten widmen sich nun »Perestroika-Geschäften« – nicht nur deshalb, weil eine solche Arbeit leichter, ruhiger und zukunftsträchtiger ist. Hier geht es keineswegs nur um persönliche Bereicherung, denn die geretteten Mafiosi (welch prächtige Lektion für künftige Häftlinge: Benimm dich so, *wie es sich gehört,* halt den Mund, und du wirst gerettet!) führen verantwortungsvolle Parteiaufträge aus. Nun ist für die Apparatschiks die Zeit gekommen, jeglichen ideologischen Ballast abzuwerfen, das dem Volk gestohlene Kapital zu bewahren und im Interesse des eigenen Mafia-Clans zu vervielfachen. Dafür gibt es nichts Geeigneteres als »moderne Geschäfte«. Übrigens ist nicht auszuschließen, daß manche, die Wendigsten und Geschicktesten, in die Politik zurückkehren, nun jedoch als Vertreter der »demokratischen Opposition«, als leidenschaftliche Kämpfer für die Menschenrechte.

Der Triumphzug der siegreichen Mafia wurde von den Entlarvungen ihrer jüngeren Geheimnisse begleitet. Das eine stand dem anderen nicht im Weg, denn die Mafia hatte nur verächtliche Blicke für die empörten und entrüsteten Gesichter der Sowjetbürger übrig, und sensationelle Enthüllungen beunruhigten sie nicht, solange sich keine praktischen Maßnahmen anschlossen. Ohnehin hatten die Sensationen einiges an Wirkung eingebüßt, denn ein Übermaß von Fakten bringt automatisch eine gewisse Abstumpfung mit sich. Da ich einsehe, daß selbst der ausländische Leser nicht mehr in der Lage ist, mit den gebührenden Emotionen auf die Geschehnisse zu reagieren, möchte ich aus den »Funden« der allerletzten Zeit nur ein einziges Beispiel anführen.

Es war einmal ein mittlerer Parteifunktionär der höchsten Ebene (dies ist kein Irrtum: ein mittlerer der höchsten!) namens Michail Georgadse, ein »russifizierter« Georgier. Er hatte von 1957 bis an sein Lebensende im Jahre 1982 – also fündundzwanzig Jahre lang – das Amt des Präsidiumssekretärs des Obersten Sowjets der UdSSR (der Präsidiumsvorsitzende war Breschnew) inne. Seine Hauptaufgabe bestand darin, Erlasse über die Verleihung von Orden zu unterzeichnen und diese auszuhändigen. Er hinterließ unweit von Moskau ein Haus, das einem kleinen sowjetischen Versailles glich: zwei Dutzend elegant eingerichtete Zimmer, ein Park, ein Wald, ein Flußufer, Sportanlagen, Wirtschaftsgebäude, ein Wachturm... Nach dem Tod der Witwe kam der traurige Moment, in dem eine Bestandsaufnahme des Vermögens gemacht werden mußte. In verschiedenen Safes entdeckte man kostbare Ringe, Ohrringe, Anhänger, Geschmeide, acht Kilo Diamanten, hundert Goldbarren, 40 Millionen Rubel und Devisen im Gegenwert von 2 Millionen Dollar. Dazu aus den Beständen der Kreml-Museen, der Eremitage und des Staatlichen Historischen Museums gestohlene Schätze, darunter Gemälde von Leonardo da Vinci, Rubens und van Dyck.

Experten legten den Wert der Funde nach recht unverständlichen Kriterien auf 3 Milliarden Rubel fest, das heißt auf ein Zehntel des *realen* Betrags. Aber wir wollen uns nicht streiten – geben wir uns mit 3 Milliarden zufrieden! Das entspricht genau der Summe, die jährlich aus dem Staatshaushalt der UdSSR aufgewandt wird, um die Folgen der Katastrophe von Tschernobyl zu beseitigen. Anders ausgedrückt, es handelt sich um ein Zweihundertstel des gesamten Budgets der Sowjetunion.

Nun gibt es aber bei uns weit mehr als zweihundert Funktionäre allein diesen Ranges. Deshalb scherzte mein Kollege Alexander Portnow, man solle bei künftigen Berechnungen jeweils drei von der Mafia gestohlene Milliarden zu »einem Georgadse« erklären (nach dem Vorbild von zwei Newton oder drei Röntgen), um zu viele Nullen zu vermeiden. Bedenken wir: Es ist völlig unmöglich, ohne Hilfe eine Tonne Gold oder Schätze aus der Eremitage und der Rüstkammer zu stehlen.

Das also war die Belastung (und ich habe die Zahl meiner Beispiele stark eingeschränkt), unter der das Land vor dem August-Putsch lebte. Außer mehreren Dutzend – oder seien es mehrere hundert – Mitgliedern, Verbündeten und Gönnern der Mafia waren alle übrigen (das heißt viele tausend) in ihren Schlüsselpositionen geblieben. Der Boden bebte ihnen unter den Füßen, die Furcht war ins ungeheure angewachsen – konnte wirklich irgend jemand allen Ernstes annehmen, daß die politische Mafia, die weiterhin starken Einfluß auf sämtlichen Machtebenen ausübte, kampflos kapitulieren würde?

Die Ereignisse vom August sind der ganzen Welt bekannt, deshalb wollen wir uns nur mit denjenigen Einzelheiten beschäftigen, die direkt mit dem Thema dieses Buches zu tun haben. Am wichtigsten ist meiner Ansicht nach der Verbleib der Parteigelder, also des Grundkapitals, um dessen Rettung die Mafia sich mit besonderer Intensität im Laufe des Jahres 1991 bemüht hat. Ein anderer wichtiger Punkt betrifft die Einschleusung von Mafialeuten in die neuen Regierungs- und Wirtschaftsstrukturen. Diese Aktion soll es der Mafia ermöglichen, in neuer Gestalt wiederaufzuerstehen, ihre Reichtümer zu vergrößern und die Kontinuität der erhaltenen Clan-Zellen zu sichern, die weiterhin ein festes und verzweigtes Netz bilden.

Wie heute deutlich wird, waren Sondierungsoperationen zur Rettung der Parteigelder (zum Beispiel durch Investition in Kooperativen, Joint Ventures, neue sowjetische Banken usw.) bereits in den Jahren 1988 bis 1990 im Gange, doch großangelegte Maßnahmen begannen erst im Dezember 1990. Damals fanden das KGB und die Staatsbank der UdSSR bisher noch nicht genau identifizierte ausländische Partner, die sich bereit erklärten, 100 Milliarden Rubel zu einem Kurs von 15 bis 18 Rubel pro Dollar in frei konvertierbare Währung einzutauschen. Sämtliche 100 Milliarden Rubel blieben im Lande, und zwar auf Konten, deren *wahre* Besitzer wir nicht kennen, und rund 5,5 Milliarden Dollar wurden auf ausländische Bankkonten transferiert. Einen Monat darauf geschah das gleiche mit 25 Milliarden Rubel, im April kamen 15 und im August, genau vor dem Umsturz, noch 140 Milliarden Rubel hinzu. Insgesamt ist also von 280 Milliarden Rubel oder etwa 12 Milliarden Dollar die Rede, da die einander folgenden Transfers zu jeweils höheren Wechselkursen stattfanden.

Es mag seltsam erscheinen, aber mich beschäftigt der Verbleib der Dollars weniger als jener der Rubel. Denn wer immer sich auf diesen verrückten Tausch einließ, war bestimmt alles andere als verrückt. Irgendwie und irgendwo wurden die 280 Milliarden Rubel ausgegeben, und dies war und ist ohne die Mitwirkung der allmächtigen sowjetischen Mafia unmöglich. Die Dollars, auf welche die Mafia angewiesen ist, können vorläufig in ausländischen Banken verwahrt werden – schließlich verfaulen sie nicht. Rubel dagegen sind eine sehr verderbliche Ware, die sofort in Umlauf gebracht werden muß, denn sonst wären die Verluste der ausländischen Komplizen gigantisch. Deshalb dürfte das Geld bereits angelegt worden sein und sich hinter der Fassade von heute in der Sowjetunion so üblichen Kooperativgeschäften verstecken. Und wir können bisher nicht feststellen, wer sich diese Fassade zunutze macht.

Über den Geheimverkauf von sowjetischem Gold ist man nach den entlarvenden Veröffentlichungen in der ausländischen Presse, besonders im englischen *Guardian*, gut unterrichtet. Aber genauso ungehindert wurden Erdöl, Waffen, Metall und für Geheimkonten bestimmte Gelder über die Grenze geschoben. Kurz vor dem Putsch reiste Wladimir Orlow, der damalige Finanzminister der UdSSR, *inkognito* in die Schweiz und suchte mehrere Großbanken dieses Landes auf. Dieser beispiellose Vorgang braucht kaum kommentiert zu werden: Offensichtlich hatte die Reise nichts mit Tourismus oder professioneller Neugier zu tun. Fast gleichzeitig machte sich eine als Regierungsdelegation getarnte Gruppe von ZK-Apparatschiks nach Lateinamerika auf. Ihr »Regierungsstatus« ermöglichte ihnen, sämtliche Zollformalitäten zu umgehen. Nach Angaben der Moskauer Unternehmervereinigung schafften die »Delegierten« Devisen für Firmengründungen durch Strohmänner ins Ausland. Michail Gurtowoj, der Sekretär dieser Vereinigung, teilte im Fernsehen mit, daß Anfang Oktober zwei Männer, die auf der Suche nach dem Geld der KPdSU waren, spurlos verschwunden seien und daß sich die Zahl der Verschwundenen bis Ende Oktober verdoppelt habe. Gleichzeitig stürzten etliche Personen, eine nach der anderen, aus den Fenstern ihrer Wohnungen in ZK-Hochhäusern.

Ein Kapitel dieses Buches trägt die Überschrift »Eine Selbstmordepidemie«, doch mittlerweile wäre es wahrscheinlich angebrachter, nicht von einer »Epidemie«, sondern von einer »Pandemie« zu sprechen. Die rätselhafte »Selbsterhängung« Marschall Achromejews, an die kaum jemand glauben konnte, verblüffte die Bevölkerung weniger als der erste Fenstersturz. Das Opfer war Nikolaj Krutschina, in den letzten Jahren Geschäftsführer des Zentralkomitees der KPdSU, mithin für das Parteivermögen und die Parteikasse zuständig. Man kann nicht hundertprozentig sicher sein, daß er die Nummern von Geheimkonten im Ausland, den Code dortiger Safes usw. kannte (obwohl dies sehr wahrscheinlich ist), aber daß ohne seine direkte Beteiligung und ohne sein Wissen keine Transaktionen mit Parteigeldern stattfinden konnten, daran besteht nicht der geringste Zweifel.

Die offizielle Presse und die Staatsanwaltschaft versuchten, diesen überraschenden Selbstmord als eine traurige Trivialität am Rande der sich vollziehenden grandiosen Ereignisse hinzustellen. Am 15. September forderte ich in der *Literaturnaja gaseta*, daß die Staatsanwaltschaft die Fotokopie einer von Krutschina vor seinem Tode geschriebenen Notiz veröffentlichte. Dies geschah zwei Tage später (aber niemand weiß, ob der vollständige Text oder nur ein Fragment veröffentlicht wurde): »Ich bin kein Verschwörer, aber ich bin ein Feigling. Dies soll dem sowjetischen Volk mitgeteilt werden.« Wofür versuchte Krutschina sich vor dem sowjetischen Volk zu rechtfertigen? Sind seine Rechtfertigungen begründet? Diese Fragen müßten von einer offiziellen Untersuchung beantwortet werden, doch die Staatsanwaltschaft gab die kategorische und absurde Erklärung ab: »Die Aufnahme von Ermittlungen wäre unangebracht.« Sie machte sich nicht einmal die Mühe, mit Argumenten oder Erläuterungen aufzuwarten, und sie reagierte auch nicht auf die weiteren Vorhaltungen der Presse.

Unterdessen stürzten noch zwei Männer aus dem Fenster: zuerst Krutschinas Vorgänger, der bereits 81 Jahre alte Georgij Pawlow, der schon unter Breschnew die Parteigelder verwaltet hatte und in die Machenschaften der usbekischen Mafia verwickelt war, infolge der von Gorbatschow unterstützten Kampagne gegen den Ermittler Telman Gdljan jedoch nicht zur Rechenschaft gezogen wurde. Danach stürzte der vierundfünfzigjährige Dmitrij Lissowolik, Stellvertretender Leiter der internationalen Abteilung des ZK, aus dem Fenster. Sein Sektor war für die Beziehungen zu den »Bruderparteien« verantwortlich. Damit dürfte nur noch einem Trottel der Zusammenhang zwischen seinem Tod und den sensationellen Presseenthüllungen darüber, daß die »Bruderparteien« stets von der KPdSU ausgehalten wurden, unklar sein. Auf die Frage eines Korrespondenten der Zeitung *Kommersant*, ob es ihn nicht gespenstisch anmute, Zeuge von so vielen Selbstmorden in seiner nächsten Umgebung zu sein, erwiderte Krutschinas Stellvertreter und Pawlows früherer Mitarbeiter Viktor Mischin: »Wenn Sie hören, daß ich mich aus der achten Etage gestürzt habe, sollten Sie der Sache Beachtung schenken.«

In diesem Buch wird geschildert, wie man die »Bruderparteien« mit Hilfe von Scheinfirmen und anderen, relativ »intelligenten« und halblegalen Methoden finanzierte. Heute wissen wir, daß die Gelder auch nach primitivster Gaunermanier übergeben wurden, nämlich in Koffern, die mit Geldscheinen vollgestopft waren, daß auch anderen an der Macht befindlichen kommunistischen Parteien ein Tribut abverlangt wurde und daß man die Koffer jeder Vernunft spottend meistens mit kleinen Scheinen (Fünf- und Zehndollarnoten) füllte. Dies konnte nur bedeuten, daß die so transportierten Summen für einfache Funktionäre, für Handlanger also, bestimmt waren – als eine Art »Trinkgeld«. Hier bestätigt sich wieder einmal, daß wir es trotz der Dimensionen der Mafia-Umtriebe, die sich von regionalem auf Weltniveau auszuwachsen drohen, mit Menschen zu tun haben, deren Psyche immer noch mit der Psyche kleiner Halsabschneider identisch ist.

Alles, was hier geschildert wird, ist nicht neu für jene, welche die Gaunerstreiche der sowjetischen Mafia verfolgt haben. Sie hat in letzter Zeit aber einen Charakter angenommen, der für die ganze Menschheit gefährlich werden kann. Die seltenen Prozesse gegen relativ zweitrangige Vertreter, die ihren Einfluß verloren haben und ohnehin mit einer baldigen Entlassung rechnen dürfen, sollen von den wahrhaft gewaltigen Aktionen ablenken, welche die Mafia unter dem Druck der gesellschaftlichen Umwälzungsprozesse in der Sowjetunion und in den Ländern Osteuropas einleiten konnte. Gewiß, das alles war bekannt, doch nun, da es durch Dokumente untermauert wird, sieht alles noch viel schlimmer aus. Bereits die ersten Funde in den heute zugänglich gewordenen Archiven vermitteln eine Vorstellung davon, wie klein die bisher erkennbare Spitze des Eisbergs ist. Dazu nur ein einziges Zitat aus einem Geheimdokument, das ich zufällig Ende August 1991 fand, als die Diensträume des Zentralkomitees der KPdSU von Boris Jelzins Pressesekretär Pawel Woschtanow versiegelt wurden. Es handelt sich um ein Memorandum, das Valentin Falin, der frühere Botschafter in Bonn und spätere Leiter der internationalen Abteilung des ZK, nicht an den Präsidenten, sondern an den Generalsekretär Gorbatschow gerichtet hatte:

»Es ist dringend nötig, Vorschläge darüber zu machen, wie die anonymen Firmen, die ihre Direkteinnahmen für die KPdSU tarnen, für die Entwicklung der kommerziellen und außenwirtschaftlichen Tätigkeit der Partei eingesetzt werden können. Man muß insbesondere prüfen, welche Möglichkeiten zur Kapitalanlage bei bereits existierenden Joint-Venture-Unternehmen, internationalen Konsortien u. ä. bestehen.«

Dieses Dokument, in dem sich der Parteigenosse mit beneidenswerter, bolschewistischer Offenheit ausdrückt, erreichte Gorbatschow nicht, doch sein Stellvertreter Wladimir Iwaschko gab den meiner Ansicht nach völlig gerechtfertigten Kommentar ab: »Eine für uns alle in Zukunft sehr wichtige Frage.« Und ich glaube, daß diese Genossen zweifellos eine *Zukunft* haben, denn die Mafia hat Kapitalmengen beiseite geschafft, die für sie selbst und ihre Nachfolger – sogar in der dritten Generation – ausreichen dürften.

Die Fangarme des sowjetischen Mafiakraken umfassen mit Hilfe der »Bruderparteien«, der Scheinfirmen und anonymen Gesellschaften nach und nach die ganze Welt. Es sind vergebliche Mühen, wenn die Chefs der französischen oder anderer kommunistischer Parteien ihre finanzielle Abhängigkeit vom Kreml entschieden leugnen. Sie können sich einfach nicht an den Gedanken gewöhnen, daß sämtliche Geheimnisse irgendwann aufgedeckt werden, daß die Versprechen, die man ihnen am Alten Platz und im Kreml (»Niemand wird je etwas erfahren«) machte, leichtsinnig und trügerisch waren, daß ihre Beschützer und Gönner nicht alle Archive vernichten konnten und daß, zu guter Letzt, niemand mehr aufgefordert werden kann, die Geheimnisse zu bewahren, denn schließlich ist die Geschichte mittlerweile in ein anderes Stadium eingetreten. Übrigens wird man sehr bald noch viel schrecklichere Geheimnisse aufdecken, und zwar hinsichtlich der *besoldeten* Zusammenarbeit mancher westlicher Intellektueller – dieser unerschütterlichen ideologischen Kämpfer – mit dem KGB. Aber das ist bereits ein anderes Thema für ein anderes Buch.

Doch die Aufdeckung der finanziellen Kontakte zwischen dem sowjetischen Zentralkomitee und den ausländischen kommunistischen Parteien birgt bei aller Notwendigkeit auch eine Gefahr in sich. Nicht umsonst sind viele Zahlen in den veröffentlichten Materialien absichtlich – und auf sehr geschickte Weise – von jemandem erhöht worden; unsichtbare Kräfte fördern die Veröffentlichung der entlarvenden Unterlagen, statt sie, wie man erwarten sollte, zu behindern. Verdächtig ist auch die sogar für heutige Verhältnisse ungewohnte Leichtigkeit, mit der Materialien über die *persönliche* Bereicherung früherer hoher Apparatschiks, pensionierter Marschälle und Generale – das heißt der längst ausgeschalteten Gerontokratie – beschafft werden können. Die reale, heutige, kraftvolle und arglistige Mafia muß den Eindruck erzeugen, daß die gewaltigen Parteigelder *verschwunden, verloren, ausgegeben*, vielleicht sogar *gestohlen* sind. Zudem möchte sie den Eindruck erwecken, daß die Räuber bestraft werden, obwohl bekannt ist, daß niemand bestraft wird, weil alle einander unter die Arme greifen.

Das Hauptziel der Mafia besteht also darin, dafür zu sorgen, daß die wichtigsten Geheimnisse unter den sensationellen Enthüllungen, unter dem Getrommel der Massenmedien, die sich an immer neuen Fakten laben, verschüttet werden. Aber die gigantischen, von der Partei angehäuften Summen, mit deren Hilfe die unbesiegbare Mafia überdauern und ein neues Leben beginnen wird, sind keineswegs ausgegeben, sondern gerettet und in Sicherheit gebracht worden.

Hier ist es angebracht, an eine Passage dieses Buches zu erinnern, in der ausgeführt wird, daß die Partei-Elite vielleicht gar nicht die führende Kraft der Mafia, ihren Stab und ihr Befehlszentrum verkörpert, daß sie vielleicht nur als Deckmantel, als Sicherungsgruppe des eigentlichen Mafiakopfes dient. Deshalb ist die Entlarvung von Prominenten, gegen die der Zorn der Bestohlenen und Erniedrigten so leicht gelenkt werden kann, für die wirkliche Mafia überhaupt keine Gefahr, sondern, im Gegenteil, eine günstige Gelegenheit, im Schatten zu bleiben und ungeschoren davonzukommen.

Es gibt noch einen weiteren Gesichtspunkt, der berücksichtigt werden muß. Jene gesteigerte, fast hysterische Aktivität, mit der die ungeheuren finanziellen Mittel der Partei (und natürlich auch die Geheimfonds des KGB) im Juli/August 1991, also vor dem Putsch, ins Ausland gepumpt wurden, zeugt davon, daß die Organisatoren der Rettungsaktion das Scheitern des Putsches entweder voraussahen oder diese Möglichkeit wenigstens ins Auge faßten. Anderenfalls hätte die komplizierte, großangelegte und äußerst riskante Operation keinen Sinn gehabt. Und nachdem der Putsch tatsächlich gescheitert, nachdem die Aufdeckung der Operation zu einer unwiderlegbaren Realität geworden war, wurde plötzlich mit allen Mitteln die Version verbreitet, daß die verborgenen Gelder für die bereits an den Rand gedrängten Parteifunktionäre, für ihr »süßes Leben« im Exil bestimmt gewesen seien. Im Handumdrehen tauchten auch »Beweise« auf: Ein Unbekannter ließ einem Journalisten Fotos von Villen zukommen, die angeblich von sowjetischen Parteiapparatschiks unter falschen Namen in der Umgebung von Nizza gekauft worden waren. Ich selbst hatte kaum von dieser Information erfahren, als auch mir ein anonymer Herr acht Fotos überbrachte. Sie zeigten genauso luxuriöse Villen, diesmal allerdings an anderen Orten: zwei am Rheinufer, eine auf Capri und fünf an der Westküste der Vereinigten Staaten. Alle (sie hätten einer Reklamebroschüre für Touristen entnommen sein können) waren, nach den Beteuerungen meines Besuchers, geheime Behausungen von hohen sowjetischen Nomenklatura-Mitgliedern.

An und für sich ist die Möglichkeit, daß hochgestellte Liebhaber des »süßen Lebens« sich Villen am Meer zugelegt haben, durchaus plausibel. Aber in diesem Fall hatten die Lügen allzu kurze Beine. Die Vorsätzlichkeit der ausgestreuten Gerüchte, die offensichtlich für Einfaltspinsel gedacht waren, lag auf der Hand, ebenso wie das Ziel: Die Bevölkerung sollte davon überzeugt werden, daß die Parteikasse geplündert war und keine Gefahr mehr darstellte. Man wollte den Anschein erwecken, daß die Mafia nicht wieder auferstehen konnte, denn das Geld war zwar nicht verschwunden, aber doch ausgegeben! Und folglich existierte die Mafia nicht mehr, sie war zerschlagen worden...

Doch daran, daß die Gelder gerettet wurden, gibt es nicht den geringsten Zweifel; auch nicht daran, daß die Beträge viel höher sind, als wir glauben; auch nicht daran, daß sie in einer Vielzahl von Banksafes auf der ganzen Welt verwahrt werden; und ebensowenig daran, daß die Auffindung undenkbar, unmöglich, irreal ist. Und natürlich diente die Rettungsaktion nicht einfach dem Zweck, Zinsen für die Gelder einzustreichen. Die Unterschlagung von Devisen, Gold und Wertpapieren ist kein Ziel, sondern ein Mittel. Das Ziel besteht in der Erhaltung der Mafiastrukturen und in ihrer Wiedergeburt in einer anderen Gestalt – nicht in Form von Gebietskomitees der KPdSU, sondern in Form von Handelsfirmen oder Aktiengesellschaften.

Die oben skizzierte Prognose beginnt bereits, sich zu erfüllen: Ein Teil der Parteimafiosi nutzt das kostenlos erworbene – besser gesagt: gestohlene – Anfangskapital, um sich in die normale Geschäftswelt zu integrieren; ein anderer Teil, der dazu nicht fähig ist, wird das zusammengeraubte Kapital auch unter den neuen Bedingungen auf illegale Weise vermehren. Jedenfalls ist die Mafia ihren Gegnern zuvorgekommen. Alle oder fast alle Gelder sind in Sicherheit, geschützt durch Bankgeheimnisse und durch die Begünstigung derjenigen, denen die Mafia sich wahrscheinlich ebenfalls erkenntlich gezeigt hat. Dazu kann man ihr gratulieren.

Dies heißt jedoch nicht, daß es nichts und niemanden mehr zu entlarven gäbe. Wie sehr die sowjetische Mafia sich auch bemüht, in internationale Gefilde vorzudringen, sie agiert immer noch auf dem Territorium der einstigen Sowjetunion. Die Quellen des Reichtums vieler Personen und vieler äußerlich seriöser Unternehmen bleiben vorläufig im dunkeln. Die Liquidierung des Zentralkomitees der KPdSU, des KGB, das Verschwinden vieler einflußreicher Gestalten von der politischen Bühne sowie die unvermeidlich, so sehr sie auch behindert werden, in die Breite und in die Tiefe gehenden Ermittlungen gegen die Putschisten – all das muß zur Durchlöcherung zahlreicher Deckmäntel führen, was seinerseits eine Kettenreaktion weiterer Enthüllungen hervorrufen wird. All diese Leute widersetzen sich dem Wandel nicht nur, sondern sie sind bereit, sich gegebenenfalls künftigen Putschisten anzuschließen. Solche Putschisten können auftauchen, und sie werden die Aktionen der gescheiterten Junta bestimmt nicht nachahmen, sondern eher aus deren Unfähigkeit lernen.

Das, was vor dem Putsch galt – und auch ohne den Putsch gegolten hätte –, trifft weiterhin zu: Da die sowjetische Mafia mit dem Sowjetsystem, mit der Sowjetmacht als Ganzem und mit all ihren ideologischen, politischen, strukturellen, administrativen und sonstigen Institutionen identisch ist, werden jegliche Mafiosi (seien sie Apparatschiks, Kaufleute oder etwas anderes) stets *für* dieses System sein und alles in ihrer Macht Stehende tun, um es zu erhalten. Eine andere Sache ist, daß zum Glück nicht mehr alles in ihrer Macht steht.

Gerade hatte ich dieses nun wirklich endgültige Nachwort abgeschlossen, als zwei nahezu übereinstimmende Informationen bei mir eintrafen. Im Ural wurde einem der Männer, die nach den verschwundenen Parteigeldern suchen, im Aufgang seines Hauses der Schädel zertrümmert. In Sibirien geriet ein anderer Fahnder nach dem Parteivermögen auf mysteriöse Weise unter die Räder eines Autos. In beiden Fällen konnte man die Verbrecher natürlich nicht finden. Und man wird sie auch nie finden.

Während dieses Buch im Druck ist, wird die Liste der Opfer wachsen und wachsen. Die Mafia ist aktiv! Aber ich habe versprochen, endlich einen Schlußpunkt zu setzen.

Jedes Buch hat sein Ende, doch das Ende der sowjetischen Mafia ist nicht abzusehen.

Moskau, November 1991